違憲審查與政治問題

齊光裕◎著

江序

　　司法審查原為美國為體現民主政治三權分立、相互制衡的基本精神所設計的憲法機制，且現已為西歐許多國家和日本所仿效採行。但憑由少數幾位不具民意基礎的大法官，根據一些抽象的哲理，就可以推翻民選國家元首和國會議員以多數決通過的命令或法律，判定其為違憲，是否妥當合理？在學術界並非沒有爭議。引起質疑的原因約有三點：第一是大法官是派任的，沒有直接的民意基礎。第二是大法官的任期都很長，或甚至是終身職，所以許多已遠超過耳順之年，其思維可能已與社會的變動脫節。第三是觀察各國釋憲判決的歷史，常可發現前後矛盾的例子，即先前被判定為違憲的，數十年後卻又被認為合憲，反之亦然。

　　因此，倘若我們認為大法官會議不應當扮演太上立法院的角色，或倒過來，不該淪為替政治性決定合法化的工具，則對其釋憲的權力就應該有一些限制。其中一個爭議性最大的限制，就是所謂「政治問題」，即大法官可否插手「政治問題」，判決政治性決定是否違憲？此問題本身就已經很難回答，再加上何為政治問題？由誰做最後定奪？各國憲法法庭和學者更是眾說紛紜，莫衷一是。本書作者並不企求給這些棘手的問題一個明確的答案，祇是博引美、德、日、法等國的判例和相關學者的見解，歸納整理各種釋憲理論的得失，讓讀者自己去作結論。

　　我國政治體系正處於急遽轉形中，許多問題都要請大法官會議解釋，但人們對大法官會議過去一些判決，其性質究竟是政治性的？抑是法律性的？卻心存疑問。我們又看到，現在政治人物一有爭議，就倡言要提請大法官釋憲。這樣一來，

會不會造成釋憲過於浮濫？要尋找這些疑問的答案，齊教授這本新書應該具有相當高的參考價值。

文化大學社會科學院院長

汪炳倫

於台北市華岡

李序

　　光裕先生治學嚴謹，博覽群書，對中華民國憲政變遷之研究，孜孜矻矻多年，著有佳作多篇，學術界推崇光裕先生備至者，並不在少。今，光裕先生擬將其近作「違憲審查與政治問題」公諸於世，囑我序一短言以為記。

　　憲政體制包含憲政規範與憲政實踐兩大部份，乃學界之通說。關於中華民國之憲政體制，過去一段相當長時間內，研究憲政規範者，多；研究憲政實踐者，少；研究司法院憲政實踐者；尤少。此次，光裕先生出版「違憲審查與政治問題」一書，恰可填補此一缺憾，學術界受惠將多，想必是當然的事了。故於其行將出版之際，我乃應其所囑，贅序數言以為賀。

　　「違憲審查與政治問題」一書長達數十萬言，一方面評論五十年間我國司法院內的重要違憲審查案件，另一方面論述美國憲政史上的重大違憲審查案件以為借鑑，透過比較研究之法，作者提出精闢見解：「沒有政治問題，任何案件司法機關皆無可迴避，必須接受審查。」這一觀點發人深省，值得吾人再予深究，唯其原創性與參考價值乃不爭之事實。

　　我與光裕先生訂交於學術界，訂交雖晚，卻可謂深。我見其勤勉與執著，感佩之餘，又見新作「違憲審查與政治問題」一書即將面世，乃應其所囑，贅言數句，是為序。

台灣大學國家發展研究所教授

李炳南

謹筆於台灣大學研究室

自序

　　民國八十年，我個人進到國防管理學院政治系，開始教學研究的工作，主要領域在於政治發展、政黨政治、憲法等方面。從民國八十年起國內終止動員戡亂時期、廢止臨時條款，進行一連串修憲工程，十年來的六次修憲，固然解決了憲法以全中國為格局之設計在當前不能適用的困難（如中央級之立委、國代產生、名額、方式等），並授權以法律特別規定兩岸人民關係與事務處理，反映了中國分裂五十餘年的政治現實；然而中央政府體制的走向，顯然並未順應臨時條款的廢止，迅即回歸中華民國憲法的設計中，這對憲政的成長與變遷造成嚴重損傷，也使修憲後的情況呈現治絲益棼，這些都影響我國民主憲政發展。民國八十九年五二〇的政府遷台首次「政黨輪替」後，「全民政府」、「少數政府」之亂象，與憲改工程豈無因果關係？

　　我在完成「中華民國的憲政發展」（民國八十七年出版）後，更覺一國之憲政成長良窳，表現在修憲與釋憲兩方面上。過去多年，個人多將精神放在修憲之上，在民國八十五年李登輝總統「著毋庸議」引發之憲政爭議，送請司法院大法官會議解釋，期間言詞辯論出現「非政治問題，屬憲政問題，大法官應作實體解釋。」、「是政治問題、司法不宜介入」、「是政治問題，大法官是政治體制一環，解釋憲法即政治解釋，大法官應做成解釋。」民國八十八年八月第五次修憲後，震驚各界的「國代延任自肥」案，經大法官判定違憲，又引起「憲法違憲乎？」之質疑，是即釋憲是否有界限？政治問題是否為司法審查之界限？司法審查的界限何在？在在引起我

的注意和省思。

民國八十八年個人考取國立台灣師範大學政治學研究所博士班，在良好學習環境孕育中，乃嘗試將解釋憲法這一重要課題，作為博士論文研究主題。雖亦知司法審查政治問題在研究的困難度極高，此因學界、政治實務界，乃至國內、外都從不同面向角度觀察，且都有不同的見解和看法。它不是一個四平八穩，放之四海而皆準的研究，因而勢必動輒得咎，然而基於師大學風、個人興趣，期能要求個人寫作過程中，保持「價值中立」的態度，唯於結果答案，本於讀書人「經世致用」之初機，不宜鄉愿、依違兩可，而須有定論。本文研究所提出司法審查限制因素（程序審判）十項準據，或許引發贊同、反對、斟酌損益之見解，就學術研究之精神與學術激盪而言，或亦是另一層面之意義。

強調權力分立的現代立憲制度中，司法審查是否有其界線？「政治問題」此一法律與政治間困惑不清的議題，有全面檢視之必要。民主立憲國家當中，凡憲政運作發生之爭議，是否均可由司法機關予以明白裁判？是否有「政治問題」之憲法問題？若有，司法之「最終局裁判」作何解？若無，歐、美、日乃至我國實際判例中之狀況作何解？簡言之，以「政治問題」拒絕裁判的理由為何？標準為何？合理性為何？皆有待釐清、辨證。

本文透過「理論研究途徑」、「歷史研究途徑」，從憲法優位、權力分立、多數決原則等根本的政治哲學相關核心理論出發，探索諸多問題：國家的政策決定是否會從代表民意的立法機關、行政機關，移轉到司法機關？是否釋憲機關會變成「準立法權」或「太上立法機關」？權力分立的制衡真正

意涵為何？司法違憲審查是否有其界線？

　　經過理論的思考、沉澱，用以具體檢視我國「大法官會議」、美國「聯邦最高法院」在釋憲的相關案例運作中，使用「政治問題」的原因、效果及得失。

　　本文在經過理論、案例實際運作上之分析，發現「政治問題」在釋憲上將產生：定義不明確、邏輯不周延、迴避憲法責任、解釋上互有矛盾、遷就政治現實等缺失。故而政治實際面上雖普遍存有政治問題之情形，然綜合各層面研究結果，傾向司法違憲審查不宜以「政治問題」拒絕之。並提出司法違憲審查制度強化的做法：釋憲制度之改善、釋憲方法之重視、釋憲救濟之途徑，期健全我國釋憲制度。

齊光裕　謹識

目錄

圖表目錄

圖表目錄

第一章　緒論

第一節　主題析論與文獻探討

第一項　主題析論

　　本文期由司法違憲審查制度的形成發展，尤其在權力分立的現代立憲制度中，探討司法審查「政治問題」界限，此一法與政治間糾葛、困惑不清的議題，實有必要做一全面性檢視。

　　司法審查政治問題涵蓋理論與實際兩大層面。就理論層面言之，蘊含政治哲學概念（如憲法優位、權力分立、民主多數原則等）、審查基準概念（如雙基理論、三階密度理論、雙軌雙基理論等）、審查態度概念（如司法消極論、司法積極論、司法務實論等）之內涵、得失，均有待辨正、釐清。

　　就實際層面言之，司法審查政治問題在美、日以及我國的發展經驗中，均有相當案例出現；德國學界若干主張「不受法院管轄之高權行為」見解，雖未被司法界所接受，仍以功能論為一定之司法審查，唯其結論或出現「與憲法不符但未宣告無效」、「尚屬合憲但告誡有關機關有轉變為違憲之虞」等不明裁判。政治現實面上，司法審查所做「自我謙抑性」的背景、理由與得失，均值審視評析，尤在「應然」與「實然」中找到均衡點。

　　本文由司法違憲審查制度中政治界限問題，希冀找尋出政治哲學理論的真正意涵，故以學術價值中立研究著手，放棄情緒性的政治屬性傾向、認同等干擾因素，沈澱事理真相。期將趨近於真理的事實呈現出來，解決「真」、「偽」理論之界面。

第二項　文獻探討

本文相當重要部分，在於文獻的探討、陳述、比較等作為。重要論著、文獻部分至少包括：

一、**重要論著**：洛克(John Locke)之「政府論兩篇」(Two Treaties of Government)；孟德斯鳩(Charles Louis de Montesquieu)之「法意」(The Spirit of Law)；盧梭(Jean J. Rousseau)之「社會契約論」(Social Contract)；熊彼得(Joseph Schumpeter)之「資本主義、社會主義和民主主義」(Capitalism, Socialism and Democracy)；薩托里(Giovanni Sartori)之「民主理論」(Democratic theary)；拉斯威爾(Harold Lasswell)之「政治：誰得什麼？何時？如何？」(Politics: Who Gets What, How?)埃里(John Ely)之「民主與不信任」(Democracy and Distrust);阿克曼(Bruce Ackerman)之「我們人民」(We the People)等有關古典民主、精英民主與修正民主理論。

二、**中西方司法審查案例文獻**：美國聯邦最高法院、德國聯邦憲法法院以及我國大法官會議有關之判例、解釋文（含協同意見書、不同意見書）之文獻部分。美國聯邦最高法院之判例，如：Luther v. Borden (1849); Pacific States Telphone and Telgraph Co. v. Oregan (1912); Coleman v. Miller (1939); Colegrove v. Green (1946);Chicago and Southern Air Lines v. Waterman S. S. Corp. (1948); Baker v. Carr (1962); Reynolds v. Sims (1964); Powell v.McCormack (1969)；Gilligan v. Morgan (1973);Goldwater v. Carter (1979) George W.Crockett v. Ragan (1984); Davis v. Bandemer (1986);U. S. v. Alvarez Machain (1992); Nixon v. U. S. (1993);等。

德國聯邦憲法法院之判例，如：BVerfGE 2, 79 （歐洲共

同防禦條約案)；BVerfGE 4, 157（薩爾地位協定案）；BVerfGE
35, 257（兩德基本關係條約案）等。

　　我國司法院大法官會議之釋字第七十六號解釋；釋字第
一七七號解釋；釋字第一八五號解釋；釋字第一八八號解釋；
釋字第二一六號解釋；釋字第二八九號解釋；釋字第三二四
號解釋；釋字第三二八號解釋；釋字第三二九號解釋；釋字
第三四二號解釋，釋字第三八七號解釋；釋字第三九六號解
釋；釋字第四一九號解釋；釋字第四四五號解釋；釋字第四
九九號解釋；釋字第五二〇號解釋；釋字第五三〇號解釋等。

第二節　研究動機與目的

第一項　研究動機

　　憲法本身是國家組織的基準與規範國家權力行使的根本
法。「憲法的優越性」(Constitution Supremacy)拘束立法、行
政、司法權力的行使，法律與行政命令兩者牴觸憲法者無效。
在立憲國家中，確保憲法規範效力之任務，多落在司法部門
身上，正如漢彌爾頓(Alexander Hamilton)所謂：[註一]

　　　　法官本身的任務是在解釋法律，而憲法的本質乃是
　　一項根本大法，自當視為法官價值判斷與解釋的最高範
　　圍。法官有義務，對憲法的真義，如同對立法者所創定
　　的法律一樣，加以詮釋。若法律與憲法規範之間，有互
　　相牴觸時，則當以拘束力與效力範圍較廣者，優先適用；
　　換言之，法規牴觸憲法者，應為無效。

　　司法違憲審查制度(Judicial Review)初經美國最高法院首
席大法官馬歇爾(John Marshall)，於一八〇三年，在 Marbury v.

[註一]　C. G. Haines, The American Doctrine of Judicial Supremacy, 2ed. ed., 1959 p.88.

Madison 案中確立。迄今民主憲政國家,多發展並確立司法違憲審查制度,歐陸之德、法等國甚而設置一個解釋憲法,乃至審理規範違憲案件之憲法法院或專責機關,明確賦予其「法官權限」,以扮演「憲法維護者」(Huter der Verfassung)之任務。(註二)

　　然而,在民主立憲國家中,凡憲政運作發生之爭議,是否均可應由司法機關予以明白裁定「合憲」抑或「違憲」?而所謂之具有「高度政治性」之憲政問題,是否均可由司法機關予以「定紛息爭」?歐美日乃至我國憲政經驗實務中,即不斷有著「政治問題」是否應受「司法審查」的爭議和困擾存在,亦因此引發理論上的見解紛陳。

一、就實務面觀察:

　　「司法審查與政治問題」,從違憲審查制度在各國實際運作中,就已不斷出現;如美國的「政治問題」(political question),法國的「政府行為」(Actes de Gouvernement),英國的「國家行為」(Actes of State),日本的「統治行為」等是。就我國司法院大法官會議的案例,亦多有類似爭議,茲舉數例:

　　1.釋字第三二八號解釋略謂:憲法第四條所稱固有疆域範圍之界定,為「重大之政治問題」,不應由行使司法權之釋憲機關予以解釋。

　　2.釋字第三四二號解釋略謂:「國安三法」(指國家安全會議組織法、國家安全局組織法、行政院人事行政局組織法)有否經立法院三讀通過及是否發生效力之爭議,「若為調查事實而傳喚立場不同之立法委員出庭陳述,無異將政治議題之

(註二) Christian Starck, Verfassungsgerichtsbarkeit in Westeuropa, Telband I: Berichte, 1986. S.34f.

爭執，移轉於司法機關」。

　　3.釋字第三八七號解釋略謂：「基於民意政治與責任政治之原理，立法委員任滿改選後第一次集會前，行政院院長應向總統提出辭職」。對此，吳庚大法官提出不同意見書，強調該號解釋所涉及，乃典型之「政治問題」，不應由大法官予以解釋。

　　4.釋字第四一九號解釋：援引「政治問題」、「政府行為」、「統治行為」等概念，針對三項爭議事項做出認定。更堪玩味者，則是解釋文公布前之憲法法庭言詞辯論，各方代表見解互異，乃至出現「非政治問題，屬憲政問題，大法官應作實體解釋。」（新黨方面見解）、「是政治問題，司法不宜介入。」（國民黨方面見解）、「是政治問題，大法官是政治體制一環，解釋憲法即政治解釋，大法官應做成解釋。」（民進黨方面見解）。

　　從美、日諸國司法違憲審查實例，乃至我國大法所援引「政治問題」、「統治行為」等概念，作為拒審與否之理由，此種論據是否妥切？無論國外、國內之憲政發展所累積的理論與經驗互異，將之比附援引，恐將引喻失義。司法審查是否應有明確的「是」、「非」判斷？可否有「創造性的模糊」？尤以美國與我國司法審查中政治問題之演進流程，顯然有必要做充分檢視、辨正，此為本論文研究之重要動機。

　　二、就理論面觀察：

　　司法審查中政治問題的糾纏與困惑不清，從政治現實面觀之，其實或僅是「表象問題」，因憲法本質上就有著濃厚的政治性格，在違憲審查當中，經常必須面對兩造（或多方）政治上的爭議事件。一則，憲法的抽象性、簡潔性與不明確

性所造成。二則，行政部門挾其不可忽視的政治力量，著重現實利益，推動行政事務。三則，激烈黨際競爭中，在國會或行政部門失利的政黨，往往欲透過抽象的規範控制程序來板回一城。不可否認，憲法問題就是政治問題，司法審查的工作性質，本身即已涉入政治爭議案件中，從而造成司法與政治的矛盾與緊張關係中。

　　司法介入政治爭議的質疑，主要來自政治與法律二元論的想法。司法審查之政治界限問題牽涉到政治哲學、民主理論、法制史諸面向，尤其聚焦在「憲法優位」、「權力分立」、「民主多數決原則」等核心問題上。由此衍生出「司法積極論」(Judicial Activism)、「司法消極論」(Judicial Passivism)、「司法務實論」(Judicial Pragmatics)。各種主張見解有其哲學基礎，司法審查是否應有政治問題？各方必然提出強有力之理論依據。有趣的是，彼此強調之哲理概念，或有些本於相同之理念出發：

　　「司法積極論」本於「權力分立」原則(doctrine of separation-of-powers)，強調政治領域不可自外於法的節制，司法違憲審查即在於對所有國家權力所做的合憲性控制。是以，違憲審查根本無法與政治事務截然劃分，反應就憲法所賦予之職責與功能，善盡政治上之影響力，有效擔負起「憲法守護者」角色。質言之，憲法問題本即政治問題，而司法註定要陷入法與政治的緊張關係中，無由避免，亦不容逃避。

　　「司法消極論」亦本於權力分立原則，強調國會負責立法，行政部門執行決策，司法部門適用法律。倘若司法部門非依憲法條文原意或立憲者意圖以為裁判，進而宣告國會立法與行政措施命令違憲無效，將嚴重侵蝕權力分立原則，造

成「司法專制」、「司法優越」或「法官為治的政府」。質言之，司法的過度干預，將損及民意機構的生命力，破壞民主的代議多數決制度，為免於民主政治秩序崩解，造成法秩序與民眾之不安，違憲審查之採取自我克制(self-restraint)乃屬必要。

司法違憲審查的政治界限問題，是必須從政治理論角度著手，理論觀點眾說紛芸，畢竟有一個最接近真理的道路，這亦是本文所要嘗試研究的重要動機。

第二項　研究目的

基於以上研究動機，本文即擬研討下列重要問題，期能獲得答案：

一、司法違憲審查之所謂「政治問題」如何認定？是否有「政治問題」界限之存在？如果以下命題：「憲法本身即具有政治性」、「憲法解釋亦不可能不具政治性」、「憲法解釋將產生政治性的影響」，是正確的；則司法違憲審查如何能針對某些「政治問題」不處理？質言之，「政治問題」拒絕裁判的標準為何？理由為何？合理性為何？引申而至「憲法守護者」與「憲法主宰者」區別認知何在？這些「政治問題」界限均有待釐清、辨正。

二、我國大法官在釋憲時，經常論及於外國「政治問題」或「統治行為」等名稱、概念，作為拒絕審查與否之理由，此種論據方法是否妥切？其內涵對憲政與實際政治的影響為何？均有探究之空間。而國內類此概念之使用，多為直接援引國外民主立憲國家之理論與經驗，唯各國之該等理論或有其法制背景、國情特色與經驗法則在其中，非可任意比附援引，否則就有產生引喻失義之虞。因之，本文將研究美國之實務及理論，並檢視我國大法官歷來相關解釋文（含不同意

見書）的意旨與論點，瞭解中、美司法審查政治問題界限之發展、理論意涵與得失。

三、司法審查政治界限之問題淪入法律學、政治學之長期論辯，對於此一問題所涉及之深度、廣度與多面向，不可能僅由一、二途徑全盤化解，就歐美日本諸國實務觀察固不可缺，然其中不乏政治現實下的產物。它真正的關鍵在於理論基礎運用之涵義，並辨明其真(truth)、偽(pseudo)性。

第三節　研究途徑與方法

第一項　研究途徑

研究途徑(research approach)係指選擇問題與相關資料的準據，亦即研究所採用的基本概念、模式的標準。[註三]本文之研究途徑為：理論研究途徑(theoretical approach)、歷史研究途徑(historical approach)，分別說明如下：

一、理論研究途徑

以政治、法學為研究對象的社會科學，應以理論認識為基礎，其為實踐的內涵與應用。先將「理論認識」與「實踐」隔離，以邏輯分析的方法，瞭解憲法、政治界限的本質。本於此，在研究途徑上需從邏輯性的規範理論(normative theory)切入，探討司法審查是否應有政治界限等相關議題。

政治與法律的糾葛與困惑，根本上仍需探求政治哲學的相關核心理論，諸如「憲法優位」、「權力分立」及「民主多數原則」等。從理論本質出發，探索相關議題。諸如：國家的政策決定是否會從代表民意的立法機關、行政機關，移轉

[註三] 易君博，政治學論文集－理論與方法，三版（台北：台灣省教育會，民國六十九年八月）頁九九。

到司法機關？是否釋憲機關會變成「準立法權」
(quasi-legislative)或「太上立法機關」(super legislature)？「憲
法主護者」與「憲法主宰者」差異何在？權力分立之「制衡」
(check and balance)真正義涵為何？「司法自抑」、「司法謙抑
性」是否為權力部門間「相互尊重」所必要者？「權限」者，
有「權」必有「限」，而司法審查政治問題是否有「界限」？
它恰如其分之「限」，又當在何標準下？憲法解釋是否應與一
般法院判決相同，區分程序審與實體審，進入實體審者應有
明確之判斷，不可有「不予解釋」或「創造性模糊」？

　　理論研究途徑的探討中，由政治哲學的認知，及於司法
積極、司法消極、司法務實等理論派別，並就釋憲方法上功
能法則、釋憲密度法則等之學理基礎析論之，逐一檢視司法
審查政治界限所涉及釋憲政治哲學、基準概念、態度概念之
相關理論，剖析彼此之差異性、功能性與實值性。

二、歷史研究途徑

　　在社會科學的研究過程中，採取歷史研究途徑的主要原
因，係在於希望經由史實的因果關係，來重建對過去，乃至
於對未來思考之方向。歷史研究途徑方式大致有二，一是側
重於某種特定因素(事件)的解析，此稱為「單稱陳述」(singular
statement)；一是強調普通通則與定律的「全稱陳述」(universal
statement)。兩者在形式上雖有不同，但在題材的選擇、處理
與解釋上，卻是兩者相互依存的；此因兩者在經驗領域中具
有共同的基礎，就本文之研究均以人類立憲、立法所產生的
思考與判斷為核心。

　　歷史研究途徑並不以建立理論為目的，但必須依賴理
論，以作為分析、解釋因果的依據。有關法的相關研究，又

必須建立在事實基礎，透過研析立憲（法）者原意的方式，探求出法文本身所欲規範之範圍，進而有助於瞭解釋憲者之裁量與審查的本質、影響。理論研究途徑與歷史研究途徑的交互運用將有助研究之進行。

以立憲、修憲、立法當時的種種資料來作為法學研究的依據，為歷史研究途徑之主要方式，無論國內、外之釋憲機關，莫不有運用「歷史因素」來做解釋者；另一方面，就聲請釋憲者為求得對已有利之結果，常於聲請釋憲理由書中詳述各項憲法或法律解釋之依據與資料，用以強固其論據。正可見歷史因素在司法審查運用實務中，對解釋之結果確實有著相當的影響。從歷史研究途徑的運用，可瞭解釋憲發展之過程，司法審查結果若干因素來龍去脈，有助於釐清論文所探討的內容。

第二項　研究方法

社會科學研究中，對於方法論(methodology)的認識與運用，是操作分析架構的重要依據。研究方法(research method)乃指蒐集及處理資料的技術，又稱為「方法」者。本文中之研究方法，主要採用文獻研究法(documentary method)、內容分析法(content analysis)、比較分析法(comparative analysis)、演繹法(deductive method)、歸納法(inductive method)。

文獻分析法在於蒐集相關之中外文獻資料，進行分析，本文蒐集到國外部分之美國聯邦最高法院、德國聯邦憲法法院以及我國司法院大法官會議有關之解釋（含協同意見書、不同意見書），透過文獻分析、內容分析，瞭解本論文所欲探討之實際狀況。「事實陳述」乃是中性，不代表正確，亦不代表為不正確，然而文獻分析法正足以顯現出「是」與「非」、

「真」與「偽」。

　　比較分析法在本文研究上極為重要。我國司法審查制度在解釋上較類似於德國法制。另在司法審查發展上，又以美國濫觴為發展所累積的判例最為豐富、充實。將美、德之判例研究(case study)為方法，參考對照我國之相關大法官會議釋憲判決，以比較司法審查政治問題之運用差異性，對問題澄清將有助益。

第四節　研究架構與研究限制

第一項　研究架構

　　本文探討司法審查的政治界限問題，從理論的辨析、實務的認知兩部分著手，同等重要，不宜偏失。理論層面是本質，從核心的政治哲學鑽研有助於理解「應然」與「實然」的落差，不致為「表象問題」迷航困惑。實務層面則是從國外、國內在司法違憲審查中之經驗匯聚，結合可行的理念、步驟，期改善若干偏失，對於政治與法律間的糾葛、爭議，能反映時空背景、政治現實等交織情境下的明確刻痕，有助於釐清事務體之本質。最後根據所研究的成果，提出司法違憲審查政治問題的辨正、平議，期為司法審查制度建立較佳之途徑。

　　本文研究架構圖（如圖一），在於強化理論層次的基礎，透過政治哲學理論、審查基準理論、審查角色理論之思考，用以檢驗我國大法官會議與美國聯邦最高法院之實務層次，沈澱出「政治問題」在司法違憲審查中的真實意涵。並理解「政治問題」何以存在？有何得失？最後期使建立釋憲制度之優質條件。

圖一：研究架構圖

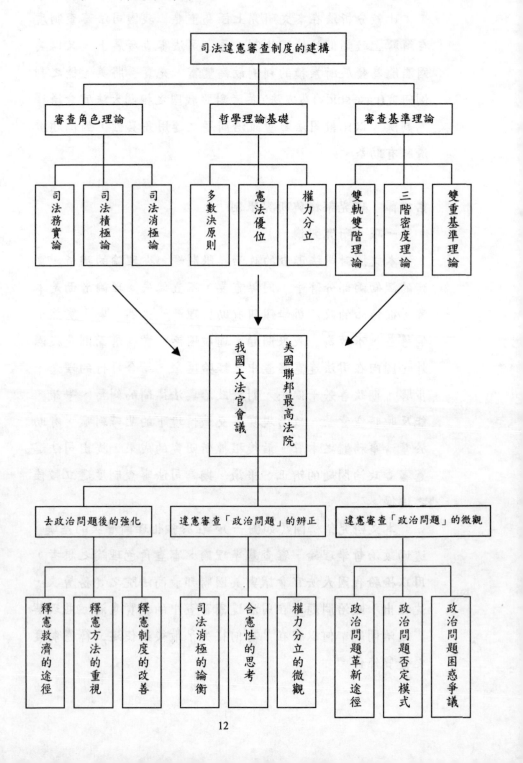

　　本文共計七章二十六節，茲將研究架構敘述如下：

第一章　緒論

　　說明寫作之主題析論與文獻探討、研究動機與研究目的、研究途徑與研究方法、研究架構與限制因素。

第二章　司法違憲審查制度的建構

　　本章在於說明司法違憲審查制度的緣起、地位與內涵精神。第一節首先探討司法審查制度的形成發展，及其濫觴；美、德、日的演進；司法制度的憲政地位析論。第二節分析司法審查的內涵精神，深入具體與抽象司法審查差異、爭議，並就我國抽象違憲審查檢視。第三節針對我國大法官會議釋憲制度之組織、職掌相關特色、問題提出探討。

第三章　司法審查「政治問題」界限的理論

　　本章從政治哲學層面探討司法審查政治界限之法理基礎。第一節就政治哲學基礎核心：憲法優位、權力分立與多數決原則，就其意涵與司法違憲審查、審查界限的政治問題等面向深入研析。第二節就審查基準理論：雙重基準理論、三階密度理論、雙軌雙階理論之分析，瞭解各該理論之著眼、作為、效果與得失，尤其功能性理論之運用與司法審查制度的價值。第三節探討審查角色理論：司法消極論、司法積極論、司法務實論的理論基礎、內涵與評析。

第四章　美國司法審查「政治問題」實務析論

　　本章就美國司法審查之實務面探討政治問題存在之原因、功能、效果與得失。本章共蒐取與政治問題直接有關之十四個案例，區分六節：第一節為外交與軍事，計有四個案例；第二節為憲法修正案，計有一個案例；第三節為共和政

體，計有二個案例；第四節為選舉區劃分，計有四個案例；第五節為國會職權，計有二個案例；第六節為議員資格，計有一個案例。美國是司法審查制度之濫觴，以政治問題拒絕裁判有豐富經驗和資料可作研究，有助於對理論層次外之政治現實層面的認知和制度的研究。

第五章　我國司法審查「政治問題」實務析論

　　本章從國內歷來大法官會議釋憲之實務面探討政治問題界限的相關議題。本章共蒐集釋憲案中與政治問題有密切關係之釋字第三二八號解釋、第三二九號解釋、第三八七號解釋、第四一九號解釋等共計六件。這些釋憲案累積國內司法違憲審查政治問題的實務經驗，包括有釋憲文明確判定政治問題不予審查，亦有在言詞辯論中、協同意見書、不同意見書中觸及政治界限問題者，本章共計六節，就各該釋憲案之案件說明：背景陳述、聲請人的系爭事項、大法官會議解釋；以及判決分析：理論層次、事實層次、釋憲中「政治問題」探討等，瞭解我國抽象審查制度下政治問題運用面臨之得失利弊。

第六章　司法審查「政治問題」的辨正

　　本章在於經過前述各章，分就理論基礎、國外與國內實務發展經驗的深入剖析探討後，予以歸納整理，並沈澱、梳整政治理念、政黨屬性之情緒性、釐清「應然」、「實然」之別，就司法違憲審查政治界限的爭議予以客觀性檢討，還原法與政治的糾葛根源。本章第一節探究司法審查政治問題的最核心概念——權力分立，並衍生及於「合憲性推定原則」、「司法消極主義」，全盤思考政治問題拒審在民主憲政精神、司法權形象與司法公正性所代表意義。第二節先就政治問題拒審

在實際政治運用上,司法部門之心理層次、理論層次、實體層次三面向分析,論證其中的諸多缺失;並由另一個否定政治問題模式加以比較取捨;最後就司法審查制度建立程序審、實體審概念,解決政治問題的司法困境。第三節就去政治問題後可能產生若干疑慮之司法審查的配套措施,健全釋憲者之「憲法維護者」角色。

第七章　結論

本章第一節首先綜合各章研究的成果,提出個人的研究發現。第二節則以前面所得到的研究發展,提出研究建議,期能在法與政治、理論與實際之間,找到一個有助益的途徑,用以澄清紛擾,使權力分立的價值更明確、司法審查制度更臻完善。第三節乃研究展望,針對是否仍有研究空間,以為持續未來之研究方向提供思考理路。

第二項　研究限制

本研究重點在於司法違憲審查中「政治問題」宜否存在?對於司法審查中亦常出現之「行政裁量權」、「立法裁量權」、「國會自律」均有所差異;一則,政治問題乃較一般裁量權行為特殊之政治性格。二則,司法機關將政治問題排除於憲法審判對象之外的理由與自由裁量權均有異。三則,自由裁量權在逾越或濫用裁量權而構成違憲(法)情事時,仍須受憲法審判之制約。而政治問題存在,被認為縱使違憲(法)時,亦得逸脫司法審查權之管轄。本文在研究時,著力於「政治問題」探討,有關行政裁量權、立法裁量權、國會自律等議題則僅有點的分析,並未及於面的研究。

本文為集中深入美國、我國司法審查制度中政治問題之研究,並兼採德國聯邦憲法法院之模式及案例;故對於若干

民主憲政國家在司法審查制度亦有政治問題之運用者，如日本、法國等國家及其案例，則因限於篇幅，無法容納，為本文之限制因素，亦加以說明界定之。

第二章　司法違憲審查制度的建構

第一節　司法違憲審查制度的形成發展

第一項　司法違憲審查制度的濫觴

　　今日立憲國家之違憲審查制度，乃起始於美國。然而在一八〇三年 Marbury v. Madison 案件前，美國司法審查制度並未確立。此因美國聯邦法院之司法釋憲權，並非憲法明文授予該項權力。聯邦憲法條文有關司法權者有二：

　　1.憲法第三條第二項第一款：「司法權及於包括本憲法、聯邦法律，以及美國已經締結或將來締結之條約，所發生之一切普通法及衡平法之案件。」本條文僅在確立聯邦法院之管轄權，何為司法權?其本質與範圍如何?均付闕如。

　　2.憲法第六條第二項：「本憲法、及根據本憲法制定之聯邦法律與在美國權限下已經締結或將來締結之條約，均為國家之最高法律；縱令其與州憲法或州法律牴觸，州之法官亦應遵之。」本條文僅在確知各州法院對各州憲法與法律之審查，並未提及各州法院對聯邦法律的審查，也未規定聯邦法院可否就各州法律或聯邦法律作審查。且本條文並非列在憲法第三條有關司法權之規定中，故由何部門來負責維護憲法最高性，尚屬存疑。

　　美國聯邦憲法並未賦予任何機關釋憲權，一七八九年司法組織法（Judicial Act of 1789）第廿五條：「州法律有無牴觸聯邦憲法、聯邦法律或條約發生爭議，而州最高法院的判決支持州法律有效時，得由聯邦最高法院覆審而予以駁回或確認之。」由此一法律之規定，乃以聯邦最高法院取得聯邦司法審查之權力。[註一]然而創立聯邦最高法院司法審查法律合憲

[註一] 劉慶瑞，比較憲法論文集（台北：三民書局，民五十一年五月）頁一七。

與否之先例典範，則是一八〇三年美國聯邦最高法院首席大法官馬歇爾主張法律若與憲法牴觸，法院得根據憲法，拒絕適用具有爭議之法律條款，首創聯邦最高法院行使法律合憲審查權利。欲探究聯邦最高法院為憲法最終仲裁者角色，須從馬柏里案著手。

壹、馬柏里案的背景案情

一八〇〇年美國大選結果，民主共和黨的傑弗遜(Thomas Jefferson) 擊敗了欲競選蟬聯的聯邦黨亞當斯總統 (John Adams)，成為美國第三任總統。此外，聯邦黨在國會的主控權優勢亦為民主共和黨所取代。聯邦黨在即將失去行政、立法部門的領導權下，轉而力圖控制政府中之司法部門。其利用剩餘的執政期間（至一八〇一年三月四日止），通過「一八〇一年司法組織法」(The Judiciary Act of 1801)，此法又稱「第二司法組織法」，以有別於一七八九年之「第一司法組織法」。

根據「第二司法組織法」所補充內容，是有高度政治性考量：1.增設五個聯邦區法院（可新任命聯邦區法院法官五名）。2.專設聯邦巡迴法官(Circuit Judge)十六名以取代大法官於巡迴法庭之工作（可新任命十六名巡迴法院法官）。3.增加治安法官(Justice of Peace)(可新任命四十二名) 。4.聯邦最高法院大法官由六名減為五名（原六名大法官均屬聯邦黨，首席大法官艾爾沃斯辭職後，只剩五位，藉此阻止傑弗遜總統提名民主共和黨人員擔任大法官）。[註二]

亞當斯總統乃根據此一組織法，於卸任前提名聯邦黨人士（共計六十三名）擔任前述新增職位，並即獲參議院通過。

[註二] 朱瑞祥，美國聯邦最高法院判例史程，再版（台北：黎明文化公司，民七十六年一月），頁六七八－六七九。

此外又派國務卿馬歇爾兼任聯邦最高法院首席大法官。全部派令在亞當斯總統卸職前一天（一八〇一年三月三日）午夜，皆已趕簽妥當，並由國務卿馬歇爾蓋妥關防(The U.S. Great Seal)，開始寄發，史稱亞當斯總統的「午夜派職」(Midnight Appointment)。

依照當時法令，法官由總統提名，經參議院通過任命，任職令由國務卿轉達發下。[註三]然而當時之馬歇爾，一方面要準備國務卿交接事宜，另一方面要接受聯邦最高法院首席大法官一職，要以首席大法官身份主持新任總統傑弗遜之宣誓就職大典。匆忙中，未能將其中四名治安法官的任命狀於新總統就任前送交當事人。

傑弗遜就任後，下令新任國務卿麥迪遜扣留該等派令。任命狀中之當事人馬柏里及其他三人，依一七八九年「司法組織法」第十三條：「聯邦最高法院於法律原則與習慣所允許範圍內，得向聯邦政府現職官員下達令狀」(Writ of Mandamus)，命其履行法定義務」之規定，要求聯邦最高法院發出令狀，命令國務卿麥迪遜發出派令，以便其履新。[註四]一八〇三年，聯邦最高法院審理本案，是為「馬柏里控麥迪遜」案。

貳、馬歇爾的法理論證

馬歇爾在馬柏里案顯然陷入兩難(dilemma)困境。如判定麥迪遜必須交付法官之任命狀，傑弗遜必會拒絕執行，暴露出聯邦最高法院無執行強制力之權；如判定無須交付法官之任命狀，以迴避與行政部門的硬碰，亦會暴露出聯邦最高法

[註三] Archibald Cox 著，劉興善譯，「水門案件看美國聯邦最高法院在政府之地位」，憲政思潮，第五十三期，民國七十年三月，頁七十五。
[註四] 同（註二），頁二十九－三十。

院畏事無能之結果。^(註五) 重要的是，此兩種後果，均顯示行政與立法部門的獨立性，且不受司法機關的牽制。

馬歇爾在論證聯邦最高法院是否有權簽發令狀問題上，巧妙的以迂迴的方式，另闢途徑。在判決文中，馬歇爾首先提出三個命題：^(註六)

1. 申訴人馬柏里是否有權要求其所需要的法官派令？

2. 設若馬柏里有權利要求此項派令，而此權利被侵犯時，國家法律有無提供救濟之道？

3. 如有法律可資救濟，是否即應由聯邦最高法院裁發強制令狀？

就第一個問題，馬歇爾認為是肯定的。此因馬柏里既經總統簽署其任命，國務卿完成用印，即已獲得任命。此項任命不得撤銷，即為任職者之法定權利，受國家法律之保障。馬歇爾並指出，如將派令留置不發，為法所不容，構成既得利益之侵害。

就第二個問題，馬歇爾的答案亦是肯定的。此因人民自由的精神，即在於受侵害的個人，有權獲得保障，政府首要職責之一，就是提供人民法律救濟。美國之所以被盛讚為法治而非人治之政府，即在於法律對於法定權利之侵害設有救濟之道。馬歇爾認為馬柏里有權擔任此項職務，拒絕發出派令顯然侵犯其權利，對此美國法律設有救濟途徑。

---

^(註五) C. Herman Pritchett, The American Constitutional Law (New York: Megrawwill Book Company, Inc., 1959), P139.

^(註六) Victor G. Roseablun and A. Didrick Castberg: Cases on Constitutional Law(Benevood, Illinois The Dorsey Press., 1973), P.12.

就第三個問題，馬歇爾則否定聯邦最高法院有權簽發強制命令狀，要求國務卿麥迪遜發出派令給馬柏里。此因美國聯邦憲法第三條第二項第二款規定：「聯邦最高法院於所有涉及大使、公使、領事及以州為當事人之案件，有初審管轄權(Original Jurisdiction)，對於其他案件，聯邦最高法院有上訴管轄權(Appellate Jurisdiction)。」依據「法的位階」，則「一七八九年司法組織法」雖授權聯邦最高法院得對聯邦官員簽發強制令狀，以履行其法定義務（第十三條），顯有牴觸憲法之規定，而應屬違憲無效的。是以，馬歇爾認為聯邦最高法院不得依據該違憲之法律（一七八九年司法組織法）簽發強制令狀，命令國務卿麥迪遜交付派令。

馬歇爾以其高明的政治手腕來處理馬柏里案，不但巧妙的避開行政部門、立法部門可能對司法部門形成的窘境，同時替聯邦最高法院跳脫馬柏里請求發出執行令狀之層面：一方面明快指出行政部門應依法履行職責之義務，若人民之權利被侵害，法律亦應提供救濟之途徑；另一方面更以司法條例第十三條違憲無效，強化司法權制衡的權力，奠定法律合憲與否之司法審查，締造憲政生機。

參、司法審查的法理基礎

馬歇爾在馬柏里案之判決文中，主要在於處理兩大問題：一是聯邦最高法院是否有權簽發令狀問題？已如上述。另一是法院有否違憲審查權問題？馬柏里案確立美國司法違憲審查之先河，其中馬歇爾殫精竭慮所論述之理論，亦成為司法審查法理基礎。這在馬歇爾判決文中標舉出四項重要意義：1.憲法是國家最高法律，違憲法律無效。2.國會立法權

是有限的。3.違憲審查乃法院之權責。4.法官應恪守憲法行使違憲審查權。

就「憲法是國家最高法律，違憲法律無效」析之，憲法是國家的最高法律，不可用一般立法手續以變更，或將之與一般法律立於平等地位，可由國會隨時變更之。二者必有其一。若前者為是，則違憲的法律不是法律；若後者為是，則議會權力將不受限制，而一切成文憲法將變成具文。誠然，美國制憲者必以憲法為國家之最高法律，以是，在成文憲法下，法律違憲者無效。^{（註七）}本於憲法優位，憲法是主權意志之表達，而法律則是人民民權意志之表達。法律是憲法倡設的範圍內所制定，層次低於憲法，所以凡有牴觸憲法之法律，大底被判無效。

就「國會立法權是有限的」析之。在憲法基礎下所組織政府，賦予各機關以權限，且有不可逾越之界限。國會亦不例外，其行使立法權須限於一定範圍之內。為使人民不忘權力之受限制，且使限制範圍不致生誤，故將限制記載於憲法。倘若國家機關受限制，而又得破壞其限制，那麼限制之目的何在?倘若此項限制不能拘束國家機關，國家機關之作為無論是否憲法所禁，均屬有效，則立憲與專制何異?^{（註八）}顯然地，本於孟德斯鳩「分權制衡」理論，立法部門僅是國家憲法架構下之有限權力部門，非為至高無上者，國會亦不能以普通法律以改變憲法或突破憲法之限制。

（註七） Wallance Mendelson, The Constitution and the Supreme Court (New York, Toronto; Dadd, Wead & Company, 1968), pp5-9．

（註八） Ibid.

　　就「違憲審查乃法院之權責」析之。闡明法律之意義，是司法部門之職責。法官適用法律以審判訴訟案件，更有審查法律合憲與否之必要。若有兩種法律互相牴觸，法院必須擇一適用，且有闡明解釋法規之必要。若遇有法律與憲法牴觸時，法院應捨法律而適用憲法，抑或捨憲法而適用法律，兩者必擇其一。本於法院尊重憲法，既以憲法效力高於法律，則捨法律而適用憲法，是屬正確。^{（註九）}以權力分立言之，政府部門中，國會立法、總統執法，兩者皆不適合再擔任違憲審查職責。法院裁判訟案，適用法律且必須解釋法律，故法院行使違憲審查權乃無可旁貸之權責。

　　就「法官應恪守憲法行使違憲審查權」析之。設若國會制定違反憲法精神與規定之法律，則法院應尊重憲法?抑或尊重法律?顯而易見的，美國制憲先賢不但欲以憲法拘束國會，且亦欲以憲法拘束法院。何以法官須宣誓擁護憲法?如若法官得違反誓言，毋寧是不道德之事。憲法規定何者是國家之最高法律?首先提到憲法。至於國會法律，則係依據憲法而制定者。^{（註十）}美國憲法於一八六八年通過之憲法增修條文第十四條，其第一節明定，任何一州不得制訂限制美國人民權利之法律，任何一州非經「正當法律程序」(due process of law)，不得剝奪人民生命自由或財產。此更確立法官對於法律、命令之司法審查權。

第二項　司法違憲審查制度的發展

---

^{（註九）} Ibid.
^{（註十）} Ibid.

在馬歇爾審理馬柏里案後，美國司法審查的理論日趨確立。歐洲大陸各國，初始則因司法權之傳統思想、司法制度，與英美法系有著極大歧異，尤其十九世紀之大陸法系觀點，多以代表人民之立法機關所制定之法律，是理所當然為法院所適用者。無如法國學者狄驥(L. Duguit)等人，本著成文憲法之必要，提出採行司法審查制度，然未被當世所接受。^(註十一)

人類歷史經驗法則，在拿破崙(Bonaparte Napolean)與其侄路易拿破崙(Louis Napolean)的操縱民意，俾斯麥(Otto von Bismarck)的駕馭議會，日本軍部的無視國會存在，乃至法西斯、納粹的掌控民意機關，均使立憲精神的內涵思考，有進一步檢證之必要。二次大戰以後，立憲國家接受美國司法審查理念蔚為風潮，亞洲之中華民國、日本、印度、巴基斯坦、緬甸、敘利亞等國、美洲之阿根廷、巴西、哥倫比亞、哥斯達黎加、薩爾瓦多、瓜地馬拉、海地、尼加拉瓜等國，非洲之利比亞等國家均在其憲政體制中加入司法審查制度。

歐陸各國多以變通方式，於一般法院外，另設特別的國家機關，來審查違憲的法律、命令。如法國第五共和憲法之憲法評議會、西德波昂憲法之聯邦憲法法院、義大利憲法之憲法法院等，均採類似美國司法審查制度。為深入瞭解司法審查制度之發展理念，茲以美、德、法、日具代表性者比較說明之。

壹、美國司法審查制度的演進

一、理論層面發展

---

^(註十一) L. Duguit "Traite de droit Constitutionnel" III615, (2,ed. 1921-25). Maurice Hauriou "Precis de droit Constitutionnel" 276, (1929).

自從馬柏里案經馬歇爾之判決，確立司法違憲審查制度。其後在本制度的理論演變發展上，約可分為三個時期：馬柏里案至南北戰爭；南北戰爭結束至羅斯福法院改造；羅斯福法院改造至今。^(註十二)

1.馬柏里案至南北戰爭：本時期聯邦最高法院歷經馬歇爾 (1803-1835)法院、坦尼(Roger B. Taney 1836-1864)法院等兩個任期。馬歇爾大法官主持下的聯邦最高法院，表現出聯邦黨人在司法部門的政治積極態度，尤其表現在寬大解釋憲法「必須及適當條款」(necessary and proper clause)擴增聯邦默示權力(implied power)；^(註十三)寬大解釋憲法「契約條款」(contract clause)限制州政府權限；^(註十四)寬大解釋憲法「聯邦通商條款」(commerce clause)擴增聯邦通商管理權。^(註十五)在在顯示出擴大聯邦政府權力之特色。

坦尼繼任首席大法官，稱為坦尼法院時期。坦尼任內則修正馬歇爾之聯邦優越取向，改採嚴格解釋，以維持州政府與聯邦政府間之權力平衡。亦即在於支持各州權力，使能與聯邦政府權力維持平衡。^(註十六)綜言之，本時期之兩位首席大

---

^(註十二) 有關美國司法違憲審查之演變，其分類各家頗為不同：Christopher Wolfe 分傳統期（the traditional era)、轉變期（the transitional era)、現代期（the modern era）.Sylvia Snowiss 分從美國獨立到聯邦論 No.78，從聯邦論 No.78 到馬柏里案；從馬柏里案到馬歇爾法院末期。劉慶瑞分：由一八〇一年至南北戰爭；由南北戰爭至羅斯福新政；由羅斯福新政至今。本文大致採納劉慶瑞分類法。

^(註十三) Alpheus Thomas Mason and Donald Crier Stephenson, Jr., American Constitutional Law-Introductory Essays and Selected Cases (Englewood Cliffs, N.J.: Prentice-Hall, Inc., 1996) pp.177-182.

^(註十四) Sheldon Goldman, Constitutional Law-Cases and Essays, 2 ed.(New York: Harper Collins Publishers, 1991) pp.362-6.

^(註十五) Ibid., pp.274-7.

^(註十六) 坦尼首席大法官任內重大案例如：Charles River Bridge v. Warren Bridge (1837); Mayor of New York v. Miln (1837); Cooley v. Board of Wardens (1852)均在於維護州權之意旨。見 Ibid., pp.274, 369-371, 340-341.

法官顯示出頗不同的風格，對聯邦權與州權之維護方向並不相同。

2.南北戰爭結束至羅斯福法院改造：聯邦最高法院自南北戰爭末期至羅斯福法院改造，歷經蔡斯(Salmon P.Chase)法院(1864-1873)、衛特(Morrison Waite)法院(1874-1888)、富勒(Melville W. Fuller)法院(1888-1910)、懷特(Edward D. White)法院(1910-1921)、塔虎脫(William H. Taft)法院(1921-1930)及休斯(Charles E. Hughes)法院(1930-1941)等六任。

前五任首席大法官大率受南北戰爭後，工商業漸趨繁榮，經濟思想上所帶來自由競爭、放任政策之影響，在釋憲判決上多傾向於支持大企業之發展、加強私有財產之保護等重商主義。相對地，對經濟上弱勢一方之勞工等權益之損害乃不可避免。正如一八九七年 Allgeyer v. Louisana 判決文可為著例：[註十七]

> 憲法增修條文第十四條之正當法律程序條款中之所謂自由，不僅意謂著人身自由，而且亦包括自由享受自己所有能力之權；自由運用自己才能於所有合法途徑之權；自由工作及居住之權；從事合法工作維持生計之權；以及為實現上述目標可締結任何契約之權。

然而一九二九年至一九三二年美國經濟大蕭條羅斯福(Frankin D. Roosevelt)總統一方面提出「新政」(New Deal)，一方面希冀放寬憲法條文解釋，從法規面促進經濟復甦與社會改造目的。正如其就職演說：「我們這部憲法既簡單又實

[註十七] Ibid., pp.390-391.

用，只要把它的重點略加調整，就可適應非常的需要而又不至有損它的體制。我們的憲法制度所以能夠經得起現代政治結構之衝擊，其理由在於此。」[註十八]然而，聯邦最高法院對「新政」所需之法律多予違憲宣判。此一固守自由放任主義作法，引致羅斯福於一九三七年二月五日，向國會致送咨文，建議改革聯邦司法制度；凡年逾七十歲大法官應於半年內退休，否則總統有權加派年輕幹練之大法官代為審理案件。[註十九]

上述所謂「法院改造」(Court-Packing)雖經國會參議院司法委員會審查時予以否決（十比八票），但在年邁大法官陸續引退或凋零，使羅斯福得以提名支持新政之大法官，聯邦最高法院乃趨轉而積極支持經濟管制、保護勞工及社會安全法案等。

3.羅斯福法院改造至今：本時期聯邦最高法院所審理之案件，範圍廣泛，種類頗繁。除經濟議題而外，因逢二次大戰、共產主義擴張、自由意識提昇，有關國家安全與言論自由孰重？而有不同見解。史東(Stone)法院(1941-1946)大致以「明顯而立即危險原則」(clear and present danger test)，考量言論對社會、國家所可能造成之危害性為準。[註二十]二次大戰期間，美國會通過「史密斯法」(Smith Act)，又稱「外民登記法」(Alien Registration Act of 1940)，用以懲罰各種危害美國國家安全的非法破壞與顛覆活動。史東大法官在 Janes v. Opelika (1942)

[註十八]　朱瑞祥，美國聯邦最高法院判例史程，三版（台北：黎明文化公司，民國七十九年七月，頁三二五。

[註十九]　同上，頁三五〇。

[註二十]　林世宗，美國憲法言論自由之理論與闡釋（台北：師大書苑，民國八十三年二月），頁一九。

一案中首先使用言論自由乃是居於「優先的地位」(preferred position)而非一絕對的權利(not an absolute right)承認美國國會為保障國家安全、社會公益，得透過立法途徑，對言論自由加以限制或取締。

文森(Vinson)法院時期(1946-1953)持續史東時期，因正當二次戰後，共黨勢力擴張威脅，本時期之司法違憲審查以國家安全為重，言論自由次之。華倫(Warren)法院時期(1953-1969)，因共產黨對美國威脅趨緩，加以自由主義風行，聯邦最高法院之保障言論自由、人權相對重於國家安全、社會治安。柏格(Berger)法院時期(1969-1986)又逐漸偏離自由主義色彩，傾向兼顧社會治安路線。倫奎斯特(Rehnquist)法院時期(1986 迄今)持續柏格時期，而對憲法中基本人權之緊縮，而有走向新保守趨勢。^(註二十一)

總結上文，美國司法違憲審查制度有其原創性，並能源遠流長，從未間斷其運作。基於維護憲法、順暢憲政、體察時局，無如強調「聯邦權」抑或「州權」、「重商主義」抑或「保護政策」、「國家社會安全」抑或「言論人權自由」，美國違憲審查具有靈活的適應能力，實則已內化成為美國歷史文化重要內涵，成為世界上憲政體制之重要典範。

二、制度層面架構

美國違憲審查權屬司法機關行使。美國是一個雙軌制(Dual System)之聯邦國家，且本於孟德斯鳩三權分立基礎，無

---

^(註二十一) 段重民，「就刑事訴訟法看 Warren, Berger 及 Rehnquist 法院」，見焦興鎧主編，美國聯邦最高法院論文集（台北：中央研究院歐美研究所，民國八十二年），頁七〇。

論聯邦政府、州政府均分別由行政、立法、司法部門組成，彼此獨立平等，維持制衡監督關係。

司法部門職司違憲審查，以雙軌制運作。其分州法院體系與聯邦法院體系，（如圖一）兩者互不相隸屬，亦各自依法行使其違憲審查權，唯當上訴至州最高法院之案件，其系爭涉及「實質上有關聯邦法律問題」(substantial federal question)者，聯邦最高法院乃得審查州最高法院之判決。[註二十二]

1.州法院體系：

美國五十個州法院體系依各州之憲法和相關法律而設，故各州法院體系不盡相同。一般而言，州法院體系層級如圖一所示，包含四個層次：

(1)有限管轄權法院(Court of Limited Jurisdiction)：包括「治安法庭」(Justice of the Peace Court)、「市政法庭」

[註二十二] Henry J. Abraham, The Judiciary – The Supreme Court in the Governmental Process, 9th ed.(Dubuque, I.A.:Win. C. Brown Communications Inc., 1994), P.3.

圖二：美國法院體系簡圖

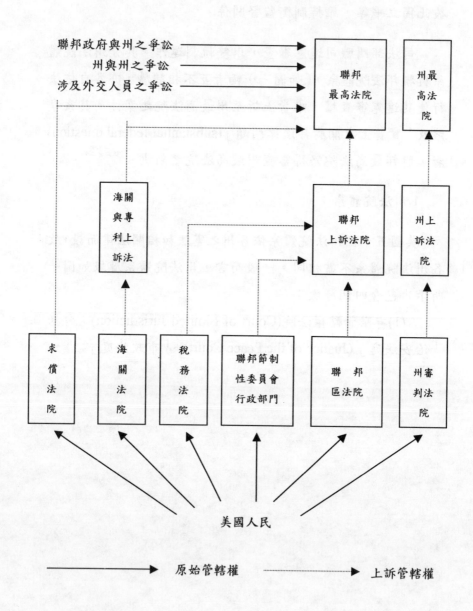

資料來源：張世賢，比較政府概要〈台北：中華民國公共行政
學會，民國八十一年六月〉，頁二五五。

(Municipal Court)、「交通法庭」(Traffic Court)、「夜間法庭」(Night Court)、「違警法庭」(Police Court)等。審理轄區內大部分的簡易民事案件(minor civil matters)(一五〇美元至三千美元)和刑責輕微之刑事案件(criminal misdemeanors)。

(2)一般管轄權法院(Court of General Jurisdiction)，審理一般較重大(major)民刑事案件之一審判決，及不服「有限管轄權法院」裁判之上訴案件。一般有稱「郡法院」(County Court)、「地區法院」(District Court)、「巡迴法院」(Circuit Court)者。

(3)中間上訴法院(Intermediate Appelate Ccourt)：乃在減輕州最高法院（州終審法院）之案件量，並非每州均有設置，但設置者在三十個州以上。[註二十五]

(4)最高法院(Supreme Court)：受理不服「中間上訴法院」判決之上訴案件，或直接來自不服「一般管轄權法院」判決之上訴案件。其判決具有終局拘束力，得拘束州之各下級法院。唯若系爭案件實質上有關聯邦法律問題者，當事人得申請上訴聯邦最高法院審查。

州法官產生方式，各州不盡相同，約有以下五種：①州長任命。②州議會任命。③黨派選舉。④非黨派選舉。⑤混合制（綜合提名任命制與選舉制）。任期規定亦不相同，有終身職者，亦有任期制者。法官去職之途徑，包括：強制退休、彈劾(impeachment)、有罪判決(conviction) 、人民投票罷免(recall by popular vote) 、州議會免職(legislative resolution) 、

[註二十五]　史慶璞，「美國聯邦最高法院之司法審查權」，輔仁法學，十五期，民國八十五年六月，頁六七。

司法委員會免職(judicial commission)等方式。

2.聯邦法院體系：

聯邦法院包括兩大類型：一是根據憲法第一條立法權限中「必須及適當條款」所設立之「法律法院」(Legislative Court)，又稱特殊法院(Specicalized Federal Courts)。包括：稅務法院、退伍軍人上訴法院、國際貿易法院、軍事上訴法院等。另一是依憲法第三條所創設之法院——憲法法院(Constitutional Court)，包括九十四個聯邦地區法院(U.S. District Courts)、十三個聯邦上訴法院(U.S. Courts of Appeals)、一個聯邦最高法院(U.S. Supreme Court) 。

美國聯邦法院三個層級（審級）：

(1)聯邦一審法院：包括九十四個聯邦地區法院（為主體）[註二十六]及其他特殊法院。擁有之初審管轄權(original jurisdiction)：①所有違反聯邦法律之刑事犯罪。②所有涉及美國憲法、法律、條約且爭訟金額超過美金五萬元之民事案件。③涉及不同州之公民間或美國公民與外國人間之爭訟，且爭訟金額超過美金五萬元之案件。④海事、海商及捕獲案件(prize case) 。⑤審查及適用特定聯邦行政機關之命令與措施。⑥所有其他類似涉及國會有關法律規定之案件。

(2)聯邦上訴法院：包括十三個聯邦上訴法院。[註二十七]為

[註二十六] 九十四個地區法院中，八十九個屬於五十個州，依州之土地大小、人口多寡，分別擁有一至四個地區法院；另五個地區法院分屬哥倫比亞特區、波多黎各(Puerto Rico)、關島(Guam)、維京群島(Virgin Islands)及北馬里亞納群島(Northern Mariana Islands) 。

[註二十七] 十三聯邦上訴法院，除哥倫比亞特區單獨劃分一個巡迴區(circuit)，另有一個「聯邦巡迴區上訴法院」(U.S. Court of Appeals for the Federal Circuit)負責審

第二審法院，擁有來自不服下列法院及機構裁定之上訴管轄權：①聯邦地區法院。②聯邦領地法院、哥倫比亞特區法院。③特殊法院。④特定聯邦行政機關及部門（負責審查及適用其他措施命令）。

(3)聯邦終審法院：為美國唯一之聯邦最高法院，位於首都華盛頓，由九位大法官(Justice)組成，其判決具終局效力。擁有管轄權包括：①初審管轄權：含聯邦政府與州政府間之訴訟案件；州政府間之訴訟案件；涉及駐外大使、公使或領事之訴訟案件；一州對他州公民或外國人所提起之訴訟。②上訴管轄權：含所有不服下級聯邦憲法法院、特殊法院之上訴案件；涉及不服實質上有關聯邦法律問題之州最高法院判決。

美國聯邦法院法官之產生皆由總統提名，經參議院同意後任命之。（憲法第二條第二項）且最高法院與下級法院法官，如果素行良好(good behavior)應任職終身，並按期接受俸給以為酬勞，其俸給於任職期間不得減少。（憲法第三條第一項）唯聯邦法官仍可經由國會彈劾、有罪判決、退休等方式而去職。

貳、德國司法審查制度的演進

一、理論層面發展

相較美國在十九世紀初，即已發展出司法違憲審查制度，歐陸之德國顯得慢許多。在二次大戰以前，違憲審查之

理特殊法院之上訴案件；其他十一個上訴法院分成十一巡迴區，每一巡迴區涵蓋三個（含）以上的州。

理論甚貧乏，遑論制度的建立。此因德國在立憲主義思想發
軔之初，是肇建於君主主權思想上的君主立憲制度，強調「立
法優越」之理念，對於「憲法優位」與違憲審查理念乃極薄
弱，甚被排拒。

不惟德意志帝國，幾無司法違憲審查理念，即如德意志
共和時代亦然。憲法優位不為重視與強調。拉班德(Paul
Laband)即謂：「憲法並不是超越國家之上的一種不可思議之
權力，而是與其他法律同為國家之意思行為。」[註二十八] 安思慈
(R. Anschutz)亦表示：「將憲法制定權與一般立法權予以區
別，並視憲法為特別優越之思想，是與德國法學無緣的。」[註
二十九] 正因大環境的不重視憲法優位，故雖亦有若干微弱聲音
支持，並無作用。如杜理培(Heinrich Triepel)主張法院與法官
就行使司法審查之權能，對法律之合憲性予以判定。[註三十] 被
稱為「威瑪憲法之父」的蒲魯斯(Hugo Preuss)亦以司法審查制
度之普及性加以正面性支持態度，但終未能列入威瑪憲法中。

威瑪憲法時代，若干法官提出「高位階而更恆久之原
理」，否決實用法適用之主張，但並無實際效果。一九二三年
法院(Reichgericht)雖表示，法院有權審查法律之效力原則，但
法院仍僅只有審查命令效力之實。一九二四年法院法官聯席
會議發表共同宣言：[註三十一]

　　　誠實信用原則，乃是超越特定命令以及實用法律之原

[註二十八] Paul Laband "Das Staatrechts des Deutschen Reiches"Bd. 2. 1911. P39.

[註二十九] R. Anschutz "Die Verfassung des Deutschen Reichs" 12. Aufl. S. 348-350.

[註三十] H. Triepel "Der Weg der Gesetzgebung nach der neuen Reichsverfassung", 39
Archiv des Offentlichen Recht, 456, ff. 536, 1920.

[註三十一] 53 Juristische Wochenschrift, 90, 1924. 38.ff.

則，任何法令，無論其名稱為何，如不符合誠實信用原則，就不應有效存在。本於此，法律制定者，亦不能任意行使權力………否則該法必然無效，法官亦不適用。

一九二五年法院再次判示，法院有權利與義務，審查法律是否違憲。[註三十二]然以希特勒在一九三三年一月被任命為總理之後，不久頒布「燃燒法令」(Brand-Verordnung)與授權令(Enabling Act)，威瑪憲法事實上已經失效了。二次大戰後，德國人民痛定思痛，將過去依法保障權利之觀念，轉變為保障個人權利免受法律之侵害，避免走上獨裁專制之路。本於此，期寄望司法權之提高，以收牽制行政、立法兩權之功效。就維護憲法之責任，戰後制定之波昂基本法已不再如威瑪憲法，將之託付聯邦總統，而另專設憲法法院。梅倫(Von Mehren)指出：[註三十三]

一九四九年制定新德國憲法者，彼等最重要而具關鍵之成就，即是採用聯邦立法之司法審查制度。尤其在決定司法審查之範圍，能將威瑪時代之經驗，比照全盤憲法問題而作斟酌考慮。波昂憲法就有效確保司法審查制度與程序，設有明文規定。借此將以往一些學者與政治家，期望將司法審查來保障憲法之基本人權得以實現。此一司法審查價值之確認，與其說是肇始於威瑪憲法時代，毋寧說是納粹時代發生濫用立法權力之衝擊所造成。這種衝擊對戰後德國憲法政治結構的重組，具有非常之重要意義。

[註三十二] C.Mattern. "The Constitutional Jurisprudence of the German Republic" 1928. P.657.
[註三十三] Von Mehren, 'Constitutionalism in Germany The First Decision of the New Constitutional Court" I. Am. J. Comp. Law. 74, 1952.

　　二次大戰後，德國採用司法審查制度，雖受美國憲政思潮之影響，但以其原有大陸法體制，亦非完全接收、移植美制。德國之司法審查制度特色：1.在一般法院體系外，另專設「憲法法院」，它不僅是憲法的最高護衛者，亦是「聯邦共和國中的最高聯邦法院」(Oberstes Burdesgericht der Bundesrepublik)，此使波昂憲法第九十五條第一項所設立「最高聯邦法院」(Oberstes Bundes Gericht)失去實質意義。2.聯邦憲法法院管轄權甚廣，第一庭職司基本人權及憲法訴訟，第二庭職司國家機關之組織、職權諸問題。每一庭(Senaten)各自獨立審判。3.兼採「抽象的規範統制」與「具體的規範統制」。美制只有在現實上具體審查民、刑事及行政訴訟案件時，才可就適用之法令，實施違憲審查。德國憲法法庭除上述「具體的規範審查」外，並准許聯邦及各邦政府或聯邦議會，在無訴訟提起情況下，就現實存在的法律適用問題，提出「抽象的規範審查」請求，予以司法審查。

二、制度層面架構

　　德國司法審查制度乃交由聯邦憲法法院(Bundes Verfassungs Gericht)。依基本法第九十二條規定：「司法權授與法官，司法權由聯邦憲法法院，本基本法所定之各聯邦法院及各邦法院分別行使之。」因德國之司法審查專設聯邦憲法法院（及各邦憲法法院），故本文僅就此一部分析論，有關「聯邦最高法院」及各邦法院系統（如圖二）則僅附圖參考，不擬探討。

　　聯邦憲法法院分兩庭，每庭各選任八名法官，每庭中之三位法官應選自聯邦最高法院之法官，且應在聯邦最高法

服務三年以上。聯邦憲法法院之職權：1.關於宣告褫奪基本權利之案件。2.關於宣告政黨違憲之案件。3.對於聯邦議會就選舉效力或就取得、喪失聯邦議會議員資格之決議所提之訴願案件。4.關於聯邦議會或聯邦參議院對聯邦總統提起之彈劾案。5.就最高聯邦機關或其他依基本法或依最高聯邦機關之處務規程規定，具有一定權限之當事人，因權利及義務範圍發生爭議時，關於基本法之解釋。6.對於聯邦法或邦法在形式上或實質上是否符合基本法，或邦法是否符合其他聯邦法，發生爭議或疑議，經聯邦政府、邦政府或聯邦議會三分之一議員聲請者。7.關於聯邦及邦之權利及義務所生之歧見。8.關於聯邦及各邦間，各邦相互間所生公法上爭議，而無其他法律救濟途徑者。9.對聯邦法官或邦法官提起之法官彈劾案。10.關於聯邦法或邦法是否合憲，由法院提起聲請者。11.國際法上某些規則是否為聯邦法構成部分，由法院提起聲請者。12.邦憲法法院於解釋基本法時，與聯邦憲法法院或其他邦憲法法院所為判決，為不同之裁判時，由該邦憲法法院提起聲請者。

聯邦憲法法院分設兩庭，每庭各由八位法官組成。其中三位應選自聯邦最高法院之法官（聯邦議會選出一名，聯邦參議會選出二名）其餘五位亦應具備法官法所定擔任司法官之資格（由聯邦議會選出三名，由聯邦參議會選出二名）法官應年滿四十歲，且不得在各級聯邦機關、議會中兼職。任期十二年，並不得逾服務年限（年滿六十八歲之最後一月）。

法官不得連任亦不得再度選任。

德國從二次戰後，在聯邦憲法法院主持之司法機關，一

圖三：德國法院體系簡圖

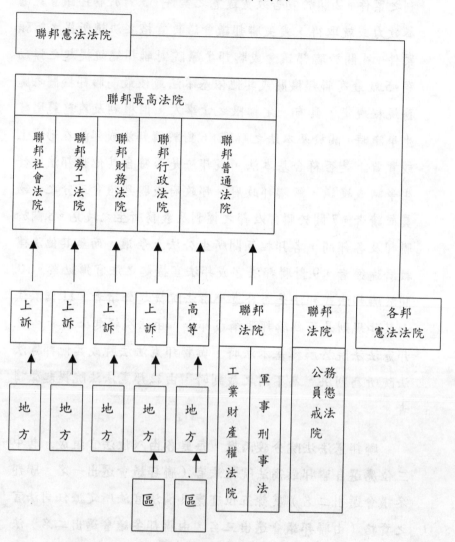

資料來源：張世賢，前揭書，頁二六六。

改過去被局限於消極、狹隘功能，走向積極的運作違憲審查權能，更使司法機關在德國之憲政結構中，居於舉足輕重之地位。

參、日本司法審查制度的演進

一、理論層面發展

日本雖是東方各國中，最早努力於西方立憲（君主立憲）政治、司法制度移植的國家，並制定了亞洲最早之憲法。實則外圍於列強客觀形勢，內汲汲於鞏固明治天皇中央集權之地位，其法政思想仍停留在行政官吏兼司訴訟的情況，民主、人權觀念尚未產生。明治憲法雖仿襲大陸法系體制，標舉憲法之效力高於法律原則，但僅是形式具文。行政機關在於極力打破封建分權，肇建中央集極之近代化帝國；（註三十四）立法機關並無議會政治之體現，仍停留襄贊天皇以法令制度維繫朝廷統治；司法機關之法官任命權屬於天皇，憲法中無保障司法權獨立之條文，尚充滿官僚意識型態。而明治憲法中之憲法最高解釋權，並無明文規定，故學者、政界意見紛紜，形成政府、議會、法院三者皆得對其各自權能所屬事項範圍內，以自身獨立之解釋運用憲法。

日本早先明治憲法之精神若此，欲以之談司法違憲審查制度確言之過早，雖有早期憲法學者上杉慎吉對司法審查持肯定態度：「法官於適用法律之際，若認為法律之規定實際上牴觸憲法時，自應解釋為有拒絕適用該法律之權利與義務。」

（註三十四）　李鴻禧，違憲審查論，四版（台北：國立台灣大學法學叢書編輯委員會，一九九〇年），頁七三。

然依李鴻禧教授之見解，在當時強烈之「天皇即國家」的天皇主權思想下，上杉之國家、法律價值觀，其司法審查制的根本理解與西方是有著根本的不同。^(註三十五)

　　戰前日本學界對司法審查制度持反對者頗多，如一木喜德郎、美濃部達吉等是，且彼等居於日本憲法學界主流之地位。一木一方面倡議「憲法優越」之概念：「憲法雖出諸天皇欽定，然天皇亦不得隨意廢止。」「不得憑戒嚴之宣告而肆意廢止憲法上保障臣民自由之條款。」另一方面則完全否認司法審查之價值：「監視元首有無違反憲法、保護憲法健存，是帝國議會之任務。法官並非憲法之護衛，法官對法律所居之地位與一般臣民並無二致，對一般臣民有效之法律，法官亦應遵從。」^(註三十六)一木之漠視司法權，從而全盤否定司法審查制度之價值與功能。

　　一木之學生美濃部達吉以權力分立乃以立法權為中心，強調由立法機關自身來維護憲法：^(註三十七)

　　　　日本國憲法與美國憲法不同，它是以立法權之行為做為國家最高意思表示，司法權、行政權兩相並立其下。法律既經議會決議、天皇之裁可而確定，應認為議會與政府已確認該法律不違反憲法。議會與政府既已一致確認該法律並未違反憲法，法院當然終須服從其見解，其無依自己之獨立見解予以審查之權能可言。

　　日本戰前思想界之倒向以否定、消極面對司法審查制

(註三十五)　同上，頁七五。

(註三十六)　一木喜德郎議述：「國法學」，轉引自李鴻禧，前偈書，頁七八－七九。

(註三十七)　美濃部達吉，憲法撮要（東京：有斐閣，一九二三年），頁四九〇。

度，司法界亦普遍可見。大正二年（西元一九一三年）有以「賣淫違警犯處罰令」違反憲法第二十三條，而應不予適用。推事（法官）否決之，以謂：「法院行使司法權時，應先就所欲適用之法令是否具備法律或命令之形式，加以審查，固不待言。然若法令一無形式上之瑕疵，則法院不得再就其實質上是否為違反憲法之法律，或違反法律之命令之處，加以審查，甚或因而拒絕其適用。」^{（註三十八）}司法部門雖不否定對法令形式之審查，但對實質是否違憲之審查是不能接受。

二次大戰後，日本人民對昔日軍部之對國會與議員囂張跋扈，代議制度之諸多缺失等深感疑懼；對立法機關制定之法律，必本諸民意、合乎民意的傳統觀念產生衝擊，國會之立法行為亦非神聖不可侵犯者。井上茂指出：^{（註三十九）}

> 在現代，司法審查已被認為是確保立憲政治之手段。昔日期待立法機關排拒司法官僚以維護個人自由與權利之時代，已經過去。立法機關優越之傳統，既然反為獨裁制度之所惡用，法律且成打壓個人權利之工具，則立法機關與法律在立憲政治下之意義，自不能令人無疑。為堅持並伸張立憲主義原有之目的……自應考慮方法之變更，或增加若干新方法。司法審查制度乃因此被採用，俾能使立憲政治傳統，依其本有之意義展開。

時代潮流之所向，日本戰後新憲法採責任內閣制，內閣乃以議會之信任為前提，行政權與立法權實已融為一，再加

---

^{（註三十八）} 日本「大審院刑事判決錄」，大正二年，頁七九六。
^{（註三十九）} 井上茂，司法權之理論，初版三刷（東京：有斐閣，一九六一年十月），頁四三一。

以政黨政治運作其間，則所謂權力制衡幾不可能。故日本新憲法為強化司法功能，乃在一向採大陸法系理念制度上，移植(transplartation)美式「司法審查制度」。唯日本之沿襲司法審查制度與理念，在司法權之實際運作間，則相當程度的採自我設限之消極態度。前日本最高法院院長橫田喜三郎可為代表。其以三權分立原理，與美國之審慎行使為主軸，強調司法審查權乃重大權限，不應輕易行使。橫田以為：^{（註四十）}

> 國會議員由人民選舉，代表全體國民，並體識國民之意思，在國會制定為法律……使法律歸於無效，乃是漠視，甚至否定國民之意思，絕對不能容許。……法官既非選自國民，又不直接對國民負責，與國會議員截然不同。……法官將國會制定之法律宣告無效，乃是由不經國民選出且不對國民負責任之法官；對由國民選出，且又得對國民負責之國會議員所制定之法律，宣告為無效，就民主主義之立場言，是完全異常之事。

對此，戰後日本一方面採用司法審查，一方面又頗多採消極限制態度。李鴻禧氏則以二次戰後各國之議會政治頹廢、議會制度僵化，已使十九世紀之若干民主理論發生變形變質，是否仍宜奉為圭臬？且限制司法審查之功能頗表質疑。^{（註四十一）}蘆部信喜所提出之見解，則從積極性出發，頗值參考：^{（註四十二）}

> 吾人若不以「國民意思」、「多數決原理」等立場，

---

^{（註四十）}　橫田喜三郎，違憲審查（東京：有斐閣，一九六八年），頁一二一一四。
^{（註四十一）}　李鴻禧，前揭書，頁一〇三一一四七。
^{（註四十二）}　蘆部信喜，憲法訴訟之理論（東京：有斐閣，一九七三年八月）頁三六一三七。

認為應以政黨及其他社會集團之爭鬥與妥協之觀點，將政治過程做實證之研究分析；則對司法機關，何以在原則上必須恆常對議會之多數意見，予以最大的尊重之理由，實在難以充分理解。縱令吾人承認司法機關非民主機關，但必以為，唯有使其絕對服從法律——經常是各利益集團間妥協之產物，且憲法上亦不無疑義之法律——才能對民主主義做最大之貢獻。

誠然「理想與現實之間，立憲主義與實際憲政之間，不停地發生激烈之爭辯現象，且無國無之，僅程度不同而已。」^(註四十三) 本文第三章以下更將聚焦於司法違憲審查制度界限之理論，以確立可長可久之制度。

二、制度層面架構

日本戰後新憲法基於三權分立之制衡原則建構。強調司法權之獨立：「一切司法權均屬於最高法院及依法律規定下所設之下級法院……法官依其良心，獨立行使職權，惟受本憲法及法律之規定。」（日本國憲法七十六條）

新憲法賦予最高法院以違憲審查權，相關規定如次：

「本憲法為國家最高法規，凡違反其條文之法律、命令、敕詔及關於國務之其他行為、全部或一部，均無效力。凡日本國所締結之條約，及已經確定之國際法規，應誠實遵守之。」（日本國憲法第九十八條）

「天皇、攝政、國務大臣、國會議員、法官及其他公務員，均負有尊重並維護本憲法之義務。」（日本國憲法第九十九條）

「最高法院具有決定一切法律、命令、規則或處分，是

---

^(註四十三) 李鴻禧，前揭書，頁一四九。

否適合憲法權限之終審法院。」（日本國憲法第八十一條）

　　日本司法制度，包括最高法院、下級法院構成。（如圖三）最高法院（最高裁判所）以院長（最高裁判所所長）和法官（判事）14 人組成。院長由天皇依據內閣之提名而任命（日本國憲法第六條）。法官由內閣任命，天皇認證。（日本國憲法第七條）

　　最高法院設於東京，其審理判決以大法庭或小法庭行之。大法庭由全體法官組成之合議體（含院長十五人）；小法庭由法官五人組成之合議體。必須由大法庭審判之情況有三：

1. 基於當事人之主張法律、命令、規則、處分、不合乎憲法。
2. 除前款外，認為法律、命令、規則、處分不適合憲法。
3. 關於憲法或其他法令解釋適用之意見與以前最高法院所為判決相反。

　　以上是否違憲之爭議案件由大法庭審判。大法庭必須有法官九人以上之出席，始能審理及裁判。關於是否適合憲法之裁判？應有法官八人以上意見的一致。經最高法院大法庭判決為違憲之任何法律、命令、規則或處分為無效。

　　最高法院法官須年滿四十歲。經任命後，在眾議院議員總選時，同時交付國民審查，決定其是否適任職位。適任者繼續任職，不適任者去職。此後再過十年，於眾議院議員總選時，同時進行國民審查，其後亦同。最高法院法官之法定退休年齡為七十歲。

　　下級法院法官任期十年，有權連任。退休年齡除簡易法庭之法官七十歲，其他法官為六十五歲。

圖 四： 日本司法組織圖

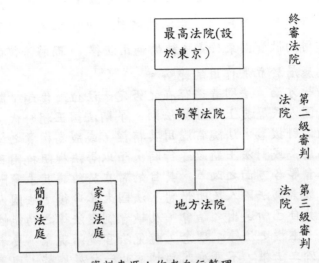

資料來源：作者自行整理

肆、法國司法審查制度的演進

一、理論層面發展

　　法國與德國等歐陸國家在初始權力分立觀點上，並不是以行政、立法、司法三權處於「同位」(Co-ordinate)之存在。固然法國本即「權力分立」理論的發源地，孟德斯鳩(Montesquieu)之主張，對法國人而言，重點顯然在於司法與行政的分權上，並不涉及司法與立法權關係。

　　究其實，一方面法國受盧梭(J. J. Rousseau)思想之影響，認為法律乃公意(Volonte generale)之表現。亦即承認統治型態之決定、統治機關權能之分配，乃出自國民議決的法律規範。制憲的權力與憲法賦予機關的權力，是結合於國民主權中。因之，並不可明確區別此兩者，或視為相互對立之概念。（註四十四）此在法國大革命次年之一七九〇年的法律即規定：「法院不得直接、間接參與立法權的行使，對於經立法機關議決、

（註四十四） W. Henke "Die Verfassungsgebende Gewalt des deutschen Volks" 1957, S. 57。

國王裁可之法令，不得妨害或停止其執行。前述行為應構成
瀆職罪。」一七九一年憲法之第三篇第五章第三條：「法院不
得干涉立法權之行使或停止法律之執行。」正是「明確地把
司法作用的性質囿束於『單純的適用法律』，而將法律的解釋
確定為應屬於立法作用的範疇。」^(註四十五)

　　另一方面，法國普遍存在之否定「法位階優越」觀念，
來自法國人民歷史上的經驗法則。早期法國王朝時代，司法
官僚的偏斜拔扈，法院常濫用其特權，或成為權貴之幫凶，
助紂為虐；或對法王新政遂行時，予以否決權阻撓國王對政
治、社會等各方面之改革。其目的常在於維護其本身階層之
特權，故素為法國人民所憎惡。法國大革命後，法國人民寧
可相信其自己所選出之議會，及議會制定法律之功能性。從
而排拒「主權之法律」理念，避免法官統治現象，要求司法
權隸屬於立法權，不可凌駕超越。此一發展態勢，與美國司
法違憲審查理念，產生排拒、不相容的狀況。

　　一直到二次大戰前，法國朝野普遍仍存在著「議會民主
主義」，當時法國憲法學界執牛耳的艾斯曼(E. Esmein)即持否定憲法
優位的立場：^(註四十六)

　　　　國家是人民所形成存在的自然發展結果，並不是由
　　憲法所創造。憲法只不過是就其已經存在之國家與政
　　府，來決定其形態而已。憲法與其他法律相同，只不過
　　是一種法律而已。……只是憲法內容較為重要，故而憲
　　法的制頒或變更，要比一般法律困難。

艾氏並認為司法違憲審查之理論與權力分立之概念是有
矛盾衝突的，混淆了權力分立的界限：^(註四十七)

　　　　法官之職責在於適用法律，而非在於審查法律……
　　法官雖有權適用或解釋一般法律，但無權審議或解釋憲

---

^(註四十五) 李鴻禧，前揭書，頁六十七－六十八。
^(註四十六) E. Esmein, "Elements de Droit Constitutionnel", 7ed., 1921, pp.412-413。
^(註四十七) Ibid, pp.592-594。

法……審議或解釋憲法之權力，仍保留在具有「憲法制定權力」(pouvoir constituant) 之立法機關手中。

艾氏等法國主流見解，類多強調給予司法機關以極其有限之「解釋憲法」功能。對於美國司法審查制度，認係違背權力分立理論的自我矛盾現象。故而一九二〇年代，雖有望重士林之大儒，狄驥(L. Duguit)、郝樂(M. Haruiou)本於成立文憲法之必要，力倡司法審查制度，但在制度實務面上，未被採納。狄驥從權力分立觀點，強調司法違憲審查之正當性：
(註四十八)

> 法官適用法律之際，當然應受現有之國法拘束。法官固然須受普通法律拘束，更有理由應受成文或不成文之上位法規，特別是人權宣言及憲法法典所定重要規定之拘束。在上下位階法律並存之國家，一旦遇有下位法規與上位法規發生牴觸之情事，法官應適用後者以排拒前者，乃當然而明顯之至理……宣示權力分立制度本身，既可說已包含司法審查制度的肯定。諸凡否認法院有此審查權之國家，實仍難謂其為真正之法治國家。

郝樂氏亦指出，法國法律既存有事實上之上、下不同位階法規，法院拒絕適用違反上位法規之下位法規，應屬當然。乃從而極力強調司法審查之理念與制度。(註四十九)唯法國學術界主流之反對司法審查制度，亦多飽學之士，如艾斯曼(E. Esmein)、穆樂(Moreau)、轟查(Nezard)、馬爾伯(Malberg)、傑斯(Jeze)、談軻(A. Tunc)等人，彼等反對司法審查理論之看法，約為：(註五十)

1.法國法院傳統上的經驗，使人民欠缺信賴感，公平正義

(註四十八) L. Duguit, "Iraite de Droit Constitutionnel", 2ed., pp.659-673。

(註四十九) M. Hauriou, "Precis de Droit Constitutionnel", 1923, pp.302-307。

(註五十) 李鴻禧，前揭書，頁七〇－七一。

之聲望或有不足，不適宜由法院行使司法審查權。

2.法國憲法條文簡潔，如貿然承認法院之司法審查權，或引起無窮之流弊。

3.憲法與法律同為人民公意之表現，即使有違憲的法律，亦屬少數的例外，不足為慮，無須承認司法審查制度。

4.美式司法審查制度將使司法權高於立法權及行政權之上，司法機關優越於平行機關，甚將優於代議形式下之國民公意表達，有招致法院政治機關化之危機。

5.法院之握有司法審查權，比握有無限權力的議會之操持立法權，更不合於憲法精神。

法國二次大戰前，對司法違憲審查制度，由於傳統上消極排斥的態度，到戰後一九四六年第四共和憲法制定時，仍承襲傳統想法，不承認美式違憲審查思想與制度，而以「憲法委員會」(Comite Constitutionnel)取代。此一「憲法委員會」之職權，在於審議眾議院議決的法律，有無涉及憲法修改問題。但其運作上有若干限制因素：1.審查法律期間限於法律制定後，正式公布生效前。2.審查結果如認法律違憲，只能退回眾議院覆議，不得宣告法律違憲無效。3.覆議後如維持原案，則應修改憲法以與法律相配合。4.憲法前文有關保障基本人權部分，是否與法律有牴觸之問題，不能審議。質言之，「憲法委員會」之功能，並非在於維護憲法的最高權威，而是在於政治調和之功能，尤其是參議院和總統聯合防止眾議院之坐大。綜觀第四共和十二年中，「憲法委員會」僅只集會一次，且只是討論如何解決立法程序問題，其憲法地位可以看出。

一九五八年戴高樂(Charles de Gaulle)主導之第五共和憲法（亦稱「戴高樂憲法」）則對司法違憲審查制度做了肯定之大轉變。此一重大變革，來自對第四共和體制下，眾議院權

力過大、地位過於優越之反思。第五共和憲法起草人乃重視基本人權保障之功能，在憲法中所設之「憲法委員會」(Le Conseil Constitutionnel)強調憲法在法律與命令關係中的地位與功能。實則，第五共和之「憲法委員會」已由制衡之性質轉向為保障基本人權之意義，並普獲法國民眾之認同。唯「憲法委員會」仍有若干值得檢討處，在下文制度層面架構中論之。

二、制度層面架構

第五共和憲法中有關司法違憲審查制度，乃規範於「憲法委員會」之中，「憲法委員會」之組織、編制、職權見於憲法第五十六條至六十二條之間。「憲法委員會」組成：[註五十一]

1.憲法委員會設委員九名，任期九年，不得連任。憲法委員會委員，每三年改選三分之一。憲法委員中，三人由共和國總統任命，三人由國民議會議長任命，三人由參議院議長任命。（憲法第五十六條第一項）

2.除上述九名委員外，歷任共和國總統為憲法委員會之當然終身委員。憲法委員會主席，由共和國總統任命之，在贊同與否定同數時，主席有決定權。（憲法第五十六條第二項、第三項）

3. 憲法委員會委員不得兼任政府閣員或國會議員。憲法委員會委員不得兼任之其他職務，以組織法定之。（憲法第五十七條）

憲法委員會之職權包括：

1.憲法委員會監視共和國總統選舉，務使依法進行。（憲法第五十八條第一項）

2.憲法委員會審理總統選舉糾紛，並宣布選舉結果。（憲

[註五十一] 國民大會編，世界各國憲法大全，第二冊（台北：國民大會秘書處，民國八十五年五月），頁二七五－二七九。

法第五十八條第二項）

3.國民議會及參議院議員選舉發生爭議時，由憲法委員會予以裁決。（憲法第五十九條）

4.憲法委員會監督公民複決運作過程，務使依法進行，並宣布其結果。（憲法第六十條）

5.各組織法在公布前，以及國會兩院規程在實施前，均須送請憲法委員會審議，並將各該條款之合憲性予以宣告。（憲法第六十一條第一項）

6.基於同一目的，法律在未公布前，得由共和國總統、總理、國民議會議長、參議院議長，六十名國民議會議員及六十名參議院議員，提請憲法委員會審議。（憲法第六十一條第二項）

7.經宣告為違憲之法規，不得公布，或付諸實施。（憲法第六十二條第一項）

8.憲法委員之裁決，不得上訴，並對公權機關及一切行政、司法機關具有拘束力。（憲法第六十二條第二項）

誠然，第五共和憲法之憲法委員會較第四共和者，已有明顯之差異。在功能上，司法違憲審查精神已具其形，但在制度面上仍有值得爭議者：

1.違憲審查採事前審查程序，尤其是提起審查訴訟之期間，限於法律案經議會三讀通過，移請總統簽署公布生效之間，期程過短。限制違憲審查之範圍，已公布之法律不得提出聲請，使功能大受影響。

2.聲請者範圍較小，限於總統、總理、參議院議長、眾議院議長（至一九七四年季斯卡總統時代，修改憲法，使參議員六十人以上或眾議員六十人以上聯署者，也可提出聲請）。然範圍仍過狹窄，一般國民在確定終局裁判後，並無提出聲

請審查權，對基本人權保障並不周延。

　　3.憲法委員會成員有過濃之政府色彩。憲法委員雖有嚴格之任命限制，但其產生是由總統、參議院議長、眾議院議長三人各提名三人，其提名者與之絕非陌路，極難免除政治性、政黨性色彩，而有偏向政府之走向。

　　4.司法訴訟化不具備。法國違憲審查並不採言詞辯論、亦無當事人對造審理程序，過程不公開。如此缺乏司法審判程序要件，就程序正義言之，即有瑕疵，遑論及實質正義。

　　5.司法救濟不足。憲法委員會之裁決，不得上訴，故為一審終結，委員會本身即為終局裁判，就人民救濟、基本人權保障均有不足。

第三項　司法違憲審查制度的憲政地位

　　司法違憲審制度由美國啟始，戰後之亞、歐、美、非洲起而效尤者，不可勝數。尤以大陸法系之德、法諸國亦採行，並列入各國憲法條文中，足徵本制度之極具憲政意義。益以司法違憲審查制度之採行，欲求其成功，有其相互配合之條件：1.政權穩定。2.有競爭性之政黨制度。3.具體的橫向分權。4.濃厚的司法獨立傳統。5.擁有高度的政治自由。^(註五十二)憲法為一國最高指導原則，合憲性判決在於解決國家所有機能間之衝突架構，規律憲法與現實政治狀態間之關係，反映多元社會之公意表現。質言之，司法違憲審查制度之憲政地位表現於：保障憲法權威，解決機關爭議，維護基本人權。

壹、保障憲法權威

(註五十二) Henry Abraham, The Judiciary – The Supreme Court in the Governmental Process, 9th ed (Dubuqru, I.A. :Wm. C. Brown Communications Inc., 1994) P.271.

　　憲法條文抽象簡潔，自難無所不包，且含義不夠明確，難以遵行適用，或法令適用之爭（疑）議不可避免。從純粹法學之觀點，法律體系並非是若干法規橫向並列，地位完全平等的體系架構，而是由不同位階之法規範所構成之法位階秩序。^(註五十三)當兩種法律相互矛盾衝突時，以較高位階者居優越地位。在法的位階中，憲法具有最優越、最高位階地位，其效力高於法令，法令不得牴觸憲法。然而法令有無牴觸憲法？須要解釋途徑為之。此宜由制憲者、制頒法律、命令者以外之第三者作客觀之解釋，免除球員兼裁判，以確定法令之合憲與否。

　　當今全球約有七十個國家採取不同形式之司法違憲審查制度，依審查機關大致分為：分散制司法違憲審查(the diffuse system of judicial review)、集中制司法違憲審查(the concentrated system of judicial review)、混合制司法違憲審查(the mixed system of judicial review)三種類型。^(註五十四)各國類多移植美國制度，型塑於憲法條文之中，成為憲法體制之一環，遠較美國減少憲法正當性之爭議。

　　美國雖是司法違憲審查制度之創造、帶動者，正因此，聯邦最高法院行使違憲審查權，並未直接從憲法條文中，取得法源之正當性，這是美國此制之缺憾。然此一法源不足之缺憾，並未動搖美國司法違憲審查制度之蓬勃發展，與對世界憲政發展之龍頭地位。

　　值得關注的焦點，在於違憲審查之有無系統性，其運作

---

^(註五十三) Kelsen Hans, Introduction to the Problems of Legal Theory, Trans. By Bonnie Litschewski Paulson and Stanley L. Paulson (N.Y. :Oxford University Press, Inc., 1992) P.64.

^(註五十四) 陳文政，美國司法違憲審查理論與制度之研究，國立台灣師範大學，三民主義研究所博士論文，民國八十八年六月，頁三○七－三○八。

關係憲法之尊嚴與構成。缺乏系統脈絡可尋，甚至合憲與否判例宣判之前後矛盾，是否損及憲法地位？以美國最高法院之判決觀之，迄一九九五年一月，共宣告一百三十五項國會立法違憲[註五十五]然其推翻自己先前的判例達二〇六項之多。[註五十六]其推翻自己的判例遠比其宣告違憲者多。再如，選舉區重新劃分(reapportionment)問題，在一九四六年 Colegrove v. Green 案，以「監督各州選舉區劃分為國會權力」之政治問題為由，拒予審查。至一九六二年 Baker v. Carr 案之阿拉巴馬州(Alabama)議會選舉區仍以一九〇〇年之人口普查為基準是否違反平等保護條款之爭議？聯邦最高法院不但受理，且以平等保護條款判決之。[註五十七]

　　以新的觀點、基礎來推翻先前之判例，固可解讀為釋憲機關敏銳洞悉社會變遷發展。但亦證實多數意見在不同時期有著極大歧異看法之事實和無奈。整體分析，合憲與否判決的影響因素包括：1.職司釋憲者以個人政治態度、政策偏好，而非基於國民共享之價值，從事憲法判決。[註五十八]2.政治勢力介入其中（如釋憲機構成員之提名、任命權）。3.政治現實的考量（如我國釋字七十六號「國民大會、立法院、監察院『共同相當於』民主國家之國會」；釋字四一九號「副總統兼行政院長『非顯屬不相容』」等是）。

　　將一部抽象而簡潔的憲法條文，透過釋憲機構之合憲與否判決，予以明確化、具體化，有學者以為縱令有部分不當，

[註五十五]　Mason and Stephenson, op.cit., P.49.
[註五十六]　David M. O'Bried, Storm Center-The Supreme Court in American Politics, 3th ed.(New York: W.W.Norton & Company, Inc., 1993), P.63.
[註五十七]　轉引自陳文政，前揭文，頁二五二。
[註五十八]　任冀平，「美國最高法院審查權的行使：理論與實際」，歐美研究，第廿五卷，第三期，民國八十四年九月，頁五八。

但就憲法具有之規範性質而言，乃是利多於弊，有其必要。尤其是有司法審核權之國家，其國民殷切於透過憲法解釋，用以縮短憲法理想與事實之鴻溝。[註五十九]本於司法違憲審查之保障憲法權威，做為「憲法守護者」在面臨政治現實，甚或所謂「司法謙抑性」，究為必須存在？抑或自我棄守瀆職？美國聯邦最高法院大法官之高言讜論「憲法是法官的宣言」、「最高法院就是憲法」[註六十]或正指出釋憲的積極意義，在於維護憲法秩序。

貳、解決機關間爭議

單一或聯邦國均將面臨憲政體制中機關的爭議存在，它來自兩個面向：一是縱向的中央與地方權限之爭議，在聯邦體制為聯邦政府與各邦（州）政府的權力互動。二是橫向的中央政府（聯邦政府）行政、立法、司法三權（我國加上考試、監察五權）分權與制衡關係。

橫向爭議之西方三權分立體制中，行政、立法、司法同為憲法下「同位格部門」(coordinate branch)，且相互制衡(check and balance)。隨著晚近行政部門之擴張與行政裁量權之加大，以及立法部門之澎脹與立法自由形成之增大，機關間互動爭議之化解，人民權利之保障，產生了迫切需求。這有賴司法權之制衡為之，司法審查制度正是奠定「司法權優越」的基石所在。因釋憲機關為維護憲政體制之終局裁判者(final arbiter)，其可宣告國會部門之法律與行政部門之命令違憲無效。

或以三權乃同位格部門，司法並無超越其他兩部門之優

[註五十九] 李鴻禧，前揭書，頁三四八。
[註六十] 徐振雄，我國釋憲制度之研究，中國文化大學三民主義研究所，碩士論文，民國八十年六月，頁一○。

越地位，行政、立法、司法均是國家政府體系之一，同為政
府體制之參與者，司法部門既是參與者，也是裁判者，這在
邏輯上是矛盾的。[註六十一] 此一看法，或僅是表象的，司法部門
之擁有司法審查制度權，即在賦予其職能上依憲解釋，正如
行政部門之依憲行使治權，立法部門之依憲行使政權，各有
職司。若行政、立法部門依憲而行，則司法部門亦無可如何，
而必須為合憲與否判決。如若行政、立法非依憲而行，司法
部門依其職權宣判其違憲，所依據者二：一是權力分立之職
掌分工；二是憲法。而無「太上行政機關」(super executive)
或「太上立法機關」(super legislature)者。

　　政府各部門依憲運作，立法部門制法，行政部門執法，
無可避免常有因見解之相異，導致衝突發生之情形。司法部
門之合憲與否判決適時的扮演此等紛爭的最後仲裁者。機關
間之爭議包括橫向爭議與縱向爭議。前者橫向爭議上文已敘
述，後者縱向爭議又因單一國、聯邦國而有不同。

　　單一國者如中、法等國，國家之行政權屬於中央，地方
乃由中央授權執行。司法權亦統屬於中央，無中央、地方之
分。我國憲法第一〇七條第四款：「司法制度由中央立法並執
行之」憲法中並明文列舉地方（省、縣）之固有權限（第一
〇九條－一一〇條）。我國地方自治制度，受最高位階憲法之
保障，非經憲法授權，一般立法程序，均不得加以變更廢止
或侵害其本質。唯此種地方所享有憲法內的自治，只在保障
其不受行政、立法部門之違憲干預，它仍須受司法之監督。
我國憲法第一一四條：「省自治法制定後，須即送司法院。司
法院如認為有違憲之處，應將違憲條文宣布無效。」憲法第

_____

[註六十一] 陳文政，前揭文，頁三一一。

一一七條：「省法規與國家法律有無牴觸發生疑義時，由司法院解釋之。」以上說明司法機關負有解決中央與地方權限爭議之功能。另就憲法第一一一條規範，對於第一〇七條至第一一〇條未列舉之事項遇有爭議時，由立法院解決之規定，顯有不妥適。此因大法官會議對立法院之解釋結論，仍得為終局裁判。

聯邦制度之古典意義，在指一個國家將其權力分給聯邦和各邦，聯邦和各邦在權限範圍內，享有充分主權，且兩者均不得逾越各自之權力範圍外，去侵犯他方之權限。聯邦與各邦政府地位是互相對等且獨立的。[註六十二] 美國聯邦最高法院負有對聯邦與各州間權限界限爭議之解釋與判決，解決聯邦與各州權限爭議問題。從美國浩瀚的釋憲判例中，可以確認者，聯邦與各州權限的爭議判決結果，並非一成不變，甚或因時代與社會情況的變遷，前後時期類似的案件，有不同的解釋，此乃憲法適應情勢變遷的結果。不同時期之不同解釋態度，亦因時代環境調整聯邦與各州間關係，發揮仲裁爭議之功能。釋憲者果欲在仁智互見下，作一言九鼎，最後的決定，其自身的智慧、學識、才能、見解和品德，以及對多元化、複雜化的政治、經濟、社會、文化、環保有更深一層體認和瞭然於胸，是不可缺少者。

參、維護基本人權

憲法是國家構成法，人民權利之保障書。近代成文憲法即在於規範國家的組織設計與人民權力的保障。司法違憲審查的功能，除保障憲法尊嚴，達到維持憲法秩序，同時解決

[註六十二] 陸潤康，美國聯邦憲法論，增訂初版（台北：凱崙出版社，民國七十五年九月），頁二二五。

機關間爭議外，保障基本人權是其核心議題。

　　保障基本人權(human rights)的基礎理念，來自「正當法律程序」(due process of law)。正當法律程序源於英美制度。英國一二一五年大憲章(Great Charter)第三十九條規定：「任何自由民，非經其采地貴族之合法審判，並經依國法(law of the land)之判決，不得予以逮捕、監禁、沒收財產、放逐、傷害或不予以法律保護。」(註六十三)然而本用語(tern)首先出現於一三五五年愛德華三世(Edward III)公布之「倫敦西敏寺自由律」(Statute of Westminster of the Liberties of London)第三章第廿八條：「任何人無分身分或地位，非經正當法律程序審訊，不得流放、沒收田宅、剝奪繼承權或處死。」(註六十四)

　　正當法律程序思想傳入美國，一七九一年美國憲法增補第五條規定：「任何人不得未經正當法律程序，便喪失生命、自由或財產。」第十四條規定：「任何州不得制定或執行剝奪美國公民特權或豁免權之法律；亦不得未經正當法律程序剝奪任何人之生命、自由或財產；在其管轄區內，亦不得拒絕任何人給予法律之平等保護。」(註六十五)

　　正當法律程序適用於程序上之權利，即政府限制人民之自由權利時，所應遵循之正當程序，稱為「程序上之正當程序」(procedural due process)。而就法律內容必須符合公平性、合理性、正義性，且政府作為之目的與手段間必須有理性的、合理的關聯性，稱為「實質的正當程序」(substantial due process)
(註六十六)

(註六十三)　國民大會編，世界各國憲法大全，第二冊（台北：國民大會秘書處，民國八十五年五月），頁九一一六。

(註六十四)　荊知仁，美國憲法與憲政（台北：三民書局，民國八十二年九月），頁七七。

(註六十五)　同（註五十五），第三冊，頁四一二一四一四。

(註六十六)　同（註五十六），頁八四。

程序上之正當法律程序，依美國范德利法官(Judge Friendly)之主張，至少包括以下十項：1.公正的裁決機關。2.對所擬採取之行動作預先告知，並提供論理基礎。3.有陳述意見表示系爭行動不該採行的機會。4.提出證據及要求傳喚證人的權利。5.知悉不利證據的權利。6.交叉詢問相對證人的權利。7.完全依呈現之證據裁決。8.延聘律師的權利。9.裁決機關對呈現之證據做成書面紀錄。10.裁決機關以書面敘明事實與理由做成裁決。^(註六十七)

實質上之正當法律程序，依葉俊榮教授研究美國聯邦最高法院之實務乃是「雙階架構」(two-tiered framework)：涉及正當法律程序條款之案件，第一步必須先決定系爭被剝奪之利益是否屬於憲法正當法律程序條款所保障之生命、自由或財產之範疇。若否，則無正當法律程序保障問題；若有，則第二步依「利益衡量基準」(interest balancing test)裁定被剝奪利益之當事人應受到何種程度之保障，才屬正當。^(註六十八)

我國之正當法律程序是規定於憲法第八條：「人民身體之自由應予保障，除現行犯之逮捕由法律另定外，非經司法或警察機關依法定程序，不得逮捕拘禁。非由法院依法定之程序，不得審問處罰。非依法定程序之逮捕、拘禁、審問、處罰得拒絕之。」

我國之「司法院大法官審理案件法」第五條第一項第二款規定：「人民、法人、或政黨於其憲法上所保障之權利，遭受不法侵害，經依法定程序提起訴訟。對於確定終局裁判所

---

^(註六十七) 葉俊榮，「美國最高法院與正當法律程序－雙階結構與利益衝突理論的演變與檢討」，焦興鎧主編，美國最高法院重要判例之研究：一九九○－一九九二(台北：中央研究院歐美研究所，民國八十四年六月)頁九四－九五。

^(註六十八) 同上，頁六三－八七。

適用之法律或命令發生有牴觸憲法之疑義者·」得聲請解釋憲法·同條文第二項規定：「最高法院或行政法院就其受理之案件，對所適用之法律或命令，確信有牴觸憲法之疑義時，得以裁定停止訴訟程序，聲請大法官解釋·」

　　司法機關對於人民之釋憲條件雖有過於嚴格之步驟和程序，但從憲法、法律基本人權之保障，政府之以釋憲制度保障人民生命、自由、財產權是明確的。

第二節　司法違憲審查的內涵精神

　　當前世界各國普遍採行司法違憲審查，將憲法之釋憲權交由司法權來行使·就誰來解釋？頗不一致·美國係由司法機關之法院掌理，大陸法系則多採用特設機關，如德、奧、義之「憲法法院」；法、韓之「憲法委員會」；中非、摩洛哥之「憲法法庭」；我國之「大法官會議」等·以法院的形式(Gerichtsfoermigkeit)來釋憲，則因原有司法體系之特質（如權力分立等）對違憲審查形成制約，而有所爭議·諸如，違憲審查的標的（客體）是否限於具體的「案件或爭議」(cases or controversies)?可否及於抽象的「疑義」(doubts)等？本節分就具體與抽象違憲審查之爭議；就我國違憲審查制度與美國違憲審查原則相互間之同異、性質等之檢視，以期明確司法違憲審查的內涵精神。

第一項　具體與抽象違憲審查的界說

　　「具體違憲審查」係以「個案」為限，在個案中解釋憲法，以及系爭之法律、命令有否牴觸憲法之「憲法裁判」。憲法裁判與普通法院的裁判均是對具體案件或爭議予以法規範

具體化作為，前者裁判之基礎為憲法，後者裁判之基礎為法律。質言之，具體違憲審查強調以具體而生之「案件與爭議」為限，其裁判之拘束力亦以所發生的「案件與爭議」為限。

「抽象違憲審查」乃指不限於「個案」，它包含解釋之聲請不以具體之案件、爭議為限，一般之「疑義」者，亦可聲請解釋；再者，違憲審查解釋之效力不限於爭議，而具有一般之拘束力。

以美國聯邦最高法院之判例彙整，違憲審查所歸納出之若干原則：「無訟案不審查原則」、「架空之抽象性原則」、「諮詢意見原則」、「政治問題原則」與「立法動機不審查原則」[註六十九]是具備具體違憲審查之性質和走向。

就我國而言，憲法第七十八條規定：「司法院解釋憲法，並有統一解釋法律及命令之權。」憲法第一七三條規定：「憲法之解釋由司法院為之。」這兩項條文中之「解釋」，並不明確其指涉內涵，究為限於具體案件與爭議所為之「具體解釋」？抑或包含不受案件與爭議等事實拘束之「疑義」所為的「抽象解釋」？

依大法官釋字第二號之解釋，則具有抽象解釋之意涵：[註七十]

> 憲法第七十八條規定，司法院解釋憲法並有統一解釋法律及命令之權，其於憲法則曰解釋，其於法律及命令則曰統一解釋，二者意義顯有不同。憲法第一百七十三條規定憲法之解釋由司法院為之，故中央或地方機關於其職權上適用憲法發生疑義時，即得聲請司法院解

[註六十九] 陳文政，前揭文，頁二〇〇—二二一。

[註七十] 三民書局，大法官會議解釋彙編（台北：三民書局，民國八十四年四月）頁一—二。

釋。法律及命令與憲法有無牴觸發生疑義時，亦同。至適用法律或命令發生疑義時，則有適用職權之中央或地方機關皆應自行研究，以確定其意義而為適用，殊無許其聲請司法院解釋之理由。惟此項機關適用法律或命令時，所持見解與本機關或其他機關適用同一法律或命令時所已表示之見解有異者，苟非該機關依法應受本機關或他機關見解之拘束，或得變更其見解，則對同一法律或命令之解釋，必將發生歧異之結果，於是乃有統一解釋之必要。故限於有此種情形時，始得聲請統一解釋本件。行政院轉請解釋未據原請機關說明，所持見解與本機關或他機關適用同一法律時，所已表示之見解有異，應不予解釋。

大法官釋字第二號，就「中央或地方機關於其職權上『適用憲法發生疑義』」時，即得聲請司法院解釋。」確立大法官之抽象解釋權。一九五八年制定之「司法院大法官會議法」第三條第一項第一款亦規定：「關於適用憲法發生疑義之事項」為大法官釋憲之範圍。同法第四條第一項規定：「中央或地方機關於其行使職權適用憲法發生疑義，或因行使職權與其他機關之職權發生適用憲法之爭議，或適用法律與命令發生有牴觸憲法之疑義者」均得聲請解釋憲法。

一九九三年修正公布之「司法院大法官審理案件法」第四條第一項第一款，仍以「關於適用憲法發生疑義之事項」為大法官釋憲權範圍所及。同法第五條第一項第一款亦規定「中央或地方機關，於其行使職權，適用憲法發生疑義」。同法第五條第一項第三款，並增加原「司法院大法官會議法」所無之「立法委員現有總額三分之一以上，就其所行使職權，

適用憲法發生疑義」之規定。申言之，我國現行之違憲審查包括具體的爭議解釋與抽象的疑義解釋兩者。

第二項　具體與抽象違憲審查的爭議

衡諸美國司法違憲審查之理論與實務，國內學者乃就違憲審查之具備司法權，論述司法權之本質有四：1.被動性。（法院必須嚴守「不告不理」原則）2.正確性。（追求正確，就「對與錯」、「真與假」之判斷平定曲直、評斷是非）3.獨立性。（保障法官之獨立）4.拘束性。（法院在裁判中所為之事實認定與法律解釋均具有拘束力，由此並推論出，法院不應提供不具拘束力的諮詢意見）^{（註七十一）}。

依據此司法權四項本質，參照美國聯邦憲法第三條之規定，司法權只能及於「個案及爭議」。而後綜合美國聯邦最高法院兩百餘年來的詮釋，「個案及爭議」之要件有四：1.原告必須有訴之利益（即請求審查之原告須具備「原告適格」）。2.系爭事件提請法院裁判的時機必須恰當（即非尚未，亦非已逾可為判決之程度）。3.系爭事件在本質上必須適合由法院進行裁判，而非屬所謂「政治問題」。4.不得對研議中的法案或計劃，提供不具拘束力的諮詢意見。^{（註七十二）}

亦有以「個案及爭議」的要件，包含司法權在權力分立中兩項最基本的原則：一是司法權只能及於「個案」，只能制定個別、具體規範，而不能制定一般、抽象規範；二是司法權只能及於「爭議」，必須等待爭議發生始能發動（不告不理

^{（註七十一）}　湯德宗，權力分立新論，增訂二版（台北：元照出版公司，二〇〇〇年十二月），頁一四一－一四五。
^{（註七十二）}　同上，頁一四〇－一四一。

原則），此乃司法權被動性的表現。[註七十三] 以上兩說見解大致從司法權本質之美國釋憲原則，對照我國「司法院大法官審理案件法」與大法官釋字第二號解釋所表現出來的「事後裁判」問題、「訴外裁判」問題、「絕對違憲」問題提出質疑和否定態度。

一、事後裁判問題

抽象解釋權於我國使用似過於寬鬆廣泛，如德國之抽象審查僅限於就聯邦、邦的法律是否符合基本法，或邦的法律是否牴觸其他聯邦法，意見紛歧或有疑義，聯邦政府、邦政府或聯邦眾議院三分之一以上的議員始得訴請聯邦憲法法院裁判。就我國之聲請權人擴及所有中央與地方機關，立法委員現有總額三分之一以上，只須行使職權適用憲法發生「疑義」，即得聲請。有以這將產生三個結果，一是使大法官解釋淪為法律諮詢意見。二是大法官如此汲汲於指導立法機關立法，將鼓勵行政、立法部門積極利用大法官解釋成為政治角力的手段。三是大法官深陷政治紛爭惡鬥漩渦之中。[註七十四]

二、訴外裁判問題

我國抽象釋憲權聲請要件寬鬆，無論聲請人資格或聲請條件放寬之下，司法權被動性之不告不理原則，頗受挑戰。申言之，司法權之禁止「訴外裁判」（必須於起訴範圍內審判）要求，似不為我國大法官所奉為圭臬。以大法官釋字第四四五號解釋中，即宣示：「惟人民聲請憲法解釋之制度，除為保障當事人之基本權利外，亦有闡明憲法真義以維護憲政秩序

[註七十三] 李念祖，司法者的憲法（台北：五南圖書公司，民國八十九年八月），頁一八一～二八。

[註七十四] 陳愛娥，「大法官憲法解釋權之界限－由功能法的觀點出發」，憲政時代，第二十四卷，第三期，民國八十七年十二月），頁一八五。

之目的，故其解釋範圍自得及於該具體事件相關聯且必要之法條內容有無牴觸憲法情事而為審理……大法官解釋憲法之範圍，不全以聲請意旨所述者為限。」該號解釋之聲請人係因遊行前五日向警察機關申請，不符合集遊法第九條第一項應於六日前申請之規定，而未獲許可，仍行之，經台灣高等法院依「集會遊行法」第廿九條處以刑罰。因本件事實中，不予許可的原因，乃是「未於六日前提出申請」，唯大法官本於「其解釋範圍自得及於該具體事件相關聯且必要之法條內容有無牴觸憲法情事而為審理」的原則，將整個「集會遊行法」徹底檢討。於此，乃有學者以為，大法官職責應以憲法規定的（司法權的）方式來進行，而積極完成憲法表述的藍圖，不是司法權的任務。^(註七十五)

三、絕對違憲問題

我國違憲審查不限於「個案」、「爭議」，尚包括「疑義」者，一旦發動又能產生通案、一般性拘束力的抽象規範。抽象違憲審查或過於注重「絕對違憲」，而忽略「相對違憲」的存在。所謂「絕對違憲」係指一項法律在任何情況下，都不符合憲法精神、旨意者。「相對違憲」係指一項法律在某些況下適用則為合憲，在某些情況下適用則為違憲。相對違憲之立法，應只發生在「法律適用」違憲的問題，亦即在行政、司法機關適用該法律形成具體規範之「行政處分」或「司法裁判」時，始有判斷合憲與否問題。學者有以抽象性審性查有三個致命性的缺陷：^(註七十六)

1.控制端點問題：即控制者（釋憲者）是否跳過法律適用

---

^(註七十五) 同上，頁一八五一一八七。
^(註七十六) 李念祖，前揭書，頁一九－二０。

直接控制法律。不但控制端點過前，甚至回到法律適用前之端點行使規範控制。

　　2.控制時點的問題：抽象審查破壞以「個案」、「爭議」出現的時點從事規範控制的原則。

　　3.控制效果的問題：法律之絕對違憲遠低於相對違憲，違憲審查著重絕對違憲，而忽視相對違憲，將使違憲審查失焦，轉移至純粹「抽象規範控制」之形而上機能。

綜論之，依司法權本質，學者看美國違憲審查表現出之精義：(註七十七)

　　1.「原告適格」旨在確保公平。

　　2.「系爭事件須達於可為裁判之程度」且「未逾越可為裁判之程度」旨在提高裁判之正確。

　　3.「政治問題不予裁判」係為確保其為「司法」裁判。

　　4.「不得為諮詢意見」旨在確保司法之拘束性。

相對於我國現行之違憲審查制度，則以為具有如下缺失：(註七十八)

　　1.抽象審查使「原告適格」要件一般化。

　　2.事件發展成熟程度不足界定「疑義」。

　　3.「政治問題」似不因「疑義」或「爭議」而有異。

　　4.抽象違憲審查效力遠逾一般法院判決效力。

　　綜論具體違憲審查與抽象違憲審查之界定、司法權的本質以及美式司法審查、我國司法審查之原則，國內學界或因司法權本質，並肯定美式司法審查原則。唯美式違憲審查原則是否均合乎司法權本質？似無引起特別關注；再者，違憲

(註七十七)　湯德宗，前揭書，頁一四七－一五四。
(註七十八)　同上，頁一五八－一六七。

審查雖屬司法權，然釋憲與一般法官判案性質有異，是否一體適用？亦值思考。

就前者言之，司法權強調「正確性」，追求正確，就「對與錯」、「真與假」判曲直、評是非。以刑法為例，「罪刑法定主義」為處罰之基本準則，凡非刑法規定處罰之行為、或證據不足、或阻卻違法（刑法第廿一條至廿四條）之事實，為「不罰」，否則即依法定刑主義為刑之科處。「罰」與「不罰」均為裁判之宣告。以言美國司法審查之原則中，有「政治問題不審查原則」，何為「政治問題」？乃為抽象名詞，本文後章節另有詳述。而所謂憲法之規範，何者不是「政治問題」？又何者不能解釋為「法律問題」？果若釋憲必尊司法權本質，則一般法官裁判依刑的輕重科處，絕無面對強梁，「不予審判」（司法機關適用法律之原則：審判獨立、不告不理、不得拒絕審判、不得拒絕適用法律。）同理言之，司法審查若無程序裁判之其他條件，則必須實體裁判，作成「合憲」（包括不違憲、行政裁量權、立法自然形成等）、「違憲」之裁判，司法豈可自我撤守，以政治問題「不予審理」？

就後者言之，司法審查與法官判案絕對有性質、意義之差異性存在，故以一致性之司法權標準來衡諸釋憲、判案，是否妥適？觀之大陸法系多採特設機關，例如「憲法法庭」、「憲法法院」、「憲法委員會」乃至我國之「大法官會議」，豈只是名稱之差異？易言之，釋憲與民刑法官判案之標的（客體），是否均限於具體之「案件或爭議」？可否及於抽象的「疑義」？美國兩百年來合憲性審判之若干原則，是否放之四海而皆準？就理論層面應有檢視之必要。

第三項　我國抽象違憲審查的檢視

合憲性審查在美國留下一些原則，一般或以之具備「具體違憲審查」之精神。我人亦知，我國為兼具「具體與抽象違憲審查」之精神。前述所列爭議類多以「抽象違憲審查」不合司法權本質，至若我國違憲審查是否一體適用？值得探究之。下文以美國聯邦最高法院兩百年來，所發展出之司法審查原則為主體，析論我國釋憲之具體與抽象爭端。

壹、被動性

一、當事人適格原則

當事人適格乃指適當之當事人應具備當事人適格條件 (Litigants must be proper parties-that is, they must have standing to sue)。[註七十九] 當事人適格乃指「當事人就具體特定訴訟，得以自己之名為原告或被告之資格，因而得受為訴訟標的之法律關係之本案終局判決者而言。」[註八十] 申言之，當事人適格即訴訟當事人具有適當之資格與地位以進行訴訟，並接受該訴訟終局裁判之結果者。

當事人適格在美國原憲條文中並不存在，而係衍生自美國憲法第三條「案件與爭訟」要件。一九二三年 Frothingham v.Mellon 一案判決中，初具當事人適格原則之精義：「訴訟當事人要攻擊聯邦法律違憲，不但要證明該法律無效，而且須證明其權益因該法律實施之結果已經受到或者立即會受到直接損害始可，而只是與一般人共同受某種不確定的損害，則為不夠。」[註八十一] 而後一九三九年 Coleman V.Miller 一案之大

[註七十九] Jeffrey A. Segal and Harold J. Spaeth, The Supreme Court and the Attitudinal Model (New York: Cambridge University Press, 1993) P.171。

[註八十] 王甲乙，「當事人適格之擴張與界限」，法學叢刊，第四〇卷，第三期，民國八十四年七月，頁一二一。

[註八十一] 轉引自劉慶瑞，比較憲法，六版（台北：三民書局，民國八十二年九月）頁

法官佛蘭克弗特(Frankfurter)在協同意見書中首次提出當事人
適格一詞[註八十二]

　　當事人適格的原則，從美國聯邦最高法院發展觀之，有
以下幾項要件：1.當事人須事實上受到損害(injury in fact)2.當
事人之損害須明確且顯而易見(distinct and palpable)3.當事人
之損害必須是實際的或急迫的(imminent)而不是推測性的
(conjectural)或假設性的(hypothetical)4.當事人須證明其所主
張之利益屬於法律所保障範圍(with the zone of interest
protected by the law invoked)，並與行政機關之行政行為有因
果關係(causation)5.當事人須證明其損害係相當程度上可歸責
於該爭議行為，且可藉利於已之判決而獲得救濟
(redressability)。[註八十三]

　　當事人適格可產生如下效果：1.符合司法被動性要求，避
免濫訴以及過分廣泛的判決先例(overly broad precedents)。2.
要求當事人對訴訟之有切身利害，乃得全力以赴，增進裁判
正確性，避免有害權力分立和司法威望。[註八十四]

　　唯我國違憲抽象審查，雖維持表面上「不告不理」之司
法「被動性」，但因可聲請憲法「疑義」解釋之人或機關過多，
或有以為將傳統訴訟中之「具體損害」(particularized injury)
轉化成「一般需要」，除認為其有代表公眾維護憲法之需要
外，難理解「僅是單純的懷疑，根本未有對照意見相左之存
在」，其意義何在？[註八十五]

四六。

[註八十二] 葉俊榮，「邁向自制之路－美國最高法院對環保團體當事人適格的緊縮」，載
焦興鎧主編，美國聯邦最高法院論文集（台北：中央研究院歐美研究所，民
國八十二年七月），頁一一四。

[註八十三] 同上，頁一一七－一二二。

[註八十四] 湯德宗，前揭書，頁一四八－一四九。

[註八十五] 同上，頁一五八－一五九。

按我國「司法院大法官審理案件法」第五條得聲請大法官解釋憲法者有四，包括：

「中央或地方機關，於其行使職權，適用憲法發生『疑義』，或因行使職權與其他機關之職權，發生適用憲法之『爭議』，或適用法律與命令發生有牴觸憲法之『疑義』者。」（第一項第一款）

「人民、法人或政黨於其憲法上所保障之權利，遭受不法侵害，經依法定程序提起訴訟，對於『確定終局裁判』所適用之法律或命令發生有牴觸憲法之『疑義』者。」（第一項第二款）

「依立法委員現有總額三分之一以上之聲請，就其行使職權，適用憲法發生『疑義』，或適用法律發生有牴觸憲法之『疑義』者。」（第一項第三款）

「最高法院或行政法院就其受理之案件，對所適用之法律或命令，確信有牴觸憲法之『疑義』時，得以裁定停止訴訟程序，聲請大法官解釋。」（第二項）

除第一項第二款之人民、法人、政黨為「確定終局裁判」者，提出外；餘行政機關（第一項第一款）、立法機關（第一項第三款）、司法機關（第二項）因行使職權，發生適用之「疑義」等抽象審查是否允當？依民、刑事案件之需為具體的「案件爭議」，違憲審查之「當事人適格」問題在於上述行政、立法、司法機關可否成立？

違憲審查與一般民、刑事、行政訴訟，雖均屬司法機關之下，然而憲法之適用與否？憲法之解釋目的為何？均不同於一般司法案件。一般司法案件之規範人民、法人、政黨著眼於公平正義與公序良俗，釋憲之規範者，因憲法特質乃「國

家之構成法」與「人民之權利保障書」，故而除第一項第二款之人民等為具體之案件或爭議，餘行政、立法機關之組織、職權均依憲而行，以憲法之簡潔，自易產生上述機關適用之「疑義」，如釋字第四一九號、第五二〇號解釋，行政、立法確覺有「運作之困難」，此絕非一般司法案件可比擬。本諸違憲審查以「憲法適用」為標的，憲法適用範圍又不可避免於行政、立法機關之運作，故而「大法官審理案件法」雖非單純司法案件之「具體審查」，但以釋憲精神所及，則行政機關或三分之一以上立法委員就其行使職權，適用憲法發生疑義，應屬當事人適格之列。抽象性審查應非所謂訴訟之「具體損害」轉化為「一般需要」，實乃訴訟之「具體損害」及於「憲政運作需要」。

二、無訟案則不審查原則

無訟案則不審查原則為美國憲法第三條司法權之準則，將「案件與爭訟」(cases and controversies)作為司法裁判適合性(justicability)之前提。申言之，法院只有在審理兩造當事人之訴訟個案時，方能被動的附帶審查其所適用之法律有無違憲。

美國之無訟案則不審查原則具有三項特性：1.個案性（司法審查依附具體訴訟個案中）。2.對立性（案件與爭訟必須為兩造存在實質權益之對立或損害）。3.被動性（依個案送達法院據以審查系爭之法律是否違憲）。

美國為聯邦體制，我國為單一國，憲政體制之不同，憲法對橫向權力之互動（美之三權，我國之五權加上總統、國民大會）規範不同，對縱向權力之互動〔美之聯邦、各邦，我之中央與省（市）、縣（市）〕規範亦不同。

美國違憲審查權責機關之聯邦最高法院。本即是負責「訴訟案件」（含初審管轄權、上訴管轄權）。我國大法官會議雖設於司法院之下，但明顯有別於一般司法訴訟系統（地方法院、高等法院、最高法院），亦有別於行政法院；再者，我國有關憲法釋憲之規範本即不同於美制，而較接近德國模式。美聯邦最高法院之無訟案則不審查原則與我國憲法規範是有所不同。

美國聯邦最高法院，在聯邦憲法第三條第二項規定者，因其為一般司法系統之最高層級，理所當然，不是「案件」即為「爭訟」：

1.所有基於美國憲法、法律及經其授權所締結之條約所提起關於法律與衡平法之「案件」(cases)。

2.涉及大使、公使及領事之「案件」。

3.關於海商及海事管轄之「案件」。

4.美國政府為當事之「爭訟」(controversies)。

5.州與州間之「爭訟」。

6.一州政府與他州公民間之「爭訟」。

7.不同州公民間之「爭訟」。

8.同州公民間主張對於不同州所放領土地之權利所生之「爭訟」。

9.一州政府或其公民與外國政府、公民、臣民間之「爭

訟」。

我國大法官會議依「大法官案件審理法」，除人民、法人、政黨經依法定程序提起訴訟，且確定為終局裁判，可對適用之法律、命令有無牴觸憲法提起釋憲。(第五條第一項第二款)其餘「中央或地方機關」、「立法委員現有總額三分之一以上之聲請」，就其行使職權，適用憲法發生「疑義」或「爭議」等，亦可聲請大法官會議釋憲。此與美國之必須為「案件」或「爭訟」大異其趣，並引起諸多質疑。以美國制度觀之，似理所當然的違反「其」原則，就我國之政體、憲法角度衡之，則仍有探討空間。

我國原憲法中央體制，既非完全的內閣制，亦非完全總統制。而是屬於五權憲法架構下的混合制。[註八十六]這一混合制的精神，則較傾向於內閣制。我國憲法雖保留五權憲法架構，但並未符合中山先生五權憲法的精義，故非完全的五權憲法制；我國憲法除五院外，尚包括國民大會、總統，故以五院制稱之亦不周延；憲法中的總統雖有部分實權，但距離總統制、半總統制，或傾向於總統制甚遠；從原憲法條文，行政院、立法院分別為國家最高行政機關與立法機關（第五十三條、第六十二條），行政院長須經立法院同意任命（第五十五條），且行政院對立法院負責（第五十七條），以及副署制度（第三十七條）等，都是內閣制重要精神。唯我國憲法中並未規定行政院長及部會首長由立法委員兼任，相反的，規定立法委員不得兼任官吏（第七十五條），且原憲並無立法院不

[註八十六] 董翔飛，中國憲法與政府，修訂廿四版（台北：自印行，民國八十一年九月）頁二一一。

信任投票，內閣亦無解散國會權，加以總統亦擁有部分實權，這些都是不符合內閣制的重大部分，因而我國並非完全內閣制，僅可謂之較傾向於內閣制。[註八十七]

一九九一年以來，我國憲改工程每況愈下，至今六次修憲，憲法中央體制精神，被修得面目全非，且不合學理。只見總統權力不斷加大，又缺乏制衡。立法院之閣揆同意權取消，行政院長由總統任命（已成總統幕僚長），但仍依原憲對立法院負責。原傾向內閣制之精神，已傾向總統制之精神，但又加入內閣制之不信任投票（立院已無同意權，行政院長已是總統之幕僚長），總統之解散立法院職權。中華民國憲法增修條文已使原憲之「信任制度」、「負責制度」、「副署制度」崩盤，亦使原憲法精神全非。

無論中華民國憲法原文，抑或增修條文，我國均非美式聯邦制。五院分立，又各有牽制。考試權、監察權、司法權以其獨立特性，與其他院之互動爭議容或較少；行政、立法兩院則互動密切，行政院對立法院負責，現今行政院長又由總統任命，益以黨際競爭下，政黨輪替不可避免。以我國現制下，行政、立法之僵局時有發生，就憲法之解決機制極少。遍觀憲法原文、增修條文，僅有不具任何約束力之「院際調和權」：「總統對於院與院間之爭執，除本憲法有規定者外，得召集有關各院院長會商解決之。」（第四十四條）但以總統任命行政院長，又協調行政、立法兩部門，難免有球員兼裁判之嫌，以二〇〇〇年「核四爭議」，陳水扁總統動用此權，

[註八十七] 齊光裕，中華民國的憲政發展（台北：揚智文化公司，民國八十七年十一月），頁三八八－三八九。

立法院長王金平則婉拒出席，縱令王出席，以立法院乃委員合議制，並非首長獨任制，亦無可能有若干成效。另就憲法第五十二條：「總統除犯內亂或外患罪外，非經罷免或解職，不受刑事上訴究。」以總統享有刑事豁免權，民代或人民在憲法爭議上，亦無訴訟提出之可能；美國之 Goldwater v. Carter，在我國不可能發生之。

我國憲法對中央（五院、總統、國民大會）之間憲政爭議，各部門依憲運作，唯遇適用憲法發生「疑義」、與其他機關發生適用憲法「爭議」，或有無牴觸憲法之「疑義」，自必需有相當之機制，以為解決。憲法第七十八條僅規定：「司法院解釋憲法，並有統一解釋法律及命令權。」本於此，大法官釋字第二號解釋及「司法院大法官審理案件法」之將中央或地方機關，於其行使職權，適用憲法發生「疑義」等，及立法委員現有總額三分之一以上聲請，就其行使職權，適用憲法發生「疑義」等，均得聲請大法官釋憲，對違憲審查有其正面意義。

德國聯邦憲法法院的憲法解釋權包括：

(1)機關爭議、聯邦與邦間爭議：指最高聯邦機關或特定其他當事人（限於依基本法，或最高聯邦機關的議事規則，享有固定權利之內部單位，如國會黨團）之權利、義務範圍所生的憲法爭議。以及聯邦與各邦之間關於其權利、義務的意見紛歧，各邦之間或聯邦、各邦之間的其他公法爭議。（聯邦憲法法院法第十三條第五、七、八款）。

(2)國民的憲法訴願：任何人均得主張，其基本法上所保

障的權利受到公權力（含立法、行政、司法機關）的侵害，
以憲法訴願的方式請求聯邦憲法法院審查。(聯邦憲法法院法
第十三條第八款)。

(3)抽象與具體的規範審查：聯邦政府、邦政府或聯邦眾
議院三分之一以上議員，就聯邦、邦的法律是否符合基本法，
或邦的法律是否牴觸其他聯邦法、意見紛歧或有疑義，得訴
請聯邦憲法法院裁判。另裁判個案的法院就認定裁判取決之
特定法律違憲時，得裁定停止訴訟程序，聲請司法審查。(聯
邦憲法法院法第十三條第六、十一款)

我國與德國違憲審查之涵蓋具體、抽象審查相仿。另我
國憲法第七十七條「司法院為國家最高司法機關，掌理民事、
刑事、行政訴訟之審判，及公務員之懲戒。」與解釋憲法之
第七十八條略相區隔；美國聯邦最高法院掌理司法訴訟，自
得依「無訟案則不審查」，我國之大法官會議職司憲法第七十
八條之「解釋憲法」，而非憲法第七十七條之民、刑事、行政
訴訟之「終局審判」。兩國兩制兩機關之國情、政體、憲政淵
源、制度、精神均有異。所謂「案件」、「無訟案不審理」，在
美國「聯邦最高法院」誠屬理所當然；我國大法官會議不宜
以不同性質之要求而一體適用。質言之，我國中央、地方機
關以及立法委員三分之一以上等之憲法適用疑義、爭議、違
憲聲請，乃應屬當事人適格；而「無訟案則不審查」原則應
非我釋憲制度之必要條件。

三、訟案成熟性原則

美國違憲審查制度在「案件與爭議」要件之裁判「時機」

(timing)上，有「訟案未成熟」(ripeness)與「架空抽象性（系爭點過熟）」(mootness)兩原則。

學者分析美國聯邦最高法院裁判之經驗中，「訟案未成熟」有兩項重要指標：[註八十八]

(1)請求司法救濟之爭點尚未形成：A.爭端並非真實而迫切(real and immediate)。B.爭端太抽象、假設性或屬臆測而遙遠(speculative and distant)。C.爭端可經其他正常合法途徑獲得化解而未如此做者。

(2)訴訟當事人雙方關係尚未確定：A.訴訟當事人雙方「對立之法律利益」尚未確定真實存在。B.不確定訟訴當事人將採取何種行動。

一九七九年 Goldwater v. Carter 一案，聯邦最高法院以「政治問題不審理」為由駁回 Goldwater 之訴，然大法官鮑威爾(Powell)在「協同意見書」中，卻以為該案應以「訟案未成熟」，即未達可為司法裁判程度之理由加以駁回。鮑威爾認為，當國會與總統兩政治部門間產生「憲政僵局」(constitutional impasse)時，司法機關始宜介入兩者之權限爭議。否則將鼓勵一些小團體，甚至國會之個別成員，未運用正常政治過程(normal political process)尋求化解衝突，即濫用司法途徑解決。[註八十九]

訟案未成熟原則，乃是美國聯邦最高法院在違憲審查當

[註八十八] 陳文政，前揭文，頁二〇八。

[註八十九] Louis Fisher, Constitutional Dialogue - Interpretation as Political Process (Princeton, N.J. :Princeton University Press, 1988)PP.109-110.

中，一方面司法制，避免過早介入行政、立法兩部門政策之制定與執行爭議中；另一方面則提高司法權之確定，保障司法程序順利運作。(註九十)

「架空抽象性」相對於「訟案未成熟」，乃指時機太晚或爭端已不存在，法院不為裁判。架空抽象性（或稱「已逾可訴訟狀態」或「已逾可為裁判之程度」）乃基於普通司法之一項原則：「法院無權裁判無爭議存在之抽象性案件」。質言之，適格當事人提起之訴訟，因法律或事實之變化，失去「訴之利益」，或缺乏「對立之法律利益」，法院不為裁判。

聯邦最高法院判決，「架空之抽象性」典型案例，是一九五二年 Doremus v. Board of Education 一案。原告主張公立學校讀聖經政策違反憲法，唯當本案經下級法院裁決本案已逾司法可為裁判之程度，即任何判決皆無可能保護其原來該有之權利。(註九十一)

誠然，聯邦最高法院就架空之抽象性原則，亦有例外。一九六九年 Powell v. McCormack 案，即以原告之損害仍在持續中者，該案即未具架空之抽象性。本案因原告係美國第九十屆眾議員，卻因故無法取得眾議院議席，遂訴請法院宣告眾議院此舉違憲，並附帶請求該期間之報酬。唯本案上訴至聯邦最高法院時，第九十屆會期已結束，且原告再次當選第九十一屆議員，並已就職，聯邦最高法院則以原告損害仍在持續中(continuing injury)，未逾可為司法裁判之程度。(註九十二)

(註九十)　參見陳文政，前揭文，頁二〇九；湯德宗，前揭書，頁一五〇。
(註九十一)　Louis Fisher, op.cit., P.103.
(註九十二)　Notes, "The Mootness Doctrine in the Supreme Court", 88 Harvard Law Review 374 (1974) .P.373.

再者，架空之抽象性原則另一種例外，則是「可能再度發生」(capable of repetition, yet evading review)一九一一年 Southern Pacific Terminal Co. v. ICC (Interstate Commerce Commission)案，原告控訴「州際通商委員會」下令禁止其不准在兩年內優惠某一特定廠商。本案在聯邦最高法院審理時，已逾兩年期限，但認定 ICC 頒發命令之情形具有持續性，且有可能再發給原告類似之命令，因而否決本案已架空抽象化。[註九十三]

三者，架空之抽象性原則之例外，則是「原告外亦可能有處境相似者遭到繼續傷害」。一九七三年 Roe v. Wade 案，原告欲行墮胎，受限於德州(Texas)禁止墮胎之法律，乃提起訴訟。至聯邦最高法院兩度辯論期間，原告業已生產，所謂「訴之利益」已不存在，然聯邦最高法院認定：「倘因生產而終止懷孕事實，便使案件架空抽象化，則懷胎訴訟將很少維持到一審之後，更遑論到上訴論審。法律不應如此僵化。一位婦女可能多次懷孕，所有之婦女亦復如此。」[註九十四]此即，原告雖喪失訴之利益，但其他未具名者之利害關係依然存在。

綜合上述各案例，「訟案未成熟」「訟案過成熟」之原則，就司法觀點有商榷之處；司法權在訟案之起訴後，法院先程序審查，後實體審查。觀之我國訴訟法中，程序審查中若無「免訴之判決」要件，亦無「不受理之判決」要件，則法院應為實體裁判，不得拒絕裁判。

免訴判決要件包括：(1)曾經判決確定者。(2)時效已完成

[註九十三] Ibid, P.383.
[註九十四] Fisher, op.cit. P.104.

者。(3)曾經大赦者。(4)犯罪後之法律已廢止其刑罰者。

不受理之判決要件包括：(1)起訴之程序違背規定者。(2)已經提起公訴或自訴之案件，在同一法院重行起訴者。(3)告訴或請求乃論之罪,未經告訴、請求,或其告訴、請求經撤回或已逾告訴期間者。(4)曾為不起訴處分或撤回起訴,而無新事實或新證據者。(5)被告死亡者。(6)對於被告無審判權者。

是即訴訟案件之時機太早或時機過熟問題乃屬程序審查範圍之列，在進入實體審查前，即可判定者。以「訟案未成熟原則」、「架空之抽象性原則」雖為美國聯邦最高法院發展出之判例，然以相關諸多例外判例之反證，顯示是值商榷者。

貳、拘束性

一、諮詢意見原則

「諮詢意見」(advisory opinion)意指，美國司法權「案件與爭訟」原則下，法院對於不具司法裁判適合性之案件，不提供不具拘束力之建議性、參考性或諮詢意見。

一七九三年首席大法官傑伊(John Jay)拒絕回答華盛頓總統(President George Washington)有關美法條約問題提供意見諮詢：（註九十五）

以憲法對於政府三權分立所設之界限，以及本院法官作為最終司法救濟者的角度來看，有強烈的理由質疑司法以越權的方式解決相關問題的妥適性。憲法所賦予總統要求部會

（註九十五） 馬漢寶主編，美國聯邦最高法院憲法判決選譯－司法審查（台北：司法院祕書處，民國八十四年六月），頁八七－八八。

首長提供意見之權力，似乎是有意地，而且是明示僅及於行政部門的首長而已。

聯邦最高法院對於不提供「諮詢意見」原則之要義有三：1.權力分立。2.司法自制。3.司法本質。亦即以美國三權分立架構之下，司法部門不得提供「諮詢意見」實為法院僅能就「案件或爭議」進行裁判，且裁判應有拘束力之結果。禁止提供「諮詢意見」在於維護司法的拘束性。然而所謂「諮詢意見」應係行政、立法或其他個人、機關以非「訟案」之口頭、電話、信函、文件等方式為之者。若以法院正式之「案件或爭訟」，則已非諮詢之範圍，而為正式之違憲審查範圍。觀之一九一一年聯邦最高法院在 Muskrat v. United States 案中，實為正式違憲審查案，卻宣示不提供諮詢意見，顯值商榷。

Muskrat 一案判決中明確提出「諮詢意見」：[註九十六]

法院此一（違憲審查）權力行使之正當性，唯有在作為救濟管道，以及其決定個人與個人間之真實、急迫、且重要爭議之必要性存在時，方得顯現。……上訴人起訴要求禁止內政部執行一九○二年七月一日以後的後續立法……系爭法律的有效性須視其本身之用語而定，法院若肯定其有效性，其結果則是本院逾越了司法權的權限拘束範圍，不在發揮憲法期待其解決對立當事人間之個案和爭議的功能，反而是被要求就關乎立法行為之事項提出諮詢意見—此種功能乃絕未曾為憲法所賦予者。

[註九十六] 同上，頁八八－八九。

意見諮詢者，指非法定程序之管道提出，美聯邦最高法院自無須作為。至若依法定程序之管道提出（適格當事人之「訟案」、「爭議」），則是否「意見諮詢」之範疇？此時法院可先程序、後實體。就我國訴訟法程序審查若無免訴之判決（曾經判決確定者；時效已完成者；曾經大赦者；犯罪後之法律已廢止其刑罰者）；亦無不受理之判決（起訴之程序違背規定者；已經提起公訴或自訴之案件，在同一法院重行起訴者；告訴或請求乃論之罪，未經告訴、請求，或其告訴人請求經撤回或已逾告訴期間者；曾為不起訴處分或撤回起訴，而無新事實或新證據者；被告死亡者；對於被告無審判權者等），則法院應為實體裁判。

綜言之，美國聯邦最高法院違憲審查發展出「諮詢意見原則」。其不提供諮詢意見，應有一定符合條件因素。以司法權之特質，無免訴、不受理之程序判決條件者，均須作實體之裁判，此為法院之天職—「不得拒絕審判」。以言適格當事人之「訟案」、「爭議」，顯非一般口頭、書面提請司法部門提供意見可比擬，「諮詢意見」應指後者而非前者。另就我國釋憲亦未建立程序審、實體審之制度；程序審中若參考美國不得為諮詢意見原則，可考慮「不得為立法、行政部門『草案』(bill)之審查。」

二、具體審查效力原則

美國聯邦最高法院裁判只能發生個案拘束力，就其違憲審查之裁判亦僅發生個案拘束力。然就「判決先例拘束原則」，凡經聯邦最高法院裁決違憲，並拒絕在本案中適用之法律、命令，亦產生將來均不得再行援用之一般性效果。唯以

後之案件若證明其不同於裁判先例之案情，即可不受約束。質言之，美國聯邦最高法院之司法權只能及於「個案」，只能制定個別、具體規範，而不能制定一般、抽象規範。

就我國大法官會議釋憲之「當事人適格」，並不限於「個案」、「訟案」、尚及於中央、地方機關，立法委員三分之一以上之聲請，故屬於所謂「抽象釋憲」，其所產生拘束力亦較美國具體釋憲之拘束力要大：

1.大法官釋字第一八五號解釋：其以司法院解釋「有拘束全國各機關人民之效力。」然此一司法院解釋，包括憲法解釋、統一解釋法律命令；且聲請解釋者，包括人民（具體解釋）、機關（抽象解釋）者，該號解釋中未予區別，如此所產生一般拘束力，乃有論者以為是否稍嫌速斷。^{（註九十七）}

2.大法官釋字第四四五號解釋明確表示：釋憲之制度，除為保障當事人之基本權利外，亦有闡明憲法真義以維護憲政秩序之目的，故其解釋範圍得及於該具體事件相關聯且必要之法條內容有無牴觸憲法情事而為審理。本號解釋並臚列大法官在聲請範圍外解釋之諸多案例：釋字第二一六號、三八九號、三二四號、三三九號、三九六號、四三六號等例示，說明大法官解釋憲法之範圍，不全以聲請意旨所述者為限。

就超出聲請人之條文釋疑，及於「相關聯且必要之法條內容」，將涉及「訴外裁判」之問題，並造成解釋結果與聲請釋憲原始具體之關聯性無法聚焦結合。如釋字第二八九號，僅在聲請主張「財務案件處理辦法」第六條有無牴觸憲法，

釋憲裁決竟為該辦法「至遲於屆滿二年時失其效力」。再如釋字第四四五號，僅在聲請集會遊行法第九條第一項應於六日前申請之規定，是否有違憲法第十四條所保障集會自由受到不法侵害一事？釋憲則將整部集會遊行法徹底全面檢討。

釋憲結果與聲請原因相去甚遠，對於大法官提出的「其解釋範圍自得及於該具體事件相關聯且必要之法條內容有無牴觸憲法情事而為審理」之訴外裁判，明顯逾越聲請原因與解釋結果之關聯性，有謂「引申其義，為合憲性之立法建制之宣示」[註九十八]。大法官本於職責維護憲法，在我國政體、憲法等因素下，當事人適格條件，並不僅限於個人、法人、政黨之「訟案、爭議」的具體解釋，尚及於中央與地方機關、立法委員三分之一以上聲請、司法機關之「適用疑義、爭議、違憲解釋」的抽象解釋，並產生「有拘束全國各機關及人民之效力」的一般拘束力。於此，大法官宜戒慎訴外裁判之發生，此不僅在維護憲法之遂行，且避免散彈打鳥，模糊釋憲主旨和釋憲精神。

參、政治問題

政治問題(political question)在一九六二 Baker V. Carr 一案中，聯邦最高法院揭示六項準則(criterion)：[註九十九]

1.憲法條文明定交由與司法平行之政治部門決定的問題。

2.缺乏可以尋求或掌握的司法判準加以解決的問題。

[註九十八] 陳愛娥，前揭文，頁一八七。
[註九十九] Mason and Stephenson, op.cit., P73.

3.非先做成顯然不屬於司法裁量範圍的初步政策決定,法院無從進行審查者。

4.法院如獨立解決,勢必構成對其他平行的政府部門之不尊重者。

5.確有非常的必要,宜無異議地遵守已經作成的政治決定。

6.就同一個問題可能形成政府不同部門發表不同聲明的尷尬局面者。

上述六類問題,有以第一類問題屬於法規依憲法認定為分屬政府其他部門裁量,亦即依馬柏里案所揭示的原則問題。第二、三類是一種功能性的考量。第四、五類則是司法自我抑制的產物。[註一零零]或有以政治問題為司法權的界限,但屬於政策性的界限,不屬司法之本質界限者。[註一零一]亦有以美國聯邦最高法院發展出之政治問題理論包含:[註一零二]

1.司法缺乏可資判斷的標準予以解決的問題,不應由司法決定。

2.司法缺乏足夠的能力予以解決的問題,不應由司法決定。

[註一零零] Tribe, Laurence, "The Constitutional Structure of American Government – Separation and Division of Powers" 73 Harvard Law Review (1978) PP.7-72.

[註一零一] 劉慶瑞,「論美國司法審查權的界限」,載中美憲法論文集(台北:中國憲法學會,一九八七年),頁二三九。

[註一零二] Bickel, A., "The Least Dangerous Branch" (Yale, 1986)P.184.; Redish, M. "The Federeal Court in the Political Order" (Carolina Academic Press, 1991) pp.116-134.

3.司法判定可能不為政府部門遵從的問題，不應由司法決定。

4.司法並非民意機關以致缺乏民意基礎提供解決途徑的問題，不應由司法決定。

前述政治問題之存在，有諸多理論為之釋義。亦有學者明確指出政治問題理論正當化的作為，並不能完全化解政治問題的質疑：[註一事三]

1.政治問題缺乏一貫性的標準：Baker 一案中所強調政治問題是屬「不具可司法性」者，然而司法部門所處理憲法問題少有不具政治性質者，所謂「可司法性」與否未有標準，其出自司法者任意創設痕跡明顯，形成混沌之紊亂的現象。

2.政治問題理論具有邏輯的困難：Marbury 一案首先提出政治問題概論，但認為政治問題是憲法授權特定政府部門裁量的問題，該特定政府部門的決定就要被接受為合憲。在這之後最高法院使用政治問題並非做為政府行為合憲之基礎，而是以之拒絕解釋政府行為是否合憲。如高華德一案 (Goldwater v. Carter)其控告卡特總統未經參議院通過即宣告中美共同防禦條約失效為違憲行為，最後以六比三駁回此案請求。唯本案是否為司法可判斷的個案或爭議？此一決定既非司法所得裁決問題，又不確知為行政或立法裁量權之範圍？政治問題勢必訴諸政治鬥爭，成為力的較量而非法的說服。「以不解釋憲法的方式解釋了憲法，卻還解除了憲法法政治部門的控制，是否合乎憲政原理，不能無疑。」

[註一事三] 李念祖，前揭書，頁一八五－一八八。

3.政治問題理論的憲法根據不明確：美國憲法第三條設定司法權的範圍僅只及於具體案件或爭議。然而司法部門劃定「政治問題」理論，是否證明政治問題不構成具體案件或爭議？法院「不願裁判」或「能力不足以裁判」是否可與「不應裁判」劃上等號？政治問題是否違背其憲法義務？司法者放棄釋憲責任是否為值得鼓勵的司法自制？司法自制是否造成憲法其他政府部門撤除防衛的後果？

憲法的規範，是政治性的規範（中央與地方，中央各部門之組織、職權），本於「權力分立」：立法部門制定法律，行政部門依法行政，司法部門維護法律（憲法）運作，無論美國聯邦最高法院，或我國大法官會議均負有釋憲之責。所謂「權力分立原則下，各權力部門應『相互尊重』，司法誠然重要，但絕非獨尊……政治問題不予審查原則具有確保司法活動不變質，並因而鞏固司法裁判拘束力的作用。」[註一二四]抑或司法放棄釋憲責任並非司法自制，其對憲政秩序的視而不見，造成憲法更大的傷害，並因司法的未盡職責，對憲政發展形成隱憂？

美國聯邦最高法院發展出之政治問題原則，各國有之，我國亦不例外。從司法權角度出發，司法案件起訴後，程序審查無誤，自當進入實體審查，一般司法訟案之實體審，司法機關不得拒絕之。美國聯邦最高法院就政治問題拒審，是否合乎司法作為？所有憲法問題均是政治問題，亦是明確不移。司法違憲審查所代表「憲法守護者」之角色，亦為人民之期待，果爾「尊重」行政、立法部門，顧及現實反應，是

[註一二四] 湯德宗，前揭書，頁一五二。

否有違司法之尊嚴？因司法者個人心態作為^(註一拿五)傷及國家制度，其中道理亦甚明確。本文第三章起就理論與實務層面逐一探究違憲審查政治問題的本質。

第三節　我國大法官會議的釋憲制度

第一項　大法官會議的組織及職權

壹、大法官會議的組織

憲法第七十八條：「司法院解釋憲法，並有統一解釋法律及命令之權。」第七十九條第二項：「司法院設大法官若干人，掌理本憲法第七十八條規定事項，由總統提名，經監察院同意任命之。」國民政府於民國三十六年三月依憲法第八十二條之規定，公布「司法院組織法」，其第三條規定：「司法院設大法官會議，以大法官九人組織之，行使解釋憲法並統一解釋法律命令之職權。大法官會議，以司法院院長為主席。大法官之資格，另以法律定之。」大法官資格如何？未見明文規定，且本法亦未施行。

一九四七年十二月，「司法院組織法」修正公布，至一九四八年六月廿四日實施。其以大法官十七人組織之，行使解釋憲法並統一解釋法律命令之職權。大法官會議以司法院院長為主席。（第三條）大法官應具下列資格之一：1.曾任最高法院推事十年以上者。2.曾任立法委員九年以上者。3.曾任大學法律學主要科目教授十年以上者。4.曾任國際法庭法官，或

---

^(註一拿五) 美國聯邦政府最高法院大法官道格拉斯（William O.Douglas）在私人信函上指出：「這些問題常常出現，而當司法不想處理它們時，通常稱它們為『政治』問題。」(These questions come up frequently and whenever the Court does not want to pass on them, they often call them "political questions".)

有公法學、比較法學之權威著作者。5.研究法學，富有政治經驗聲譽卓著者。每一款資格之大法官人數，不得超過總名額三分之一。大法官任期為九年（第四條）

一九五七年十二月，「司法院組織法」再次修正第四、五條，一方面提高大法官之資格，另一方面明定大法官出缺之繼任規定。大法官應具備以下資格之一：1.曾任最高法院推事十年以上者，而「成績卓著者」。2.曾任立法委員九年以上者，而「有特殊貢獻者」。3.曾任大學法律學主要科目教授十年以上，而「有專門著作」者。4.曾任國際法庭法官，或有公法學或比較法學之權威著作者。5.研究法學富有政治經驗，聲譽卓著者。每一款資格之大法官人數不超過總名額三分之一。（第四條）大法官任期九年，出缺時，其繼任人之任期至原任期屆滿之日為止。（第五條）

一九八〇年六月廿九日，「司法院組織法」配合審檢分隸制度，將高等法院以下各級法院歸隸司法院（依大法官釋字第八十六號解釋意旨），再次修正公布。有關大法官之職掌、資格、任期均未修正。僅於第五條第一項修正為：「任期『每屆』為九年」，明定大法官有屆別。

一九九二年五月，總統公布第二次憲法增修條文，第十三條中，除將大法官人選之同意機關由監察院改為國民大會外，並規定大法官組成憲法法庭，審理政黨違憲之解散事項。（政黨之目的或其行為，危害中華民國之存在或自由民主之憲政秩序者為違憲。）

「司法院組織法」配合憲法增修條文，於一九九二年十

一月修正公布。其第三條第一項有關大法官之職掌，增訂「組成憲法法庭，審理政黨違憲之解散事項」，而審理案件之方式「均以合議行之」；同條第三項增訂「憲法法庭審理案件，以資深大法官充審判長，資同者以年長者充之。」本法第五條除規定大法官任期外，第一項特別規範：「大法官須超出黨派以外，獨立行使職權，不受任何干涉。」第四項增訂：「大法官任期屆滿而未連任者，視同停止辦理案件之司法官，適用司法人員人事條例第四十條第三項之規定。」（按司法人員人事條例第四十條第三項規定：「停止辦理案件司法官，仍為現職司法，支領司法官之給與，並得依公務人員退休法及公務人員撫卹法辦理退休及撫卹。但不計入該機關所定員額之內。」）此即明定大法官於任期屆滿後，適用有關停止辦理案件司法優遇之規定受其優遇。

一九九七年七月，總統公布第四次憲法增修條文，其第五條第一項明定大法官之名額為十五人，其中一人為院長，一人為副院長，自二〇〇三年起實施。（比原制減少兩人）第二項規定任期由九年縮短為八年，並明定大法官不分屆次，個別計算，不得連任。第三項規定二〇〇三年總統提名之大法官，其中八位大法官，含院長、副院長，任期為四年，其餘大法官任期為八年。以上在使全體大法官之任期並非同時屆滿，維持組織結構之穩定，亦使大法官形成輪帶狀，而無屆別之分。

二〇〇〇年四月，總統公布第六次憲法增修條文，其第五條第一項，將原大法官十五人，由總統提名，經「國民大會」同意任命，改為經「立法院」同意任命。本項之末並增

加「司法院大法官除法官轉任者外，不適用憲法第八十一條及有關法官終身職待遇之規定。」其餘均未變動。

第六次增修條文之刪去大法官除法官轉任者外，不適用有關法官給予、退休、撫卹規定，乃導源於大法官釋字第四九九號解釋。該號解釋因裁判國民大會第五次增修條文之有關國民大會代表延任自肥案為違憲，引發國大代表反彈而作成，時稱「報復條款」。二〇〇一年送交立法院之「司法院組織法」草案，依增修條文之規定，該法第五條乃配合修正，但基於第六屆大法官為一九九四年上任，本於契約原則及不溯及既往，應以二〇〇三年產生者啟始實施。

綜言之，我國釋憲機制乃由大法官會議進行，大法官會議中成員——大法官，依司法院組織法第四條第一項必須具備五種資格之一，如前所述。可看出兼顧專業性、政治性要求。就大法官釋憲之高度政治性，在其任用條件加入政治經歷考量有絕對必要性。[註一畫六]唯「聲譽卓著」、「權威著作」等抽象性概念則有仁智之見。[註一畫七]從一九四八年七月十四日，總統依據憲法及「司法院組織法」之規定，提名第一屆大法官十七人，咨請監院同意，監院通過十二人，五人未通過，以迄一九九四年第六屆，歷任大法官如表一。

依我國憲法、「司法院組織法」、「大法官審理案件法」，大法官會議職司「憲法維護者」角色，就組織型態屬特設機

[註一畫六] 陳新民，中華民國憲法釋憲（台北：三民書局，民國八十四年），頁六〇七。
[註一畫七] 法治斌，「大法官之選任及其背景之比較研究」，法治斌著，憲法專論(一)（台北：三民書局，民國八十四年），頁二九三。

表一　歷屆大法官簡表

屆　　別	到職時間	姓　　　　　名	備　　　　考
第一屆	37.07	燕樹棠、黃右昌、江庸、郗朝俊、張式彝、李伯申、胡伯岳、洪文瀾、張于潯、林彬、劉克雋、沈家彝。	1.蔣中正總統第一次提名。 2.江庸、郗朝俊未到職。
	38.04	翁敬棠、葉在均、向哲濬、魏大同、蘇希洵、梅汝璈、李浩培、夏勤	1.李宗仁代總統第二次提名。 2.梅汝璈、李浩培未到職。
	41.04	黃正銘、徐步垣、王風雄、曾劭勳、蔡章麟、韓駿傑、何蔚	蔣中正總統第三次提名補第一屆大法官遺缺。

第二屆	47.09	林紀東、徐步垣、胡伯岳、黃正銘、曾紹勳、王之倧、洪應灶、金世鼎、景佐綱、曾繁康、黃演渥、胡翰、史尚寬、史延程、諸葛魯	蔣中正總統第一次提名。
	53.09	黃亮、王昌華	蔣中正總統第二次提名補足遺缺。
第三屆	56.10	林紀東、金世鼎、黃亮、王之倧、李學燈、管正歐、張金蘭、洪應灶、陳德光、曾繁康、黃演渥、胡伯岳、景佐綱、歐陽經宇	蔣中正總統第一次提名。
	60.07	田炯錦、戴炎輝	蔣中正總統第二次提名補足遺缺。
	61.07	陳樸生、范馨香、陳世榮、翁岳生	蔣中正總統第三次提名補足遺缺。

第四屆	65.10	陳樸生、翁岳生、林紀東、翟紹先、梁恆昌、范馨香、陳世榮、鄭玉波、姚瑞光、涂懷瑩、李潤沂、蔣昌煒、洪遜欣、楊與齡、張劍寒	1.嚴家淦總統第一次提名。 2.張劍寒未到職。
	71.06	楊日然、楊建華、李鐘聲、馬漢寶	蔣經國總統第二次提名補足遺缺。
第五屆	74.10	劉鐵錚、范馨香、馬漢寶、楊建華、翁岳生、李鐘聲、吳庚、鄭健才、翟紹先、楊與齡、楊日然、史錫恩、陳瑞堂、李志鵬、張承韜、張特生	蔣經國總統提名。

第六屆	83.10	翁岳生、劉鐵錚、吳庚、王和雄、王澤鑑、林永謀、林國賢、施文森、城仲模、孫森焱、陳計男、曾華松、董翔飛、楊慧英、戴東雄、蘇俊雄	1.李登輝總統第一次提名。 2.林國賢86年轉任司法院祕書長。 3.城仲模87年轉任法務部長。 4.翁岳生88年接任司法院長。
	88.02	賴英照、黃越欽、謝在全	1.李登輝總統第二次提名補足遺缺。 2.賴英照89年接任行政院副院長。

資料來源：司法院大法官書記處編，大法官釋憲史料（台北：司法院，民國八十七年九月），頁五五－七三。

關釋憲制度。實則，大法官規定於憲法之「司法」章，行使者當然是司法權。然而，過往的大法官有任期規定，行使解釋權又以「會議」組織為之，遂有大法官是否法官？會議決定是否為司法判決的疑問？[註一零八]亦有大法官曾指出大法官會議的徹底合議制精神，表現出：[註一零九]

1.所有大法官地位一般高，表決於每票等值。

2.大法官出身、學養各有不同，可集思廣義。

3.大法官同質性高，較易形成共識。

4.大法官多有強烈的使命感和責任心。

5.大法官不求連任，可超然獨立。

6.多數意見達成不易，少數意見獲得尊重。

7.全體大法官參與審理，人手一卷。

唯觀之大法官會議釋字第四九九號「非顯屬不相容」，釋字第五二０號近乎「大法官造法（憲）」的奇蹟釋憲結果。所謂「創造性模糊」的釋憲，如非從制度面著手，大法官或難獨當一面，不負國民之期許。就制度面分析，大法官組織任用應作檢討。大法官應採限齡（如日本七十歲），以保持大法官之「獨立性」。免除因連任與否問題，必須顧及行政、立法部門現實反應，如此，司法欲求其公正不阿亦很難。所以採

[註一零八] 章瑞卿，「試論我國憲法法院未來之角色」，立法院院聞，第二十五卷，第十二期，民國八十六年十二月，頁三九。

[註一零九] 張特生，「大法官會議的經驗談及改進意見」，憲法時代，第廿二卷，第四期，民國八十六年四月，頁八一九。

限齡退，而不採終身職，乃因終身職係指生理之終老，觀之我國現制法官即為終身制，為鼓勵其於六十歲至七十歲退休，政府尚須訂定優遇條例，加發百分之百退養金，此不亦太過？日本法官中，最高法院法官七十歲退休，下級法院之簡易庭七十歲退休，其他各庭六十五歲退休，對保障法官之獨立性已經做到。而已六十五、七十歲亦應為薪火相傳時機，此舉不僅保障大法官獨立，又免公帑之耗費。

我國大法官依增修條文最新之規定，為二〇〇三年起不得連任，若修正為限齡退休則完善。如此李登輝政府時代之四九九號釋憲，陳水扁政府時代之五二〇號釋憲之大法官「創造性模糊」或可終結。質言之，大法官獨立化修正方向，將可建構一個優質的「憲法守護者」角色的釋憲制度，更為國民尊重、信賴。

貳、大法官會議的職權

大法官職權最主要的依據是憲法第七十六條：「解釋憲法及統一解釋法律、命令」。此外依憲法第一一四條、一一七條、一二二條及一二五條之規定，亦得「審查省自治法、省法規、縣自治法與縣規章之合憲性及合法性。」民國八十三年憲法增修條文規定掌理政黨違憲之解散事項。

對大法官權限行使的具體規定，乃在於一九九三年修正之「司法院大法官審理案件法」，列述如下：

1.第四條第一項第二款、第三款，第五條第一項第一款、第三款及第六條之規定：中央、地方機關或立法委員在行使其職權，發生有關法律、命令、省自治法、縣自治法、省規

章及縣規章有牴觸憲法疑義時，得聲請大法官會議審查。

2.第四條第一項第一款及第五條第一項第一款、第三款之規定：中央或地方機關或立法委員在行使職權時，對於憲法適用發生疑義者，得聲請大法官會議解釋。

3.第五條第二項及大法官釋字第三七一號解釋：各級法院就其受理案件，對於所適用之法律或命令，確信有牴觸憲法之疑義者，得以裁定停止訴訟程序，聲請大法官會議解釋。

4.第五條第一項第二款之規定：人民、法人或政黨於其憲法上所保障之權利遭受不法侵害，經依法定程序提起訴訟，對於確定終局裁判所適用之法律或命令發生有牴觸憲法疑義時，得聲請大法官會議釋憲。

5.第七條第一項第一款之規定：中央或地方機關就其職權上適用法律或命令所持見解，與本機關或他機關適用同一法律所已表示之見解有異時，得聲請大法官會議統一解釋。

6.第七條第一項第二款之規定：人民、法人或政黨於其權利遭受不法侵害，認為確定終局裁判適用法律或命令所表示之見解與其他審判機關之確定終局裁判適用同一法律或命令時所表示之見解有異者，得聲請大法官會議統一解釋。

7.第二條及第十九條之規定：主管機關於政黨之目的或行為危害中華民國之存在或自由民主之憲政秩序時，得聲請司法院憲法法庭解散之。

上述七種大法官權限歸類，大致可分兩大部份：一是解釋憲法並統一解釋法律及命令。二是政黨違憲事項的審理。

一、解釋憲法並統一解釋法律及命令

憲法為萬法之母(mother law)，在法的位階乃為最高，任何法律、命令與之牴觸者無效。從美國司法違憲審查制度發展以來，世界各國的模仿、移植與適用，就在貫徹憲法優位的理念。法律與命令俱為政府政策的遂行，憲法解釋機關進行法律、命令的違憲審查，即在於作政策的審查。宣布法令牴觸憲法即表示政府某項政策的偏離違失，其最大之意義，在於維護憲法之至高無上。

我國釋憲的聲請範圍，是逐次擴大增加：

1.一九四八年九月十五日由大法官會議議決之「司法院大法官會議規則」，僅以中央、地方機關為聲請釋憲者；規則第三條：「中央或地方機關，於其職權上適用憲法發生疑義，或適用法律命令，發生有無牴觸憲法之疑義時，得聲請解釋。」

2.一九五八年七月廿一日公布「大法官會議法」，增列人民聲請釋憲之規定。本法第四條第二項：「人民於其憲法上所保障之權利遭受不法侵害，經依法定程序提起訴訟，對於確定終局裁判所適用之法律或命令發生有無牴觸憲法之疑義者」，得聲請解釋憲法。

3.一九九三年二月三日修正公布之「大法官審理案件法」（原名「大法官會議法」）第五條第一項第三款：「依立法委員現有總額三分之一以上聲請，就其行使職權，適用憲法發生疑義，或適用法律發生有牴觸憲法之疑義者。」本項立法旨意，在於保障少數議員釋憲聲請權，使具爭議性的議題不

致因無法通過院會決議而遭擱置，以減緩議事衝突。[註一一零]然亦有以「疑義尚未澄清，具體化之前，大法官汲汲於指導立法機關立法的原則，只會鼓勵政治角力的手段。」[註一一一]

另上法第五條第二項：「最高法院或行政法院就其受理之案件，對於適用之法律或命令，確信有牴觸憲法之疑義時，得以裁定停止訴訟程序，聲請大法官解釋。」

我國大法官會議釋憲聲請，較之美國聯邦最高法院「訟案、爭議」之具體審查為寬鬆、多元。值得重視者，透過憲法解釋和統一解釋法律命令，亦擔負起人民基本權利救濟之功能。如大法官釋字二五一號解釋，劉台生針對違警罰法第廿八條有違憲法第八條之疑義而提出聲請，大法官宣告「與憲法之本旨不符，至遲於中華民國八十年七月一日起失其效力」，[註一一二]類此對人權保障影響深遠。

二、政黨違憲事項審理

憲法增修條文第五條第四項規定：「司法院大法官，除依憲法第七十八條之規定外，並組成憲法法庭審理政黨違憲之解散事項。」何為政黨違憲？同條文第五項規定：「政黨之目的或其行為，危害中華民國之存在或自由民主之憲政秩序者為違憲。」

我國行政院下設政黨審議委員會，專司審核政黨違反人團法事宜，其嚴重者可處解散處分。當事人如不服處分雖可

[註一一零] 周良黛，「大法官會議憲法解釋與憲政制度之成長——釋憲　立法權之調適」，憲政時代，第廿三卷，第三期，民國八十六年十二月，頁一○二。

[註一一一] 陳愛娥，前揭文，頁一八五。

[註一一二] 同（註六十二），頁二○四－二○五。

提起訴願，並聲請停止執行，最後亦可向行政院提起行政訴訟。但以行政訴訟是針對中央或地方機關之違法行政處分，認為損害其權利而提起（行政訴訟法第一條），與政黨審議委員會處理政黨違憲案件之性質完全不同。若最後由行政法院承審決定，不單使法院之職權混淆，且將使問題更為複雜。歐陸各國多有設置憲法法院或憲法委員會，以審查法令違憲或違法的問題，且德國並將政黨有關爭議完全委由聯邦憲法法院審理。我國增修條文乃參考他國之著例，增訂組成憲法法庭審理政黨違憲事項，且對「違憲」亦有詳細解釋，期杜爭議，然絕非易事，茲分析如后。

　　1.就「危害中華民國之存在」：這種違憲的目的或行為必須表現在政黨黨綱、黨章、黨的通告或集會時之宣言上。但以國內民主發展條件、政治文化、台灣的長期歷史特有發展軌跡等因素，不僅難於處理，甚且無法處理，其影響政治穩定，任何主政者均懼於觸碰之。

　　分析民進黨的台獨主張，依其基本綱領（一九八六年九月廿八日，民進黨成立發表）於一九九一年刪除其中「台灣前途應由台灣全體住民自決原則」文字，納入變更主張為「建立主權獨立自主的台灣共和國」，強調基於國民主權原理，建立主權自主的台灣共和國及制定新憲法的主張，應交由台灣全體住民以公民投票方式選擇決定。民進黨黨綱第一條第一項明定：「依照台灣主權現實獨立建國，制定新憲，使法政體系符合台灣社會現實，並依據國際法之原則重返國際社會。」第二項：「依照台灣主權現實重新界定台灣國家領域主權及對人民主權之範圍，使台海兩岸得以國際法建立往來之秩序，

並保障雙方人民往來時之權益。」此其中之台灣共和國是否危害中華民國之存在？「危害」之界定如何認定？刑法第一○○條內亂罪經修改後，除以暴力推翻政府，其餘之組織、宣傳均屬言論自由，不為處罰。唯對「人」之污辱、誹謗乃非言論自由而觸及刑責，何以對「國家」則屬言論自由？「組織」、「宣傳」（非暴力）難道不會「危害中華民國之存在」？刑法一百條有否違憲？民進黨黨綱是否違憲？誰能（敢）提出之？這難道只能以政治現實規避之？

2.就「自由民主的憲政秩序」：乃指基於人民自決的原則，依其多數、自由、平等的意志所表現的法治國家之統治原則，且為排除任何暴力或專權統治的一種秩序而言。質言之，一個具備民意政治、法治政治、責任政治、政黨政治、立憲政治之民主制度即為符合自由民主之憲政秩序者。

綜言之，大法官會議職司我國憲法解釋、統一解釋法律、命令及政黨違憲之解散宣告。

二○○一年十月五日，大法官會議釋字第五三○號解釋，藉由監察院針對司法院及法務部發布內規或行政命令（各項辦案事項或要點），干涉審判，有違憲疑義聲請解釋之機會，附帶說明現行司法體制違憲。五三○號解釋正好呼應司法院版司法改革的藍圖，並訂下兩年的落日條款：

　　　　為期符合司法院為最高審判機關之制憲本旨，司法院組織法、法院組織法、行政法院組織法及公務員懲戒委員會組織法，應自本解釋公佈之日起兩年內檢討修正，以副憲政體制。

在司法院長翁岳生主導下的司法改革理念，期落實司法院「一元化」，收回「審判」體系，讓司法院成為名副其實的「最高司法機關」。間有質疑：[註一一三]

> 若再從司法改革的角度來看，這個解釋將同時翻轉現行多元審判體系和違憲審查制度，司法院將變成十五位特任大法官和一百多位未見於憲法的司法院法官共處的大雜院，要再往美國的最高法院過渡，勢必還要修憲修法，工程極為浩大，幸或不幸，真的很難論斷。

在司法改革呼聲高漲之際，大法官會議釋字第五三零號解釋，對司法院定位做了明確界定，持肯定、否定者皆有之，吾人從大法官會議角度分析，其積極改善之方向：

1.原「司法院大法官會議法」已修改為「司法院大法官審理案件法」，明確將精神涵蓋解釋憲法與憲法訴訟兩種程序。未來釋憲工作宜應朝「訴訟化」的方向修正。大法官審理案件法第十三條雖規定：「大法官解釋案件，應參考制憲、修憲及立法資料，並得依請求或逕行通知聲請人、關係人及有關機關說明，或為調查，必要時，得舉行言詞辯論，前項言詞辯論，準用憲法法庭言詞辯論之規定。」然如欲朝釋憲「訴訟化」方向邁進，使程序更公開化，更具公信力，則「得依請求或逕行通知」宜改為「應予逕行通知」；「必要時，得舉行言詞辯論」，宜改為「應舉行言詞辯論」。

2.建議憲法法庭取代大法官會議，行使職權更趨「司法化」。在現有解釋憲法和統一解釋法律命令制度中，大法官會

(註一一三)　蘇永欽，「司法院集大權於一身，吃乾抹淨？」台北，中國時報，民國九十年十月六日，版十一。

議為唯一、終審法院,從司法保障而言,似覺草率。為使釋憲制度朝司法化邁進,現制應可檢討,其具體內容參見第六章第三節。

　　「訴訟化」、「司法化」加上前文之大法官「獨立化」三者結合,將使我國釋憲制度之「憲法守護者」功能更臻健全完善。

第二項　憲法法庭言詞辯論

壹、憲法法庭的產生

　　一九九二年五月廿八日公布之中華民國憲法增修條文第十三條第二項規定:「司法院大法官,除依憲法第七十八條之規定外,並組成憲法法庭審理政黨違憲之解散事項。」一九九二年十一月廿日修正公布之司法院組織法第三條第一項規定:「司法院置大法官十七人,審理解釋憲法及統一解釋法令案件,並組成憲法法庭,審理政黨違憲之解散事項。」一九九三年二月三日修正公布之司法院大法官審理案件法第三章「政黨違憲解散案件之審理」,新增有關憲法法庭組織及審理政黨違憲解散案件程序之規定。憲法法庭之組織及運作規模乃告確定。

　　司法院為強化落實修憲成果,期使大法官行使職權有具體準據可循,乃續訂定發布「司法院大法官審理案件法施行細則」、「憲法法庭審理規則」等審理程序法規;配合籌設大法官行使職權之必要設施,如籌建憲法法庭、規劃大法官制服及憲法法庭旁聽錄音事項等,並訂定「大法官服制規則」、「憲法法庭席位布置規則」,憲法法庭相關法制、建制設施益

形完備。一九九三年十月二十二日，司法院舉行憲法法庭落成典禮，正式啟用，開啟我國憲政之新頁。

大法官服制規定如下：

1.大法官於法庭執行職務時，應穿著制服。

2.大法官制服採用黑色衣料製作，並得附同色質之方帽，制服之式樣為心形領、寬袖長袍，外罩紫紅色絨質披肩。

3.大法官穿著制服時，男性應於制服內穿著白色有領襯衫，並結領帶或領結；女性應穿素色有頸扣有領上衣。

4.律師及書記官在法庭執行職務時，其服式依法官、檢察官、公設辯護人、律師及書記官服制規則之規定穿著。

建立憲法法庭相關法制之直接動機在於落實修憲成果，唯憲法法庭之法定職掌在於審理政黨違憲解散案件。在我國對於政黨之解散處分，原依「人民團體組織法」，是由行政院下之政黨審議委員會負責，而政黨的主管機關又為行政體系之內政部，故無異於原告兼法官，且由行政機關來處分政黨，更易讓人造成執政黨打擊反對黨（在野黨）之觀感。不但無法取信於民，亦使本即為高政治爭議之事件引發政治、社會衝突與對立。實則，政黨解散問題非僅關係個人基本人權的保障與限制，更因政治現實環境，涉及群眾的政治信仰（理念），而富有高度的政治性和爭議性，實不易處理。司法審判政黨違憲的制度乃形成「最好是備而不用」，自憲法法庭成立至今，尚未審理過政黨違憲案。

然依大法官審理案件法第十三條之規定，「大法官解釋案

件……必要時，得舉行言詞辯論，準用憲法法庭言詞辯論之規定。」憲法法庭對於現階段促進釋憲制度「訴訟化」、「司法化」乃有初步作用與意義。自一九九三年二月三日上法施行後，同年十月十四日大法官於第二一六三次全體會議審查會決議以「立法院為政府向銀行賒借一年以上之借款應否列入『中央政府建設公債發行條例』所規定之公債未償總額內」聲請解釋案為首宗言詞辯論之案件，迄九十年底，共有六案曾經舉辦言詞辯論，並已先後作成釋字第三三四號、第三九二號、第四一九號、第四四五號等解釋。

為期釋憲制度之司法化、訴訟化，大法官制度應從法規面調整，將目前大法官「視審理上之需要」，決定舉行言詞辯論，更正為以憲法法庭舉行言詞辯論進行釋憲案，以使案件之系爭點及論據更為明晰。透過公開審理程序，有關系爭之理論與實務交互論證公開呈現；面對解釋案涉及的各有關機關言，其是否尊崇法治，自然面臨社會監督；對民眾言，即為最佳之憲法教育與法治教育。

貳、憲法法庭的程序

大法官審理案件以合議行之，就歷次釋憲案之言詞辯論，包括以下過程：[註一一四]

1.就個案決定言詞辯論。

2.指定言詞辯論期日及參與言詞辯論之人員（包括聲請人、關係人、有關機關、專家學者等。聲請人及有關機關並得委任訴訟代理人一至三人）。

3.整理言詞辯論之爭點。

[註一一四] 蔣次寧，「司法院大法官審理案件法與憲法法庭之建制」，載司法院大法官書官處編，大法官釋憲史料（台北：司法院印行，民國八十七年九月）頁三一九。

4.決定言詞辯論之進行及時間分配。

5.聲請人（機關）、相關機關之訴訟代理人之資格審查與許可。

6.指揮言詞辯論之開始、進行與終結。

7.指定公布解釋之期日（應於言詞辯論終結一個月內指定期日宣示之）。

8.公布解釋（自言詞辯論終結時起至宣示裁判期日不得逾二個月。）

就憲法法庭言詞辯論流程，可分成兩大部分：審議過程、裁判結果。

一、憲法法庭審議過程

憲法法庭之最後裁判基於審議而來，故而言詞辯論之內容與調查證據的結果，為審議之核心。言詞辯論如有委任訴訟代理人者，其受任人以律師或法學教授為限，人數不得超過三人。

依以往「大法官會議法」第十三條第一項之規定「大法官會議解釋憲法，應有大法官總額四分之三之出席，暨出席人四分之三同意，方得通過。」此一出席及可決人數過高，當初立法院立法旨意，或認解釋憲法關係重大，應避免輕率為之。然論者有以釋憲非修憲，憲法最需具備適應時代之彈性，這種彈性的發揮乃靠釋憲，解釋案之可決數過高，一則不利解釋彈性功能之發揮，二則亦無異少數控制多數。[註一一五]故而「大法官審理案件法」第十四條第一項改為：「大法官解釋憲法，應有大法官現有總額三分之二之出席，及出席人三

[註一一五] 荊知仁，「大法官會議修正草案平議」，憲法論衡（台北：東大出版社，民國八十年四月），頁四七。

分之二同意，方得通過。」一方面「現有總額」而非「總額」，另一方面降低出席、可決人數為三分之二，使釋憲案之審議不致因難以達成共識而延宕時日。目前之言詞辯論須有現額大法官三分之二以上出席，始得為之，未參與辯論之大法官不得參與評議判決。透過言詞辯論、調查證據以及出席、可決大法官人數降低均在發揮釋憲之功能。

二、憲法法庭裁判結果

憲法法庭經言詞辯論終結後一個月內指定期日宣示裁判結果（「大法官案件審理法」第廿四條），但自言詞辯論終結時起至宣示裁判期日不得逾兩個月（「憲法法庭審理規則」第十六條）。裁判以三分之二為可決人數，並應作判決書，記載下列各款事項：1.聲請機關。2.受判決者名稱及所在地。3.受判決代表人之姓名、住所或居所，及彼此關係。4.有訴訟代理人者，姓名、住所或居所。5.主文。6.事實。7.理由。8.司法院憲法法庭。9.宣示之年、月、日。憲法法庭得於判決執行機關及執行方式。判決書由參與審判之大法官全體簽名。（「大法官審理案件法」第廿七條）

裁判結果最具意義者，在於「不同意見書」(dissenting opinions)、「協同意見書」(concurring opinions)之公布。依美國聯邦最高法院「不同意見」包含兩種情形，一是「反對意見」，即是反對多數大法官所作之判決或解釋之結論；另一是「協同意見」，即是贊同多數判決或解釋之結論，但卻另有不同依據之理由，此為「特別協同」(special concurrence)；若認為須另行加理由，以增強其說服力，或僅係為反對意見之反駁則稱為「普通協同」。^(註一一六)

---

^(註一一六) Harold J. Spaeth, Supreme Court, Policy-making Explanation and Prediction (San Francisco: W.H. Freeman and Company. 1979) p.29.

　　我國大法官會議制度，在一九五八年以前，為適用「大法官會議規則」時期，大法官會議依傳統司法機關公布裁判主文的原則，故無不同意見書，而僅有解釋文。至「大法官會議法」第十七條始規定：「大法官會議決議之解釋文，應附具解釋理由書，連同各大法官對解釋之不同意見書，一併由司法院公布之，並通知本案聲請人及其關係人。」釋憲實務上，自釋字第八十號解釋起，有不同意見書之發表。一九七七年「大法官會議法施行細則」修正公布，規定發表不同意見書者，應記明提出者之姓名。自釋字第一四九號解釋開始，有署名之不同意見書。

　　協同意見書之發展較晚。原「大法官會議法」之規定，只有助於反對意見之發揮，卻無助於對多數意見之充分說明或反對意見之反證。至一九九三年「大法官審理案件法」第十七條增訂，解釋文應附具解釋理由書，連同對該解釋之協同意見書或不同意見書一併公布。「大法官審理案件法施行細則」第十八條：「大法官贊成解釋文草案之原則，而對其理由有補充或不同之法律意見者，得提出協同意見書。大法官對於解釋文草案之原則，曾表示不同之法律意見者，得提出一部或全部之不同意見書。」自本法實施後，從大法官釋字第三一五號解釋起有附協同意見書。

　　不同意見書與協同意見書在兩面俱呈，對問題系爭點有較周全之認識，避免以偏蓋全。另一方面，則是指出憲法成長的一個可能方向；其因社會環境變動不居，今日的少數意見、觀點，可能將是明天的多數意見、主流趨勢，正是「異議對於成長中的法律精神、或未來的智慧，有開導啟發的功能。」我國大法官會議制度中附有不同意見書、協同意見書，

審議時不必過分受他人牽引，不但使公布之解釋理論更為宏揚，也因大法官法律智慧的表達，使國民能從不同角度省思憲政法理的本質與內涵。

第三項　大法官會議釋憲的效力

在分析大法官會議之職權與程序後，吾人亦知其釋憲與統一解釋法律、命令對於憲法組織架構、政治運作、基本人權之保障產生極大影響。進一步，必須瞭解探討者為：大法官釋憲效力之範圍為何？釋憲效力之界限為何？是否有救濟之途徑？當釋憲裁判後，在爭議中失敗的一方，往往抨擊釋憲機關為「太上國會」、「最高立法者」等，釋憲之效力、界限問題乃形浮現；尤當類似「大法官造法」現象迭有爭議，則釋憲可有救濟途徑？應否該有救濟途徑？均是值得關切的問題。

壹、釋憲效力的拘束性

大法官會議裁判之解釋有那些效力？根據大法官解釋條文中所闡述，綜合言之，約可從「人的效力」、「時的效力」、「事的效力」三方面論述。

一、人的效力

一般法院裁判之效力，僅及於訴訟當事人及其權利之繼受人，於法有特別規定者，效力及於當事人以外之第三人。就大法官會議解釋之效力及於何人？憲法及相關法令均無明文規定。至大法官會議釋字第一八五號明示：

> 司法院解釋憲法，並有統一解釋法律及命令之權，為憲法第七十八條所明定，其所為之解釋，自有拘束全國各機關及人民之效力，各機關處理有關事項，應依解釋意旨

為之,違背解釋之判例,當然失其效力。

由本號解釋乃確定大法官會議解釋之效力,不僅拘束全國各機關,並及於全國人民,這與司法裁判之個案效力有別,乃是具有一般拘束力。

二、時的效力

憲法與大法官會議之相關法律、命令並未規定經解釋與憲法牴觸之法律、命令自何時失其效力?而大法官會議早期之解釋,亦無明確宣示,致所為解釋久未生效,亦無從追究,對大法官會議釋憲之權威性頗不相稱。如一九六○年釋字第八十六號解釋,本於檢審分隸,關於高等法院以下各級法院應改隸屬於司法院,因未宣告該號解釋何時生效?再至一九八○年始實施改隸,拖延達二十年之久。再如一九八○年釋字第一六六號解釋「警察官署裁決之拘留、罰役應『迅』改由法院依法定程序為之。」亦以一個「迅」字,未定何時為之,反而「慢」一九九○年一月釋字第二五一號解釋明確指出:「至遲於八十年七月一日起失其效力,並應於此限期前修訂相關法律」,才促使通過「社會秩序維護法」以取代「違警罰法」。

學界早已對大法官會議宣布法令違憲時,應發生如何之結果?自始無效或嗣後無效?均付闕如而多有質疑。[註一一七]大法官會議釋憲結果如無落實,則形如具文般,必然影響釋憲效果。直至一九八四年,大法官釋字第一八八號解釋文始明確規定:

> 司法院大法官會議法第七條中央或地方機關就其職

[註一一七] 史尚寬,「如何解釋憲法」,法學叢刊,第五卷,第一期,民國五十一年三月,頁三—十四。

權上適用同一法律或命令所發生之歧見得聲請統一解釋之規定，係基於憲法第七十八條司法院有統一解釋法律及命令權，使本院負責闡釋法律及命令之正確意義，俾為各機關適用該項法令之準具而設。本院依其聲請所為之解釋，除解釋文內另有明定者外，應自公布當日起發生效力。

自釋字第一八八號起明確規範「時之效力」，除解釋文內另有規定者外，「應」自公布當日起發生效力。此一規定可彌補釋憲文未明確規範生效時間之模糊空間地帶，有助釋憲效力之確保。

三、事的效力

大法官釋憲能產生何種拘束力？歸納歷次大法官釋憲案可得到如下各項「事之效力」：

1.具有抽象釋憲效果：依據大法官釋字第二一六號、第二八九號、第三二四號、第三三九號、第三九六號、第四四五號等之解釋，其釋憲之事項，並不以聲請意旨所述者為限。亦即我國大法官會議解釋得及於該具體事件「相關聯」「必要之法條內容」有無牴觸憲法情事而為審理，將產生對具體事件以及關聯性事件之一般廣泛拘束效力。

2.得及於聲請人據以聲請之案件：大法官會議於釋字第一七七號解釋揭示：「本院依人民聲請所為之解釋，對聲請人據以聲請之案件，亦有效力。」解釋理由書中指出：「人民聲請解釋，經解釋結果，於聲請人有利益者………該解釋效力應及於聲請人據以聲請之案件，聲請人得依法定程序請求救濟。」

大法官釋憲效力採不溯及既往原則。即確定之裁判，於其裁判時，如未違背當時有效之法律規定，不因嗣後原裁判適

用之法規被宣告違憲而動搖其地位。此乃基於安定性之考量，使法實質正當性原則讓步。[註一一八]唯若僅能產生嗣後生效之結果，則人民聲請解釋的目的——被不法侵害之權益期能獲得救濟亦是沒有解決。釋字第一七七號將大法官解釋之效力，由原則不溯既往，發展為聲請人據以聲請之案件產生溯及效力。但為避免使機關聲請所為之憲法解釋或統一解釋亦生溯及效力，乃在釋字第一八三號解釋規定：「就中央或地方機關行使職權適用憲法、法律或命令發生疑義或爭議時，依其聲請所為解釋之效力，係另一問題。」釐清溯及效力之適用範圍，限於人民聲請解釋案。

3.得以解釋為再審或非常上訴之理由：大法官釋字第一八五號解釋明示：「確定終局裁判所適用之法律或命令，或其適用法律、命令所表示之見解，經本院依人民聲請解釋認為與憲法意旨不符，其受不利確定終局裁判者，得以該解釋為再審或非常上訴之理由。」

另大法官會議釋字第一九三號解釋更擴及：「於聲請人以同一法令牴觸憲法疑義而已聲請解釋之各案件，亦可適用。」上開諸解釋，旨在使聲請人聲請解釋之結果，於聲請人有利者，得依法定程序請求救濟，聲請人如有數案發生同一法令牴觸憲法疑義，應合併聲請解釋，其於解釋公布前先後提出符合法定要件而未合併辦理者，亦一併適用。此舉在使解釋效力對人民權益保障更周延充分。唯為兼顧法律秩序之安全性，釋字第二〇九號解釋：「民事裁判確定已逾五年者，仍不得以其適用法規顯有錯誤而提起再審之訴或聲請再審。」

[註一一八] 蔣昌煒，「大法官會議解釋效力之探討」，見司法院釋憲四十週年紀念論文集（台北：司法週刊雜誌社，民國七十七年九月），頁二六三—二六四。

4.得諭知有關機關執行及確定執行之種類及方法:「大法官審理案件法」第十七條:「大法官所為之解釋,得諭知有關機關執行,並得確定執行之種類及方法」。大法官就釋憲之解釋文或解釋理由書中,以聲請解釋對象之法令,提示立法上之意見或建議,其或欲以強化達到解釋效力與權威性,但卻易陷入權力擴張以及「大法官造憲、造法」之虞。

我國釋憲制度之發展過程中,透過大法官釋憲的實際運作,使解釋範圍及效力不斷擴大;一方面大法官釋憲得及於聲請具體事件之相關聯且必要之法條內容(即可訴外裁判);二方面又得逾知有關機關執行,並得確定執行之種類及方法。上述走向使大法官會議本為釋憲,卻及於立法、行政之本務,引發疑義,頗值正視。

尤有甚者,大法官諭知執行之種類及方法,原應「依憲法」而為,如若是自行「創造憲法」,其又具有此等效力,不得不質疑釋憲尊嚴將為之破毀。茲以釋字第五二○號解釋為例;大法官兀自為核四停建爭議之立法部門,提供如覆議再遇行政立法僵局之三種方法:「閣揆自行請辭」、「立院提不信任案」、「立院通過建電廠相關法案」等,然而中華民國憲法增修條文第三條第二項第三款明文規定:「覆議時,如經全體立法委員二分之一以上決議維持原案,行政院院長應即接受該決議。」增修條文之「應即接受」與大法官釋憲諭知之三條路差距如此大,大法官釋憲效力又具一般拘束力,釋憲效力之界限與救濟乃是另一關注之焦點。

貳、釋憲效力的界限

民主國家承認憲法裁判具有普遍拘束效力(對人、時、事)的前提下,法律邏輯亦必然承認釋憲機關之憲法裁判具

有規範效力。本於民主政治權力分立原則下，涉及國家機關不同功能的分配問題，亦涉及各個權力界限的問題。任何機關就其功能、職掌，不可能過分膨脹擴大，以致損及他權。就司法釋憲功能亦然，除其本務之遂行，亦應本於司法自制之原則，以免有侵及立法、行政權之逾越行止。考量釋憲之界限上，大法官蘇俊雄就此，提出若干思考方向：(註一一九)

1.憲法裁判是否應有憲法上的明文或授權立法之依據，以符合上述憲政原則？

2.釋憲機關所為違憲無效宣告是否為「憲法上的立法行為」？立法機關是否可依據後法優於前法原則，以制定法律方式來廢止違憲之判決呢？即應否承認憲法釋憲之判決更具「超法律的效力」？

3.憲法解釋的拘束力範圍，是否包括釋憲機關本身？

4.做為認定合憲或違憲推理的基準，在法理上是否亦有做為後案判斷標準的準據性？

就釋憲界限所引起高度關注，以我國現行制度言之，下述問題顯具關鍵：

1.文理解釋與論理解釋對釋憲之採用標準。

2.訴外裁判對釋憲之適用態度。

3.逾知有關機關執行種類、方法對釋憲之必要程度。

就第一項，以解釋闡明憲法的適用疑義，乃為側重於文理解釋；若以解釋補充憲法規定的不周，乃側重論理解釋。憲法可否著重論理解釋？乃學術界仁智之所見。固然不得純就理論以解釋補充憲法所未規定的事項，致有以解釋代替修

(註一一九) 蘇俊雄，「從整合理論之觀點論個案憲法解釋之規範效力及其界限」，載劉孔中、李建良主編，憲法解釋之理論與實務，二刷（台北：中研院中山人文社會科學研究所，民國八十八年五月），頁一五。

憲及制憲之嫌；唯憲法之富有適應性，又僅為原則性、基本性的規定，不便輕言修改及頻繁修改下，則以解釋方式，補充憲法規定的不周，俾適應時代環境需要，亦有其價值。

然而論理解釋有時被指「無中生有」之「造憲」、「造法」。尤當高度爭議性釋憲案，更引關注。以大法官釋字第三號解釋，認為監察院關於所掌事項，得向立法院提出法律案；及釋字第七十六號解釋，認為就國民大會、立法院、監察院在憲法上之地位及職權之性質而言，應認共同相當於民主國家之國會。故當釋字第七十六號解釋後，「大法官會議法」第三條（現行「大法官審理案件法」第四條）第二項乃有限制規定：「前項解釋之事項，以憲法條文有規定者為限。」是不啻著重文理解釋而限制論理解釋。

這當中牽涉憲法解釋的根本問題，法令解釋除文理解釋外，應尚有論理解釋，併用文理、論理解釋有助發揮釋憲功能，唯避免上述論理解釋之跳脫憲法條文，甚至產生重大違失或爭議之解釋文，除期待大法官本身嚴謹、審慎面對釋憲重任，似必須有救濟之途徑。

就第二項，訴外裁判對釋憲的適用態度言之；以司法權之訴訟案件，法官乃嚴守禁止「訴外裁判」，須針對系爭點裁判之。唯我國大法官會議經多次釋憲，發展出之得及於聲請具體事件之相關聯且必要之法條內容，使釋憲由系爭點及於面；聲請釋憲者乃針對某一條文提出，大法官可及於該法全本法條解釋，不亦太過？大法官雖有釋憲之責，但執行面上，未謹守司法權禁止「訴外裁判」原則，亦是逾越了憲法的界限。觀之大法官釋字第四四五號解釋文中，雖洋洋灑灑臚列過去多項裁判：釋字第二一六號、二八九號、三二四號、三

三九號、三九六號、四三六號等解釋，表示均採同樣方法云云，然正顯示釋憲制度界限之問題嚴重，大法官禁止「訴外裁判」宜應正視、嚴守之。

就第三項，大法官釋憲得逾知有關機關執行種類、方法，其對釋憲之必要程度如何？無論解釋憲法或統一解釋法律、命令，乃在完成憲法之表述，作合憲與否之宣示。合憲抑或違憲必然依照憲法條文、精神、立憲旨意、環境潮流等原則為之，釋憲制度一在闡釋憲法本旨，二在維護人民基本權利，此皆可就文理、論理解釋為之。大法官做如上解釋已為充分周祥，至於逾知行政或立法部門執行之種類及方法，則顯屬狗尾續貂之作。大法官作成合憲、違憲之裁判，實已盡其本務；如若越俎代庖，「指導」行政、立法部門步驟，一則破壞權力分立體制之基本精神；二則紆尊降貴，本為「憲法守護者」、「仲裁者」角色，卻置身於眾矢之地的層次，有違大法官司法之特質；三則倘「指導」有誤，如前述釋字第五二○號解釋之荒腔走板，更損及大法官尊嚴、令譽，甚至賠上國家憲政體制之精神。綜言之，大法官釋憲之達成，不應及於逾知有關機關執行種類、方法，此應為符合釋憲界限之重要理念。

本章小結：

由釋憲制度之形成發展、內涵精神，到論述我國大法官會議釋憲制度之組織、職權，憲法法庭之建立、運作，釋憲之效力、界限。期使釋憲與「憲法維護者」、「人權保障者」密切關聯，則釋憲機制之健全尤其重要。當釋憲者扮演稱職之「仲裁者」、「憲法維護者」角色，而非等而下之的「政策

指導者」、「諮詢者」角色，則國民對釋憲機關之信賴已經建
立。不但使憲法深植人心，更對憲政運作開啟優質成長空間。
釋憲者以豐富的學養、敏銳的眼光、道德的勇氣（不為勢劫、
不為威屈、不為利誘），本諸憲法良心與公正態度進行釋憲。
健全機制與健全釋憲者，將是司法違憲審查制度成功與否之
關鍵。

第三章 司法違憲審查「政治問題」界限的理論

司法違憲審查「政治問題」是由美國聯邦最高法院從案例中發展出來的理論。從世界各國接受或移植美國司法違憲審查制度的憲政經驗中，不乏出現「政治問題」不審查之原則：德國學術界的「不受法院管轄之高權行為」(Gerichtsfreie Hoheitsakte)、法國的「政府行為」(Actes de Gouvernement)、英國的「國家行為」(Actes of State)、日本的「統治行為」等是。我國大法官會議釋憲史中，不僅有做成「重大之政治問題，不應由行使司法權之釋憲機關予以解釋。」(如釋字第三二八號解釋)亦有大法官會議最後解釋文雖未做成政治問題不解釋，唯言詞辯論中屢有觸及，(如釋字四一九號解釋)或不同意見書中提及政治問題(如釋字第三二九號、第三八七號解釋)

司法違憲審查政治問題一直困惑著學術界、政治界。政治問題是否可援引作為排拒釋憲之理由？李炳南教授將憲法蘊涵之政治邏輯、法理邏輯兩者類型化指出：「憲法的政治邏輯為實存的權力鬥爭過程及結果，法理邏輯為先驗的或建構的純粹法理演繹推理，前者是權力者的現實考量，後者則是思想者的理念追求。」[註一]正由於「憲法的二重性格，形成神魔二性」——憲法不僅是權力者的制約力量，也同時是權力者試圖在憲法秩序內開拓權力的空間。[註二]以上神魔二性在憲法，以及與憲法延伸出去的修憲、釋憲都將面臨不同型式的呈現。

[註一] 李炳南、曾建元，「政治邏輯與法理邏輯的辯證——以司法院大法官議決釋字第四九九號解釋為例」，中央研究院中山人文社會科學研究所主辦，第三屆「憲法解釋之理論與實務」學術研討會，民國九十年三月廿三日，頁一七。

[註二] 同上，頁七。

　　以「政治問題」的概念，做為拒絕司法違憲審查的理由是否成立？這在研究的方法論上，應以理論認識為基礎，即以邏輯性的規範理論分析，區隔理論分析與實踐兩層次。從理論分析法理邏輯與政治邏輯之內涵，它必須檢驗之核心議題在於：是否有政治問題界限之存在？政治問題如何嚴謹界定？司法者所創設之政治問題用以拒絕裁判，是憲法賦予它的權力？抑或違背憲法精神？政治問題是司法的自制？抑或司法的自殘？

　　從前述說明中，吾人深知憲法之具神魔二性，當各國司法違憲審查制度無法擺脫政治問題，只是驗證政治現實面的「反映」。唯司法精神何在？三權分立精神何在？才是真正值得關切的問題，尤當同意者、反對者亦皆標舉上項精神時，理論認知乃為迫切需要。本章嘗試以宏觀的(macrocopic)角度，加以審視縷析司法違憲審查界限爭議之政治問題理論基礎，試從三個面向透視：

　　政治哲學基礎：憲法優位、權力分立、多數原則。

　　審查基準理論：雙重基準、三階密度、雙軌雙階。

　　審查角色理論：司法積極、司法消極、司法務實。

　　茲分三節分別論述之。

第一節　違憲審查政治問題的哲學理論基礎

　　司法違憲審查制度界限所引發政治問題，基本上牽涉到憲政主義下之憲法內在價值——民主主義理念。現代民主國家依循憲政主義(constitutionalism)：以憲法作為國家權力統治的基礎，明定政治過程與制度，形成一套構成政治制度的模式與基本規範。其中，不但規定政府各部門之間的職權，而

最終目的即在保障人民權利。^(註三)

憲政主義蘊涵民主主義之精神，從十七世紀英國光榮革命開始，民主主義思想觀念與制度逐漸定型。（一二一五年英王制頒大憲章 Great Charter，乃是近代民主思想之起源）民主主義的政治哲學基礎理論，經歷了不同時期，而有不同詮釋：

十七世紀為民主思想觀念誕生時期，洛克著政府論兩篇(Two Treaties of Government)奠定民主主義理論基礎，強調人民為最高權力者，一方面用立法權監督行政權，一方面人民又親自監督立法權，藉以保障人權。如政府行政、立法部門不能履行契約（保障人權）時，人民可革命推翻政府。彌爾頓(John Milton)著「自由的共和國論」強調人類自由本性。

十八世紀為民主主義發展極盛時期，理論思想有孟德斯鳩(Charles Louis de Montesquieu)之「法意」(The Spirit of Law)倡三權分立學說；盧梭(Jean J. Rousseau)之「社會契約論」(Social Contract)倡共通意志(general will)之全民主權說；佩恩(Thomas Paine)著「常識」(Common Sense)與「人權」(The Rights of Men)二書，倡每一個公民擁有相同的公民權利，並肯定代議政治是合於自然秩序的政治體制；傑佛遜(Thomas Jefferson)之強調三權分立，贊成地方分權，尊重人權理念；此外如漢彌頓(Alexander Hamilton)、麥迪遜(James Madison)等人的思想，使民主思想理論更形充實。

十九世紀工業迅速發展，政治思想趨於結合社會、經濟觀念。個人自由主義的發展產生了功利主義(Utilitarianism)，其思想以邊沁(Jeremy Bentham)、密爾(John Stuart Mill)為其代

---

^(註三) 林嘉誠、朱浤源編著，政治學辭典，二版（台北：五南圖書公司，民國八十一年一月），頁六三。

表者。邊沁著有「政治雜論」、「道德及立法原理」、「立法論」、「國會改革計畫」、「憲法彙典」、「道德論」等書，其強調以「利己」為出發點，判斷政治問題，必以自己的利害為標準，故當一項政策表決時，必須得到多數人同意，此即「最大多數的最大幸福」原則(the greatest happiness principle)。其反對任何形式的社會契約說，以為人們之所以要有政府，要服從法律，只是為他們自己的利益。密爾著有「自由論」、「代議政體論」、「功利主義」等書，其功利主義反對為己之自私觀念，而主張應促進全體的幸福(general happiness)。政府目的在促進最大多數之最大幸福，即奠基於人性之上。並強調思想言論自由的重要性，且社會上絕對自由不可能存在，主張自由應有界限。

廿世紀至今，民主主義理論隨著行為主義(behavioralism)研究發展，有別於以前理論，乃有以往昔之民主思想為古典民主理論，廿世紀以來者為修正民主理論、菁英民主理論。修正民主理論大師熊彼德(Joseph Schumpeter)、薩托里(Giovanni Sartori)、道爾(Pobert A. Dahl)、拉斯威爾(Harold Lasswell)等人強調民主政治實行的真實現象，故又稱「經驗的民主理論」(empirical democratic theory)，彼等批評古典理論缺乏實證基礎，亦即許多公民的政治行為並不理性、政治知識相當貧乏、政治參與興趣不高、也非人人參政，而事實上，在一個分工的社會，政治應由專職的精英負擔重要責任，一般民眾的參政僅限於選擇領導者，只要在此過程中具有真正決定權，就可不必擔心無法控制領導者的行為。

綜合以上，民主主義是一種以人民自己統治為原則，並

在近代以自由選擇的代議制度為基礎的政治型態。^(註四)民主理論的歷史悠久，著作立論之豐，不可勝數，唯仔細分析要義，就其共同的立論基礎、則其核心議題在於：憲法優位、權力分立、多數原則。以三個核心議題在論述司法違憲審查界限之問題，將是理論的基礎課題。

第一項　憲法優位

壹、憲法優位的意涵

憲法優位(Constitutional Supremacy)的概念，在十八世紀末立憲運動開展之際就已突顯。漢彌爾頓(Alexander Hamilton)指出：^(註五)

> 法院原本的任務是解釋法律，憲法依其本質乃是一種根本大法(fundamental law)，此種特性應由法院予以確認。是以，法律應探求憲法的意旨，就如同法院應探求所有由立法者所制定的法律意旨一樣。如果法律與憲法的意旨有所扞格，則具有廣泛拘束力與效力的憲法應享有優先性。換言之，憲法的位階應高於通常的法律。

首創「純粹法學」(Pure Theory of Law)的奧地利學者凱爾生(Hans Kelsen)從實證法的理論(A Theory of Positive Law)闡明「法是什麼？」認為法是人類行為的規範，且是強制性規範。法學是上下規範階層關係之科學，「規範」(Norm)乃是純粹法學的核心概念。^(註六)凱爾生就法位階觀點，法律體系並非

---

^(註四) Encyclopedia Britannica, The University of Chicago, 1947, Vol. VII, P.182.

^(註五) 參閱 Alexander Hamilton, The Federalist Papers (1788), Nr.78. 轉引自李建良，憲法理論與實踐(一)（台北：學林文化公司，民國八十八年七月），頁一九六—一九七。

^(註六) 吳庚，「純粹法學與違憲審查制度」，見當代法學名家論文集（台北：法學叢刊雜誌社，民國八十五年），頁九四。

若干法規範橫向並列（地位完全平等）的體系，而是由不同位階之法規範所構成之法位階秩序。亦即，法的體系是由上位法規範(higher norm)與下位法規範(lower norm)所組成的階層體系，兩者聯結是依據法規範相互間之「妥當性」(validity)，下位法規範的妥當性，是以上位法規範的妥當性為依據。依此追溯到最高之規範，即「基本規範」(basic norm)，此即一種「基本前提」(initial hypothesis)，不能再議論其妥當性。[註七]

以言凱爾生實證法之國內法，其最上位規範是憲法，上位法規範決定下位法規範之條件，同時擁有否定下位法規範之效果。質言之，基本規範之憲法有撤銷法律之效力，法律有撤銷行政命令之效力。[註八]純粹法學以法位階理論表述憲法在法位階上之優越性，此一觀點也普為法學界、憲法學界之認定。日本清宮四郎指出：「由國法體系中的授權關係觀點，憲法居於根源的地位，憲法以下的所有法令均直接、間接基於憲法的授權而存立，且由憲法所派生。」[註九]我國學者李鴻禧以「憲法是確定人民之自由與權利諸法則的根源，也是以此為構成要素之高次法(higher law)底不磨大典(standing law)[註十]」

憲法優位在於以母法之憲法，作為一國之法秩序中最基本規範，凡國家基本之組織及制度必須以其為藍本，國家之作為（以法律、行政命令方式表現）均不得與憲法有所牴觸，

[註七] 林文雄，法實證主義，四版（台北：三民書局，一九八九年四月），頁一八六。
[註八] 吳庚，前揭文，頁九八。
[註九] 清宮四郎著，周宗憲譯，「憲法規範之特質」，憲政思潮，第九十一期，民國七十九年九月，頁八一。
[註十] 李鴻禧，「司法審查的政策形成功能底緒說──以立法權與司法審查為著眼」，台大法學論叢，第廿五卷，第一期，民國八十四年十月，頁卅三。

否則無效。國家權力之行使皆本於憲法之授權，憲法以法秩序最高位階之角色、地位，在國家法秩序內部系統產生衝突、矛盾與爭議時，則成為協調一致性功能之標準和依據。

貳、憲法優位與違憲審查

為確保憲法優位，並維持這種法位階特性，則採取何種形式之制度以穩固憲法地位？乃至為重要。它包括兩部分重點：如何維持法位階？由何種機關來執行？

憲法為確定國家結構、中央與地方政府組織及保障人民基本權利之最高效力，必須有一套適當完善之制度以為配合，否則法終將成為不具法規範效力之政策宣示或施政計畫。職是之故，在憲法中設立維護憲法之機制，成為現代成文憲法中不可或缺之重要措施。何種機制足以擔任憲法守護者之角色？該機制又必須具備何種能力與限制因素？應是思考重點。

為維持憲法優位之法位階，則憲法中須設立維護憲法效力之機關，以此機關依據憲法來審查所有國家機關之公權力行為——法律、命令是否符合憲法之規定，且在該項公權力行為牴觸憲法時宣告其無效，以確保憲法之規範效力。

憲法解釋之護憲功能該由何種國家機關來行使？各國不盡相同，但大抵以司法機關執行者為多。究其實，何以由行政或立法部門職司違憲審查不若司法部門？此乃因國會依憲法制定法律，行政部門依法制定規章命令以行之，兩者皆扮演立法（法律、行政命令）職能，若由之擔任解釋憲法，無異球員兼裁判，公正客觀性易受質疑；復以「統治者必將統治權力擴張到極致」之經驗法則，亦將造成法位階之紊亂，法秩序難以維持之弊。

美國憲法是世界第一部成文憲法，美國憲政則開啟憲法優位之明確機制。誠然，美國憲法中並未指出司法部門具有違憲審查之職能，此一司法違憲審查制度來自「馬柏里控告麥迪遜」一案的判例之中。首席大法官馬歇爾所強調「宣示什麼是法律，是司法部門的當然領域與職責。」「準此，美國憲法文字的特別構造，確定並強化了構成所有成文憲法共通內容的原則──違憲法律應歸無效，法院以及其他政府部門，均應受憲法拘束。」[註十一] 馬歇爾奠定之司法審查制度表現出重要意涵：

1.憲法優位的建立──憲法為最高法位階，任何違憲之法律命令均屬無效。

2.違憲審查的建立──司法部門職司違憲審查之「憲法守護者」角色。

由美國到大陸法系之司法審查制度體系雖各有不同，但從法位階理念確定憲法優位以維持法秩序，再由司法違憲審查確保憲法優位之實踐，則憲法優位與司法違憲審查之密切關係是非常結合，明顯證實違憲審查之重要與不可或缺。

參、憲法優位與審查界限的政治問題

前文述及各國確保憲法的優位性，採取各種不同型態的司法違憲審查機制，名稱或不一致，但其違憲審查以明確憲法實踐功能之特質必須把握。唯司法違憲審查的過程中，司法部門或有可能對限縮立法部門、行政部門、修憲部門之政治活動空間造成疑慮。因之，憲法優位下之司法違憲審查的界限為何？特別值得探究。本文在於分析司法違憲審查界限之「政治問題」是否存在？應否存在？以違憲審查之政治問

[註十一] 1 Cranch 137 （1803）

題著手，應面臨下列兩項課題待解：

　　一者，政治問題是否可做為違憲審查之界限？即可否以政治問題拒絕司法違憲審查？

　　二者，可否有違憲審查的界限？即違憲審查的界限何在？

一、政治問題與司法違憲審查的界限

　　政治問題在美國聯邦最高法院，於一九六二年 Baker v. Carr 一案之判決文中六項原則，承認政治問題之存在。然這六項原則是極有爭議者。雖有以「儘管上述『定義』並不完美，所例示的六項判準既非互斥，應用之際自不免紛擾，但是稍加梳理亦不難發現其中確有顛撲不破的道理。」[註十二]學理論證不宜主觀偏好投入。就第一項權限明確劃定，自無爭議，但有疑義產生，司法部門不加以解決，誰來解決？第二項之審查基準，在美國違憲審查判例中多有建立（如雙基理論、雙軌雙階理論），此處不無卸責之嫌。第三、五項之說明非常模糊，難以實際運用。第四、六項則是只要牽涉平行機關，必然發生之現象。綜言之，政治問題在法理邏輯，實務應用上有紛擾，乃屬極不精確。可能產生因人廢事之法官以個人好惡意願，而違背「不得拒絕裁判」司法準則。以政治問題為由，拒絕違憲審查將有如下困窘：

　　1.界定不明確：以 Baker 一案所強調政治問題之準則中，所謂「缺乏明顯可資適用之司法裁判基準者」、「法院如獨立解決，勢必構成對其他平行政府部門的不尊重者」、「就同一問題可能形成政府不同部門發表不同聲明的尷尬局面者。」這些原則，如本於憲法優位、司法審查職責所在，則係有「畏

[註十二]　湯德宗，前揭書，頁一五二。

難怕事」之虞，其預設行政、立法可能反彈、反應，而以政治問題為由推諉，絕非司法本意。

司法者放棄釋憲責任，似乎並非該案「不應裁判」，而是「不願裁判」。因政治問題之定義極不明確，將無法令人信服，勢必嚴重破壞司法之尊嚴。聲請釋憲之爭議，往往涉及行政、立法部門，何以擔心彼等之「不尊重」或「發表不同聲明」？司法機關本於憲法優位原則，何須自我放棄？釋憲兩造必得罪其一，是司法必然結果。政治問題本身無明確界定，是其致命傷。

2.邏輯不周延：憲法乃規範中央、地方政府組織、職權，人民權利義務。「憲法問題何者不是政治問題？」相信以政治問題拒絕違憲審查者，亦不可否認之事實。

所謂「不具可司法性」是一個不周延的邏輯。當司法部門認為某一系爭問題不屬司法權決定，而為一政治問題時，其依據者是憲法。唯憲法若明確規定某些事項確屬某一機關執行，且無違憲者，司法可裁判此屬行政機關裁量權、立法機關形成自由，而非以政治問題拒審。

憲法對政府組織、職權架構既已確定，則司法部門職司釋憲、護憲工作，對憲法應極為熟稔。一個憲法系爭個案屬行政或立法裁量權，正需司法裁判以解釋之。司法部門若以政治問題「置身事外」，則呈現邏輯上的矛盾：一者，何機關有明確決定權？司法部門不正是有明確決定權？二者，司法部門不裁判，憲法爭議如何解決？申言之，司法部門解釋憲法若採政治問題不審查，是違犯了以不解釋憲法方式來解釋憲法之邏輯矛盾，亦是違背司法審查的真正精神。

3.司法不公義：司法部門若以政治問題放棄其憲法責任，

如前文所述，顯非其能力不足以審判，亦非不應審判，而是不願審判。當司法部門有意提出政治問題時，在邏輯上，其應已知是否屬行政裁量或立法裁量？卻寧不裁判。若為顧及政治現實反應，美其名為確保司法活動不變質，鞏固司法裁判拘束力的作用，相較於賠上國家制度之尊嚴，憲法守護者之地位，孰輕孰重？「爾愛其羊，我愛其禮」其意之正解，可不正視？

基於以政治問題拒絕司法違憲審查將產生：界定不明確、邏輯不周延、司法不公義之根本性、結構性缺失，本諸司法獨立性、正確性，司法部門應承擔憲法賦予之重任，釋憲者須深知憲法本是高度政治性的法律，不宜也不應率爾創設「原則」、「條件」，迴避釋憲責任。

二、司法違憲審查的界限

政治問題不應成為司法違憲審查之理由已如前述，接下來應探討者：司法違憲審查是否有界限？界限何在？

司法違憲審查應有界限，一如民、刑事審判：可區分程序審查、實體審查兩部分。違憲審查界限（限制因素）應在程序審查而非實體審查。前者包括接受、不接受兩部分，通過程序審者，必須為實體審，不得拒絕裁判。質言之，程序審乃為違憲審查之限制因素階段，實體審則為必須釋憲部分。我國迄今並未建立規範，釋憲程序概念未建立，以致問題叢出。尤當大法官會議釋字第四九九號解釋，作為憲法一部分之增修條文，竟然遭到無效宣告，學術界討論盈庭，回響熱烈，「憲法違憲乎？」引發關注。正因程序審精神未列入「司法院大法官審理案件法」中所致。

違憲審查程序審不接受之判決要件，可歸納如下：

1.曾經大法官會議判決確定者。

2.聲請解釋憲法之程序違背規定者。

3.已經提起憲法解釋之案件，重行聲請者。

4.人民於其憲法上所保障之權利遭受不法侵害，經依法定程序提起訴訟，對於確定終局裁判已超過五年以上者。

5.中央或地方機關有關法律、行政命令等尚在研擬階段之草案(bill)。

6.憲法暨增修條文不得為違憲之審查。

7.「司法院大法官審理案件法」第四條第一項未規定准予提出事項。

8.立委三分之一以上聲請，須行使職權發生疑義，且在保障少數黨委員。

9.「司法院大法官審理案件法」第七條但書規定事項。

10.聲請解釋機關有上級機關者，其聲請應經由上級機關層轉，上級機關對於不合規定案件，卻為之轉請者。

以上十項不接受之程序判決要件，即為違憲審查之界限（限制因素）。一至三項規定為一般訴訟程序法之基本條件。第四項為終局判決後提出釋憲案有效時限規範。

第五至七項為依據「司法院大法官審理案件法」第四條第一項所列大法官解釋憲法之規定事項(1.關於適用憲法發生疑義之事件。2.關於法律或命令，有無牴觸憲法之事項。3.關於省自治法、縣自治法、省法規及縣規章有無牴觸憲法之事項。)而來，亦即「憲法條文有規定者為限」。第五項之不接受中央或地方機關有關法律、行政命令尚在草擬階段之草案，乃根據上法第四條第一項第二、三款，違憲審查須為法律、命令、自治法規，不包括未三讀審議完成之草案在內，

同時也免於司法機關成為立法部門、行政部門之「諮詢意見」。

第六項為依據「大法官審理案件法」第四條第一項各款中，並無明文規定包括憲法（含增修條文）有無牴觸憲政秩序基礎價值之事項，亦即違憲審查之標的即憲法（含增修條文），在憲法優位精神下，憲法不得為違憲之審查，甚至宣告憲法（增修條文）無效。在大法官釋字第四九九號解釋中，大法官以憲法第一七三條：「憲法之解釋，由司法院為之。」置於第十四章「憲法之施行及修改」，乃相關事項解釋權之特別規定，故認為大法官可介入修憲程序之審查，並可以修憲程序審查否決憲法條文效力。李炳南教授則指出，憲法一七一條、一七二條亦規定於第十四章中；一七一條：「法律與憲法牴觸者無效」「法律與憲法有無牴觸發生疑義時，由司法院解釋之。」第一七二條：「命令與憲法或法律牴觸者無效」。以上一七一條、一七二條、一七三條三個並列的條文，大都是有關於「憲法施行」，即憲法等級規範體系維持的規定，而與「憲法修改」無關。[註十三]並經由憲法文義解釋、歷史解釋、體系解釋確認，司法院大法官有權審查修憲程序，但憲法條文從未授權司法院大法官有宣告憲法無效之權。[註十四]

第七項為依據「大法官審理案件法」第四條第一項之概括性規定(broadly phrased clause)，以補列舉式疏漏之缺失。

第八項為本於政黨政治精義，執政黨對其政策有約束黨員之責任，故其黨籍立委未提院會討論或未獲通過者，均不得為提出聲請，少數黨立委基於保障原則，經提院會討論，

[註十三] 李炳南、曾建元，前揭文，頁二〇。
[註十四] 同上，頁二〇－二一。

無論通過與否，如有立委三分之一以上聲請，得為提出之。

第九項為「大法官審理案件法」第七條中，第一、二兩項之但書，集中規範之。

第十項為「大法官審理案件法」第九條條文，現集中規定於此。

綜結以上，司法違憲審查之界限並不包含政治問題在內。界限之認定，應將司法違憲審查分程序審與實體審兩部分，程序審中列舉十項不接受之判決要件，聲請釋憲案達到該十項之規定者，退回不予繼續實體審，否則即應進入實體審查，並依憲法賦予職權，做出相關釋憲條文。

第二項　權力分立

權力分立(doctrine of separation of power)為現代憲政主義(constitutionalism)的準具，亦為現代民主國家的基本原則。美國制憲參與者麥迪遜(James Madison)曾指出：「當所有權力——立法、行政及司法——咸集中於同一手中時，不論其為個人、少數人或許多人，亦不論其為世襲的、自封的或選任的，即可正確稱為專權暴政之定義。」[註十五]一七八九年法國人權宣言第十六條：「凡權利保障未臻確實，權力分立制度未予釐定之社會，不能稱為有憲法之社會。」[註十六]權力分立之為現代憲政充要條件躍然紙上，以下分論權力分立的意涵、權力分立與違憲審查、權力分立與審查界限的政治問題。

壹、權力分立的意涵

洛克(John Locke)首創近代分權理論，其思想表現於「政

[註十五] The Federalist Papers No.47, at 139 (J. Madison) (R. Fairfield ed., 1981)，轉引自湯德宗，前揭書，頁一八六—一八七。

[註十六] 許志雄，憲法之基礎理論（台北：稻禾出版社，民國八十一年十月），頁六七。

府論兩篇」(Two Treatises of Government)中，其要義在於：

1.制法與執法之「兩權分立」：洛克雖將政府權力分為立法權(legislative power)、行政權(executive power)及外交權(federative power)三種。立法權屬於國會，行政權與外交權（宣戰、媾和、結盟及處理沒有國家的個人與社會的事務之權力）都是與立法權相對的執行權。因此，實為兩權分立。^(註十七)

2.立法權為核心：「立法權就是社會立法權，必須為社會立法，為社會上的每一個人規定行為的準則，而對於違反此種準則之處分賦予執行權，所以，立法權必須最高，社會上任何權力均導源於立法權，而且隸屬於立法權。」洛克並主張將立法部門的集會與期間加以規定。如此，行政權受立法權之監督，而立法權不致專擅危害社會公益。^(註十八)

至孟德斯鳩(Charles Louis de Montesquieu)提出分權理論，乃對洛克加以因襲、修正。其觀點表現於「法意」(The Spirit of Laws)一書中，分析如下：

1.權力分立：孟氏說明：「當立法權與行政權同歸一人或同一執政團，自由便不復存在。……假如三種權力歸一人或同一團體，則一切都完了。」^(註十九)

2.權力制衡：為防止權力濫用，必須以權制權，亦即制衡之原則(the principle of checks and balances)。唯孟氏制衡之設計，主要針對行政、立法之間，而「司法權有些似不存在」(the judiciary is in some measure next to nothing)。立法權則認

(註十七) 朱諶，前揭書，頁一〇一一一。
(註十八) 同上，頁一〇。
(註十九) Charles de Secondant baron de Montesquieu, The Spirit of Laws, Trans. by Thomas Nugent, revised by J. V. Prichard, Vol. I (London: G. Bell and sons, L. T. D., 1991) P.163.

為應分為二，（貴族院與平民院）以相互制衡。^(註二十)

　　3.權力共治：孟氏以行政、立法、司法三權有三種能力：一是決策能力（命令支配權或校正其他勢力所發布之命令支配權）、二是阻卻能力（即否決權，使其他勢力所採之決議事項無效之權）、三是同意權（當不行使阻卻能力而發表贊成聲明時）。上述三種權力構成如同一個樂團(concert)般，各成員雖有不同樂器，仍須和鳴共奏。於是產生三種權力制衡共治而合奏的憲政體制。^(註二十一)

　　從洛克、孟德斯鳩闡揚之權力分立原則，其精義在於政府包括三大功能：制定法律之權屬立法機關，執行法律之權屬行政機關，解釋法律之權屬司法機關：立法、執法、釋法構成一個民主有秩序而又不致濫權的政治體系。湯德宗教授分析權力分立之內涵，包括橫向的水平分權（中央或地方政府本身內部的權限劃分）與縱向的垂直分權（中央與地方政府間的權限劃分）；透過權力分立可達到兩項目的：提升效率(promoting efficiency)與防止專制暴政(prevention of tyranny)。不同比重的權力分立制度亦將產生不同效果之目的，如內閣制(parliamentary system)較注重效率；總統制(presidential system)較強調防止專制。^(註二十二)

　　洛克、孟德斯鳩之理論在美國獨立革命後正式落實於政治制度中。美國依孟氏理論，制定聯邦憲法，舉世第一部三權分立的成文憲法誕生問世，並為各國憲法相繼仿效對象，三權分立之分權理論成為近代民主憲政理論之基礎。中華民國之國父孫中山先生，於民國前六年（一九〇六年），演講「三

---

^(註二十)　Ibid., pp.160-167.
^(註二十一)　Ibid., p.172.
^(註二十二)　湯德宗，前揭書，頁一八六－二〇〇。

民主義與中國民族之前途」，首先提出「五權憲法」概念（約晚孟氏著述「法意」一個半世紀），民國十年（一九二一年）演講「五權憲法」及民國十三年（一九二四年）演講「民權主義」創造權能區分、五權分治（分立平等）的憲政分權理論。三權、五權分立均在於思考如何造成政府有能又不竊其權的優質政治設計。

貳、權力分立與違憲審查

權力分立在於以制衡原則防範任一派系掌握整個政府機能，達到各部門間分工合作又有效能之地步。麥迪遜深信「權力本身具有侵略性」，統治者（主政者）反映了人性：「倘若人是天使，根本不需要政府。若是由天使來管理人，政府亦不需要內在或外在的控制。設計一個由人來管理人的政府，最大的困難是：首先必須賦予政府權力來控制被統治者，其次必需使它能夠控制自己。」在此面臨「以野心對野心」(ambition must be made to counteract ambition)下最佳方案為「使各個機關的職權劃分和安排，恰好能發生相互制衡的作用」。[註二十三]

權力分立重要性如上所述，然而接下來，權力分立要如何維持？民主政治的一大顧慮，在於政治權力機關（包括行政部門、民選之立法部門）均可能企圖擴張權力，形成行政權擴張、立法權澎脹，逾越、曲解、誤用憲法所設的權力界限，侵犯到其他權力機關的憲法上之權力、人民之權利等事項，並可能形成整體權力分立之機制弱化或瓦解的狀況。當此之時，各個權力機關之間可能產生憲法上權力界限的爭議，而需要有對權力界限的仲裁者之存在，此仲裁者肩負著

[註二十三] Alexander Hamilton, James Madison and John Jay, The Federalist (New York: Tudor Publishing Co., 1937) pp.354-355.

維護與實現憲法分權機制的任務。

　　維護權力分立的仲裁者角色交付司法者執掌，始於美國。美國憲法上，總統擁有行政大權（包括外交、武力）；國會擁有立法、預算控制權；司法之法院僅有裁判權，直到馬柏里案才確立法院之擁有違憲審查權，足與行政、立法鼎足而三。漢彌爾頓即表示：行政元首握有社會的制裁武力(sword)，立法部門掌握荷包(purse)。司法部門既不能控制荷包，也無法支配武力，它既無力量，也無意志‧它有的只是判斷；而且若要使其判斷發生效力，最後還要依賴行政部門的幫助。（註二十四）司法之擁有違憲審查權，足以鞏固憲政權力分立功能，達到制衡之目標。

　　司法部門擁有違憲審查權是否會成為民主憲政體制中不受羈束的機關？應從理論、實務兩方面來檢視、省思。湯德宗教授提「動態平衡理論」，其要點有三：一是權力部門間之分立與制衡為一持續進行的過程(ongoing process)。二是違憲審查作為權力部門間持續性憲法對話(ongoing constitutional discourse)的一環，在於促成「思辯民主」(deliberative democracy)的實現。三是各國憲法結構不同，違憲審應致力尋求之動態平衡亦有不同。（註二十五）湯氏以「『動態平衡』乃一富有彈性的開放式概念，然只須法院確實獨立，並克盡說明理由的義務，即有十足地正當性可與憲法上其他權力（部門）進行『憲法對話』。」（註二十六）其中動態平衡乃屬抽象概念，對於權力分立之維護與相互制衡關係之維持應予肯定。

　　司法部門違憲審查在憲法規範之實務面，亦非不受制衡

（註二十四）　Hamilton, The Federalist, No.78, in Jacob E. Cooke ed., supra note 27, pp.522-523.
（註二十五）　湯德宗，前揭書，頁三六－三八。
（註二十六）　同上，頁三九。

者，如彈劾權、修憲權、立法權可制衡司法違憲審查權。就我國大法官會議釋字第七十六號解釋，以國民大會、立法院、監察院，應認共同相當於民主國家之國會。立法院即修正「大法官會議法」第三條（現之「大法官審理案件法」第四條）第二項，增列：「前項解釋之事項，以憲法條文有規定者為限。」正是制衡原則下，憲法之三個同位權力機構，在行使其權力時，將受其他兩個部門制衡的事實。權力分立在使權力運作趨於動態均衡(dynamic equilibrium)，司法違憲審查之釋憲制度寓含憲法對話、民主思辯有助權力分立之達成。

參、權力分立與審查界限的政治問題

司法違憲審查之政治問題，前述憲法優位文中，已持否定見解。就權力分立觀點言之，學界雖多有持正面主張者，唯仍有商榷空間。

日本學者橋本公旦之承認統治行為（政治問題）理論，係以探求權力分立結構與三權之本質與機能為其根據。據此以觀，某些行為之最終否決權，乃歸於立法及行政部門，其權限則繫於全體國民之政治力，故為司法權所不及。因之，雖然國家行為皆須受到法律支配，但並非意味著所有國家行為皆屬於憲法審判權的範圍。[註二十七]

另入江俊郎亦以「國民主權下之三權分立原理」，作為統治行為之理論依據。其以三權係處於「互不侵犯的對立關係」，統治行為並不屬於三權的事項，而是應「保留給國民作最後的判斷」，「即使理論上應屬違法無效，但既然行使該行為之政治部門主張適法有效，則法院亦應尊重其見解而視為

[註二十七] 橋本公旦，日本國憲法（東京：有斐閣，一九九〇）頁六二〇。

合法。」^(註二十八)

湯德宗教授以「權力分立原則」下各權力部門應「相互
尊重」，司法絕非獨尊：^(註二十九)

理論上說，「權力分立原則」對於違憲審查制度的
制約至少有兩方面。首先，如使司法機關（法院）職掌
違憲審查，則違憲審查權之內容即不能牴觸司法權的本
質。其次，在不違背司法權本質的前提，猶需承認事物
因本質上之差異，而有為不同處理之必要。……司法機
關(大法官)在面對權力分立問題(尤其「機關權限爭議」
或「政治部門間的權力爭議」時……實際處於不同情
境，而應有不同的審查標準，容許不同程度的司法介
入。前述第一種制約，性質上主要是基於「分權」的考
慮，蓋司法機關原則上應僅行使司法權；後一種制約，
性質上主要是基於「制衡」的考量，尤其是權力部門間
「相互尊重」的必要。

以上國內、外學者本於權力分立、制衡觀點，強調政治
問題存在之必要性。唯以權力分立精神，正在於分工合作，
各有職司：立法、執法、釋法三者，性質不同，「相互尊重」
者，並不意味憲法所賦予權責可以「怠忽」。以言司法機關「應
僅行使司法權」，應是「完整的」司法權。本於憲法，立法機
關制定法律以為規範；行政機關依法為治以為利民；司法機
關解釋法令以維運作。三者分立共治合鳴，以健全憲章典範
之功能。若以政治問題迴避可表司法部門之尊重憲法平行部
門，是否寓含司法部門相對不為尊重？

---

^(註二十八) 有倉遼吉，時岡弘編，條解日本國憲法（東京：三省堂，一九八六）頁一一
○－一一一。

^(註二十九) 湯德宗，前揭書，頁一三五。

　　如前文所述，司法機關釋憲制度不宜（應）以政治問題不解釋，用「不解釋憲法代替解釋憲法」方式，將憲法賦予權責輕忽放棄。相反地，本於權力分立原則，司法機關毅然承擔釋憲工作乃為本務。除程序審為違憲審查界限範圍，只要進入實體審者，以司法權「不得拒絕裁判」原則，必須為釋憲案。違憲審查中，司法機關可有審查程度之別，尤其裁量權（含立法及行政上的裁量權）之考量，而非以政治問題拒審。誠如雷迪斯(M.H. Redish)在「憲法政治問題」(Judicial Review and "Political Questions" 1985)一書中指出：「憲法審判在立憲民主制之大前提下，既然扮演如此正當性之角色，則無論任何型態之政治問題理論，悉應廢棄。」^(註三十)

　　就裁量權之列入違憲審查考量，有以不足取代政治問題者，並就比較統治行為與自由裁量權差異：^(註三十一)

　　1.統治行為較一般自由裁量行為特殊的政治性格。

　　2.司法機關將統治行為排除於憲法審判對象之外的理由，和自由裁量有異。

　　3.自由裁量在逾越或濫用裁量權而構成違法事由時，仍須受憲法審判制約。而統治行為縱使被認為違法，亦得逃脫司法審查權的管轄。

　　4.承認統治行為的觀念，在政治現實和避免司法政治化等考量下，亦有其必要。

　　「政治性格」、「政治現實」、「司法政治化」皆是抽象概念。憲法本即是「政治法」，是規範國家公權力與保障自由人權的根本大法。尤當憲法中之規定，一旦付諸實施，進入動

---

^(註三十)　轉引自章瑞卿，「憲法審判權對統治行為界限之研究（上）」，立法院院聞，第二十五卷，第一期，民國八十六年一月，頁五四。

^(註三十一)　橋本公旦，前揭書，頁六一九。

態的憲政狀態之後，就是有生命的機制，無可能逃避政治現實、政治性格等。亦即司法違憲審查本諸憲法，與憲法條文有關者，不宜權謀刻痕介入拒審。支持政治問題可排拒違憲審查，面臨最大困境，在於違背司法權原則——不得拒絕裁判，因在確認何者為「政治問題」？何者不為「政治問題」？已是實體審查範圍之工作。為免除司法權自我破毀，益以政治問題之界定、邏輯與公義性上，均有危害司法尊嚴之虞。在憲法賦予司法權責必須執行，又兼顧立法、行政之實務情境考量，尊重裁量權不同於政治問題，卻是使司法權得以遂行，並兼顧及於權力分立。以下裁量權就立法裁量與行政裁量權，分別論之。

1.立法裁量與違憲審查

立法裁量大致有兩說：甲說為憲法上的一般規範立法裁量（以下簡稱為一般立法裁量）；乙說為特定解釋憲法規範上的立法裁量（以下簡稱為特定領域立法裁量）。[註三十二]

「一般立法裁量」是以「不得牴觸憲法規定」為立法裁量之界限。在任何牴觸憲法規定之立法，係屬違憲無效原則下，立法機關享有「憲法規定範圍內」之立法裁量權。亦即立法機關享有憲法規定範圍內之立法裁量權，逾越憲法規定範圍所制定之法律為違憲。申言之，不牴觸憲法之法律為合憲，牴觸憲法之法律為違憲。如此，則「一般立法裁量」並不具有本文所要探討「立法裁量」之特別意義。[註三十三]

「特定領域立法裁量」係在特定憲法規範之解釋下，承認立法裁量之存在，特別是「立法自由形成」、「立法問題」、

[註三十二] 歐廣南，「論『立法裁量』與『司法審查界限』」，憲政時代，第二十四卷，第一期，民國八十七年七月，頁一一六。

[註三十三] 同上。

「立法政策」、「得由立法機關為合理規定」等，作為系爭法律違憲審查之標準（註三十四）違憲審查如認為具有立法規範之必要，立法機關應享有立法裁量權。此即所謂特定領域享有立法裁量權之法源，乃其於憲法規定「以法律定之」的法律保留。唯學界亦有保留態度，以為憲法中之人民基本權利義務、正當法律程序等，亦很容易解釋可類推適用立法裁量之法理。故而「承認特定領域立法裁量的理由，主要係考量該領域的性質及立法的需要，並尊重立法者的專業性與政策性判斷等情事，故必須予以承認。」（註三十五）

違憲審查如認係立法裁量範圍內成立之法律，當然採用推定合憲原則；若在特定領域內之法律，發生是否違憲疑義時？乃適用寬鬆審查基準。就我國大法官釋憲至今作成解釋文、解釋理由書、協同意見書、不同意見書中，曾使用立法裁量概念者有五十件，可分三類：一是系爭法律規定「尚未逾越立法裁量之範圍」；二是系爭法律規定「不生違憲問題」；三是系爭法律規定「逾越立法裁量範圍」，為違憲。（註三十六）

違憲審查之適用立法裁量（立法形成自由、立法問題、立法政策；立法機關權限、國會議事自律、得由立法機關為合理規定）寬鬆標準誠難掌握，實有以「幾乎所有的立法實質上皆合『立法裁量』；而違憲審查實際上即在控制立法者的形成自由！但違憲審查制約立法裁量時，未必使用『立法裁量』字眼。」（註三十七），就立法裁量作為違憲審查之合憲推定，含有極大不確定因素。唯職司違憲審查者，應及權力分立原

（註三十四）　湯德宗，前揭書，頁四一五。
（註三十五）　歐廣南，前揭文，頁一一六。
（註三十六）　湯德宗，前揭書，頁五。
（註三十七）　同上，頁七。

則，並衡諸政治問題、立法裁量對憲政體制之維持，何者為優？為劣？應甚明確。

2.行政裁量與違憲審查

行政受憲法（法律）拘束，故而在行政機關執行及適用憲法（法律）時，法之規定通常包含兩個部分，一是法之要件，一是法之效果；當一具體事實符合法之要件時，應發生法規定之效果。本文著重於憲法之解釋，故下文中將以行政部門與憲法為主，而不涉入一般行政法院之法律位階。

行政部門適用憲法之過程可分以下幾個階段：1.行政作為之發現與認定。2.憲法要件之認知與確定。3.涵攝(subsumtion)作用——行政事實是否符合憲法要件？4.賦予憲法效果。以上行政事實之發現與認定（含行政部門行為，行政部門與憲法規定之其他平行位階部門間互動行為）、憲法要件之認知與確定及涵攝作用，均屬行政部門之認識作用，是判斷，而非裁量。上述三個階段並非行政部門所得以任意左右，而是要努力追求客觀的答案，其判斷，作為產生爭議時，是否合憲？乃受司法違憲審查之裁判。

行政部門受憲法拘束，司法違憲審查機關（我國之大法官會議）必須被動性審查行政部門行為是否合憲，決定行政部門是否尊重憲法之規定。因之，行政部門與司法部門均適用憲法，司法違憲審查之裁判是終局的，有既判力及拘束力。憲法之簡潔規範，對行政之拘束，常有灰色模糊地帶，司法違憲審查乃得有寬嚴密度之空間，並不排除承認行政裁量權或不確定憲法概念之判斷餘地。

司法違憲審查之釋憲者，在考慮採取行政裁量權之裁判或以政治問題拒審，何者為宜？並無定論。但就兩者指涉內

涵應是相同，而是在於作為處理上的司法優先，抑或政治優先問題。從兩者內涵分析，林紀東教授指出統治行為有四類：(1)議會行為（議會組織、議會運用之行為）。(2)關於政府（行政）與議會（立法）關係間之行為。(3)關於政治基本組織行為。(4)外交行為。[註三十八] 除第一項可歸屬於立法裁量，其餘三者均是行政裁量思考範圍。另可加上政府職權運作、領土問題二者，概有五項可是政治問題範圍，亦可是行政裁量權範圍。

翁岳生教授認為「憲法上之爭議，富有高度政治色彩，不易區別其為政治案件或法律案件，但司法院大法官會議應認識其本質上之權限範圍，始不致迷失其方向。」[註三十九] 憲法為政治法，自有其高度政治色彩；司法違憲審查本諸憲法，故不宜也無必要去區分政治案件或法律案件——它們都是憲法案件；亦不宜也無必要去擔心司法政治化，或政治司法化——它們都是合憲推定化。

釋憲者本於職司憲法案件、憲法守護者角色，則在司法與政治之間的界限，不宜採政治問題拒審方式造成司法權破毀，相較於去思考行政機關是否符合行政裁量釋憲途徑兼顧司法權尊嚴與政治現實環境？此兩者選項判優應可分明。

綜合以上從權力分立角度分析，違憲審查政治問題界限之相關因素與理由，從制度面似無需擔心司法權限之過份擴張，干擾政治之形成（大法官造法之詬病是屬技術面層次問題，其與制度面之釋憲規範應予區別）。釋憲者本於憲法優

[註三十八] 林紀東，中華民國憲法逐條釋義（第三冊），（台北：三民書局，民國六十四年九月），頁九一一九二。

[註三十九] 翁岳生，「憲法之維護者」，載於台大法學叢書編輯會，行政法與現代法治國家（台北：台大法學叢書編輯會，一九七六年六月），頁四七六。

位、權力分立，在維護憲政、確保體制思考下，採取是否符合裁量權（立法與行政裁量權）釋憲，較諸以政治問題拒絕釋憲將產生三大效果：尊重憲法、保障司法權、表現權力分立。

第三項　多數決原則

壹、多數決原則的意涵

民主政治是以民意為依歸的民意政治。亦即國是取決於公意，政策歸本於民心。林肯(A. Lincoln)之「民主乃政府為民所有、為民所享、為民所治」(democracy means government of the people, for the people, by the people)其中民治正是民意政治的精神。在政治歷程中，通常經由自由參與、自由討論及自由表決而表現民意。唯以個別差異、利害、立場及觀點的不同，因而對於同一政治情事，往往仁智互見，此時必須取決於多數。少數服從多數，稱為多數決定(majority decision)，也稱多數原則(majority principle)，依此運作產生之多數統治(majority rule)為民主政治之精神。

然而民主政治中民意表達固應依少數服從多數，唯多數尊重少數亦是民主的精神，故而民主政治中特別強調：表達機會（政治媒體）均等、建立制度（制度化）兩者，以彰顯民主政治多數之尊重少數。但無論採用何種多數決（相對多數、絕對多數、特別多數）均會形成「勝者通吃」(winner take all)之「零和遊戲」(zero sum game)。多數統治與少數權利(minority rights)如何兼顧問題，是古典民主理論發展以來所面臨的困境。許多學者致力於分析「多數」與「少數」間的關係與互動，並對古典民主理論——人人參與、個個有興趣、

多數決定等提出反思。本文試提出兩個理論模式：熊彼德的修正民主理論、李菲特的協和民主理論。

熊彼德(Joseph A. Schumpeter)修正民主理論亦被稱為菁英理論(elitism)，其著作「資本主義、社會主義和民主主義」(Capitalism, Socialism and Democracy)一書中，將「人民意志」和受「功利理由制裁」(sanctioned by utilitanian reason)的意志追求目標予以區別。熊彼德發展出「民主程序論」(the process theory of democracy)，強調「民主方法是一種制度的安排，目的在取得政治決定權，在此決定權中，個人藉競取人民選票的支持，以獲取掌握決策的權力。」[註四十]民主政治的運作乃按照以下三個條件：1.競選者以公開和平的方式取得政權。2.當選者運用被賦予的權力做各種政治決定，並且加以執行。3.一般人民可以產生政府，亦可更換政府。換言之，民主程序視為存在於競爭的情勢中，民眾可以依其偏好來選擇政治領導者。[註四十一]

熊彼德以民主是製造政治領袖的一種優良設計，政治菁英透過選舉制度，用競爭方法來爭取人民選票。於此，少數領導之政治菁英並不與民主政治相互排斥，因為政治菁英仍受制於選民，必須在政治決策中反映選民的需求與利益，否則將在未來選舉中喪失政治支持。質言之，政治菁英為了「功利」的理由，避免在選舉競爭中被制裁(sanctioned by utilitanian reason)，必須追求政治的決策符合民意。熊彼德對多數統治與少數統治以經驗性、描述性方式再予詮釋，對民主傳統概念賦予新思維理解。

[註四十] Joseph A. Schumpeter, Capitalism, Socialism and Democracy (N.Y.: Harper & Brother, 1950) pp. 269-271.

[註四十一] Ibid. p.269.

　　再論李菲特(Arend Lijphat)的「協和民主」(consociational democracy)，其所著「包容的政治：荷蘭的多元主義與民主」(The Politics of Accommodation: Pluralism and Democracy in the Netherlands)一書中，以荷蘭為協和式民主的原型。荷蘭在幾個世紀以來，就已明顯的被區分為四個不同的「傳統基柱」(pillar)：天主教徒、基督新教徒、社會主義者和自由主義者。在實際生活中，這些差異表現在各層面：報紙、工會、俱樂部、婚姻、鄰居等。嚴重對立的程度，甚至危及民主政治的穩定。自一九一七年以來，荷蘭發展出「協和式」體系。此為李菲特研究並予理論探討之重點。

　　李菲特「協和民主」基本架構，包含四個因素：1.菁英組成——聯盟(elites coalition)。2.相互否決權(mutual veto)。3.比例原則(proportionality)。4.社會分部自主性(segmental autonomy)。[註四十二]此理論非常強調不同集團間的互助合作，也基於讓這些代表不同族群團體或集團的領袖們能夠常聚在一起議事，在中央政府制度設計上，儘可能包容各方面。「相互否決權」之設計，在於保障少數利益的方式，乃不採取「多數決」(majority decision)，而是透過協商、交換、溝通、互惠等過程，達成共識或協議。就我國而言，民國八十五年國家發展會議就屬本例之首見，會議前決定，各黨派間不動用表決權，而以各方均同意者為「共識」，其他列為「多數意見」、「一般意見」。協和民主之不動用表決，與傳統民主「多數決」原則正是一大反動。

貳、多數原則與違憲審查

　　長久以來，美國為首所發展出之司法違憲審查制度，深

[註四十二]　A. Lijphat, The Politics of Accommodation: Pluralism and Democracy in the Netherlands (Berkeley: University of California Press, 1968) pp.21-24.

受傳統古典民主「多數政治」理論之困擾。以美國而言，司法違憲審查制度設計，就有諸多「反多數」(countermajority)之質疑。在美國三權分立中，國會（參、眾議院）負責立法，總統負責行政，法院負責司法。國會中之參眾議員及總統皆經由人民直接或間接選舉產生（參議員任期六年，每二年改選三分之一；眾議員任期二年；總統任期四年），接受定期改選民意的檢驗。唯獨職司違憲審查的聯邦最高法院之大法官產生，是經由總統提名，參議院同意任命，非經由定期選舉產生。此一非（民意）選舉程序產生的大法官，卻可宣告業經國會參、眾兩院三讀通過，總統簽署，政府業已執行之法律無效；並可宣告民選產生之總統、州長之聯邦與州之行政命令無效，理由是該項法律或命令違反憲法。(註四十三)

　　美國司法違憲審查之反多數性格，使陷入「反多數困境」(counter majoritarian difficulty)。或如麥迪遜所謂：一方面為防止少數暴政而主張多數統治（如國會、總統），一方面卻為害怕多數濫權而賦予少數權力來否決多數（如法院可否決國會立法及總統行政命令）的矛盾現象。(註四十四) 若吾人思考如何解決此一反多數困境，而以為只須將大法官交付選舉即可解決，則又將相對陷入「多數困境」(majoritarian difficulty)中，此即柯羅禮(Steven P. Croley)所指陳民選法官將有以下缺失：1.法官將因民選而無法捍衛少數者權利。2.法官將屈服於日益增加的選舉政治壓力。3.民選法官可提昇民主價值，同時亦將傷害若干憲政價值。4.選民對法官之法學（憲法）素養、道德

(註四十三)　Harry H. Wellington, Interpreting the Constitution—The Supreme Court and the Process of Adjudication (New Haven: Yale University Press, 1900), p.21.

(註四十四)　Steven P. Croley, The Majoritarian Difficulty: Elective Judiciaries and the Rule of Law, 62 The University of Chicago Law Review (1995), p.693.

人品不易做出正確判斷。^(註四十五)

美國司法違憲審查制度之陷入「反多數困境」與「多數困境」之中，就我國大法官之由總統提名，經立法院同意任命之（依中華民國憲法第七十九條規定由「監察院」同意任命；民國八十一年五月廿八日總統公布之第二階段（次）增修條文規定由「國民大會」同意任命之；民國八十九年四月廿五日總統公布之第六次增修條文規定由「立法院」同意任命之。）亦有同樣反多數困境之議。

違憲審查反多數困境問題，在廿世紀中葉迄今，已使國內外學術界捲入論戰之中。依美國 Laurence Tribe 之研究分析，將此一問題之主張見解分三派：第一派承認司法違憲審查制度確實不民主，而試圖經由憲法解釋方法，解決憲法爭議，避免涉入價值判斷(value judgement)，以獲得人民的同意。第二派主張違憲審查應以當前共識 (contemporary consensus)，而非制憲先賢時代「我們人民」(We the People)之同意，作為基礎，以免作出不受大眾歡迎之裁判。第三派主張則全盤否定違憲審查有「反多數困境」存在，以司法審查即在確保行政、立法之不侵害社會弱勢成員的基本自由，亦即憲法乃建構於「將專制減至最小」(tyranny-minimizing)而非「將功利擴張至最大」(utility-maximizing)^(註四十六)。

違憲審查正當性的支持者，必須突破多數、少數的民主困境。埃里(John Ely)在「民主與不信任」(Democracy and Distrust)中，提出「參與導向、代議補強」式的違憲審查(a participation-oriented, representation-reinforcing approach to

---

^(註四十五) Ibid., pp.694-697.

^(註四十六) Laurence H. Tribe, American Constitutional Law, 3rd., Volume One, 2000, p.306. 轉引自湯德宗，前揭書，頁一一。

judicial review)。違憲審查在確保政治過程(political process)的公平與開放,不應涉入實體價值的選擇,僅於代議決策之程序不值得信賴時,法院始應介入補強、導正之。(註四十七)埃里從美國憲法所關注在於「程序與結構」(process and structure),至於實體價值(substantive value)的選擇與安置,則委由「政治程序」為之。(註四十八)

民主之多數、少數問題,一直困擾著人們。從埃里之強調民主程序,與熊彼德的「程序性修正民主理論」,以解決民主多數原則長久以來的困擾與難解,是有異曲同工之價值。正因民主主義主張「多數統治」,但「多數」之明確意義何在?茲試提出以下既存事實:1.行政首長、國會議員均由人民「多數」選舉產生,但卻是「少數」者統治,參與決策。2.各國多有以「相對的多數決」制度以防止透過民主手段與民主程序埋葬民主。3.亦有以「絕對多數決」、甚至「特別多數決」的制度,來保障少數人的權益。以上之所謂「多數」陷阱將使民主之真正意義愈發難解。

要瞭解民主真正精神,絕對必須跳過古典理論之「多數」抽象(所以是抽象,在於其是比較而來;如同「大與小」、「老與幼」、「美與醜」等)概念制約。民主政治下的社會是變動不居的,因此不視多數與少數是永遠固定的群眾。每一個民眾在各個事件(問題)選擇不同,可能在甲事件上選擇是多數(的一方),在乙事件上選擇是少數(的一方),多數並非永遠是一成不變。(註四十九)因之,民主政治之精神在於該人

(註四十七) Jahn H. Ely, Democracy and Distrust – A Theory of Judicial Review (Cambridge, Mass: Harvard University Press, 1980), p.87.

(註四十八) Ibid., pp.87-100.

(註四十九) 華力進,政治學(台北:經世書局,民國七十六年十月),頁一九六一一九七。

民控制政府決策程序，其所建立的民主制度在於維持多數決所通過的議案，必須要靠另外一個多數決，才能打消的民主程序。

　　司法違憲審查面臨的民主理論、多數原則爭議，在熊彼德的修正民主理論，提供客觀的檢驗標準（人民是否擁有完整政治程序控制政府的權力），避免爭論某些抽象價值（多數或少數），試圖解決司法違憲審查的民主正當性問題。當司法違憲審查的政治程序，仍是人民透過其他方式可加以控制（如司法審查制度的修正、釋憲者人數的增減、任期的變更、彈劾、司法救濟途徑等），則違憲審查雖集中在少數的政治菁英，且釋憲結果足以推翻民選的行政、立法部門所作之決策、法律，它仍然是符合民主主義的。

　　綜觀司法違憲審查是否缺乏民主正當性議題上？面臨兩大質疑：一者「反多數」原則；二者以非民意產生者卻可推翻具民意（行政、立法部門）之多數意見（命令、法律）。透過修正民主理論，熊彼德以菁英競爭與人民對民主的可控制性作為新的民主典範，重新詮釋、驗證民主理論。這有助於跳脫古典民主理論陷入抽象多數與否之死胡同。若以多數決判定民主，則古典民主理論將難以自辯；所謂行政之總統雖是「多數」產生，卻是以「少數」之政府團隊下達行政命令（規範全國人民）；所謂立法之議員雖是「多數」產生，卻是以「少數」之民意代表身分作成法律案（規範全國人民），這些均非古典民主理論之人人參與、多數決定的實現。質言之，司法違憲審查以人民對民主程序的可控制性與菁英競爭之民主典範標準下，是可以解決民主正當問題，並符合民主理論的。

參、多數原則與審查界限的政治問題

司法違憲審查之民主正當性，經由修正民主理論的檢驗，應是得到正面肯定。從這個角度分析，時有所論之司法審查避免涉入政治問題的要求，亦可由修正民主理論的完整提出，而重新加以省思。

政府的運作，除了存在政府中的權力分立、相互制衡的功能外，還有人民以民主程序的控制方法——定期選舉、任期制、憲法（法律）的規範（制定、修改、解釋），這些程序的功能，就在於保障整個國家能夠在民主的價值下得以存續。

司法違憲審查所代表的意義，是在民主政治下的司法作為，其扮演角色就是在於制衡來自政府其他部門（行政、立法）對憲政體制的侵害，並確保憲政的正常運作。本於憲法之守護者，人民權利遭受公權力侵害、政府權力運作之偏離憲法，只要司法特性之不變質、審查時憲法判斷之標準存在，違憲審查就不應劃地自限，從而忽視憲法賦予之權責，更不論該事件是否富有政治色彩，發揮人民對司法（釋憲案）之期待。

總結本節從憲法優位、權力分立、多數原則之民主理論，亦是司法違憲審查之重要理論，吾人以為憲法優位原則下，釋憲功能更顯重要；權力分立原則下，各部門之尊重本諸憲法授權，各有職司，各盡其職，忽視自身職責，放棄憲法職責，絕非權力分立之本意正解，亦非真正之「尊重」；多數決原則下，更須著眼於制度在民主程序的可控制性與菁英競爭法則。在符合憲法優位、權力分立與多數原則下之司法違憲審查，不應存在政治問題之界限。理想的司法違憲審查界限在於程序審中（前文所列十項），進入實體審，本於不得拒絕

裁判原則，不應以政治問題拒絕釋憲。如釋憲者考慮案件或具備所謂「政治問題」之內涵，則仍應依違憲審查之程序，就是否符合行政或立法部門之「行政裁量權」或「立法裁量權」之途徑為相當之釋憲案，完成憲法之職司。

第二節　違憲審查政治問題的審查基準理論

憲法是政治法，其具有濃厚的政治性格；加上憲法簡潔所具有抽象性與不明確性，使司法違憲審查中，經常面對政治上的爭議事件（行政部門、立法部門、行政與立法部門之間為多）、與面對人民基本權利的見解爭議事件（行政部門侵權行為、立法部門立法行為為多），每能引發法與政治陷入緊張關係中。

誠以司法違憲審查對國家權力所作的合憲性控制，便是本於憲法優位、權力分立原則下，維護憲法不被政治取代的重要機制。是以，司法違憲審查不可能與政治事務截然劃分，而有「政治問題」、「非政治問題」或「政治性質較重」、「政治性質較輕」之類區別，上節已作敘述。

然而憲法守護者的司法角色，如欲其完成憲法職責，勢將與憲法上平行之行政部門、立法部門陷入緊張關係中。如何有效展現司法違憲審查特質與功能，又不採取政治問題拒審造成司法破毀，司法尊嚴沈淪，則有效率的違憲審查方法極待建立。德國功能法的觀點(funktionell-rechtlicher ansatz)在學術界乃被強調。[註五十]

功能法的觀點引申自權力分立原則，國家事務之交由那

[註五十]　參見陳愛娥，「大法官憲法解釋權之界限－由功能法的觀點出發」，憲政時代，第二十四卷，第三期，民國八十七年十二月。及羅名威，違憲審查權控制立法權的界限，國立中興大學法律學研究所，碩士論文，民國八十七年七月。

一個機關執掌？應依「適當功能之機關結構」(funktion-sgerechte organstruktur)的標準劃分。^{（註五十一）}其義以立法、行政、司法等國家機關各有其不同之組織、職權，國家事務必須儘可能正確的分配至各該機關。唯「當各種國家權力交錯，而無法提供明確的界限時，如何找尋各自的權力界限，除了既有實定法的規定外，回到各權力機關的本質，檢討權力之行使是否與憲法所賦與之功能相符？是否與其機關結構有適當對應的思考方向？便是從功能法出發之觀點。」^{（註五十二）}

功能法觀點在操作運用上，有兩個重要關鍵環結。首先，必須從系爭權力機關在憲法上的功能地位，與組織法上的機關結構予以分析，瞭解各權力機關功能上特質；其次，據此以檢討不同問題適合由何種機關來決定到何種程度。^{（註五十三）}一般言之，違憲審查主要即面臨不同的行政、立法行為，性質上應由釋憲者決定到何種程度？由此來尋找司法違憲審查的控制界面問題。以下分別就立法、行政角度觀察。

就司法釋憲機關與立法機關之關係分析，立法機關乃由一批經定期民選產生，原則上包含若干不同政黨的代議士（國會議員、立法委員）所組成。其任務在於監督政府——透過質詢、預算案、法律案（總統制、內閣制有所不同，美國總統制沒有質詢，但有國情咨文－message），正因權力分立中藉著政府（行政）與國會（立法）的對立，達到權力分立目標。司法部門的釋憲工作較行政、立法部門有更高的權威、

---

^{（註五十一）} 許宗力，「論法律保留原則」，見許氏著，法學國家權力，增訂二版（台北：月旦出版社，民國八十二年），頁一三八－一三九。

^{（註五十二）} 羅名威，前揭文，頁一一七。

^{（註五十三）} 同上，頁一一八。

信賴和說服力。唯雖如此，陳愛娥教授對司法、立法之互動指出：^(註五十四)

> ………不表示釋憲機關可以篡奪立法機關政治辯論論壇的地位，政治部門也不該輕易借用釋憲機關的權威。至於立法一事，釋憲機關應該只是控制者，而非共同製造者………唯有當釋憲機關一方面依據憲法指出政治力量運作時必須遵守的界限，另一方面將應當歸屬政治辯論論壇解決的事務，交還給參與政治論辯者自行解決，才能真正達成憲法「促成政治溝通過程穩定化」的作用。

此即司法違憲審查者在就立法部門（行為）的控制程度，因基於對立法部門的立法工作真正地尊重，且不以政治問題拒絕解釋下，所應考慮之寬嚴密度問題。

就司法釋憲機關與行政機關之關係分析，政府行政部門在執行公權力時，大致面臨兩方面的爭議：一是來自人民，一是來自憲法平行機關（與立法部門互動為多）；前者行政部門依法行政時，其行政命令是否牴觸法律或憲法，造成與人民侵權行為之爭議。後者，行政部門依憲運作時，與立法部門（國會監督）的互動爭議，如我國大法官會議釋字第三八七號解釋「立法委員任期屆滿改選後第一次集會前，行政院長自應向總統提出辭職。」再如釋字第四一九號解釋「依憲法規定，向立法院負責者為行政院，立法院除憲法所規定之事項外，並無決議要求總統為一定行為或不為一定行為之權限。」等是。基於權力分立，司法釋憲者仍應考慮到政治運作的現實，特別尊重行政部門靈敏肆應政治情勢的任務，審

---

^(註五十四) 陳愛娥，前揭文，頁一二九。

慎依憲裁決行政部門行為爭議的控制程度。

從功能法觀點解釋憲法，就司法機關與行政、立法兩部門權力分立的互動關係下，應是妥適的釋憲途徑，它可達到尊重憲法，保障司法權以及兼顧行政、立法的職能運作。前節提出之考量是否符合行政、立法部門行政裁量、立法裁量所表達釋憲寬鬆密度控制程度，正是功能法的具體展現。本節以功能法觀點檢視釋憲密度控制理論：雙重基準理論、三階密度理論與雙軌雙階理論。

第一項　雙重基準理論(double standard theory)

壹、理論概要

雙基理論、是從美國聯邦最高法院在案件審理中所發展出來。其對系爭之政府法律或行政命令涉及人民基本權利者，將依法律、命令影響人民之程度，採取「合理關聯性審查標準」(the rational relationship test)（較寬鬆）或「嚴格審查標準」(the strict scrutiny test)（較嚴格）不同之基準。[註五十五]

美國聯邦最高法院發展出雙基理論最典型案例，莫如一九三七年三月廿九日判決之 West Coast Hotel Co. vs. Parrish 一案。早先聯邦最高法院是積極捍衛自由放任(laissez-faire)的資本主義路線，並以「契約自由」為美國憲法增修條文第十四條正當法律程序(due process of law)所保障之自由。旋以美國經濟大恐慌，羅斯福總統推動「新政」(New Deal)，管制銀行金融、保障勞工福利等，均有悖於自由放任之資本主義。行政部門措施轉向，亦影響及於司法違憲審查運作之標準，就前述 West Coast Hotel Co.一案中，確認華盛頓州有關「婦女

[註五十五]　陳文政，前揭文，頁一二九。

最低工資法」不違憲，並宣告契約自由並非絕對觀念。^(註五十六)

雙基理論在一九三八年 Carolene Products 一案中之註釋(footnote)四，咸以為是司法違憲判決採「嚴格審查」(strict scrutiny)之開端，大法官史東(Harlan F. Stone)在判決文註釋四指出：^(註五十七)

> 某項立法，如從字面上看即為違反憲法所明文禁止者，如違反增修條文前十條之規定時，推定合憲原則之適用範圍即可能受到限縮。此項原則因憲法增修條文第十四條之規定，對各州同等適用。吾人毋需考慮涉及限制政治程序之法律，在憲法增修條文第十四條之一般限制下，是否應較其他類型法律，受到更嚴格之司法違憲審查。同樣地，吾人亦毋須考慮是否應採用吾人於審查某一特定宗教、國籍或少數族群的法律是否合憲時，所適用的標準。而吾人以往在審查那些會對與社會大眾分離及隔絕之少數族群造成歧視的政府措施是否合憲時，倘該措施對這類少數族群所賴以保障的政治程序之運作造成嚴重阻礙時，吾人會採用相當嚴格的審查標準。

史東大法官在註釋四之見解，國內學者林子儀教授深入剖析：^(註五十八)

1.政府立法或措施所涉及之基本權利若無關民主程序者，法院應採合理關聯性的審查標準(the rational relationship test)，並採合憲性推定原則，推定政府的規制為合憲。例如，

---

^(註五十六) Mason and Stephenson, op.cit., pp.342-345.

^(註五十七) Louis Lusky, Footnote Redux: A Carolene Products Reminiscence, 82 Columbia Law Review, 1982, pp.1095-1096.

^(註五十八) 林子儀，「言論自由的限制與雙軌理論」，見李鴻禧教授六秩華誕祝賀論文集編輯委員會編，現代國家與憲法（台北：月旦出版社，一九九七年三月），頁六五八－六五九。

經濟性基本權利及社會福利之利益。

　　2.政府立法或措施所涉及之基本權利若與民主程序有關者，法院應採嚴格審查標準(the strict scrutiny test)。例如，選舉權、言論自由、結社自由、集會自由等。

　　3.政府立法或措施所涉及者為長期以來與社會大眾分離與隔離的少數族群之基本權利，則不論其是否與民主程序有關，均應採嚴格審查標準。

　　雙基理論是一種釋憲中，採取寬嚴不同的審查標準。就有關人民基本權利案件時，先依據「涉及民主政治程序」與否分類，再考量採取嚴（涉及民主政治程序者）與寬（非涉及民主政治程序者）之不同審查基準來判定系爭之法律或命令的合憲與否。

貳、理論評析

　　雙基理論之採寬、嚴審查基準判定違憲審查，是肯定法律、命令與憲法之間，因憲法的抽象性與不明確性所產生認知爭議的存在，亦等於肯定立法裁量（立法部門）、行政裁量（行政部門）的存在；當司法部門釋憲者在考慮雙基理論之運用時，實已蘊含司法裁量權之存在。

　　國內學者歐廣南教授就我國歷年來大法官會議對涉及立法（行政）裁量權問題之憲法解釋，概分為八類：1.一般立法裁量問題。2.選舉制度之規範與立法裁量問題。3.經濟活動之規範與立法裁量問題。4.租稅規範與立法裁量問題。5.技術裁量問題（指行政部門之施行細則、辦法、規定等）。6.刑事處罰與立法裁量問題。7.表現自由之規範與立法裁量問題。8.社會福利保障與立法裁量問題。（註五十九）

（註五十九）　歐廣南，「『論立法裁量』與『司法審查界限』」，憲政時代，第廿四卷，第一

　　歐氏以為立法（行政）裁量與違憲審查基準，就憲法規定的範疇內所制定法律、命令，應屬所謂的「立法政策」（或立法自然形成等概念）問題，不產生違憲、違法之情事。細分之：1.一般性立法裁量（即憲法規定範圍內）係採合憲推定原則。2.特定領域之立法裁量（即立法自由形成下，該領域的性質及立法的需要，及尊重立法者的專業性與政策性判斷等情事），原則上採「必要且合理」之寬鬆審查基準，唯一旦涉及限制人權規範之立法裁量時，並非所有立法裁量均適用寬鬆審查基準。3.技術裁量則與一般性立法裁量相同，基本上亦適用合憲推定原則。[註六十]

　　以上就人權方面適用寬鬆基準，並須考慮嚴格基準，此與美國聯邦最高法院之正當法律程序基準是相接近之意涵。唯歐氏將限制人權規範以外之部分，均認為只要在憲法規定範疇內所制定之法令，應屬所謂「立法政策」問題，不產生違憲、違法情事，此說則仍有商榷之處。此因「憲法規定範疇內」仍是相當抽象、不明確者，一般仍應依雙基理論之標準判定為宜。

　　由美國聯邦最高法院所發展出之雙基理論，是否僅適用於涉及民主政治程序之相關法律、命令？亦即是否僅適用有關人民基本權利遭受法律、命令規範之不當侵害爭議？換言之，除人民基本權利爭議外之政府職權行使爭議、政府間職權行使互動之爭議等，是否也可適用雙基理論？這是極待確認者。

　　政府職權行使與政府間互動之爭議，因缺乏類似人民基

期，民國八十七年七月，頁一二五。
[註六十] 同上，頁一三二。

本權利之正當法律程序標準，或難明顯論定。然所謂正當法律程序，亦是出自美國憲法增修條文中（我國為憲法第二章規範），故而有關政府職權等爭議，釋憲者本於權力分立原則，以及憲法相關條文規範，仍應可做成寬、嚴之不同裁判基準。李炳南教授分析、研判釋憲精神、方法，而以為釋憲應重視方法論。即以「憲法條文規範」結合「最適當方法」釋憲，作出寬嚴之裁判，可獲得較佳效果。李炳南教授認為憲法解釋關於方法上，應選擇優先次序位階：自文義解釋以下，依次分別為歷史解釋、體系解釋、比較解釋、目的解釋、合憲解釋，最後則為社會學解釋。[註六十一] 歷史、體系、比較、目的與合憲解釋，合稱為論理解釋。[註六十二] 亦即先文義解釋，後論理解釋，這也符合「大法官審理案件法」第四條第二項：「解釋之事項，以憲法條文有規定者為限。」之重文理而輕論理。

依李炳南教授釋憲優先次序(optimum sequence)之理念，結合憲法相關條文規範，所作成寬嚴不同裁判，應可達到釋憲之較佳效果。吾人以大法官釋字四九九號解釋、五二〇號解釋，兩大「創造性模糊」典型案例分析，則如採文理解釋優先，或不致造成學界之震撼。

就大法官會議釋字第四九九號解釋，作成以憲法並未限制「副總統不可兼任行政院長」的條文，亦即副總統兼任行政院長乃「非顯不相容」之寬鬆裁判。唯就文理解釋，結合憲法條文，則應否反為適合嚴格裁判？仍有探究空間。試就文理解釋重新詮釋四九九號解釋，則有以下憲法真實呈現：[註

[註六十一] 李炳南、曾建元，前揭文，頁二六。

[註六十二] 楊仁壽，法學方法論，（台北：自發行，民國七十六年二月），頁一二三。

[註六十三] 齊光裕，中華民國的憲政發展（台北：揚智文化公司，民國八十七年十一月），

六十三)

1.我國憲法第四十九條規定：「………總統、副總統均缺位時，由行政院長代行其職權………總統因故不能視事時，由副總統代行其職權。總統、副總統均不能視事時，由行政院長代行其職權。」依文理解釋，則副總統與行政院長是由兩人來擔任不同職位非常明確，即以副總統兼行政院長，牴觸憲法第四十九條之精神。

2.依憲法第四十九條，副總統是備位元首；另依據憲法第五十三條、第五十八條之規定，行政院長是國家最高行政機關首長。依權力分立制度之精神，副總統與行政院長是兩項不同職位，且兩者性質迥然不同，實不得互兼。

3.我國原憲法精神傾向於內閣制的精神（亦非完全內閣制），依憲法第卅五條至四十四條文觀之，總統、副總統本質上並無過大之行政實權，且未因總統直選而改變。由虛位的副總統擔任具有實權的行政院長，乃有憲法爭議。蓋以立法院可以監督到行政院長，卻監督不到副總統。當副總統與行政院長同一人時，彼此的憲政權力乃模糊不清；一則「副總統兼行政院長」時，行政院長已非憲法明定的最高首長，反成「總統的執行長」，此時「權責不相符」隨即出現，亦即形成有權者（總統）無責——躲在後面操控，不須對立院負責；有責者（行政院長）無權。再者，「副總統兼行政院長」時，總統一旦出缺，副總統繼任總統，此一總統可否兼任行政院長？總統且可否出席立法院會接受質詢？三位一體（一人）是否符合憲政體制？

釋字第四九九號解釋．以副總統兼任行政院長，憲法沒

頁一八一一一八二。

有明文規定禁止，但從憲法之法理解釋，這是應屬省略規定，由副總統兼任行政院長實有違憲之議。

另大法官會議釋字第五二〇號解釋，如就文理解釋，結合憲法條文，將發現釋憲案之寬嚴差異甚大：

1.釋憲者認為「基於民主政治政黨更迭，總統在競選時提出停建核四政見而當選，行政院有權變更此重要政策。」其前提「民主政治政黨更迭」屬其情可憫，或可進一步討論（透過修憲方式為之），但以此導至「行政院有權變更重要政策」，則須憲法明文規定。憲法第五十七條、增修條文第三條，均係規定：「行政院對立法院決議之法律案、預算案、條約案，如認為有窒礙難行時，得經總統之核可，於該決議案送達行政院十日內，移請立法院覆議。」亦即，從文理解釋，憲法本文、增修條文，對於重要預算案等之覆議，僅只規定「決議案送達行政院十日內」，除非修憲，將政黨更迭之因素，列入憲法，則「應然」與「實然」有差距。因未依文理解釋，而近乎「造法」的炮製行政特權（憲法所無者），採取寬鬆解釋，此為問題產生之一。

2.釋憲者續指出：「本件停止預算之執行，已涉及國家重要政策之變更，而未按上述程序處理，自有瑕疵，相關機關未依其行使職權之程序通知有關首長到院報告，而採取杯葛手段，亦非維護憲政運作正常處置之道。行政院………儘速補行前述報告及備詢程序，相關機關亦有聽取其報告之義務。」依文理解釋，憲法增修條文之規定，並未「准許」行政院有兩次覆議之權力，釋憲文之「造法」能力再見一斑。

3.釋憲者提出「程序瑕疵」，可以「儘速補行報告」之「造法」工程，並提出補行程序若無法達成解決方案時，可採取

之三條途徑：「①閣揆自行請辭。②立院提不信任案。③立院通過建電廠相關法案。」若真的可以「第二次覆議」，則覆議未通過；依文理解釋，增修條文第三條第二項第二款規定：「覆議時，如經全體立法委員二分之一以上決議維持原案，行政院長應即接受該決議。」質言之，覆議後，若維持原案則僅有「應即接受」一途，釋憲者之三個答案，均非憲法答案，文理解釋之重要毋需贅言。

綜合以上所論，雙基理論發展出之寬嚴裁判基準，應可適用於人民基本權利之遭到法令侵害爭議，亦可適用於政府職權行使與政府間互動之爭議。前者可本諸正當法律程序之標準；後者則本諸權力分立及相關憲法條文規範，尤須重視釋憲優先次序（文理、歷史、體系、比較、目的、合憲、社會學解釋），如此之釋憲或可期減低釋字第四九九號解釋、第五二〇號解釋之爭議，而較符合人民的真正期許。

第二項　三階密度理論

壹、理論概要

就寬、嚴雙基理論審查標準，因稍偏於極化(polarization)，故而美國、德國在實務運作上，乃發展出三階密度理論，較雙基理論為精緻。分別就美、德之三階密度理論探討如後：

一、美國之三階密度理論(triple standard theory)

美國聯邦最高法院於一九七六年 Craig vs. Boren 案，基於「平等保護條款」(equal protection clause)為審理「性別差別待遇」之標準，判決奧克拉荷馬州(Oklahoma)法律規定之「禁止販售百分之三點二酒精濃度之啤酒給二十一歲以下男性和未滿十八歲之女性」為違憲。該案經大法官認定：以性別為

基礎之區分和政府法律所欲實現的目的，兩者的實質關連性(substantially-related)太過薄弱(too tennous)，且此一性別區分並非政府的重要目的。^(註六十四)此一「中度審查標準」(the intermediate scrutiny test)的提出，建構了三階密度的違憲審查標準。

三階密度理論在美國聯邦最高法院是在於審理案件時，依所涉類型程度而採寬——合理關連性審查標準(the rational relationship test)、中－中度審查基準(the intermediate scrutiny test)、嚴－嚴格審查基準(the strict scrutiny test)三種不同基準之審查。寬、中、嚴的判定基準來自兩方面，一是涉及基本權利之政府立法或措施的「目的」；二是政府為達此目的之「手段」。亦即對於系爭案件，先就政府法律、命令之「目的」進行審查，以確定其合憲性。在合憲目的下，再就其達成此目的所採用之「手段」進行審查，裁定其合憲性。分別敘述如下：^(註六十五)

1.合理關連性審查基準：為釋憲最寬鬆情形，在審理涉及基本權利之政府法律、命令，只要其所欲達成之目的，在於追求政府的合法(legitimate)利益，且其手段與目的之間，具有合理關連性(rational relationship)即予以合憲推定。就美國聯邦最高法院在審查涉及社會或經濟性法律、命令，多採此一基準。

2.中度審查基準：在案件上先看法律、命令追求之政府利益是否為「實質的」(substantial)或「重要的」(important)，然後在手段審查上，檢視手段與目的間是否具有實質的關連

---

^(註六十四) Mason and Stephenson, op.cit., pp.654-655.

^(註六十五) 林子儀，「言論自由的限制與雙軌理論」，見李鴻禧教授六秩華誕祝賀論文集編輯委員會編，前揭書，頁六五〇－六五六。

性，以為合憲推定標準。美國聯邦最高法院在審理性別、非婚生子女等平等保護案件、優惠性差別待遇(affirmative action)及非針對言論內容之規則(content-neutral regulations)多採此一基準。

3.嚴格審查基準：在案件上，先看法律、命令所追求之政府利益是否為「極為重大，極為迫切」(compelling)之公共利益，在手段審查上，檢視手段是否為達成目的之「必要且侵憲最小之手段」(necessary and narrowly tailored)或謂「必要且從嚴限縮適用之範圍」。^(註六十六)美國聯邦最高法院在涉及個人不可或缺之基本性權利——隱私權（含婚姻自由、生活方式選擇權、性行為及性伴侶選擇權、婦女終止懷胎選擇權等）、政治性權利（選舉權、訴訟權、結社自由權等）、種族、外國人差別待遇(discrimination)以及針對言論內容之規則(content-based regulations)中屬於「高價值言論」(high-value speech)多採此一基準。

綜言之，美國聯邦最高法院在雙基理論之寬、嚴審查依據，有簡化系爭案件之傾向，「中度審查基準」——政府手段與目的達成之間具有「實質的」關連性納入思考，有助益於正當法律程序、法律平等保護之精神更趨落實，故當三階段密度理論廣泛使用之際，或已取代雙基理論之不足部分。

二、德國之三階密度理論

德國聯邦憲法法院在一九七六年「勞工參與法」(B Verf GE 50, 290, Mitbestimmungsgesetz)一案中，歸納出對法律、命令的確認事實與預測 (Tatsachenfeststellung und

---

^(註六十六) 法治斌，「司法審查中之平等權；建構雙重基準之研究」，人文及社會科學，第六卷，第一期，民國八十五年一月，頁三七。

Prognoseentscheidungen)；稍嚴者，作適當性控制(Vertretbarkeitskontrolle)；最嚴格者，作強烈內容控制(Intensivierte Inhaltlichen Kontrolle)。

德國聯邦憲法法院三階密度理論，乃是將系爭之參考變數（事實的特性、法院作成判決的可能性兩者）與控制程度標準之間一個表現控制密度強弱的滑動尺度(Gleitende Skala)^{（註六十七）}茲論述三階密度理論如下：^{（註六十八）}

1.明顯性控制：乃指法令違反憲法情形非常明確時，憲法法院才介入。亦即立法、行政機關有最大的決定空間，憲法法院只擬確保憲法最根本界限(Aeusseerste Grenze)。從德國違憲審查標準之實際運用，則凡涉及高度外交政策或變動性甚高之經濟政策，皆適宜由民意機關或行政機關之裁量權範圍，不由釋憲機關之過度介入。

2.適當性控制：本於控制標準最符合權力分立的思想由不同功能的機關分別就共同可理解的事務加以審查，以尋求制度上的正確性(Institutionelle Richtigkeit)。聯邦憲法對於其要判斷的對象，有理解與認知能力，能與立法者針對同一資料來源，判定其正確性。質言之，釋憲機關採取「適當性控制」基準，立法機關、行政機關必須作合乎事理的、可支持的事實，由釋憲機關作理解的判斷。在此情形下，行政、立法部門決定自由較明顯性控制要小。

3.強烈內容控制：此一種控制標準為違憲審查的最大延伸，立法與行政部門的形成自由或裁量權被限制到最小範圍。釋憲者對立法權的態度是基於實質正確性(Materieller

---

^{（註六十七）}　羅名威，前揭文，頁一二八。
^{（註六十八）}　同上，頁一二九―一三二。

Richtigkeit)，適用強烈內容控制的方法，即對於立法行為、行政行為的內容是否符合基本法的規範作廣泛審查。從案例分析，只有在涉及高度限制基本權，或受限制的是無條件保障的基本權（如學術自由、信仰自由等），此一嚴格控制標準才有其適用之正當性。

德國聯邦憲法法院發展出之三階密度理論，基本上是以功能法的精神進行司法違憲審查。然而，在何種情況下，適合作何種審查之標準，似仍欠明確。依陳愛娥教授看法：「對嚴重侵害權利的立法行為，作比較深度的審查，乃是基於它本身擔當的，保障人民基本權利的重大任務。對於立法機關特殊決定結構、決定情境的考量，則是基於對立法機關——作為政治部門——勢將面對之決定困難的理解，而因此相應賦予其自由決定的空間。」[註六十九] 本於此功能法觀點，則外交事務、經濟政策傾向於採取「明顯性控制」，唯租稅法案則傾向比較嚴格之「適當性控制」，以及法院考量其他國家機關更適合作實質決定，亦傾向「適當性控制」。最後，就嚴重侵害基本權的範圍，尤當立法措施有危及自由權核心範圍之虞者，則傾向極度限縮立法者空間，對之進行「強烈內容控制」審查。

德國聯邦憲法法院在三階密度功能法的基準下，裁判的類型約有兩類：1.合憲宣告包括合憲有效宣告、警告性裁判。警告性裁判(Appellentscheidungen)係屬法律合憲、違憲間之灰色不確定地帶。憲法法院本於職責所在，不能坐視不理，乃發展出此一裁判，在運用上常謂「尚稱合憲」(Noch VerfassungsmaBig)，警告性裁判仍屬合憲宣告之一種，其富

[註六十九] 陳愛娥，前揭文，頁一八八。

有尊重立法者之評估與預測空間。2.違憲宣告
(Nichtigerklarung)係將違憲之法規宣告無效(nichtig)，就德國
之實務見解，受無效宣告之法令，原則上應是自始(extunc)無
效，且效力溯及既往。在違憲宣告上又有「全部無效宣告」
與「一部無效宣告」。同時，並會賦予立法者程度不一的作為
或改善義務，敦促立法者實現憲法法院的要求。

貳、理論評析

三階密度理論較之雙基理論為佳，因釋憲之兩極化並非
對法律、命令的最佳判定，反有草率、不周延之嫌。美國聯
邦最高法院之「中度審查基準」與德國「適當性控制」的採
用是正面肯定的，中度審查基準之掌握政府手段與目的間具
有「實質的」關連性理念，有助正當法律程序、法律平等主
義在灰色地帶的釐清作用。德國適當性控制下多採警告性裁
判，提供立法者一定之形成空間。

比較美、德兩國司法違憲審查之三階密度理論，各有強
點：

1.就釋憲審查衡量方法言：美優於德。美式審查在衡量依
據方法上，較為明確。即就政府法令之是否違憲，依「目的
──手段」達到合理關連性、實質或重要關連性、極為必要
且迫切關連性審度，做為大法官嚴密、寬鬆或適度之概略區
隔，對基本人權維護考量較周延。德國雖有一個表現控制密
度強弱的滑動尺度，但在明顯性、適當性、強烈內容控制三
者之間，較偏重權力分立之衡量標準，即重心在區別行政、
立法之外、經濟（多適用明顯性控制）、財稅、憲法平行機關
合乎事理、可支持的事實（多適用適當性控制）、人民基本權
的保障（多適用強烈內容控制）。實則人民學術自由、信仰自

由、意見表達自由、居住遷徙自由乃至人身自由，仍有系爭強弱、輕重之別，釋憲者固應適用強烈內容控制途徑，但進一步衡量強弱、輕重之較明確標準同屬重要。

2.就釋憲功能性運用言：德優於美。美國聯邦最高法院經二百多年來獨特的實務經驗，發展出「政治問題」拒審，排除在違憲控制範圍之外，故而釋憲制度難免受質疑。正如Baker v. Carr 一案中，歸納六種政治問題的情形，其第一項「憲法已明文將該問題之處理，委託與法院平行的總統或國會等政治部門加以處理」；第二項「法院缺乏可以依循之司法裁決標準」，就明顯看出問題；憲法之所以產生適用之爭議（疑議），正在於簡潔與抽象性，若有爭議，法院不能解決，則何等機關能解決？司法裁決標準不正是釋憲者所該具有？故而美式排除政治問題於違憲控制之外是極具爭議者。

德國聯邦憲法法院對美國政治問題採否定的態度。一者，憲法法院在功能與設計上，不僅是純粹司法權的角色，且是維護憲法的最高釋憲機關。二者，政治與法律劃分困難，要區別某特定事物領域是政治的或純法律的亦不容易。三者，如果允許司法釋憲機關依據政治問題這樣不明確標準來決定是否判決，無異於任由釋憲者依其主觀之意願來做抉擇，對於憲法的尊嚴性、安定性必將造成傷害。（註七十）

德國聯邦憲法法院堅守憲法賦予之角色與功能，不因系爭之憲法案件具有高度政治性，就拒絕裁判。然其自身亦清楚，為防止廣泛的權限，擴張到其他憲法平行機關的責任、權限範圍，乃發展出功能法的觀點，作為不過度介入行政、立法部門權力的基準。在功能法寬、嚴、適中的控制中，表

（註七十）同上，頁一七九。

達尊重其他憲法機關一定自由活動空間之權責。就對憲法的尊重、司法的尊重以及司法對立法、行政的尊重,其真正義涵,將不是以政治問題拒絕審判,而是德國模式之無論再高的政治性,都應審判——只是會有不同程度的介入。

綜言之,三階密度理論是表現功能法之重要手段,美國運用此制之優點在系爭基本人權之目的與手段間較確立衡量標準,但未運用在政治問題上;德國運用此制之優點在否定政治問題排除違憲控制之外,是以不同程度控制方式介入,尊重平行機關的自由活動空間。他山之石,就我國而言,以政治問題拒絕解釋,應值正視其缺失,以德國功能法觀點之三階密度理論,運用於立法裁量權(如立法形成自由、立法問題、立法政策、立法機關權限、國會議事自律、得由立法機關為合理規定等)、行政裁量權(如行政政策、行政機關權限、得由行政機關為合理規定等),德制之經驗,應有肯定之價值。

第三項　雙軌雙階理論

壹、理論概要

美國聯邦最高法院司法違憲審查基準,就基本權利方面,發展出雙基理論、三階密度理論;另就言論自由之審查,則發展出雙軌理論、雙階理論;雙軌理論先區分「針對言論內容之規制」與「非針對言論內容之規制」兩部分,分別審查;雙階理論則就「針對言論內容之規制」區分「高價值言論」(採嚴格審查基準)、「低價值言論」(類型化利益衡量)。就該兩理論要義論述如后:

美國聯邦最高法院就審理言論自由,發展出雙軌理論(the

two track theory)。此因言論自由在美國憲法增修條文第一條規定的太過簡潔、抽象：「國會不得制定不尊重宗教建立、禁止自由行為或剝奪言論自由、出版自由之法律。」(Congress shall make no law respecting an establishment of religion, or prohibiting the free exercise there of, or abridge the freedom of speech, or of the press)。而美國是一個多元的、開放的、民主的社會，各種意見表達（言論、講學、著作、出版）自由，不一而足，對於變化萬端的社會中，法律、命令與言論自由的互動複雜，可見一斑。

雙軌理論乃是審理言論之案件時，先對系爭的法律、命令判定為「針對言論內容之規制」(content-based regulations)或「非針對言論內容之規制」(content-neutral regulations)，再施以寬嚴不同之審查標準。(註七十一)

「針對言論內容之規制」，乃指政府某項法律、命令因限制言論所表達之思想，產生「資訊傳播影響」(communicative impact)——如禁止煽動性文字、禁止機密性資訊出版、禁止任用主張暴力顛覆政府之教師，這些法令或易於造成資訊傳播總量的減少(reduces the total quantity of communication)、政府的不當動機(improper motivation)、資訊傳播影響(communicative impact)受阻、公共辯論的扭曲(distortion of public debate)等結果，故一般須以嚴格審查基準，防止言論自由的被剝奪侵犯。唯此類言論仍須區分「高價值言論」(high-value speech)與「低價值言論」(low-value speech)之「雙階理論」(two-level theory)。

「低價值言論」之要義有三點：1.言論內容未涉及任何思

(註七十一) 林子儀，前揭文，頁六六〇－六七〇。

170

想或觀念的表達。2.從追求真理角度而言,沒有社會價值。3.
言論之社會價值產生利益,遠小於因限制該些言論在維持社
會秩序和道德規範所創造之社會利益。[註七十二]對此類低價值言
論,是以「類型化的利益衡量」(categorical balancing)或稱「定
義性利益衡量」(definitional balancing)方式來做審查。[註七十三]
例如商業性廣告言論,若屬於不實、錯誤、以非法交易為目
的者,則用寬鬆標準審查;若屬於內容真實或以合法交易為
目的者,則用中度審查。質言之,低價值言論可依不同類型
所涉之不同利益,採取不同之審查標準。

「高價值言論」相對於低價值言論,其要點為:1.言論內
容涉及思想、觀念之表達。2.具有社會重大價值。3.言論之社
會價值大於因限制這些言論在維持社會秩序和道德規範所創
造的社會利益。對以上高價值言論,則聯邦最高法院將以單
一的「嚴格審查基準」來審查法令之合憲性。一九五〇年代
以後之三十年間,凡屬高價值言論之類型者,率採最嚴格標
準審查,並宣告該等法令違憲。[註七十四]

「非針對言論內容之規制」,乃指政府某項法律、命令並
不考慮言語表達之內容或言論傳達的傳播衝擊性者。例如禁
止在學校、醫院附近喧嘩、禁止某一區域內懸掛廣告招牌、
禁止毀損官文書、兵役卡等。美國芝加哥大學史東教授
(Geoffery R. Stone)就「非針對言論內容之規制」,在美國聯邦
最高法院案例之研究,分為三大類、七種的審查基準:[註七十五]

1.寬鬆的審查基準(deferential review)

[註七十二] 同上,頁六六六。
[註七十三] 同上,頁六六七。
[註七十四] 陳文政,前揭文,頁一四三一一四四。
[註七十五] Geoffery R. Stone, Content-Neutral Restrictions, 54 The University of Chicago Law Review (1987), pp.48-50.

(1)某些「非針對言論內容之規制」，甚至未涉及憲法增修條文所關之言論自由問題。

(2)某些「非針對言論內容之規制」，倘若是合理的即屬合憲。

(3)某些「非針對言論內容之規制」，只要其規制之目的是在追求實質的政府利益，且並未無理限制其他意見表達之管道。

(4)某些「非針對言論內容之規制」，只要在憲法賦予政府的權限內，其目的在增進重要的或實質的政府利益，而該利益與箝制言論自由無關，且該手段並未超過達到該目的所必要之程度者，即屬合憲。

2.中度審查基準(intermediate review)

(5)某些「非針對言論內容之規制」合憲與否？要視法院在運用細緻而困難之利益衡量方法來檢視案件之主、客觀條件與情境，同時檢視政府所列理由是否足以支持政府利益等因素後所獲致之結論決定之。

(6)某些「非針對言論內容之規制」，若系達到非常重要的附屬利益，而其手段正是為達成該目的並經嚴格限縮者，其對增修條文第一條之言論自由並未有不必要之侵犯，即屬合憲。

3.嚴格審查基準(strict review)

(7)某些「非針對言論內容之規制」，若其目的在追求極為急迫、極為重大之政府利益，而其手段是為達成該目的之侵害最小手段者，即為合憲。

林子儀教授則分析美國聯邦最高法院在「非針對言論內容之規制」審查基準實務上，約採中度審查基準與嚴格審查基

準：^(註七十六)

1.中度審查基準：是在一般原則下採行。乃合併「審查象徵性言論的 O'Brien 審查標準」（一九六八年 U.S. v. O'Brien 案所創立符合以下四要件即為合憲：A.政府制定規制係基於憲法所賦與之權限。B.政府規制在增進重要或實質之政府利益。C.政府所維護之利益乃無關於對自由表達之壓抑。D.政府對第一修正條款言論自由之限制無大於其所欲增進利益之重要性。）與「審查規制言論發表之時間、地點及方法審查標準」（有三要件：A.不涉及言論表達之內容。B.可以增進實質的政府利益。C.尚留有甚多其他管道供該言論表達使用。）兩者而成的基準。包括：

(1)政府定此規制的權力係憲法所賦予。

(2)該項規制能增進實質的政府利益。

(3)該規制不涉及言論表達之內容。

(4)該項規制對言論自由所造成之附帶限制，不超過為追求實質政府利益之必要限度。

(5)尚有其他管道供該言論表達使用。

2.嚴格審查基準：此為特殊情形下採用。若「非針對言論內容之規制」，雖未觸及言論內容，但是結果（目的、動機）則在排除某言論，或針對言論之傳播影響者，或對社會上之經濟弱勢者造成實質上的限制或不公平待遇者，則採取嚴格之審查基準。例如政府若限制傳播媒體（平面媒體、電子媒體等）之設置、發行、出版、發射等，其雖屬非針對言論內容之規制，但卻造成言論自由根本性的傷害，此時則適合採嚴格審查標準。

---

^(註七十六) 林子儀，前揭文，頁六七六－七０五。

綜言之，非針對言論內容之規制，若影響及於言論內容之根本發展，則側重嚴格審查基準，唯若該等法律、命令並非造成全面管制、非觸及言論內容、符合政府利益原則、符合政府比較利益原則、且屬行政、立法裁量範圍者，通常適用中度審查基準。

貳、理論評析

美國聯邦最高法院就言論自由（言論、講學、著作、出版四者都是思想的表達，故又稱意見自由、表達自由，為較周延看待此一問題，以下統稱意見表達自由。）發展出雙階雙軌理論。意見表達自由之複雜難解，在於不同時期之國情不同、環境因素、公序良俗、社會標準等條件之不一，政治言論是「良藥苦口」抑或「居心叵測」，是「直諫建言」抑或「有意誤導」；美術作品是「藝術佳作」抑或「色情猥褻」，其間認知標準，就牽涉以上所說諸條件因素之複雜。

雙階雙軌理論只是裁判時一個思考方向，由其中可析論意見表達自由乃是具有三個特性：1.時代環境之差異性。2.比較性。3.非必然性。民主國家憲法以簡潔文字保障人民意見表達自由，然國家立法機關可運用立法、行政機關可運用命令做適當的規範，此一規範如涉及限制人民，則法律、命令是否合憲？釋憲者面對不同時代「環境差異性」、「事件比較性」與「非必然性」，乃需要掌握時代脈動之智慧。就我國大法官會議釋字第四〇七號解釋可窺其樣貌：

　　　　主管機關基於職權因執行特定法律之規定，得為必要之釋示，以供本機關或下級機關所屬公務員行使職權時之依據，行政院新聞局中華民國八十一年二月十日（八一）強版字第〇二二七五號函係就出版品記載內容觸犯

刑法第二百三十五條猥褻罪而違反出版法第三十二條第
三款之禁止規定,所為例示性解釋,並附有足以引起性
慾等特定條件,而非單純刊登文字、圖畫即屬相當,符
合上開出版法規定之意旨,與憲法尚無牴觸………又有
關風化之觀念,常隨社會發展、風俗變異而有所不同,
主管機關為釋示,自不能一成不變,應基於尊重憲法保
障人民言論出版自由之本旨,兼顧善良風俗及青少年身
心健康之維護,隨時檢討改進。至於個別刑事案件是否
已達猥褻程度,法官於審判時應就具體案情,依其獨立
確信之判斷,認定事實,適用法律,不受行政機關函釋
之拘束,乃屬當然。

意見表達自由之受不同時代環境差異、事件比較性與非
必然性特色影響,而有不同之結果,不可避免。本文以政治
問題之探討為主軸,故就我國、美國政治意見表達自由之受
時代環境影響比較分析之。

我國在戒嚴時期管制嚴格,出版法第卅六條至四十三
條,賦予行政機關審核出版品是否有違反出版法所規定事
項,並得科以行政處分。警備總部(解嚴後已撤除)根據「台
灣地區戒嚴時期出版物管制辦法」執行檢查、取締。其第三
條所列八項禁止刊載事項,多予行政裁量甚大空間。此八項
為(1).洩露國防、政治、外交機密者。(2).為匪宣傳者。(3).詆
毀國家元首者。(4).違背反共國策之言論者。(5).洩露未經軍
事新聞機關公布,屬於「軍機範圍令」所列之各項軍事消息
者。(6). 挑撥政府與人民情感。(7).內容猥褻,有悖公序良俗
或煽動他人犯罪。(8).淆亂視聽,足以影響民心士氣。

民國五十二年監察院就出版法第四十、四十一條是否違

反憲法第廿三條:「為防止妨礙他人自由、避免緊急危難、維持社會秩序,或增進公共利益之必要」,提請大法官會議解釋。大法官會議以釋字第一○五號解釋:「出版法第四十條、第四十一條所定定期停止發行,或撤銷登記之處分,係為憲法第廿三條所定必要情形,而對於出版自由所設之限制,由行政機關逕予處理,以貫徹其限制之目的,尚難認為違憲。」亦即當時環境情勢下,釋憲者對立法、行政部門之裁量權採寬鬆之裁判。

時移勢易,民國七十六年解嚴,八十年終止戡亂時期,意見表達自由大幅開放。民國八十三年九月廿三日大法官會議釋字第三六四號解釋:「以廣播及電視方式表達意見,屬於憲法第十一條所保障言論自由之範圍。為保障此項自由,國家應對電波頻率之使用為公平合理之分配,對於人民平等『接近使用傳播媒體』之權利,亦應在兼顧傳播媒體編輯自由原則下,予以尊重,並均以法律定之。」此不異對立法、行政部門之限制媒體予以嚴格之裁判。民國八十八年一月,出版法亦已廢止。

就美國憲法第一條修正案所保障各種自由權觀察,美國二百多年來,主張絕對言論自由主義之大法官亦僅麥克強(Alexander Meikeljohn)、布萊克(Hugo Black)、道格拉斯(William O. Douglas)、馬歇爾(Thurgood Marshall)等數位。而多數大法官傾向言論自由乃是居於「優先的地位」(prefered position)而非一絕對的權利(not an absolute right)。「優先地位」觀念出於卡多索(Benjamin N. Cardozo)在 Palko v. Connecticut (1937),而首先為大法官史東(Harlan F. Stone)在 Jones v. Opelika (1942)一案中所使用。

　　言論自由非為絕對權利，而是受環境、習俗等比較因素開放或緊縮，美國國會為保障國家安全及社會公共利益，亦時有透過立法途徑，對言論自由加以限制或取締。如第一次大戰，美國因對德宣戰，而必須抑制非戰及替德國宣傳言論，一九一七年發生之赤色革命，亦促使聯邦國會通過「偵察法」(Espionage Act of 1917)，該法亦被稱為「危害治安法」(Sedition Act of 1917)，另有多州之議會通過反工團社會主義法、反無政府主義法。第二次大戰前夕，戰爭陰影籠罩之下，美國國會制定「史密斯法」(Smith Act)，亦稱「外民登記法」(Alien Registration Act of 1940)，用以懲罰各種危害美國國家安全的非法破壞及顛覆活動。正是「平時可說的，在戰時卻不可說」(When a nation is at war many things that might be said in time of peace are such a hindrance to its effort that their utterance will not be endured.)[註七十七]

　　從我國、美國之司法違憲審查實務歸納，可看到意見表達自由之保障有原則，亦有例外；美國對自由權之維護非常積極，政府法令若涉及意見表達自由（低價值言論除外），聯邦最高法院先探究法令所追求的「目的」是否為「極為重大、極為急迫」之公共利益，而後在「手段審查」上探究是否為達成目的之「必要且侵害最小之手段」。此一嚴格審查基準裁判之結果雖非事前可預料，就過程、態度之嚴謹毋寧是民主典範。我國違憲審查迄今尚缺乏一套較明確審查基準，雖則民國八十年以來，政治民主化繼政治自由化之後，已蓬勃展開，釋憲案就意見表達自由，已從早期之寬鬆到趨於嚴格，

[註七十七]　齊光裕，中華民國的政治發展（台北：揚智文化公司，民國八十五年一月），頁三二三－三二四。

建立審查基準更形必要。

　　綜合本節從美國、德國違憲審查基準理論之分析，彼此各有所長。上一節就政治哲學角度在憲法優位、權力分立、多數原則精神下，政治問題界限之不適當，並以司法違憲審查之界限應在程序審當中，進入實體審則面臨必須審判原則。如何兼顧司法尊嚴，並考慮行政、立法部門之政治、社會現實情境，則本節之審查基準，尤其德國三階密度理論運用上，可考慮立法、行政部門之立法裁量、行政裁量，而由釋憲者為寬、中、嚴之裁判，學術界以功能法稱之，就名稱、內涵、價值允稱適當。功能法之審查基準理念不逃避政治問題，反彰顯憲政之順遂運作，堪為妥適之釋憲途徑。

第三節　違憲審查政治問題的審查角色理論

　　司法違憲審查政治問題之存在與否？即牽引違憲審查制度在憲政運作中，所應抱持何種態度？扮演何種角色？前文中分別從政治哲學、審查基準角度出發，陳述司法違憲審查之憲法定位，並試圖描繪出本制度的全套作為（程序審與實體審；立法裁量與行政裁量；寬鬆、適中與嚴格之合憲與違憲）唯前二節之研究偏重縱向研析，著力於應然之探討；終究缺乏橫向學術理論之比較研析，恐有遺漏之失。本節乃圍繞違憲審查政治問題之各種理論，予以廣泛探討。吾人檢視歸納可分三種主要理論：1.司法消極論(judicial passivism)；2.司法積極論(judicial activism)；3.司法務實論(judicial pragmatics)等三項分別論述之。

第一項　司法消極論

壹、理論概要

司法消極論者持肯定違憲審查政治問題之存在。然學者理論根據並不一致，加以分類，約可大別建立於兩項基礎之上：司法自制、權力分立。前者司法自制觀點在於認為國家中某些行為具有高度政治性，不宜由法院進行價值判斷，縱使法院對此作出判決，亦不如一般民、刑事案件之容易，故而主張法院法官在審理憲法爭訟案件時，應保持自我克制(self-restraint)之態度，故又稱「司法自制論」(judicial self-restraint)。後者權力分立觀點在於認為三權之本質及機能，某種行為之最後決定權，乃歸諸於立法及行政部門，為司法權所不及，法院不應宣告國會立法與行政命令違憲，避免干涉國會與行政作為。分別論述兩種學說：

一、司法自制觀點

此說重要看法，有以基於維護民主代議機制；認為司法介入公共爭議時，因本質上有反多數決之困境，故只有在行政、立法違背民主原理，且無法用政治手段解決時，司法違憲審查才具正當性，否則司法過度干預，將損及民意機關之價值，破壞民主代議制度。^(註七十八)申言之，民主國家中，身為國民主權者的國民，透過選舉將國政決定權交予民意機關，由反映多數選民意志作成之法律，卻為非民選產生，又無須為其判決負任何政治責任之法院，判定違憲無效。一則，忽視反映國民意志之法律；二則，法院干預社會多元力量作成之意思（法律案），是實質介入法律、公共政策的形成，此與

(註七十八) 葉俊榮，「邁向『自制』之路─美國最高法院對環保團體當事人適格的緊縮」，見焦興鎧主編，美國聯邦最高法院論文集（台北：中央研究院歐美研究所，民國八十二年七月），頁一三〇。

司法角色有所出入。(註七十九)

憲法所賦予司法機關違憲審查權，並非沒有界限的行使。有以代表性、專業性、司法獨立性角度論析，日本小林直樹教授即陳述多項理由：1.法官並非民意代表，對與國家命運息息相關之政治問題，依其立場，不能下定負政治責任之判斷。2.法官並非政治或行政專家，在專業資料、情報之蒐集、整理與分析上，將難凌駕行政、立法之上。3.法院或法官若干預政治問題，必然導致法院捲入政治旋渦，司法權之獨立、中立性，將受影響，裁判權威亦是受損(註八十)。

美國大法官法蘭克福特(Felix Frankfurter)以為就美國聯邦最高法院司法審查之權力，本來即是寡頭的(inherently oligarchic)，故嚴格地自制此一非民主機關(non-democratic)權力之行使極為重要。法院之憲法義務，應僅是在特定領域中進行釋憲任務。釋憲機能是對於立法部門所制定法律意義之確認，若逾此界限，則是簒奪民主主義基於選舉所賦予立法部門權力。(註八十一)

另就國家之現實考量，美國席格(Segal)與史佩斯(Spaeth)指出：「在日趨複雜之經濟、環境、科技議題亟待專家妥適解決之情況下，法官終究須要順從(defer)專家，而不是以法官之外行來判斷內行事務，故法院應支持國會立法與行政措施。」(註八十二)我國學者葉俊榮教授則言：「隨著行政國家的展開，與立法的積極，法院相對可以運作的空間便因而被壓縮。」(註八十

(註七十九) 劉獻文，中美司法審查「政治問題」理論解釋之比較研究，國立中山大學中山學術研究所，碩士論文，民國八十三年六月，頁三二。

(註八十) 李鴻禧，違憲審查論（台北：台大法學叢書40，一九八六年十月），頁二〇八。

(註八十一) Felix Frankfurter, "John Marshall and the Judicial Function", Harvard Law Review, Volume 69, (1955) p.231.

(註八十二) 葉俊榮，前揭文，頁一二九。

㈡劉慶瑞教授亦謂：「政策上的界限乃是法院從政治上的考慮，自己本身對司法審查權所加的限制。」[註八十三]

上述論點大致從維護民主代議機制、多數原則、專業特色、司法獨立、中立性與國家現實考量等，司法機關應保持自制，避免對立法、行政形成干預。

二、權力分立觀點

主張政治問題應存在者，其基本論述尤其強調憲政體制之權力分立原則。據此原則，由國會負責立法，行政部門執行決策，司法部門明釋用法律。若司法部門非依憲法條文原意或立憲者意圖進行裁判，並宣告法律、命令之違憲無效，將破壞權力分立原則，成為「司法專制」或「法官為治的政府」(judge-made-law government)[註八十四]

日本雄川一郎教授就司法權之組織、職權以及司法權與其他國家平行機關立法權、行政權的關聯性進行理解，認為司法權並非萬能，而應存在一定界限，且既使是法律問題，或與人民權利義務有所關聯，惟因其觸及國政之重大政治問題，故不宜由法院透過憲法訴訟程序加以解決。[註八十五]金子宏教授則以為某些具有濃厚政治意味的國家行為，法院對於該行為之適當性，應視其性質，保留為內閣或國會的權限，而最後應由國民的判斷以解決。[註八十六]

美國學者威斯頓(Melille F.Westan)認為政治問題與權力分立原則有密切關聯。其以司法問題是主權者委由法院判斷之問題，而政治問題則是主權者委由政治部門判斷之問題；

[註八十三] 劉慶瑞，美國司法審查制度之研究（台北：國立台灣大學法學院，民國五十年六月），頁七七。
[註八十四] 陳文政，前揭文，頁一一六。
[註八十五] 轉引自章瑞卿，前揭文，頁五三。
[註八十六] 同上，頁五三。

因之，司法問題依法必須由法院決定之問題，而政治問題則是依法由行政部門或立法部門甚至可能由人民自己決定之問題。司法問題與政治問題之區別是「組織法下權限委任之問題」(a matter of the delegation of authority under organic law)。在權力分立下，法院之權限在於憲法所「委任之管轄權」(delegated jurisdiction)，有些事項於憲法授權規定並不明確，法院僅能依過去之歷史、未來的期待及斟酌相關之理論，透過憲法解釋程序加以瞭解，政治問題在此情況下產生，法院乃援用政治問題一詞排斥司法判斷，並表示該權限應賦予政治部門。^{（註八十七）}

湯德宗教授亦以「權力分立原則下，各權力部門應相互尊重，司法誠然重要，但絕非獨尊。」^{（註八十八）}並就欲全盤否定「政治問題法院應不予審理」有兩點立論基礎，須加以檢討：1.司法（大法官）乃唯一有權力且有能力解釋憲法之機關。2.限制司法（大法官）的釋憲專屬權（獨佔權），將動搖「法治」原則。^{（註八十九）}

綜結言之，司法消極論從司法自制與權力分立觀點出發，表示司法部門對立法部門、行政部門之法律、命令應表現出最基本的謙讓與敬意(modesty and deference)。華勒士(J. Clifford Wallace)即以司法消極論具有三個特點：1.法院應避免篡奪立法機關制定政策的角色。2.法院應小心謹慎地從事違憲審查。3.法院應儘可能少做社會政策判斷。^{（註九十）}質言之，法院對政治問題之遽加裁判，將使司法陷入複雜糾葛之情境中。

（註八十七）　Melille Fuller Weston, "Political Question s", Harvard Law Review, Volume 38, (1925) pp.296-333.

（註八十八）　湯德宗，前揭書，頁一五二。

（註八十九）　同上，頁一六六。

（註九十）　李鴻禧，前揭書，頁一四一－一四二。

貳、理論評析

司法消極論者以司法自制、權力分立為法理論證，唯持否定司法消極論者亦是以同樣法理論證批判之。正如李鴻禧教授析論：[註九十]

> 若以十九世紀型的民主過程為思想理念的基礎，亦即認為民主過程理論之核心在於：議會乃代表國民意思之機關，議會之意思（即法律）乃國民多數意思之表現；並以此核心理論演繹推論出：無民主的代表基礎之法院，在運用其判定立法是否合憲之機能時，必須充分敬重議會之判斷，對其民主的代表過程，在盡可能的最大範圍予以承認。則無容否認的，司法審查理念自應在「立法之合憲性推定」原則不消聲匿跡，或採自知收斂之消極態度。然而，若用實證的社會科學方法加以觀察或評估………以十九世紀型民主過程為思想理念做基礎，來演繹出司法審查民主主義與議會之民主性格………是不切實際而又易滋謬訛的。

美國耶魯大學教授阿克曼(Bruce Ackerman)提出「憲法時刻」(constitutional moment)理論，其以「二元民主政治」(dual democracy)為基礎，意謂：「將國民的政治活動分為由人民所主導的憲法政治(constitutional politics)，與由政府所主導的常態政治(nomal politics)，並將常態政治定位為憲法政治的具體執行，則法院功能在於保留並執行憲法時刻所形成的國民意志，避免其於常態政治下的流失。如此，法院便扮演民主保留者功能(preservationist function)，雖違反當代民意宣告法律違憲，但卻具有更高的民主基礎，所謂反多數決困境，也因

而得以舒解。」[註九十一]

從廿世紀以來，熊彼德等人之修正民主理論將菁英競爭與人民對民主程序的可控制性作為新的民主典範，避免爭論某些抽象價值（如：大多數人是理性的、人民的利益能透過選舉制度在政府決策中表達出來等。）有助於跳脫「反多數」之困境，從較宏觀角度看民主理念。就權力分立之解釋，亦有以：[註九十二]

> 從司法統制之演變觀察，過去係以法律為基準，拘束行政權，以確保行政權之合法性；當代更以憲法為基準，拘束立法權，以維護人權。………如果假藉權力分立論，過度強調司法自制，則權力分立論於今日憲法政治中，反有妨害人權保障之危險。職是之故，釋憲機關必須自覺任務之重大，必要時，應扮演積極角色，不得任意以「統治行為」作為藉口，逃避責任。

前述中，有謂全盤否定政治問題，必須檢討兩個基礎：1.司法仍唯一有權力且有能力解釋憲法之機關。2.限制司法釋憲專屬權，將動搖法治原則。由本章第一節第二項論述中肯定司法為唯一有權力、有能力且最佳之釋憲機關，因其具備終局裁判之角色與地位；亦強調釋憲權之政治問題規避影響結果，不僅造成玩忽憲法、怠惰司法，亦不可避免於動搖法治原則。本諸民主理念、權力分立理論，司法消極論之「謙抑性」宜應擺放在功能性釋憲上，而非擺放在釋憲棄守之上。

[註九十一] 參見 Bruce Ackerman, We the People: Foundations (Cambridge, Mass: Harvard University Press, 1991)，轉引自葉俊榮，「消散中的憲法時刻」，見李鴻禧教授六秩華誕祝賀論文集編輯委員會編，現代國家與憲法（台北：月旦出版社，一九九七年三月），頁二四三。

[註九十二] 許志雄，前揭書，頁一九三－一九四。

第二項　司法積極論

壹、理論概要

　　司法積極論乃從實定法角度分析，檢視司法違憲審查得否以政治問題為由，規避憲法之裁判，並以憲法體系之下，並無任何法律、命令得排除於憲法裁判，從而否定政治問題之存在。

　　日本學界持司法積極論者有磯崎晨五郎、小島和司、奧平康弘、清水睦、藤井俊夫等人。其理論大致表述：一、憲法所賦予法院之憲法審判權，在於實踐法治主義，且基於法院具有決定一切國家行為合憲性之機能，故對高度政治性行為，法院有其權責做為裁判。二、憲法精神中，並未將政治問題、統治行為，置於法院審判權之外的理論依據。且將行政部門之自由裁量或國會自律等範圍，以統治行為理由排拒違憲審查，並不合法治主義。若然，則依據司法自由裁量理論來判斷則有根據。(註九十三)

　　李鴻禧教授對美、日司法審查理論排拒政治問題是否矯枉過正提出懷疑。尤將早期古典民主理論之國民公意、議會至上、多數決原理等觀念，在不膠柱鼓瑟、拘泥形式之下，觀察廿世紀以來的諸多政治實況，將難「期待議會成為服膺國民之公意，且對之負起責任而行動之統一體。」李氏從政治現實運行中發現以下情形：(註九十四)

　　1.國家性格由消極的自由國家，演變成積極的社會福利國家，使議會代表國民制定專業、龐雜的法律，已日漸困難，而有委任立法之喧賓奪主趨勢。

(註九十三)　轉引自章瑞卿，前揭文，頁五三。
(註九十四)　李鴻禧，前揭書，頁一四七－一四八。

2.立法過程中，從提案、審議至三讀完成，行政部門已有明顯介入之實，可以影響立法過程，引導立法結果。

3.議會選舉過程已扭曲真正民意。民主政治強調民選之國民公意，但以選舉必須花費不貲，有將民主政治與富人政治劃上等號，而財團、企業的政商掛鉤嚴重，「民意代表」是否與「民意」等同，不無疑問。

4.政黨政治的合縱連橫，錯綜複雜，使議會民主主義、立法制度本身、立法過程，產生質變與崩壞現象，加上壓力團體之不當干預，國民意志早已變質。

李氏根據這些二十世紀以來，民主政治發展的真實現象，證明十九世紀之民主相關理論，已成明日黃花，而成戰後之「議會神話」。在這國民意志消散而幾無可實現之下，違憲審查排拒政治問題基礎理論之反思乃形重要。李氏並引蘆部信喜教授之論：^(註九十五)

> 若不以「國民意思」、「多數決原理」等立場，認為應以政黨及其他社會集團之爭鬥與妥協之觀念，將政治過程做實證之研究分析；則對司法機關，何以在原則上必須恆常對議會之多數意見，予以最大的尊重之理由，實在難以充分理解。縱令吾人承認司法機關並非民主的機關，但必以為：唯有使其絕對服從法律——經常是各利益集團間妥協之產物，且憲法上亦不無疑義之法律——才能對民主主義做最大之貢獻，恐也過分反乎常理。

李氏以「憲法動態分析之觀念、比較研究方式，就二次大戰後各國司法審查制度及理念之演變，將整個憲政體系為

---

^(註九十五) 蘆部信喜，憲法訴訟的理論（東京，有斐閣，一九七三年八月），頁三六─三七。轉引自李鴻禧，前揭書，頁一四八─一四九。

基礎，試為探究、分析。以期有助於理解司法審查制度之演變，且對此種制度與機能之運用與病理，能有視角較寬之認識。」[註九十六]此一憲法動態分析法，結合古典民主理論之檢視，更有助於釐清理想與實際間之落差。

違憲審查之排拒政治問題，並不合於民主國家之運作，可從三方面論證之：

1.「政治問題」此一概念本身的困擾：美日等國之實際運用上，可明確看出，政治問題具有「界定不明確」、「邏輯不周延」、「司法不公義」之爭議。因無明確標準，那一憲法問題不是政治問題？「高度性」政治問題可有準具？若允許違憲審查政治問題之成立，則司法釋憲者之彈性選擇是否辦案，將不是司法正義之本質，或成玩弄憲法政客之流。這與釋憲者之不為勢劫、利誘、威屈之高道德標準將有牴觸和損傷。

2.從民主理論角度分析：廿世紀以來，修正民主理論，提供一個客觀的檢驗標準，就人民是否具有完整政治程序控制政府的權力，做為民主正當性的重要條件；並推翻古典民主理論之人人有興趣參與之迷思。協和民主理論，提供相互否決，協商溝通管道，檢討古典民主理論之零和型態多數決原則途徑。傳統民主理論中多數決概念之多元面向思考，是現代政治學的重要課題。

3.從民主動態角度分析：行政部門以政黨政治、委任立法等方式介入立法運作；民選議員在富人政治、政商掛鉤，「民意代表」與「民意」是否劃上等號？引發質疑。所謂國民公意是否僅要求形式（多數選舉產生），而不考慮行政、立法部

---

^{（註九十六）} 李鴻禧，前揭書，頁一五〇。

門之質變與國民公意實踐之本質。在這些情形下，司法違憲審查之憲法職權更不宜鬆動。

貳、理論評析

司法積極論之基礎在於：1.賦與憲法優位、權力分立、多數原則等民主理論的新義。2.適應動態政治的現實需要與環境變遷。3.保障基本人權，維持正義價值。本於司法違憲審查的積極功能、司法獨立性的建立，則政治問題界限的排除乃屬必要。違憲審查屬於司法權行使，故有其界限，在於程序審查當中。只要通過程序審，則違憲審查實體審部分，就必須完整進行，不得以政治問題排除之。

唯就司法之憲法守護者角色，面對高爭議性案件，難保不引發行政、立法部門與司法釋憲者之緊張關係；再則，釋憲者亦應尊重行政部門靈活適應政治情勢、立法部門之立法自由形成、立法政策與國會自律等精神，依德國憲政發展出來之功能法觀點，為審查密度之控制，為可思考之方向。釋憲者本諸審查基準尺度，為寬鬆、適中、嚴格之違憲審查裁判。

司法積極論常遭致學界質疑者，包括：民主正當性、權力分立、反多數決等，前文中均有論述，並對該等疑慮廣泛說明，且表達出司法積極論對尊重憲法、維護司法尊嚴有正面價值。違憲審查則可透過審查基準，為寬、中、嚴之裁判。功能法固有助釋憲者之思考，然而法官之或依個人偏好從事憲法裁判，以及法官造法之詬病，恐亦值吾人正視者。

法官依個人偏好裁判，甚或給外界感受法官造法之缺失，雖不致因噎廢食，否定司法積極論之意義，然而釋憲之良窳是影響憲政精神的。前文論述中即以大法官會議釋字第

四九九號解釋、五二○號解釋詳為說明。針對此一可能缺失，吾人以為可從兩方面著手：一是制度面；一是釋憲方法。前者可就釋憲者之任期保障或限定任期使其不致受行政、立法部門之節制，而怠忽釋憲大任。我國最新修憲規定，自民國九十二年起之大法官，任期八年，且不得連任，對避免行政干預仍有憂慮，限齡退制優於終身制與只做一任，見第六章。後者釋憲方法，乃強調重視釋憲之優先次序，其可對釋憲精確度提供較佳選擇和引導。

第三項　司法務實論

壹、理論概要

司法消極論者持肯定政治問題之態度，司法積極論者持否定政治問題之態度，另有司法務實論乃持折衷說之看法，唯折衷說者，其理論或有消極論的若干色彩，或亦有積極論的若干看法，反易凸顯其窘境，大體言之：[註九十七]

1.設定重大例外情形：司法務實論者承認某些國家行為並不適合由司法機關進行違憲審查，然而基於法治主義原則，必須設定重大例外情形，以事例之性質為確定準則。亦即司法部門違憲審查不應將政治問題完全排除在外，唯應針對個別事件來分析不適合憲法裁判者，就基本人權之保障部分必須重視，不可將重大侵犯人權案件，以高度政治性排除憲法裁判。質言之，司法違憲審查機關在行使憲法審判權時，應縮小政治問題範圍，並限定於特定範圍內，尤不可將人權案件藉口政治問題排拒之。

2.實務判例已有重視行政、立法之判決：司法務實論亦強

[註九十七] 章瑞卿，前揭文，頁五三－五四。

調，所謂之政治問題，大致可分為立法部門之立法自然形成、國會自律與行政部門之裁量事項，而於各國司法違憲審查中，均曾實踐行政裁量、立法形成、國會自律等之合憲性審判，故而無需再以不易劃定確切範圍之政治問題規避司法審查。此一見解實又與司法積極論之結果合流。

上述之司法務實論，一方面強調政治問題不可無限擴張，而應限於特定事例，似支持司法消極論，唯將之修正並縮小範圍；另一方面，分析司法違憲審查之釋憲者已有注意到國會自律、行政裁量等問題，且已做出合憲性準據，故實無再以政治問題排除違憲審查之理，似又支持司法積極論（過程理論不同，結論效果相同），故此折衷說易陷入兩面矛盾之局。

翁岳生教授就國內司法違憲審查發展，從司法權地位的重要、司法與政治的兩難困境(dilemma)，到如何解決的思考上，是採司法務實論觀點。翁氏先從我國憲法條文分析，就不少條文中明示法律與憲法牴觸者無效，命令與法律或憲法牴觸者無效，以及地方自治法規與憲法牴觸者無效，這些法令有無牴觸憲法發生疑義時，「由司法院解釋之」，司法院認為違憲時，應「將違憲條文宣布無效」。這是我國歷史上第一次如此重視司法權，從憲法規範而言，我國司法權之地位，確有討論統治行為之概念，以期自我抑制之必要。（註九十八）

翁氏就司法權之任重道遠，而應謙抑自處，且實務上，易陷入兩難困境：一方面，若將爭議之法令送交行政或立法機關，循行政或政治途徑以為解決，此無異剝奪人民請求司

（註九十八） 翁岳生，「憲法之維護者－回顧與展望」，司法院大法官解釋四十年紀念論文集（台北：司法週刊雜誌社，民國七十七年九月），頁一三九。

法訴訟或保護之權利，違背法治公平正義之精神；二方面，政治問題如移送司法機關處理，將增問題之複雜，拖延時間，無益於問題之解決，且司法機關受理政治案件，亦有損司法威信，無論司法政治化或政治司法化，皆非所願。[註九十九]

　　翁氏以為憲法上爭議，富有高度政治色彩，不易區別政治案件或法律案件，然而釋憲者應認識其本質上之權限範圍，始不致迷失方向。亦即：一方面固應避免介入純粹政治事件，對披著法律外衣之真正政治事件，可以統治行為理論，自我抑制而不為裁判，尊重各憲法機關依憲享有之固有職權，及其一定形成之領域。另一方面，本於憲法所賦予神聖任務——憲法之維護者，以及國人殷殷至望，對於所有法律事件，尤其人民權利遭受公權力侵害之事件，只要有法律上判斷之標準者，不論該事件是否富有政治色彩，均不應放棄司法者之職責。[註一〇〇]

　　司法務實論一方面肯定違憲審查之重要性，尤其對基本人權之保障案件，另一方面就司法謙抑性、司法自制則主張嚴格規範，限縮其範圍至真正政治問題領域之中。

貳、理論評析

　　司法務實論既強調違憲審查的憲法職責，又凜於謙抑不自專性格，深恐司法政治化或政治司法化，損及司法威信。欲兩者得兼，將有以下困境：

　　1.邏輯矛盾，難於得兼：司法務實論既盼司法釋憲者發揮其憲法所賦予之功能，使其超然公正之立場，得到各方共同信賴，並能真正維護人民之權利，不受立法、行政之不當侵

[註九十九]　同註三十九，頁四七七。
[註一〇〇]　同註九十七，頁一四〇。

奪。又恐侵犯行政、立法之固有職權，而保留違憲審查政治問題，將界限範圍控縮至最小程度。唯釋憲者排拒政治問題（無論範圍之大或小），已損及司法權，何得各方信賴？此論者擔心若干「披著法律外衣之真正政治事件」，因行政、立法之抗衡，而損司法威信，卻不論所謂「披著法律外衣之真正政治事件」，仍是法律（或憲法）案件，程序審沒有問題，實體審卻採拒絕裁判，恐更損及司法威信。故此乃兩難得兼之法律困境。

「披著法律外衣之真正政治事件」，因其為法律（或憲法）案件，審或不審之認知解析乃為重要；司法欲避免立法、行政與之對立，採取不審，以免損及司法威信，實乃放棄司法職責，其已損及司法甚深，須知司法若不審，何人、何機關可審？政治問題放任政治鬥爭，成為力的較量而非法的說理，何以成為「法治國」？

司法若採審理之途，釋憲者本於認識自身權限範圍，可依不同審查基準，為寬嚴控制密度之司法違憲審查，或就合於立法裁量、行政裁量者以合憲性裁判之，則司法者職責已盡，行政、立法者亦得以遂其靈活適應政治情勢，乃至立法自由形成的意義。綜言之，司法務實論欲就最低限度範圍之政治問題取代司法消極論，此一折衷說法，只是五十步與一百步之譏，並無法真正解決困難處。

2.政治問題界定困難：司法務實論以其「設定重大例外情形」，以事例之性質為基準，縮小政治問題範圍，期有別於司法消極論之主張。然而兩論之共同點：承認有「政治問題」存在一事上，就已無法嚴格區分司法消極論、司法務實論。因兩論之主張者，均無法明確「界定」政治問題，又如何「區

別」政治問題之大或小？政治問題究是「不能也非不為也」？抑或「不為也非不能也」？本文接下來第四章、第五章，將就美國與我國之司法違憲審查「政治問題」實務部分，進行案例研析。

本章小結：

司法違憲審查政治問題界限之是否存在，從政治哲學之憲法優位、權力分立、多數決原則等民主理論出發，可認知憲法解釋之重要，與司法機關職司釋憲，將優於立法、行政機關。司法違憲審查政治問題存在之弊端遠高於其優點。違憲審查應有界限，然不在實體審中之政治問題，而在於程序審中之是否符合釋憲條件者。一旦通過程序審，則必須進行完整之實體審，不得以政治問題等方式拒絕裁判。司法尊重平行之立法、行政部門，在於釋憲者功能法審查基準與釋憲方法優先次序之運用，就審查案件之寬中嚴控制密度為合憲與否宣判。釋憲者在「尊重」行政、立法之自由心證中，採取政治問題拒審，與完成違憲審查或作成尊重行政、立法部門行政裁量、立法裁量之裁判，何優？何劣？應為明確。最後之司法消極論、司法積極論、司法務實論在於橫向交互比較、分析，以期趨近於真實之理。

第四章　美國司法審查「政治問題」實務析論

　　本文經由前述章節在理論層面探討司法違憲審查的界限，尤限縮於政治領域司法審查的界線，其目的在探究政治問題是否為司法不得碰觸的禁地？本章進一步從美國違憲審查的實務案例中，檢視政治問題界限的合法性與合理性。

　　美國政治問題界限乃是由聯邦最高法院判例匯聚而成者。從聯邦最高法院違憲審查之憲政發展史，可揆知法院並非無條件受理所有案件或爭端，而以某些立法或行政部門之行為，並不適合法院進行審判，藉此避免捲入政治漩渦之中。(此即 Political question ….are such as have been entrusted by the sovereign for decision to the so-called political department of government)^(註一)，這些乃是所謂「非司法性之問題」(nonjusticiable questions)，而聯邦最高法院司法權之運作，必須是「有裁判可能」(justiciable)之訴訟案件，若屬政治性質之問題，即因非「司法問題」(judicial question)，而無管轄權可論及者。

　　聯邦最高法院在創立司法違憲審查制度的判例(Marbury v. Madison 1803)一案中，馬歇爾撰述之判決書中，即已闡釋「政治問題不審查原則」，指出聯邦憲法既賦予總統政治權能，自應由其負政治責任，接受政治審查，而不受司法審查。總統任命官吏屬其憲法職權，司法不應審查。性質上屬於政治問題，或涉及行政權機關裁量權範圍事項，法院應不猶疑地予以拒絕。^(註二)

　　唯就政治問題不審查原則，提出較整體性理論，詮釋政治

---

^(註一) Edmond Cahn, Supreme Court and Supreme Law (Bloomington: Indiana University Press, 1954) p.36.
^(註二) Thomas M. Franck, Political Question, Judicial Answers, 1991, p.3.

問題之內涵、外延者，則是一九六二年大法官 W. Brennan 在 Baker v. Carr 所作之闡釋（六種基準詳如第二章第二節），然以六種基準之模糊、不確定的概念，在理論本身，乃至實際運用上是不明確的。

從美國聯邦最高法院司法判例涉及政治問題的實務角度，檢視政治問題界限，將有助於釐清司法違憲審查範圍自我設限之正面或負面價值與功能。李建良教授將眾多案例區別為以下七項：1.共和政體保障條款的適用問題（美國國內州政府承認問題）。2.修憲程序問題。3.國會議事自律與立法程序問題。4.選舉區劃分問題。5.軍事或戰爭問題（戰爭、交戰狀態或中立問題）。6.外交或國際問題（條約、外國政府行為、對外關係）。7.國會行使彈劾問題。[註三]

章瑞卿教授則區分國內問題類、國外關係類兩部分。國內問題類有五：1.修憲與法律制定程序問題。2.關於共和政體基本條款之事項。3.總統選舉人團之選舉方式與聯邦國會議員之選區劃分問題。4.聯邦法律與各州固有權限之衝突。5.印第安部族的法律地位。國外關係類有八：1.內亂或戰爭之存否，開始、終了時期問題。2.總統召集國民兵之決定權。3.國家承認與政府承認問題。4.領土權、領海權之問題。5.條約之效力及解釋問題。6.外交使節之豁免權問題。7.驅逐外國人。8.其他對外關係事項。[註四]

本章擬由美國違憲審查實務判例中，探討政治問題界限。判例中有明確以政治問題拒審者；亦有雖為作成合憲審

[註三] 李建良，憲法理論與實踐(一)（台北：學林文化公司，一九九九年七月），頁二九六－三○八。

[註四] 章瑞卿，「憲法審判權對統治行為界限之研究」(上)，立法院院聞，第二十五卷，第一期，民國八十六年一月一日，頁五五。

判，判決過程中，大法官間有以之觸及政治問題而熱烈激辯者。為便於掌握案例，並明確剖析，茲區分六個領域：外交與軍事；憲法修正案；共和政體；選舉區；國會職權；議員資格。並分別以案件說明、判決分析兩部分研討之。

第一節　外交與軍事

第一項　案件說明

壹、芝加哥南方航空控瓦特曼案(Chicago & Southern Air Lines V. Waterman S. S. Corp. 1948)

本案乃涉及民用航空局(Civil Aeronautics Board)經總統批准核可後，同意 Chicago Southern 航空公司所提加勒比海航線的申請，同時否決 Waterman 公司所提出相同的申請，從而引發訴訟案件。此一有關民用航空局核發航空運輸事業執照之規範，在核發於外國從事航空運輸事業執照時，必須經過總統之核准。而相關法律規定：該局之任何命令，除必須經過總統核准之在外國從事航空運輸事業者外，均須受聯邦法院之審查。──本案系爭在於美國公民經營之運輸事業從事海外航空運輸，其因總統批准發布之命令而影響權利時，法院是否擁有管轄權而得加以審查。

本案在聯邦地方法院認係總統核可權力，法院不容審查。而聯邦上訴法院將上項判決廢棄。最後上訴至最高法院，其以民用航空局該政策之決定，不應受司法審查。傑克森大法官(Justice Robert Jackson)判決文表示：[註五]

> 蓋總統為國家最高統帥(Commander-in-Chief)及掌理
> 外交事務國家機關首長(Nation's organ for foreign affairs)

[註五]　333 U.S. 103 (1948); Thomas M. Franck, Ibid., pp.56-57.

雙重身分，對於外交事務的決策，有其情報來源，其內容不應公開；如若法院沒有相關資料，便貿然審查或撤銷總統依祕密情報所為之行政措施，將是一件令人難以忍受的事情(intolerable)。即使法院能獲得充分資料，關於對外交政策(foreign policy)的行政決定，其性質具有政治性，無司法審查性。依法律條文之旨意，民用航空局的行政命令若涉及外交關係，法院不應加以審查。因有關外交政策之決定，憲法完全賦予行政與立法部門負責，其內容不但錯綜複雜，且含有極大之預測成分，它應是由直接對選民負責之部門執行，司法機關對之完全缺乏設施、能力與責任；此為屬於政治權力支配範疇之事務，司法部門不便插手干涉。

貳、高華德控卡特案（Goldwater v. Carter 1979)

本案乃起於一九七八年十二月十五日，美國總統卡特(Carter)宣布於次年一月一日與中華人民共和國建交，並將於同時終止「中美共同防禦條約」（始於一九五四年）。參議員高華德(Barry Goldwater)與多位國會議員，向聯邦法院提起訴訟，旨在要求總統未獲得參議院或國會同意之前，不得終止該項條約。案經聯邦地方法院判決原告勝訴，惟於聯邦上訴法院被推翻。最後聯邦最高法院以七：二票裁定，不舉行全院審訊，拒絕受理本案，並裁定上訴法院的判決無效，並訓令地方法院不受理本案。

本案由大法官倫奎斯特(Justice Willian Rehnquist)主筆，在其判決理由中，援引 Coleman v. Miller (1939)一案，認為同屬不適合由法院裁判的政治問題，須交由行政與立法部門解決。就本案言之，參議院參與締結條約的方式，憲法雖有明

文規定，唯憲法卻未提及終止條約時參議院如何參與之問題。基於憲法未有明文，且不同條約可能有不同的終止程序，故本案應受政治指標的控制。總之，關於總統終止條約的權力，乃具有「政治性」(political)，故「無司法可能性」(nonjusticiable)。就系爭事實而言，憲法僅只規定條約案批准的參院權限，並未及於否決條約之規定，總統遂行國家外交事務之權力，參院或國會是否得以否決總統決定，應留待總統與國會解決之。[註六]

倫奎斯特主筆之判決意見，係以「政治問題原則」作為論證的基礎，僅獲得首席大法官 Burger 及大法官 Stewart、Stevens 等三人連署，而屬於「相對多數意見」(plurality opinion)其餘之 T. Marshall 大法官同意判決結論，未附理由；Powell 大法官提出協同意見書，以 Baker 案確立之標準，本案非為「政治問題」，而主張以「尚未達到可訴訟的狀態」(not ripe)為由，予以駁回；Blackmun 及 White 兩位大法官則認為本案應從實體上詳予審查。Brennan 大法官則提出不同意見書，指主筆者嚴重誤解(profoundly misapprehend)政治問題原則於外交事務上的適用，就法院在憲法是否明文授權某一政治部門享有政治決策權的「先決問題」(the atecendent question)上，並不適用「政治問題」原則。

参、美國政府控馬坎案（U.S. v. Alvarez Machain 1992）

本案乃美國毒品管制公署(Drug Fnforcement Administration)於一九九〇年付費僱用六名墨西哥人（含墨國

[註六] 444 U. S. 996 (1979), 轉引自馬漢寶主編, 美國聯邦最高法院憲法判決選譯(台北：司法院祕書處, 一九九五年六月), 頁一三三。

退休警察在內），在墨國境內將涉及毒品走私集團之醫生馬坎
(Alvarez Machain)綁架至美國受審。墨國政府對美方所採取綁
架行為，認係違反兩國簽訂之引渡條約；其一方面表示答允
美方會將該醫生繩之以法，另一方面則要求美方將該醫生交
還墨國，並將涉及該次綁架案之 DEA 緝毒人員一併引渡至墨
國接受該國法律制裁。[註七]

　　本案由首席大法官倫奎斯特主筆，其以「對於馬坎之綁
架，既使是正確的，但亦是令人震驚的，因其可能觸犯了一
般之國際法原則。馬坎醫生之綁架與是否引渡遣返墨國，已
不是一個法律問題，而是國際政治問題。」「馬坎是否引渡回
墨國，最後應由布希政府來決定，而非聯邦法官，雖就美墨
引渡條約第九條之意涵來看，該條款禁止以條約規定以外之
程序逮捕罪犯受審，但以國際法普遍之法律原則來推論，其
間仍有差距，被告之說明並不能說服最高法院認為『美墨引
渡條約禁止國際逮捕』；………決定馬坎是否引渡遣返一事，
屬行政部門外交權之運用，最高法院對此政治問題之爭議，
應尊重行政部門之職權。」[註八]

　　本案判決以六：三通過：「美國政府得以至其他國家綁架
涉案之罪犯，即使該國政府提出抗議，亦可將罪犯起訴繩之
以法。」持反對態度之三位大法官史帝芬斯(John Stevens)、
布雷克蒙(Harry Blackmun)、奧康諾(Sandra O'Connor)則認
為，准許美國在外國進行誘拐綁架之判決，實無視於國際間
所簽訂之外交引渡條約的存在。

[註七]　Leo F. Scanlon "High Court Okays U.S. Right to Overseas Kidnaping "EIR National,
　　　June 26, (1992), pp.58-68.

[註八]　The U. S. Law Week Volume 60, No. 49 Washington D. C.: The Bureau National
　　　Affairs, INC. June 16, (1992), pp.4523-4533.

肆、柯羅吉控雷根案（George W. Crockett v. Reagan 1984）

本案乃民主黨眾議員柯羅吉(George W. Crockett)等廿八名議員於一九八二年，聯署控告雷根總統未經國會同意而派遣軍事顧問人員協助薩爾瓦多政府，係屬違反一九七三年國會通過之「作戰權限權法」(The War Powers Act of 1973 , Public Law 93-184)之規定。

本案經地方法院、哥倫比亞聯邦上訴法院以「政治問題」為由，予以駁回，原告上訴至聯邦最高院，一九八四年六月最高法院拒絕受理本案，其理由為：當國會通過作戰權限權法案時，並無意透過法院訴訟或法院監督以求該案之執行。亦即有關戰爭權力均衡之爭執係屬於政治問題而非司法問題，故法院宜採迴避主義。

就美國法院在裁決總統與國會戰爭權之爭執上，往往以「政治問題」迴避主義，作有利於總統作戰權行使之解釋，認為戰爭權之運用旨在「維護和平」與「生存自衛」。（註九）在本案前之六０、七０年代越戰時期，許多涉及美國於越戰中是否違反聯合國憲章的訴訟，下級法院多以涉及「政治問題」拒絕審查，而最高法院對於此等案件，則多以拒絕核發「移審令」(certiorari)方式，拒絕受理上訴。（註十）亦即，最高法院雖未就此等案件有所裁判，唯從其拒絕作出「移審令」之作

（註九）　楊日旭，美國立法與行政分權關係之個案研究－分析總統作戰權限權法之理論與實施（台北：淡江大學出版中心，民國七十四年十月），頁一一。

（註十）　例如 Luflig v. McNamara, 373 F. 2c 664 (D. C. Cir.), cert. Denied, 387 U. S. 945 (1967); Orlando v. Laird, 443 F. 2d 1039 (2d Cir. 1971), cert. Denied, 404 U. S. 869 (1971) 參見 John E. Wowak, Ronald D. Rotunda, Constitutional Law 4th ed., (1991) p.109.

法，乃有以政治問題作為程序審排除條件。

第二項　判決分析

壹、芝加哥南方航空控瓦特曼案(Chicago & Southern Air Lines v. Waterman S. S. Corp. 1948)

本案經最高法院認為具有政治性，非屬司法審查的範圍。究其實：本案乃涉及「核准航線」的爭議，屬於通常行政法的爭訟。爭訟當事人均屬其本國公司，較特殊者，該案係經由總統核可，且航線為國際航線。觀察最高法院之立場，係以民用航空局之行政行為（因總統核可）已涉及外交關係，故雖其本國之當事人的財產受到行政機關行為影響，法院亦不行使司法權。

陸潤康教授指出：本案乃美國最高法院適用「政治問題」原則下之缺失，此因政府行為如係執行外交事務，固應免受司法之干涉，但若政府執行外交事務之國家行為，直接影響到特定公司本身或財產之權利時，法院仍拒予審判，則法院正是放棄了司法衡平之天職。[註十一] 李建良教授則以法院將之視為「政治問題」而不予審查，其主因毋寧是「法院對於總統的核可決定找不到可供司法審查的準則，故尚難據此判決而謂『外交事務』均屬『政治問題』。」[註十二]

本案以政治問題不具司法審查性拒審，可有以下分析：

1.傑克森大法官以「關於對外政策的行政決定，其性質具有政治性，無司法審查性。」一則，總統之行政決定具有政

[註十一] 陸潤康，美國聯邦憲法論（台北：凱崙出版社，民國七十五年九月），頁二一七。

[註十二] 李建良，前揭書，頁三〇四。

治性，但不表示不具司法審查性，以其中若含圖利嫌疑或行政部門依據之法令有違背憲法之虞者，司法部門有其憲法職責。二則，本案涉及美國公民經營之運輸事業從事海外航空運輸，乃直接影響特定公司之權利，司法權宜否自我棄守，有商榷空間。

2.傑克森大法官以「依法律條文之旨趣，民用航空局的行政命令若涉及外交關係，法院不應加以審查。」。縱有法律規定，「民用航空局之任何命令，除必須經過總統核准之在外國從事航空運輸事業者外，均須受聯邦法院之審查。」然而此項法律本身是否違反「法律平等保護」原則(equal protection of the laws)，亦即從法位階觀點，司法人員司法審查應本諸憲法，而非本諸法律。此處頗有法院受制於法律之謬失。

3.本案以政治問題拒絕司法審判，其結果若與判決屬行政裁量權作合憲性宣判相同維持總統的決議；但所代表意義大相逕庭，以政治問題拒審，表面上為尊重行政部門（總統），實則是任令司法案件不了了之；以行政裁量合憲審判，則是尊重行政、同時尊重司法。（作者無意表達本案合憲、違憲之態度，因其無關宏旨。）

貳、高華德控卡特案（Goldwater v. Carter 1979）

本案經最高法院裁定，關於總統終止條約的權力，乃具有「政治性」，故「無司法可能性」，此涉及總統遂行國家外交事務的權力，乃拒絕受理本案。最高法院同時推翻上訴法院的判決──卡特總統依美國憲法有權獨自終止中美防禦條約的判決。具體言之，最高法院以本案系爭之中美防禦條約乃行政與立法部門間之事情，應由此兩部門自我設法解決，

不應由司法部門代為決定。本案因涉及政治問題與否，分析如下：

1.美國憲法僅只規定條約案批准的參院設計，並未及於否決條約案者。在美國先例中，曾有五種不同的決定廢約程序：A.國會事前授權總統廢約。B.國會事前授權或指示總統廢約。C.總統未經國會事前特別授權或指示便已廢約，事後才取得國會同意。D.總統未經國會參院事前授權或指示便已廢約，事後卻有參院的贊成。E.總統廢止條約，沒有國會或參院事前授權或指示，也沒有國會或參院事後的同意。[註十三]因美國憲法中廢約規定不明確，乃在學術界，甚至實務運用上，會產生明顯不同立場與主張者。憲法問題似應循憲法成長之途徑解決，亦即或透過修憲方式為之，若緩不濟急，則釋憲是必然之途徑。

2.本案主筆倫奎斯特以及四位大法官「相對多數意見」主張不受理本案，因其非司法管轄的政治問題案，涉及總統處理外交的權力，以及參院或國會有權否定總統行動的程度。此處所言外交權力為政治問題，非司法權限，然而一九八六年之 Japan Whaling Association v. American Cetacean Society 一案，日本雖主張此案為政治問題，唯最高法院認為並非所有關於政治事項或外交關係事項，均可視為「政治問題」，而不予司法審查。[註十四]由是觀之，政治問題乃為界定極不明確，邏輯極不周延之概念，以外交事項為政治問題，拒絕司法審查，不唯說服力不足，且憲法問題仍然懸吊，並未解決。

[註十三] 陳治世，美國政府與政治（台北：台灣商務印書館，民國八十年十二月），頁二四二。

[註十四] 李建良，前揭書，頁三○五。

3.鮑威爾(L. Powell)大法官不認為本案涉及司法管轄權的政治問題，在於參院並未正式拒絕總統有權獨自止約的動作，如國會不選擇和總統對抗，和總統對抗就不是法院的事，國會若以適當行動向總統外交權挑戰，解決那時的爭執才是司法的責任，即本案尚未達可訴訟狀態。鮑威爾從類似程序審之「未達可訴訟狀態」論證，在美國司法審查制度為一重要原則，然而美國違憲審查在於具體之「個案」或「爭議」，本案顯係「個案」、「爭議」者，爭議是否限於國會對抗總統之後才算？而國會議員對抗總統則不算「爭議」？似有其模糊地帶。

4.卜連年(W. J. Brennan)大法官就本案提出不同意見書，指出「凡屬外交事務即可豁免司法審查」之說法，應予拒絕。如果認為凡是涉及外交關係的個案或爭議均不受法院審查者，乃是一項錯誤的命題。對於某一條約是否終止之問題，法院固不宜予以探究，惟政府部門的行為若不具有終局性者，法院仍須探尋憲法規定，面對外交問題有所回應。^(註十五)

綜言之，本案系爭之終止條約與行政（總統）、立法間權力關係，在憲法規範不明確造成說服力不足；如以未達可訴訟狀態拒審，則在凸顯本案已屬重大「爭議」之矛盾；憲法問題唯有憲法方式（修憲、釋憲）解決，才是本務。

參、美國政府控馬坎案（U.S. v. Alvarez Machain 1992）

本案經最高法院以六：三裁決：「美國政府得以至其他國家綁架涉案之罪犯，即使該國政府提出抗議，亦可將罪犯起

---

^(註十五) 同上。

訴繩之以法。」而首席大法官倫奎斯特判決文:「馬坎醫生之綁架與是否引渡遣返墨國,已不是法律問題,而是政治問題。」本案分析如下:

1.本案持反對態度之大法官史帝芬斯(John Stevens)、布雷克蒙(Harry Blackmun)、奧康諾(Sandra O'Connor)認為,准許美國在外國進行誘拐綁架之判決,實際上根本無視於國際間所簽訂之外交引渡條約的存在。此一指陳,實具道德之勇氣。倫奎斯特所謂「就美墨引渡條約第九條之意涵來看,該條款禁止以條約規定以外之程序逮捕罪犯受審,但以國際法普遍之法律原則來推論,其間仍有差距………」則顯然過於牽強。

2.本案之判決遭到多方批評,彼等認為,美國此一舉措乃無視他國政府之存在,正是「羅馬帝國征服世界之重現。」聯邦最高法院輕易擴大對「政治問題」之認定,已非司法自制精神,而為極端的司法消極主義。(註十六)美國行政部門(總統)簽訂之條約,必須經由參院三分之二多數同意,即意涵條約之為國內法重要部分,條約與法律有等同效力,而本案判決文之「馬坎是否引渡遣返一事,屬行政部門外交權之運用,最高法院對此政治問題之爭議,應尊重行政部門之職權。」究應尊重法律?抑或尊重行政職權?亦甚明顯。本案之運用政治問題,具爭議性。

肆、柯羅吉控雷根案(George W. Crockett v. Reagan 1984)

(註十六) 劉獻文,中美司法審查「政治問題」理論解釋之比較研究,國立中山大學中山學術研究所,碩士論文,民國八十三年六月,頁五一。

本案聯邦地方法院、上訴法院、最高法院均以政治問題，非為司法問題，拒絕審查。從美國聯邦最高法院歷來判決，對於軍事問題，多採政治問題立場，以拒絕核發「移審令」(certiorari)方式，拒絕受理上訴。本案分析如下：

1.聯邦最高法院拒絕受理本案，主要理由「當國會通過作戰權限權法案時，並無意透過法院訴訟或法院監督以求該案之執行。」此一論據是有疑義的，任一法律是否牴觸憲法？或行政命令有否牴觸法律？均須面臨司法之仲裁，非司法者主觀意願之「無意」透過司法監督，而予以迴避之，置司法問題（政治問題亦是司法問題）於不顧。更何況本案經柯羅吉等廿八名眾議員聯署提出，顯見有「爭議」性存在，「總統是否有違法（作戰權限權法）？」以拒審擱置並未解決憲法問題、司法問題，只是放任強勢者（行政部門）之作為，亦不符司法公義性。

2.本案與諸多軍事問題之案件，聯邦最高法院多以拒發「移審令」方式拒絕受理。故而這一型態實屬程序審階段即已排除司法審查。軍事問題、政治問題可否程序審即排斥？持此觀點者，應有足夠理由表示軍事、政治問題不具可司法性，否則正是「司法屈服於行政強權之下」。從另一角度觀察，司法部門若深以系爭之行政裁量必要性，關乎「維護和平」、「生存自衛」，而以寬鬆合憲裁判宣告，不亦正面肯定行政部門，且維繫司法權精神。

第二節 憲法修正案

第一項 案件說明

一九三九年 Coleman v. Miller 乙案是本節討論重點。本案之背景略述如下：聯邦最高法院早在一九一八年 Hammer v. Dagenhart 乙案中，宣告一九一六年之聯邦童工法(The Child Labor Act)違憲無效，引起國會(Congress)之不滿。[註十七] 國會為加強對兒童之保護，使聯邦取得童工事項的立法權，乃於一九二四年六月通過「童工憲法修正案」(The Child Labor Amendment)，並提請各州議會進入州審查程序。唯截至一九二七年為止，僅有五州批准該案，另有廿二州則已否決該案，是該修正案未達憲法第五條規定而告失敗。美國憲法第五條規定為：

> 國會遇兩院議員三分之二多數認為必要時，或各州三分之二的州立法機關之請求，國會應召集修憲會議以提出修正案。以上兩種情形中之任何一種修正案，經各州四分之三的州立法機關或各州四分之三的修憲會議批准後，即成為本憲法之一部分而發生全部效力，至於採何種批准方式，應由國會提出。

嗣後之三○年代，此一修憲案又被提出，並送請各州批准。部分州一改過去反對立場，轉而支持本案。至一九三七年，已有廿八州批准，另有十四州持反對態度。在批准的州當中，堪薩斯州(Kansas)州議會在一九二五年一月是拒絕批准該憲法修正案，並將其決議抄本送交國務卿；然而到一九三七年一月，堪薩斯州議會重新討論該修正案時，正反意見各二十票，最後由任議長的副州長(Lieutenant Governor)投下決定性的一票，使通過該修憲案。持反對立場之州議員柯里曼

[註十七] 朱瑞祥，美國聯邦最高法院判例史程（台北：黎明文化公司，民國七十三年五月）頁二七一—二七四。

(Coleman)等廿位州議員不服,並提起訴訟,要求法院命令州議會祕書米勒(Miller)撤銷此批准決議案之簽署,是為一九三九年 Coleman .v Miller 乙案,本案原告所持理由:

1.擔任州參院主席之副州長並無權參與投票,此項投票權僅適用於立法程序,並不及於憲法修正案的批准程序。

2.堪薩斯州議會已曾正式拒絕該案乙次,故不能推翻先前決議而重予批准,即州議會不得對同一憲法修正案採取兩次前後矛盾之行動。總之,州對憲法修正案之批准權,都應僅限於一次,對於本案,州議會之批准應視為無效。

3.「童工憲法修正案」自國會提交各州批准,至堪薩斯州本次批准期間,先後達十二年之久,已逾越合理之批准時間(reasonable time),應視為自動失效。

綜言之,本案系爭焦點,為擔任會議主席之副州長是否有權參與表決?若各州議會已拒絕後,可否事後變更意思予以批准?又各州批准憲法修正案有無一定之法定期限?

本案判決由休斯(Chief Justice Charles Hughes)大法官主筆,因只獲得兩位大法官連署,僅可算「相對多數意見」,另布雷克(Black)提出不同意見書,有三位大法官連署。以下分別論述。休斯代表最高法院發表判決:[註十八]

　　對於修憲程序之問題,例如國會提議之憲法修正案,其效力可繼續至何時?或各州州議會之批准是否有效等問題,乃是政治問題,應由國會決定而不該由法院加以過問。如果國會認為某一州對某一憲法修正案之批准有

[註十八]　307 U.S. 433(1939).

效，而將該州算在已批准州之數目內，則法院對國會是項決定不得進行司法審查。………決定某問題是否屬於政治問題之範疇，於吾國政府制度下，由政治部門為最後決定之適當性，以及由司法裁判將缺乏一滿意的標準，乃為考量之主要因素。

就本案第一個系爭點，副州長以州參院主席身份參與表決一事，州最高法院認為州參院於批准憲法修正案而可否同數時，主席應被允許投下其決定性的一票。休斯主持討論本議題時，聯邦最高法院正反意見同數，「聯邦最高院對此問題，在本質上係屬司法問題抑或是政治問題，由於大法官們意見分歧，所以並未表示意見；此一結果，無形中等於要以州最高法院之意見為結論。」[註十九] 實則，聯邦最高法院無法決定此一問題，因之是懸而未決。

就本案第二個系爭點，聯邦最高法院對於堪薩斯州先拒絕，後又批准憲法修正案一事。休斯大法官引用過去修憲實務及判例，此種例子確實存在。如南、北卡羅來納州與喬治亞州對憲法第十四號修正案，先否決而後又通過為有效之前例；州議會批准憲法修正案之效力，是否因先前否決而生影響？此為政治問題，應為國會決定，而非法院所應過問。亦即法院對於是否限制參院秘書在批准決議書上簽署，乃是於法無據的。國會對於憲法修正案的公布與生效，掌有審查權，就本案所生修憲的程序問題，國會應制定相關法律，以資規範。

就本案第三個系爭點，修正案自被否決至再被批准，其

[註十九] 荊知仁，美國憲法與憲政（台北：三民書局，民國七十三年八月），頁四二二。

間經過十二年。憲法修正案是否因「合理期間」(reasonable period)內未被批准而失其效力？休斯大法官表示：憲法並未提供任何充分的標準(satisfactory criteria)，以判斷「合理期間」的長短，期間的長短與經濟、政治、社會互動密切，該等因素均有改變之可能，非法院所能儘知，故不宜由法院來評估該等因素，並從而決定修正案的有效性。這一決定應由對政經因素掌握較為迅速、充分的政治部門——國會來行使。質言之，類此問題應由國會自行決定，不宜由法院審查。^(註廿)

本案判決有布雷克(Black)大法官提出不同意見書，另有法蘭克福特、羅勃茲、道格拉斯(Frankfurter, Roberts, Douglas)三位大法官參與連署表示：修憲權為國會之「專屬權」(exclusive power)，不應受到法院的拘束，亦無義務接受法院的判決。無論州法院或聯邦法院，均不得審查國會的修憲行為。^(註廿一)

第二項　判決分析

本案涉及「修憲程序」問題，這一聯邦最高法院早期關於「政治問題」判決，曾引起多方爭論，迄今仍有疑義存在。判決主筆之休斯大法官以憲法未提供可操作的標準為由，將修憲所引發的爭議（經否決的修憲案得否再次批准？經否決的修憲案是否經一定「合理期間」而失其效力？何謂「合理期間」？）認定應由國會自行決定之「政治問題」。然而，本案修憲程序的爭議是否就屬「政治問題」？仍有討論之空間，

---

^(註廿)　同註十八。
^(註廿一)　同上。

分述如下：

　　1.本案系爭之經否決的修憲案得否再次批准？就美國聯邦憲法第五條除了批准之規定外，並無明文規定有關不批准之條款，所以只要一個憲法修正案有四分之三的州之批准，即可發生效力而成為憲法之一部分。與本案同日宣判的，尚有肯塔基州的 Chandler v. Wise 一案，也是涉及童工修憲案的批准問題，同樣是在否決之後，再改變態度予以同意，引發之爭訟。聯邦最高法院對 Chandler 一案未說明理由，僅只確定修憲案批准效力之爭議，是一個應由國會決定的政治問題。布雷克、道格拉斯兩位大法官在共同意見書中，進一步表示，關於修憲程序之爭議，非司法所應干預的問題。^{（註廿二）}從本案與 Chandler 兩案之共同問題，似應分別探究批准權先後矛盾問題，以及是否屬國會權責而司法非得干預之問題？

　　就前者州議會對修憲案批准權行使前後矛盾的效力問題，首先可以觀察聯邦國會在處理第十四條修憲案之過程，承認先否決後同意，以及否定先同意後否決的效力。聯邦最高法院確認此類爭議，屬於國會決定之政治問題，不願表示意見。以是，學界或有以各州對於修憲案批准權之行使，可以在否決之後，再行改變態度重予同意批准，但在既經同意之後，就不能再改變既有之決定，而予以否決或撤消。^{（註廿三）}實則，修憲案批准之前後矛盾爭議，無論聯邦國會、州議會迄未有一明確規範（含修憲、修法或立法）。

　　就後者，聯邦最高法院將修憲批准權先後矛盾問題，視

（註廿二）　同上。
（註廿三）　荊知仁，前揭書，頁四二二－四二三。

為政治問題，應為國會決定，非法院所應過問。此論述是邪？非邪？吾人跳脫批准權可否先否定後肯定；或先肯定後否定（此標準可透過修憲、修法、立法等方式建立）就批准權矛盾問題深層分析，將發現其非為政治問題，亦即非為司法所不容置喙，而仍為國會之職責。一方面司法爭訟發生前或發生後，國會部門若已發現問題，並以修憲、修法或立法方式，尋求解決，這是國會職責絕無疑義；唯就爭訟發生後，國會並未建立標準（或遲未能建立標準），則憲政成長（或憲政發展），除修憲外，尚有釋憲一途。釋憲是司法職責，透過文理解釋先，論理解釋後之原則，進行司法違憲審查，在憲政僵局時，此憲政之標準解決途徑應為正確。司法功能即在定息止紛，若當國會部門未能（或不及）解決問題，司法部門本有依憲解決問題之職責。就另一層面，設若國會已做成處置，仍有爭議，司法不是仍有最終局裁判權？

　　2.本案系爭之修憲案合理期間問題，憲法對此無明確規定，從二百年來美國憲政史上觀察，亦是懸而未決之問題。在一九一九年第十八修憲案通過前，經國會通過而提交各州批准的修憲案，共廿一條，經四分之三州議會批准者凡十七條，有四條未曾獲得批准。其中第一屆聯邦國會於一七八九年曾通過十二條修憲案，經各州批准的有十條（即第一至第十條民權典章修憲案）。其他兩條當時並未通過，唯俄亥俄州卻在八十四年後的一八七三年通過當年國會所提十二條修正案之第二條，該條修正案雖未獲四分之三州的批准，但此一行動卻引起人們對批准時效是否應予限制的重視。

　　基於俄亥俄州的動作，聯邦國會於一九一七年十二月通過的第十八修正案中，首度嘗試明定各州的有效批准期為七

年，亦即自國會將其通過之修正案提交各州之日起，如在七年內未獲四分之三州的批准，則該修憲提案即告作廢，不再有效。此一以七年為一個合理期限(reasonable period)隨著第十八修憲案的批准，引發 Dillon v. Gloss 案，指控七年的批准期限，為國會越權而應無效。

Dillon 一案到聯邦最高法院，大法官萬狄旺特(Van Devanter)在判決文對七年之合理期限問題，持肯定態度：首先說明憲法第五條對國會修憲提案權只規定兩項限制，憲法雖未授權國會規定修憲案之批准期限，但從第五條授權國會得提出修憲案，基於三分之二州議會請求，應召開全國修憲會議，以及決定修憲案批准方式而言，實賦予國會安排修憲的廣泛權力。復次，修憲案的提出，是由於國家社會的現實需要，所以一個修憲案必須充分反映同一時期四分之三州的人民意志，基於這個觀點，一個修憲提案，代表提案時期的意見和需要，如不能在一定時期內批准，即應當視為批准的時效已經消失，除非國會再度予以提出，即不得對之再予投票批准。基於以上，國會第十八修正案中，規定其有效批准期間為七年，乃是合理而勿庸懷疑的。[註廿四]

Dillon 一案的判決，一個修憲案係代表提案時期人民的意見和需要，如不能在支持該修憲案的民意和需求時期內，儘早獲得通過，即應當視為批准時效已經消失。然而批准的時效究有多長？最後仍由國會去決定，國會如果不作決定，則依照過去經驗，各州仍可對之行使批准權。從美國聯邦議員超過十次以上的修憲案，分別主張修憲案的年限，確定為五

[註廿四] 256 U. S. 374-376. (1921)

年至八年不等，然從未獲國會兩院通過。[註廿五]一九九二年第
廿七號憲法修正案之通過，更是緣於二〇三年前之一七八九
年麥迪遜提出之：「國會議員所通過之加薪法案，必須經過一
次選舉後，自下一屆會期開始生效。」當年由馬里蘭州首先
通過，但未通過四分之三州之規定，至一九七八年懷俄明州
重新通過，使本案重新復甦，最後終成第廿七條修正案。由
是觀之，合理期限問題，仍是一個懸案。

3.以上論述，顯示憲法修正案之合理期限迄今未有定論。
本案之休斯大法官判決，有兩點值得討論。一者「本院並不
同意若國會未對『童工修憲案』作批准期限之規定，則法院
即應對之確定一個期限。大法官們並不認為憲法有授予法院
此項權力。」二者，「一個憲法修正案若本身並無合理批准期
限，即應視為不定期，至於批准時效是否已經消失，則唯有
國會具有最後之決定權，法院對之加以審查全然不適宜。」

就前者言之，休斯大法官以國會若未對合理期限加以規
定，則不表示憲法有授予法院如此權限，司法是否有此權限
下文加以敘述，然而休斯此處先謂法院沒有此權限，但判決
文中接著表示「一個憲法修正案若本身並無合理批准期限，
即應視為不定期。」是又作了規範，其前後矛盾可見。
就後者言之，休斯大法官認為唯有國會具有最後決定權，法
院對之加以審查全然不適宜。另本案布雷克大法官等四人連
署不同意見書亦謂：修憲權是國會專屬權，不應受到法院的
拘束，亦無義務接受法院的判決，不論州法院或聯邦法院，
均不得審查國會的修憲行為。實則前述 Dillon 一案，正顯示
法院本於憲法職責，對憲法第五條有關修憲程序的規定，予

[註廿五] 荊知仁，前揭書，頁四二六。

以解釋。李建良教授指出「本案大法官的相對多數意見有誤導的作用，易使人誤以為最高法院對於修憲程序問題均持消極的態度。事實上，最高法院過去對修憲程序予以審查者，不乏其例，且為數不少。」[註廿六]

本案涉及修憲程序問題，經最高法院相對多數意見判決屬政治問題。然而觀之聯邦最高法院對修憲程序之歷年判決，亦非全然以政治問題拒絕之。故而政治問題欠缺明確性，司法違憲審查是否不宜介入修憲程序問題？從美國聯邦最高法院之歷史分析，法院對修憲程序問題之解釋乃屬當然。質言之，司法審查具有解釋憲法之功能，其固不能宣判憲法違憲，然就憲法之適用疑點予以解釋應為其責任。

第三節　共和政體
第一項　案件說明
壹、拉瑟控波登案（Luther v. Borden 1849）

本案乃是美國獨立後，羅德島(Rhode Island)一直到一八四一年仍沿用殖民地時代依英王查理二世(Charles Ⅱ)所頒布之特許狀——稱統治體制為「特許政府」。依該特許狀對於人民選舉權之財產規定嚴格，又未明定任何修改程序；此與當時其他各州採行之男子普選制度完全不同，於是不滿者在無法透過州憲修改程序進行改革下，乃於一八四一年召開制憲會議，制定新憲法，採行依普通選舉產生議員，此一新憲法並經人民複決(referendum)多數通過。次年該州依新憲法選舉青年律師多爾(Thomas W. Dorr)為新州長，多爾當選後，便召集依新憲法選舉產生之副州長、州議員等組織新政府，

[註廿六] 李建良，前揭書，頁三〇〇。

任命公務員，並制定法律。

　　唯當時該州之原「特許政府」仍然存在，形成新、舊兩個政府狀態。原有之州長否認新政府之合法性，經原議會決議通過，認為多爾之新政府侵犯了原政府之權能，係一非法叛亂組織——即所謂「多爾之變」(Dorr Rebellion)，乃宣告戒嚴，動員國民兵討伐，並請求總統泰勒(John Tyler)派軍隊協助鎮壓。新政府多爾州長雖強調其自身合法性，並獲得該州多數市長以武力加入之支持，交戰結果，多爾戰敗被捕並判處徒刑。

　　在戰亂之際，支持多爾政府之拉瑟(Martin Luther)因亂黨身份，被原特許政府人員波登(Borden)所逮捕。拉瑟乃對波登侵入住宅之行為提起不法侵害之告訴，此即一八四九年Luther v. Borden 乙案。本案中拉瑟指出：依據憲法第四條第四項之規定，各州須採用共和政體，所以舊州議會所頒布之戒嚴法應屬無效，而多爾政府係根據人民所制定之州憲法組織而成，符合共和政體之條件，應視為合法政府；特許政府係根據不民主之特許狀而組織的，應視為不合法政府；既使原有州政府主張其仍為合法之政權，唯州政府的鎮壓措施仍屬違法，尤當原有政府軍人以鎮壓革命為由，侵入原告的住宅，即構成「侵權行為」(trespass)。

　　本案所涉及憲法第四條第四項所稱「共和政體」(a republican form of government)，乃規定「合眾國應保障聯邦之各州實行共和政體，並保障各州不受外來之侵略，並且根據各州立法機關或行政機關（當立法機關不能召開會議時）之請求，平定其內部之暴亂。」此為美國聯邦憲法關於州政府內部組織唯一之規定，何謂「共和政體」？並未有明確定

義。

　　本案經聯邦最高法院最後判決結果，以何者為憲法第四條所稱共和政體？乃是一項政治問題，不應由司法加以判定。首席大法官坦尼(Chief Justice Roger Taney)在判決文中，先指出關鍵點：「如果舊政府因多爾政府之設立而失去合法地位，則其於非法存在期間內，所通過的法律與所課征之稅金、所發給政府官員之薪俸及所為公共問題之解決、法院民刑事之判決及執行等等，都將成為非法之措施。因之，聯邦最高法院在行使管轄權時，有責任謹慎地檢討本身的權力。」[註廿七]

　　坦尼大法官在上述關鍵點下，分析本案所應著力的問題主要有二：一是系爭之新、舊政府何者是「合法政府」？原有政府基於戒嚴令所為之措施，是否因違反共和政府體制之原則(principles of republican government)，而牴觸憲法第四條第四項的保障條款？

　　就第一個問題，坦尼大法官指出：「關於何者為州所成立的政府，應待國會決定之。至於美國應保障全國各州實行共和政府體制一節，國會在確定州政府是否為共和政體之前，必須先確定何者政府為州成立之合法政府。此非法院所能加以質疑者。」坦尼以法院缺乏認定何者為共和政體之標準，故無法獨立判斷何者為合法有權的州政府，此一問題屬於國會的權限範圍。坦尼並續論：「本案牽涉到憲法對於平定內亂的保證，總統依據國會法律之授權，應原州政府之請求而派軍鎮壓多爾政府；總統採取是項行為，無異於承認原政府係符合共和政體之合法州政府，則法院應受是項決定之拘束。」

[註廿七]　48 U. S. (7 Howard) 42-44 (1849).

(註廿八)「一個聯邦巡迴法院是否被授權調查總統之決定正確與否？又於當事人有所系爭時，法院是否能傳喚證人或調查那一個政府代表大多數的人民？若是司法權伸張至此，將是一個無政府狀態與無秩序的保證。」(註廿九)

就第二個問題，坦尼大法官則以法院固然得以決定州政府的戒嚴措施是否牴觸憲法第四條的保障條款，然以本案言之，由於戒嚴的期間只是暫時性的，故羅德島州政府的行為與憲法尚無牴觸。(註卅)

綜言之，本案最高法院顯以「政治問題」為由，拒絕對系爭案件，何者是「合法政府」？作出實質認定，學者有以本案為首開美國聯邦最高法院運用政治問題拒絕裁判之先河。(註卅一)本案評論部分本節第二項中詳述之。

貳、太平洋電信公司控奧瑞岡案（Pacific States Telphone and Telgraph Co. v. Oregon 1912）

本案乃是一九〇二年，奧瑞岡州(Oregon)修改憲法，增訂人民創制、複決法律案之制度(initiative and referendum)及修憲之程序。一九〇六年，奧瑞岡人民依創制方式制定一項關於公司課稅的法案，並依該法案對太平洋電信公司徵稅，該公司因拒絕繳納該項稅款而提出異議。其認為：所謂共和政體乃是指代議政體，即立法權應由人民選出之立法機關行使，而採創制複決之人民直接立法制度違背了共和政體原則，故凡依人民創制方式所制定之州法律應屬無效。此即Pacific States Tel. Tel. Co. v. Oregon (1912) 案。

(註廿八)　Ibid.
(註廿九)　Ibid.
(註卅)　Ibid.
(註卅一)　李建良，前揭書，頁二七八。

　　本案經上訴至最高法院，主筆之首席大法官懷特(E. White)判決文中指出：「州共和政體之保障問題，本質上乃是政治問題，係屬國會之權限範圍，並非司法權所應管轄；故國會既然接受該州所選出之參、眾議員，自可謂承認該州政府之共和性質，法院不應再加干涉；並且此項問題，更牽涉因創制及複決所產生之所有法律是否有效的問題，在政治方面影響很大，故法院若得對之加以裁判，則無異於司法權之法外擴張，侵犯了聯邦憲法賦予立法部門之權力；因此，在聯邦政府的政治部門未對此點作下任何決定之情況下，法院將拒絕考量是項控告。」[註卅二]

　　懷特大法官指出：州政府的體制如有違反憲法保障共和體制的情事，聯邦法院固然應宣告其無效，惟此舉勢必要求州政府應除去其違法的狀態，從而政府先前所建立的體制，將因個人所提之訴訟而瓦解，此顯非個人謀求司法救濟所應有的結果。質言之，個人如欲提起訴訟，謀求救濟，應針對政府的特定行為，而非針對政府體制本身，其以如果承認司法權得基於「保障條款」而有所判決，其結果將影響司法權、立法權之分際。[註卅三]綜言之，聯邦最高法院拒絕對州政府實施創制複決之法律制度，是否違反憲法所保障的共和政體予以裁判。

第二項　判決分析
壹、拉瑟控波登案（Luther v. Borden　1849）
　　本案系爭點在於二方面：一者，新、舊政府何者是「合

[註卅二]　223 U. S. 118 (1912).
[註卅三]　223 U. S. 142 (1912).

法政府」？二者，原有政府基於戒嚴令所為之措施，是否牴觸憲法第四條第四項「共和政府體制」保障條款？主筆之坦尼大法官認為第一個問題為「政治問題」，第二個問題予以實體審查，但認為並無牴觸保障條款。此案之判決，可有以下數點，值得思考：

1.何謂「共和政體」？美國憲法並未做明確的定義，因而見解紛歧不一，如亞當斯：「這裏使用『共和』(republic)一詞，可以解釋為任何事情、每件事情或什麼都不是。制憲先賢們使用該名詞，無疑是指這樣一種政體──它區別於貴族制、君主制或直接民主制，依人民之同意為基礎，透過代議機關來運作進行。」[註卅四]美國學者普利契特(Charles H. Pritchett)認為，共和政體乃是介於君主政體或寡頭政治與純粹或直接民主政體之間的政體。[註卅五]鄒文海則以美憲常提到共和政體一詞，其義何指，無人能為之確定。[註卅六]正因聯邦憲法第四條第四項雖規定，合眾國應保障聯邦之各州實行共和政體，然「共和政體」一詞本身即缺乏明確界定。

2.坦尼大法官以法院缺乏認定何者為共和政體的標準？故無法判定何者為合法有權的州政府，並將之歸於國會權限。實則，共和政體在憲法中語焉不詳，解決途徑，固然可透過國會以修憲增補方式進行，然而修憲往往緩不濟急（美憲規定須參、眾兩院三分之二通過，再經四分之三州通過。）此時釋憲亦是憲政道路之一，以釋憲發揮憲法的適應性、闡

[註卅四] 劉獻文，前揭文，頁七六。

[註卅五] Charles Herman Pritchett 著，陳秀峰譯，美國聯邦憲法制度（台北：文笙書局，民國八十年七月），頁三八。

[註卅六] 鄒文海，美國憲法精義，鄒文海先生政治科學文集，下冊（台北：廣文書局，民國五十六年二月）頁六八二。

釋憲法的適用疑義、補充憲法規定的不周^(註卅七)，司法部門似不宜率爾放棄憲法職責。

3.再論及坦尼大法官以「總統依據國會法律之授權，應原州政府之請求而派軍鎮壓多爾政府；總統採取是項行為，無異於承認原政府係符合共和政體之合法州政府，則法院應受是項決定之拘束。」是即坦尼雖先表示何者為「合法政府」？乃是國會權限，屬政治問題；又以總統出兵行為，無異於承認原政府為合法政府「法院應受是項決定之拘束」。法院以總統行為為其拘束，為其準據，這是陷入一種「事實考量」的陷阱中。司法部門依憲解釋，正在於衡平立法部門（國會）之立法、行政部門（總統）之行政命令是否違憲，它的釋憲標準來自憲法條文、憲政精神，絕非來自一般法律、行政命令，質言之，法院絕非以國會或總統之行為作其拘束。

4.坦尼以「一個聯邦巡迴法官是否被授權調查總統之決定正確與否？……若是司法權可伸張至此，則此包含於聯邦憲法之保障，將是一個無政府狀態與無秩序的保證。」當訟案涉及行政部門之行政措施或立法部門之法律案，有否違憲或侵權行為？本於司法權保障個人權利之「保障條款」，吾人不禁懷疑，何以法院不具有被授權調查總統之實？又何以法院若調查總統行政措施（是否違憲），即是一個無政府狀態或無秩序的保證？權力分立觀念自洛克、孟德斯鳩建立，其目的就在於「如何有效遏止統治者必將統治權力擴張到極致的經驗法則」，司法權若任令行政權發展，是否正成為無秩序之淵藪。

---

^(註卅七) 齊光裕，憲法與憲政（台北：揚智文化公司，民國八十五年十一月），頁二二五－二二六。

綜言之，本案最高法院以政治問題為由，拒絕裁判。從憲政成長之釋憲方式觀察，應是修憲外之合理途徑，亦即除國會外，司法部門亦是判定何者為合法政府之有效機制。而司法部門依憲進行憲法解釋，針對行政措施、法律是否有違憲或侵權行為進行調查、裁判，為憲政體制授權之運作，不因總統或任何特殊身份地位者所影響，這是司法的精神所在。本案應如何判？關鍵不在其最後答案，而在於過程中，司法者自身角色認定與憲法任務之遂行。

貳、太平洋電信公司控奧瑞岡案（Pacific States Telphone and Telgraph Co. v. Oregon 1912）

本案系爭在於人民訴請法院判斷州政府採行公民創制或複決制度，是否牴觸共和政體保障條款？而最高法院以本質屬政治問題，乃為國會之權限，非司法權所應管轄，亦無司法審查的可能性。就本案應有如下值得探究者：

1.創制複決法律案之制度是否可由司法審查？在美國憲法的精神下，應持肯定態度。聯邦憲法就聯邦與各州權限採分權制度；亦即聯邦權來自聯邦憲法所列舉，非聯邦權且未禁止各州行使者，屬於各州權限。因之，創制複決法能否成立，端看是否已為聯邦憲法所禁止？或奧瑞岡州州憲有否法源依據？這絕對屬於「司法可操作的標準」，可提供法院獨立判斷州政府的合法性。相較之下，創制複決法有否違憲，反而並非僅是國會之權限。

2.本案主筆之懷特大法官以「州政府的體制如有違反憲法保障共和體制之情事，聯邦法院固然應宣告其無效，唯此舉勢必要求州政府應除去其違法的狀態，從而政府先前所建立的體制，將因個人所提之訴訟而瓦解，此顯非個人謀求司法

救濟所應有的結果。」此一說法，乃有以「結果考量」方法，或基於「法安定性」的考量。[註卅八] 違憲審查在於從制度面上興利除弊，司法權在於衡定事實，而非考慮後果，否則何能求其公正、公平？

　　3.本案以及前述 Luther 案，依李建良教授之分析，兩者皆屬「個人尋求權利保障的問題，前者涉及民事賠償的問題，而後者則涉及私人公司拒絕繳稅的問題。此等問題本身應非屬於『政治問題』，而是通常的『權利救濟問題』（法律問題），其之所以具有『政治性』，或許因為當事人援引『保障條款』作為依據的緣故。」[註卅九] 故而「當事人非不得改變所援引的『條款』，使該案件由『政治問題』轉而成為法院審查的『非政治問題』。」[註四十]

　　綜合言之，本節論述 Luther 案與 Pacific States 兩案，所涉及「共和體制保障條款」的適用問題，均屬個人（或法人）之侵權問題，或以援引「保障條款」而成具有「政治性」；「何者為合法有權的州政府？」、「創制複決權之合憲性」，具體言之，應有充分之司法判決空間，甚至法院若認為系爭州政府的體制，不符「共和政體」，為何不能直接宣告該體制違憲而無效？[註四十一] 聯邦最高法院之倒果為因著眼「法安定性」、「結果考量」、「事實考量」，而以政治問題拒審，實留下甚大爭議。

第四節　選舉區劃分
第一項　案件說明

[註卅八] 李建良，前揭書，頁二九八。
[註卅九] 同上，頁二九七。
[註四十] 同上，頁二九九。
[註四十一] Louis Henkin, Is There a "Political Question" Doctrine?, 85 Yale Law Journal 579, 609 (1976).

壹、柯里格羅夫控格林案（Colegrove v. Green 1946）

本案起於「選舉區」的劃分問題。美國議員由各州人民採小選舉區制（單一選區）產生，劃分選區之權屬於各州州議會，故各州州議會之多數黨為其本身政黨的利益，於劃分選區常有不公平的現象。伊利諾州(Illinois)的選舉區從一九〇一年起未曾重新劃分，隨著時代演進，工業化、都市化的影響，人口流動、新興都市興起、原有市區人口銳減，城鄉人口分布結構變動極大，而以選出一人的選舉區之間，有從十餘萬至九十餘萬不等，此乃產生不公平情事。一九四六年適逢眾議員選舉開始，伊利諾州之選民柯里格羅夫(Colegrove)等人以選區劃分的州法律違反憲法平等原則，請求法院命令被告（伊州州長等人）在選舉區未重新劃分前，不得舉辦眾議員選舉，此為 Colegrove v. Green 乙案。

本案原告以伊州一九〇一年之舊選舉區法(The Apportionment Act)牴觸憲法第十四修正案之平等保護條款(The equal protection clause)與憲法第一條保障投票權之規定（憲法第一條第二項第三款之規定，雖未明定選舉區應有同等數目之人口，但依其規定之要義，有使投票權具有同等價值之旨趣。），要求法院宣告舊選區法無效。聯邦最高法院以四：三票，援用政治問題原則，拒絕接受本案之審理。本案判決由法蘭克福特大法官(F. Frankfurter)主筆：^{（註四十二）}

> 選舉區劃分問題，為具有特殊政治性質之問題(peculiarly political nature)，有黨派相爭及利益妥協之性質，不適宜為司法判斷，此乃國會之專屬權責；未曾有如本案所系爭之事項一般，會使法院與黨爭發生直接和

---

^{（註四十二）} 328 U. S 549 (1946).

主動之關係………法院實不應進入此一政治叢林(Courts ought not to enter this political thicket)………法院或可宣告伊州一九○一年選區劃分法為無效,但絕不替伊州重新劃分選舉區,亦無法強迫其重新劃分,其結果,將使伊州被拋入一場僅有幾個月便將來臨的眾議員選舉,最後恐須以全州為選舉區去選出所有的眾議員名額;………救濟此等選舉區劃分·不公平的方法,唯賴州議會之自我糾正,或由國會監督出面干涉,若是國會不採取行動,只好由人民糾正之,法院對之無權過問。本案判決之以原告請求已超過法院權限,而應由州議會或聯邦國會或人民糾正以解決之,本案於下文第二項中評析之。

貳、貝克控凱爾案(Baker v. Carr 1962)

本案起於田納西州(Tennessee)之州憲法規定其參院設置卅三名議員,眾院有九十九名議員,並規定議會依每個選區具有資格之公民數,至少每十年重新分配一次各選區之參議員名額。但自一九○一年到一九六一年為止,田納西州人口有顯著成長與區域人數結構之改變,而六十年間未曾再行重分配代表名額,致使百分之三十七的選民,可選出卅三名參議員中的廿名,且百分之四十的選民可選出眾院九十九名議員中的六十三名。其中原因,在於州議會議員為維持本身之政治前途,漠視選區不合理之現象,因而任令舊有選區之沿用,遲遲不願重新規劃。

一九五九年,田州選民貝克(Baker)等人,依一八七一年公民權利法(Civil Rights Act of 1871)向聯邦法院控告州議會,主張田州一九○一年選區劃分法已牴觸憲法第十四號修

憲案，使彼等憲法上之權利受到剝奪，請求法院頒布禁制令，禁止州政府依該法舉辦選舉，並要求州政府依聯邦人口普查數字，重新分配席次，或改變以全州為選區以進行普選。此為 Baker v. Carr 一案。

本案經聯邦地方法院審理時，援用 Colegrove 一案之判決，認為系爭屬政治問題，因而拒絕本案之管轄權。但聯邦最高法院在接受本案上訴後，廢棄採用 Colegrove 案之判決模式，且依憲法第十四號修正案之平等保護條款，認為有關州立法機關選區劃分問題及選區之間代表名額分配問題，乃是屬司法性質問題而應加以受理。布瑞南大法官(Justice William Brennan)於判決中，首先強調政治之所以不受司法審查，主要是本於權力分立之原則，這是聯邦法院與聯邦政府平行部門間之關係，而非聯邦法院與各州政府的關係。布瑞南繼而歸納出六項法院承認政治問題之原則（請參見第二章第二節），此六項判定政治問題的重要指標，或稱「布瑞南準則」(Brennan Test)(註四十三)，或稱「貝克準則」(Baker Test)(註四十四)

布瑞南大法官從權力分立標準，提出聯邦最高法院與平行部門間才有政治問題，聯邦與州之間關係並不適用政治問題，故而本案聯邦最高法院不依據 Colegrove 案之判決為之，其主要理由有二：(註四十五)

1.在 Colegrove 一案中，不適於司法裁判之見解，僅得到七位大法官中的三位支持，投第四票的魯特利吉大法官(Justice Wiley Rutledge)實並不贊成採反對意見，其認為該案

(註四十三) 許宗力，「憲法與政治」，現代國家與憲法，李鴻禧教授六秩華誕祝賀論文集，一九九七年，頁八二。

(註四十四) 許志雄「統治行為之法理」，月旦法學雜誌，第七期，一九九五年，頁二五。

(註四十五) 369 U.S. 186 (1962).

具有可裁判性，只是認為在一九四六年之時機並不恰當，故而才贊成不由法院受理訴訟。

2.真正的政治問題僅呈現於涉及權力分立之爭端，政治問題是基於對總統與國會之尊重而應迴避的問題，本案並不符合六種政治問題中任何一項，故可由法院予以裁判，田納西州中區聯邦法院對之具有管轄權而不得拒絕受理，乃於同年五月將本案發回給該院審理。

本案判決之布瑞南大法官明確指出，在系爭案件中，法院不應以含有政治問題為由，拒絕審查，至少在判斷何種案件得以具有政治性而超越憲法規範的爭議問題(controversy)上，法院不得將之視為「非法律訴訟案件」(no lawsuit)而拒絕審查。(註四十六)布氏從權力分立原則作考量，以本案之選舉區劃分並非政治問題。

參、雷諾控辛斯案（Reynolds v. Sims 1964）

本案乃阿拉巴馬州(Alabama)州憲規定，州議會席次的分配應以人口為基礎，且每隔十年應重新分配一次。然而自一九〇〇年至一九六〇年代，阿州議會始終以一九〇〇年人口普查之結果，作為分配席次的基礎。州議會對於城鄉差距，以及人口快速成長的郡、市，完全不予理會。雷諾(Reynolds)等原告，以州議會的作為對選區構成歧視，違反憲法平等權保障條款。此為 Reynolds v. Sims 一案。

本案經聯邦地方法院判決，該系爭法律所採用的分配方式和該州議會所擬採行之兩種新分配方案，均違反平等權保障條款；並令暫時以該州議會所提出兩種方案的折衷案，重新分配席次。原告、被告皆不服判決而提起上訴。聯邦最高

(註四十六) Ibid.

法院維持原審之判決。

本案由華倫大法官(Justice F. Warren)主筆，其判決文：[註四十七]

投票權是自由民主社會的基本要素，在採取代議民主制的政府，自由而完全的投票權，為民主制度的基礎，且是保障其他公民權利及參政權的前提。任何涉及公民投票權受侵害的訴訟，法院無不詳予審查。就議會席次的分配言之，所有選民身為一州之公民，不論其居於何處，均處於同等的關係。是以，單純以居住所在地之不同，而對公民投票作不等值的評價者，無論如何均不具正當性。………此為憲法平等權保障條款的真諦所在，也正是法治而非人治觀念的精髓，林肯所言：「民有、民治、民享」其精義亦在此。

華倫大法官在本案之態度，承襲 Baker 一案起樹立之觀點，其以法院介入州議會分配席位的立法事項，固會觸及該州議會對其選民所持之「政治哲學觀」(view as to political philosophy) 並將進入「政治叢林」及陷入數學難題(mathematical quagmires)危險之中，唯當憲法保障人民基本權利受到拒絕時，法院予以保護是其義不容辭的職責。質言之，本案以「一人一票原則(one man one vote, one vote one value)，當一個人投票的份量相較於該州其他地區公民的投票，在實質上有所減損者，其選舉州議員的憲法權利，即是受到不法侵害。

肆、戴維斯控班迪瑪案（Davis v. Bandemer 1986）

本案乃印第安那州(Indiana)在一九八一年，由共和黨佔多數席次之州議會，為使議員選區的人口大致相同，乃透過立

[註四十七] 377 U.S. 568 (1964).

法將選舉區劃作不規則形狀。唯該州民主黨人士認為這種「政治性的選區劃分」(political gerrymandering)作法是基於政治利益之考量，有意削弱民主黨的投票力量，阻礙民主黨之發展，有違憲之虞。乃有 Davis v. Bandemer 一案，基於憲法平等權保障條款提出訴訟。

本案由聯邦地方法院判決原告勝訴，並命被告應重新劃分選舉區。經上訴至聯邦最高法院，九位大法官以六：三認為本案具有「司法可能性」，應予審查。經審查結果，聯邦最高法院以尚未構成歧視而判決原告敗訴，廢棄原判決。

本案有倫奎斯特、奧康諾、柏格(Rehnquist, O'Connor, Burger)三位大法官提出不同意見書，主張本案應屬「政治問題」，而不予審查。其以為依照 Baker 案所建立的政治問題原則，則本案欠缺可資裁判的標準。

本案判決主筆之懷特大法官(Justice B. White)就是否具有「司法可能性」闡釋如下：[註四十八]

關於政治問題原則的要目(outlines)，於 Baker v. Carr 一案中已有所描述並加以確立。本案的情形與本院截至目前為止所處理的類似案件並無不同。亦即法院對於本案的問題予以處理，並不會涉入其他同等政府部門的權責事務，亦不會發生外交上或內政上混亂危險。就系爭政治性選區劃分的問題而言，以 Baker 案後的各項類似案件衡量，本案尚不致缺乏司法上可以創獲或可操作的標準。這類政治性的選區劃分，與基於種族的考慮而為選區的劃分問題一樣，均具有司法的可能性。質言之，政治族群與種族族群的差異，尚不足以構成系爭案件，「不可司法性」的標準。

[註四十八] 478 U.S. 125 (1986).

第二項　判決分析

壹、柯里格羅夫控格林案（Colegrove v. Green 1946）

本案為伊利諾州一九〇一年之舊選區法，經四十餘年未依人口區域變動而予重新劃分，所引起訴案。聯邦最高法院以四：三，援用政治問題原則，拒絕受理本案。就其判決，可有以下分析說明：

1.依據美國聯邦憲法第一條第四項：「舉行參議員及眾議員選舉之時間、地點及方式，應由各州議會規定之，但除關於選舉參議員之地點外，國會得隨時以法律另作規定，或變更各州所作之規定。」（以上「選舉參議員之地點」，已由於一九一三年生效之憲法第十七號修正案予以修改。）從憲法條文觀之，聯邦授權各州立法機關有權制定完備之國會選舉相關法律，唯聯邦國會仍保留修改各州制定國會選舉法的權力。

2.美國各州人民選出之聯邦參、眾議員是採小選舉區制，即各州劃分成應選出參、眾議員之名額相等的若干個選舉區，各區選出得票最高之一名為當選。因劃分選區之權屬於各州議會，故各州議會之多數黨為其自身利益，於劃分時常作不公平的劃分，或根本不重新劃分，產生極不公平現象。利用選區規劃進行操縱之弊端，其主要方式有二：一是數字上的歧視(numberical discrimination)，二是疆界上的歧視(boundary discrimination)。（註四十九）前者乃是不當名額分配(malapportionment)，因選區人口差距懸殊，而造成選民間的

（註四十九） 吳文程,政黨與選舉概論(台北：五南圖書公司，民國八十五年一月)，頁二二二。

票值不相等。如伊利諾州南部某選區人口僅十一萬，而芝加哥市區內某選舉區人口超過九十萬，卻都選出一名眾議員。後者亦稱為傑利曼德式(gerrymandering)劃分法，乃將選區作某種特殊劃分，以使敵對政黨選票無法發揮效用，而增加本身最有利的狀況。以上之數字上與疆界上的歧視，均是不公平的狀態，唯數字上的歧視較易於辨別，疆界上的歧視認定或較為困難。

3.瞭解美國憲法有關選舉區之規定，以及選舉區之劃分缺失，現進入本案分析：法蘭克福特大法官以「選舉區劃分問題，為具有特殊政治性質之問題，而有黨派相爭及利益妥協之性質，不適宜為司法判斷，此乃國會之專屬權責。」是即法蘭克福特大法官因本案涉及黨派相爭、利益妥協之性質，故認為具有特殊政治性。吾人不否認本案具有特殊政治性，亦認為一般性質下之黨派相爭、利益妥協，司法不必介入，唯「不當利得」或「違背公平合理」之黨派相爭、利益妥協，則司法責無旁貸必須判決，且其攸關人民權利，以及憲法平等保護條款(the equal protection clause)基於法官的誓詞與職掌，豈是以「政治問題」而坐視不理者？

4.法蘭克福特大法官以本案「會使法院與黨爭發生直接和主動之關係」、「法院實不應進入此一政治叢林」。這與前述共和體制的判決，聯邦最高法院均如出一轍的陷入「事實考量」、「結果考量」以及「法安定性」之陷阱中。司法者本即有著摘奸發伏之作用，不畏惡勢強梁，尤當憲法守護者之大法官，秉公無私實現公平正義，在訴訟案件中，無時無刻不在面對個人、法人、社團、政黨甚或國家體制之裁判問題，何來避免法院與黨爭發生「直接和主動」之關係？司法違憲

審查又將如何能避開所謂「直接和主動」關係之訴案？果若如此，司法豈不予人以撿軟柿子吃之心態？

　　5.法蘭克福特大法官以「法院或可宣布選區劃分法無效，但無法強迫其重新劃分。」又以「救濟此等選區劃分不公的方法，唯賴州議會之自我糾正，或由國會監督出面干涉，若是國會不採取行動，只好由人民糾正之，法院對之無權過問。」選區劃分不公之問題，由州議會自行處理最佳，然以議會政治生態與自利心態，若無法由州議會進行，且聯邦國會亦不採取行動，則法蘭克福特所謂由「人民糾正之」。人民糾正之最佳途徑，自然透過司法，將違反平等保護條款之法律廢止，並裁判宣告州議會重新依公平原則完成選區劃分之新法。法蘭克福特以由人民糾正，又強調法院無權過問，則是否有法律途徑之外，人民糾正之最佳方式？

貳、貝克控凱爾案（Baker v. Carr 1962）

　　本案為田納西州舊有選區規劃，由一九○一年至一九六一年，歷經六十年之久，人口結構早已變化，而選區遲未改變，所引發訟案。聯邦地方法院判決認屬政治問題拒絕本案，然聯邦最高法院在布瑞南大法官由權力分立原則出發，表示政治問題是與聯邦法院平行之部門間關係，而非聯邦法院與州政府之關係。其以本案屬司法性質問題而應加以審理，並非「布瑞南準則」之六項判定政治問題範圍。就本案有如下分析：

　　1.「布瑞南準則」之六項判定政治問題標準，在本文第三章第一節中，已就界定不明確、邏輯不周延、司法不公義三個角度評析，所謂憲法問題何者不是政治問題？其內涵模糊不清，運用上困惑重重。美國學者如 Louis Henkin, Martin H.

Redish, Wayne McCormack[註五十]對政治問題之運用頗多批評。而政治問題從政治哲學角度分析，亦有其不妥適處，前文已有闡述。

2.布瑞南大法官以政治問題是聯邦法院對總統與國會之尊重而應迴避之問題。這一命題如果成立，則各州之法院在其訴訟案上對州長、州議會之尊重而應迴避之問題，亦應是成立的。若後者吾人予以否定，卻承認前者之可行性，不亦是矛盾難解？司法審查之尊重平行部門，不當在拒審法案上，而是在於裁判中肯定或否定平行部門之裁量權上。

3.布瑞南大法官在本案處理上，推翻 Colegrove 判決，依憲法第十四號修正案之平等保護條款，裁判州立法機關選區劃分、名額代表分配問題，並以法院不得將本案系爭視為「非法律訴訟案件」而拒審。Baker 案與 Colegrove 案大相逕庭，正是政治問題矛盾所衍生，司法釋憲者應依憲裁判？或依其可能之結果、影響裁判？或者才是司法者所應釐清的。

參、雷諾控辛斯案（Reynolds v. Sims 1964）

本案為阿拉巴馬州舊有選區規劃，由一九〇〇年至一九六〇年始終未有調整，漠視城鄉變遷、人口差異所帶來之歧視違反平等權保障條款。案經聯邦地方法院以及聯邦最高法院，均依 Baker 案中布瑞南大法官所樹立態度，積極進入政治叢林，數學難題中。

本案華倫大法官義正辭嚴的強調，憲法保障人民基本權利受到拒絕時，法院所應持態度，以及法官的誓詞與職掌，

[註五十]Louis Henkin, Is There a "Political Question" Doctrine, 85 Yale Law Journal, 609 (1976). ; Louis Henkin, Constitutionalism, Democracy and Foreign Affairs, 67 Indiana Law Journal, 885 (1992). ; Martin H. Redish, Judicial Review and "Political Question", 79 Northwestern University Low Review 1031 (1985). ;Wayne McCormack, The Justiciability Myth and the Concept of Law, 14 Hastings Constitutional Law Quarterly 595 (1987).

並搬出林肯(A. Lincoln)之名言：government of the people, by the people, (and) for the people。本案以法院介入州議會分配席位的州立法事項，依循「一人一票、票票等值」，裁判人民的憲法權利，是否受到不法侵害。

　　華倫、布瑞南等大法官不以州議會之不當侵權行為視作政治問題，誠然令人振奮。然而所以令人振奮，在於其標舉法院態度、法官的誓詞與職掌，讓世人肯定司法是維護人權、是公平正義的。不幸者，聯邦最高法院之「政治問題」，卻將維護人權、公平正義予以雙重標準。本案與 Baker 案是因為聯邦最高法院面對州議會、州政府，但若碰上聯邦國會、總統，則彼等信誓旦旦之「法官態度」、「法官職掌與誓詞」、「維護人權」、「憲法平等權保障條款的真諦」，又將在何處？

肆、戴維斯控班迪瑪案（Davis v. Bandemer 1986）

　　本案為印第安那州佔多數席次之共和黨州議員，將選區作不規則形狀劃分，引起民主黨人「政治性的選區劃分」爭議，而認為有違憲法平等權保障條款之精神。聯邦最高法院以本案具有可司法性，並經判決印州議會之選區劃分尚未構成歧視，故以原告敗訴。

　　本案與前述三案有所不同；前者三案是多年未調整選區，形成「數字上的歧視」爭議，本案則是選區劃分公平性問題，形成「疆界上的歧視」爭議。數字上的歧視是指不當名額分配，這可從各選舉區之合格公民數多寡判定；疆界上的歧視是將選區分割，作最有利於己而最不利於敵對黨之劃分，然而疆界是否涉及歧視？並不容易認定。其中能依據者，或是各區塊選民歷次投票，支持某一政黨比例較高，而將之比對新設定選舉區，有形成敵對黨僅在某少數選區有利，而

大多數選區被「稀釋」(dilute)選票之現象。唯縱然有此一情況，亦難認定這就是疆界的歧視，故本案較之前述三案複雜與困難。

本案有奧康諾大法官等三位提出不同意見書，主張本案應屬政治問題，不予審查。其所持理由，本案欠缺可資裁判的標準，符合「布瑞南準則」所建立屬政治問題六項條件之一。如上文中，疆界的歧視本難確定，並無客觀之準據，即使某一方面言之鑿鑿，亦多查無實證，或無客觀之認定標準。奧康諾大法官等以本案欠缺可資裁判的標準，是有其論證之理，唯以欠缺可資裁判的標準，導引至 Baker 案之政治問題拒審，則非司法途徑。所謂欠缺裁判標準，即是證據不足，司法訴訟一旦成案，對證據不足之判決，絕非拒絕裁判，故欲以政治問題排拒本案，其理則顯不足。

第五節　國會職權

第一項　案件說明

壹、吉利根控莫根案（Gilligan v. Morgan 1973）

本案乃一九七〇年代俄亥俄州(Ohio)州長莫根(Morgan)，有鑒於當時社會中之暴動與抗議事件層出不窮，乃採徵召該州肯特(Kent)大學的學生參加國民兵團(National Guard)。然而大學生在國民兵團中常發生入伍死亡的事件，該校學生吉利根(Gilligan)等人乃向法院起訴，請求法院核發「禁制令」(injunctive relief)，此即 Gilligan v. Morgan (1973) 一案。

本案吉利根等要求法院禁止州長日後再有類似的徵召，而且禁止國民兵團實施違反學生憲法權利之措施；法院更應

注意國民兵團的訓練與措施規定，是否合於憲法第十四條修正案關於「正當法律程序」(due process of law)之要旨。

首席大法官柏格(W. E. Burger)在本案審理表示：依據憲法第一條第八項第十六款之規定（國會有下列各項權限：………十六、規定國民兵之組織、武裝與訓練，並指揮管理受召而服務於美國之國民兵團，但任命軍官及依照國會所定法律以訓練國民兵之權，保留予各州。），本案系爭事項之管理，主要權屬國會所有。在此一領域中，並無可供司法審查的重要準則，此因軍隊的組織、訓練、裝備、考核等事項及其整體上、細節上與專業上之決定，都屬於軍事專業上的裁決，這些向來都是由立法或行政部門以「文官體制的監控方式」(civilian control)，予以監督、管理。質言之，對於缺乏司法權限的政府活動領域，法院實難表示意見。柏格大法官經審理結果，以本案「無司法的可能性」而拒絕審查。[註五十一]本案乃是聯邦最高法院就 Baker 一案之後，首次引用布瑞南準則之政治問題原則，對系爭案件拒絕作實體審理之案件。

貳、尼克森控參院案（Nixon v. United States 1993）

本案乃美國前地方法院法官尼克森(Walter L. Nixon)遭到參議院以委員會(committee)的方式進行彈劾，尼氏以參議院未經全體參議員宣誓，亦未踐行充足聽證程序，即提出彈劾，違反憲法規定參議院應行「審判」(try)程序的義務，乃向法院起訴，請求法院宣告參議院之彈劾違憲。此即 Nixon v. United States，亦是 Baker 案之後，聯邦最高法院明確運用布瑞南準則，首次用於一九七三年 Gilligan 案廿年之後，再次以政治問題拒絕審判者。

[註五十一] 413 U. S. 10 (1973).

聯邦地方法院駁回尼克森的請求，案經上訴至聯邦上訴法院仍維持地方法院判決，最後上訴至聯邦最高法院。本案經聯邦最高法院認為參議院就彈劾程序的選擇，享有專屬裁量權(sole discretion)，故屬不受司法審查的「政治問題」，駁回上訴。主筆的首席大法官倫奎斯特(W. Rehnquist)判決，經其他四位大法官連署，屬法院的多數意見。本案之以政治問題拒審，倫奎斯特大法官認為，本案系爭條文為憲法第一條第三項第六款規定：「參議院有審判所有彈劾案的專屬權。」(The Senate shall have the sole Power to try all impeachments.)

以上憲法條文自其文義與結構觀之，憲法係明確將彈劾權交付參議院；復次，「審判」(try)一詞，尚不足以提供法院可資操作的標準。倫奎斯特大法官乃就 Baker 一案所確立原則：「從外觀上可以明確認定其涉及政治問題的案件，主要是憲法明文將該問題委諸於其他同等部門處理；或欠缺解決該問題所須的司法上之可創獲或可操作的標準………」本案應屬政治問題，而無司法的可能性。[註五十二]

第二項 判決分析

壹、吉利根控莫根案（Gilligan v. Morgan 1973）

本案為俄亥俄州州長徵召大學生參加國民兵團，並有大學生在國民兵團入伍死亡事件，乃有以國民兵團實施是否違反憲法「正當法律程序」之爭議。本案經柏格大法官以之屬政治問題，「無司法的可能性」拒審。唯細加探究，可有以下說明：

1.柏格大法官以本案系爭事項的管理，主要權屬國會所

[註五十二] 113 S. CL. 732-739 (1993).

有。依憲法第一條第八項第十六款，則有但書之規定：「但任命軍官及依照國會所定法律以訓練國民兵之權，保留予各州。」是即，國民兵團並非聯邦國會專屬之權，各州亦有其權限，各州依照「國會所定法律以訓練國民兵之權」，在於以州之法律、命令為之。本案系爭之一部份，即在請求法院對該州「國民兵團之訓練及其他措施，予以審查、監督。」依Baker案之布瑞南大法官以同法審查中，聯邦與州之間關係並不適用政治問題，故本案最高法院是否應可對州之國民兵團訓練、措施，予以審查，是可作正面思考，而非迴避。

2.柏格大法官以關於軍隊的組織、訓練等等事項之決定，均屬軍事專業上的裁決，缺乏司法權限的政府活動領域，法院難於表達意見。唯本案系爭在於大學生徵召入國民兵團，有遭致死亡之情事，原告提請法院注意國民兵團之訓練、措施是否有違「正當法律程序」之意旨？此即美國憲法第五條修正案：「任何人………非經正當法律程序，不得剝奪其生命、自由或財產………」以及第十四條修正案：「………任何州………不得未經正當法律程序剝奪任何人之生命、自由或財產。」由是觀之，聯邦最高法院就各州國民兵團訓練之州相關法律、行政命令措施仍有其憲法職責與空間，並非全然無「司法的可能性」。

3.柏格大法官以軍事專業上的裁決，向來都是由立法、行政部門以「文官體制的監控方式」予以管理、監督。吾人從美國憲法精神中，固可確知文人政治之涵義與地位，然而憲法權力分立下，三權各有職司，立法部門依憲制訂法律，行政部門依法律制訂規章以執行，司法部門在於審查法律、命令是否違憲。本案系爭之軍事專業由立法、行政部門管理、

監督，就其法令之規範、執行屬之立法、行政部門，其法令是否違憲之虞，則屬司法部門。司法系統亦是「文官體制的監控方式」之一環，如謂法院缺乏「司法權限的政府活動領域，法院實難表示意見。」是將扭曲權力分立精神，甚至破壞三權分立制度。

貳、尼克森控參院案（Nixon v. United States 1993）

本案為聯邦參議院彈劾地方法院法官，引發程序是否違憲之爭議。最高法院以參議院對彈劾程序的選擇，為專屬裁量權，故屬不受司法審查的「政治問題」，將本案駁回上訴。

倫奎斯特大法官之專屬裁量權(sole discretion)可從兩方面探究：一者，最高法院以專屬裁量權認定屬國會權限，故不由司法裁判，將放任爭訟不知所往；然就其結果，等於判定原告敗訴，此與將之裁判屬國會裁量權，作合憲宣告，兩者結果一樣，思維過程（都認為屬國會裁量權）一致，但對司法權之保障則呈兩極化作用。

二者，國會專屬權僅表示該事務之立法、執行交由國會部門，但並不表示國會處理方式上有所瑕疵，甚至違憲，司法部門都必須以政治問題排拒之。此因國政經緯萬端，必須由立法部門制定法律、行政部門制定規章命令以遂行之，若涉及侵權行為之違憲（法）作為，司法須扮演憲法職責的積極角色，本案訴訟之原告是否因國會專屬權「作為」之允當造成傷害？此與是否為國會專屬權？應明確釐清其中指涉範圍之不同。

第六節　議員資格
第一項　案件說明

　　議員資格涉及政治問題原則者，以一九六九年的 Powell v. McCormack 案為具代表者。本案原告鮑威爾(Adam Clayton Powell)係紐約州(New York)黑人眾議員，於一九六六年第二次當選第九十屆聯邦眾議員，然而之前經第八十九屆聯邦眾議院調查委員會所作之調查報告書指出，鮑威爾於任內曾有不當行使特權，虛報開支詐取旅費，並將不法薪資支付其妻，規避紐約法院訴訟。故眾議院於第九十屆開議時，以三〇七：一一六票，決議禁止鮑威爾就任眾議員。

　　本案經鮑威爾向聯邦法院提起訴訟，請求法院宣告眾議院禁止其就任的決議違憲無效，並要求法院命令眾院官員支付其議員薪資。唯眾議院則以為，拒絕原告加入眾議院，係依憲法第一條第五項第一、二款眾議院權限之規定。第一款：「各議院應自行審查各該院議員之選舉、選舉結果之報告及議員資格。」第二款：「各議院得規定各該院之議事規則，處罰各該院擾亂秩序之議員，並得經議員三分之二的同意，開除(expel)議員。」以上權限出自憲法明文之規定，基於政治問題原則，法院應不為審查。[註五十三]

　　本案經哥倫比亞特區聯邦地方法院(District Court of District of Coloumbia)與聯邦上訴法院兩個審級，原告均遭敗訴。至聯邦最高法院，本案由首席大法官華倫(E. Warren)主筆，其判決文，首先指出，本案並無「已逾可訴狀態」(mootness)，亦不適用憲法關於言論免責權之規定。華倫大法官先行區別「拒絕」(exclude)與「開除」(expel)之概念，「拒絕」係憲法第一款之問題，「開除」係憲法第二款之問題，本案原告所受之處分，乃是「拒絕」而非「開除」，因原告在尚

[註五十三]　395 U. S. 486 (1969).

未出席即遭「拒絕」，故本案系爭為第一款之問題。換言之，原告自始被眾議院禁止出席議場且未就職宣誓，既無就職，就沒有「被開除」之問題，本案毋寧是憲法第一條第五項第一款的問題。

華倫大法官以本案就第一款的解釋與適用上，仍有司法審查的可能性(justisiable)，並非政治問題，且就布瑞南準則逐一檢視。其一，「憲法是否明文將該問題委諸於其他同等政治部門予以處理」？華倫氏認為應由憲法解釋予以認定！「若依制憲先賢之原意及民主政治之原理，憲法僅授權國會『拒絕』議員之權限，係基於第一款條文授權，此外國會再也不得享有任何『拒絕』議員之裁量權，故眾議院主張本案係關涉憲法明文授權國會決定之政治問題，本院不予採信。………本院認為原告具備聯邦憲法第一條第二項第二款之資格要件，有權出席國會。」^(註五十四)聯邦最高法院認為，憲法僅是授權眾議院有權確定其議員是否具備符合憲法規定之議員條件，既然鮑威爾已符合憲法所規定之條件，眾議院沒有權力取消其議員資格。且鮑氏自始即被禁止出席且未就職宣誓，自無「被開除」之問題。

其二，「是否需有明顯非屬司法裁量的先決政策決定，始足以作出司法判斷」抑或是「法院如獨立解釋，勢必會構成其他平行的政府部門的不尊重。」有關此，華倫大法官認為，憲法第一條第五項所涉及的問題，只是憲法解釋的問題，屬於法院解釋憲法的傳統作為，它是有「法院可資運用的標準」存在，故而不是欠缺法院裁判標準的政策決定，亦不致於構成對其他政府部門的不尊重。

---

^(註五十四) Ibid.

其三，有關「因不同政府部門之間就同一問題發表不同聲明，而可能發生尷尬局面」。有關此，華倫大法官認為，本案並不會引發「各部門對於同一意見發表不同聲明」的情形，其以 Baker 一案所作之宣告，對於聯邦憲法作出最終的解釋，乃是法院責任。

是則，聯邦最高法院於本案判決中行使其司法釋憲權，劃出國會行使其內部自律權之界限，並認定國會若超越此一界限即屬違憲，法院對之擁有司法審查權並否認本案為一政治問題。

第二項　判決分析

本案華倫大法官以布瑞南準則，為檢驗鮑威爾提出訴訟之系爭點，並強調法院之司法審查權裁判本案不是政治問題，有以之為表現司法積極(judicial activism)之態度。[註五十五]加以分析，可有如下看法：

1.聯邦憲法第一條第五項中之第一、二兩款指涉內涵並不相同；第一款在於「審查議員之選舉、選舉結果報告及議員之資格」，第二款在於「各議院訂定議事規則，處罰擾亂秩序之議員，並經三分之二同意開除議員。」進一步論之，第一款之要旨，在於對當選之議員審查三件事：選舉、選舉結果報告以及議員之資格，此處當選議員之資格，眾議員候選人積極資格必須年滿廿五歲，已為美國公民最少七年，於當選時是其本州居民；參議員候選人積極資格必須年滿卅足歲，已為美國公民最少九年，當選時為其本州居民；另有消極資格（如褫奪公權等規定）。華倫大法官明確指出，國會議員如

[註五十五]　劉獻文，前揭文，頁六五。

具備憲法所明定的資格時，憲法並未賦予國會得「拒絕」(exclude)該議員的權限。質言之，鮑威爾如符合第一款之三項審查要件，則不得將之拒於議會之外。

2.第二款之要旨，在於對擾亂秩序之議員，得由國會制定之內規（議事規則）予以處分，最重要得開除其議員資格。華倫大法官否定眾議院提出之「拒絕原告加入眾議院，係憲法第一條第五項第二款眾院權限的行使」，而認為原告尚未出席即遭「開除」之問題，僅限於議員在會期中之「擾亂秩序」行為。美國聯邦憲法第六條第三項規定：「合眾國之參議員與眾議員、各州立法機關之成員，以及合眾國與各州所有行政和司法官員，均應以宗教或法律方式宣誓擁護本憲法。」是即聯邦與州之立法、行政、司法部門人員均須於就任時以宗教或法律方式宣誓擁護聯邦憲法，始視為完成就職之法律要件。鮑威爾未完成宣誓之憲法規範就職要件，故未就職即不生所謂第二款之「開除」問題。華倫大法官乃以原告具備第二款之資格要件，有權出席國會。

3.前述兩點，分別列出華倫大法官從憲法第一條第五項之第一、二兩款，說明鮑威爾均符合資格，不應拒絕於外。唯所謂「資格」(qualification)，在美國聯邦議會往往並不確依憲法規定，而有「國會可以為人類普通判斷所接受的理由訂出不具資格之條件」[註五十六] 亦即有超越憲法審查資格、擾亂秩序之範圍，以道德、政治上或其他因素考量而否定議員資格，如一九〇〇年猶他州(Utah)議員羅伯特(B. H. Roberts)因一夫多妻被開除議員資格；再如一九一九年威斯康辛州議員柏格

[註五十六] Edward S. Corwin 著，王震南譯，美國憲法（台北：財團法人陽明管理發展中心，民國八十一年五月），頁二二一二三。

(V. L. Berger)因反戰，依間諜法(the Espionage Act)被起訴，兩度被排除議席，到第三次競選，眾議院才因聯邦最高法院撤銷其罪刑，允其就職。^(註五十七)在本案之前聯邦最高法院對議會審查當選議員資格多不加干涉，^(註五十八)華倫大法官之裁判正是一大轉變。

4.華倫大法官積極地從憲法條文剖析政府平行部門間的權限，而非放棄司法權責，就司法權之遂行應持肯定態度。華倫大法官將布瑞南準則之各項條件，在本案中逐一剖析，就其所得到答案：「憲法解釋上的問題，屬於法院解釋法律的傳統角色」、「法院有可資運用之標準存在」、「不會構成對其他政府部門的不尊重」、「對聯邦憲法作出最終的解釋，乃是法院的責任」等語，不啻肯定司法審查權之憲法地位，並否定政治問題之存在。如果本案中所論不屬政治問題之各項推論是恰當運用，則前述 Gilligan 與 Nixon 等案之所謂政治問題則是錯誤示範。

本章小結：

本章於透過美國司法違憲審查中，涉及政治問題之討論，甚或結論之案例，檢視法院有無可資運用之標準？是否有裁判之可能性？是否構成對其他平行部門之不尊重？亦即布瑞南準則之驗證，據以瞭解政治問題界限之價值、得失。從本文六類十四個案例中，（如表二）以政治問題拒審者有：Chicago & Southern Air Lines 案、Goldwater 案、U. S.案、George W. Crockett 案、Coleman 案、Luther 案、Pacific States Telphone

---

^(註五十七)　Charles Herman Pritchett 著，陳秀峰譯，前揭書，頁一四六。
^(註五十八)　楊日旭，美國憲政與民主自由（台北：黎明文化公司，民國七十八年），頁一七八。

and Telgraph Co.案、Colegrove 案、Gilligan 案、Nixon 案等計十案；裁定不屬政治問題，而為可司法性者有 Baker 案、Reynolds 案、Davis 案、Powell 案等共計四案。

由聯邦最高法院判例中，有關外交與軍事、憲法修正案、共和政體、國會職權等部分，大法官類多以之屬行政部門（總統）、立法部門（國會）之專屬權而放棄司法判決。唯專屬權應係指，行政、立法部門職掌該事務，至於該事務運作時之法律、命令是否違憲？是否構成侵權行為？似不宜貿然放棄司法權限，從 Powell 一案中，華倫大法官明確區分「專屬權」、「專屬權運作法規」兩者之不同，並就專屬權運作法規是否違憲？應就憲法條文解釋以釐清之，從而確立對於聯邦憲法作出最終解釋，乃是法院的責任。

從聯邦最高法院判例，選舉區劃分之訴訟案，大多不以政治問題拒審，這是來自 Baker 案，布瑞南大法官從權力分立，指出政治問題在於聯邦最高法院與聯邦平行部門之間的互動構成，聯邦與州之間並不適用政治問題，而選舉區劃分是州的權限，故聯邦最高法院以聯邦法院對州之選舉區問題是具有可司法性者，而應予以審查。這當中之矛盾在於，美國司法因聯邦憲法、州憲法採取雙軌制，若吾人承認聯邦法院得對聯邦平行部門之行政（州長）、立法機關（州議會）以「政治問題」拒審，則州法院是否得對州平行部門之行政、立法機關以「政治問題」拒審？司法權之尊重平行部門，似不在於拒審法案上，而是在於裁判中肯定或否定平行部門之裁量權，或裁量權之法律、命令是否違憲之上。

美國學者瑞迪許(Martin Redish)即指出政治問題可能使

司法放棄了抗拒違憲行為的責任：^{（註五十九）}

　　吾人一旦假設司法審查在憲政民主中扮演有正當性的角色，則必須放棄政治問題理論所作的主張。此一理論命定地暗示，總統或國會可以繼續從事可被認定為違憲的舉措，不受司法的審查或監督。此一結果所帶的道德風險，無論對一般社會或是專就最高法院而言，均遠超過司法自制所可能帶來的任何好處。

　　政治問題就司法者所應沈思者，在於司法違憲審查究竟是尊重憲法，依憲裁判？抑或是尊重總統、國會，依案件可能產生之結果、影響，而來判定是否拒審？如肯定前者，則不應有所謂政治問題存在；如肯定後者，其與司法權之精神顯然相左，甚至是大相逕庭的。

---

^{（註五十九）} Martin Redish, The Federal Court in the Political order, Corolina Academic, 1991, p.134.

表二：美國聯邦最高法院司法審查「政治問題」判例簡表

案件	時間	爭議主旨	解釋理由	釋憲檢視
Chicago and Southern Air Lines v. Waterman S. S. Corp.	1948	美國公民經營之運輸事業從事海外航空運輸，其因總統批准發布之命令而影響權利時，法院是否擁有管轄權而得加以審查。	Jackson 大法官主筆判決文，以民用航空局該政策之決定，涉及外交關係，其性質具有政治性，無司法審查性。	1. 本案涉及美國公民經營之運輸事業，因行政決策，影響其權利是否違反「法律平等保護」條款，應仍有其司法審查空間。 2. 依據三權分立精神，外交行政屬於總統，唯法律與行政命令有否違憲，甚或造成侵權行為，則仍應有可司法性。
Goldwater v. Carter	1979	美國憲法僅有明文規定參議院參與	Rehnquist 大法官主筆判決文，以憲法未	1. 從一九八六年 Japan Whaling

		締結條約之方式，但卻未提及終止條約時參議院如何參與之問題。高華德參議員針對總統未獲得參議院或國會同意之前，不應先行終止「中美共同防禦條約」之系爭問題，向卡特總統提出控訴案。	有明文規定條約終止之參院作為，且不同條約可能有不同的終止程序，故本案應受政治指標的控制，為具有「政治性」，不具可司法性。	Association v. American Cetacean Society 一案，認為並非所有外交事項均可視為政治問題，可觀察政治問題極不明確之概念。 2.對於某一條約是否終止之問題，法院固不宜予以探究，唯政府部門行為若不具有終局性者，法院仍有其憲法地位。
U.S. v. Alvarez Machain	1992	美國政府得否至其他國家綁架涉案之犯罪，即使該國政府提	Rehnquist 大法官主筆判決文，以本案已非法律問題，而是政治問	1.本案持反對態度之 Stevens 大法官等三人，以准許漠視美

		出抗議，亦可將罪犯起訴繩之以法。	題，屬於行政部門外交權之運用，司法對此應表尊重。	國在國外進行誘拐綁架之判決，實為無視國際間簽訂之外交引渡條約。 2. 美國總統簽訂條約，須經參議院三分之二同意始生效，即意涵條約之為國內法重要部分。司法應優先尊重法律？抑或尊重行政命令。
George W. Crockett v. Ragan	1984	雷根政府未經國會同意即派遣軍事顧問人員協助薩爾瓦多政府，有否違反一九七三年國會通過	聯邦最高法院以本案有關戰爭權力均衡之爭執係屬於政治問題，而非司法問題，法院宜採迴避主義，拒絕核發	1. 最高法院以「當國會通過作戰權限權法案時，並無意透過法院訴訟或法院監督以求該案之執

| | | 之「作戰權限權法」之規定。 | 「移審令」,拒絕受理上訴。 | 行」,這一論證是有疑義,任何法律、行政命令是否違憲,均須透過司法裁判。
2.軍事、政治問題之不具可司法性,必須有足夠理由,否則正是「司法屈服於行政強權之下」。 |
| Coleman v. Miller | 1939 | 1.擔任會議主席之副州長是否有權參與表決。
2.憲法修正案某州若已表決否定,可否事後變更意思予以批准? | 1. Hughes 大法官主筆判決文,對會議主席可否於討論投票同數時,被允許投下其決定性一票,大法官意見紛歧, | 1.憲法修正案先否決後肯定是否有效,固然為國會責任,可透過修憲、修法明確之。但國會沒有規範,訴訟又已存在,則憲政 |

		3.各州批准憲法修正案有無一定之期限？	故無法表示意見。 2.就憲法修正案先否決，而後又通過為有效之案例，此為政治問題，應為國會決定。 3.就各州批准憲法修正案期限，應由國會自行決定，不宜由法院審查。	成長途徑，尚有釋憲一途，司法絕對有其憲法地位角色。 2.一個憲法修正案本身有無合理批准期限？國會專屬權之爭議有二：一則Dillon案中，法院本於憲法職責，對憲法第五條有關修憲程序規定，加以解釋。二則修憲權屬國會，而釋憲權屬法院，本案司法有其審判之空間。
Luther v. Borden	1849	1.系爭之新、舊政府	1.Taney 大法官以法院缺	1.「共和政體」在憲法中規

		何者是「合法政府」? 2.原有政府基於戒嚴令所為之措施,是否因違反共和政府體制之原則,牴觸憲法第四條第四項之保障條款。	乏何者為共和政體之標準,故無法獨立判斷,此一問題屬於國會權限範圍。 2.法院固然得以決定州政府之戒嚴措施是否牴觸憲法第四條之保障條款,然以本案戒嚴期間只是暫時性,故羅德島州政府行為與憲法尚無牴觸。	定不明確,解決途徑,固可透過國會修憲方式進行,然緩不濟急,釋憲亦是憲政道路之一。 2.司法部門依憲進行法令之是否對人民有侵權行為進行調查、裁判,不應受總統或任何特殊身份者所影響,此為美國司法精神所在。 3.行政侵權行為在於是否發生?有否影響?而不在戒嚴期之長短。違憲與否

				在於有無發生？不在戒嚴時間之長短。
Pacific States Telphone and Telgraph Co. v. Oregon	1912	本案系爭在於人民訴請法院判斷州政府採行公民創制或複決制度，是否牴觸共和政體保障條款。	White 大法官以本案之本質屬政治問題，乃為國會之權限，非司法權所應管轄，亦無司法審查的可能性。	1. 美國聯邦憲法與州憲法採分權，凡非聯邦列舉亦無禁止各州行使，均屬各州權限。 2. 各州創制複決法是否為聯邦憲法所禁止？或違反該州憲法？而為雙重標準。
Davis v. Bandemer	1986	本案為印第安那州州議會，將選區作不規則形狀劃分，引發「政治性選	White 大法官就本案具有可司法性，應予審查，判決印州州議會之選區劃分尚未構	「疆界上的歧視」之認定，遠難過「數字上的歧視」，有其困難度。本案另有 O'Connor 等三

		區劃分」之爭議，是否有違憲法平等權保障條款之精神。	成歧視，而以原告敗訴。	位大法官提出不同意見書，指本案欠缺可資裁判的標準，故應判屬政治問題。唯所謂欠缺可資判決之標準，即是證據不足，司法訴訟就證據不足之案件非拒絕裁判。
Gilligan v. Morgan	1973	本案要求法院禁止州長徵召大學生入國民兵團，並注意國民兵團的訓練與措施規定，是否有違憲法第十四條修正案，關於「正當法律程序」部分。	Burger 大法官以本案之軍事專業上裁決，向來都是由行政、立法部門以「文官體制的監控方式」行之，故本案以「無司法的可能性」拒絕審查。	1.系爭之國民兵團依憲法第一條第八項第十六款但書規定，各州「依照國會所定法律以訓練國民兵之權」在於以州之法律、命令為之，故而聯邦對州之法律、命令，

				有關國民兵團精神，屬於「司法可操作之標準」，相較之下，創制複決法有否違憲？反而並非僅屬國會之權限。 2.本案有基於「結果考量」、「法安定性」考量，似與司法公平公正、興利除害精神相左。
Colegrove v. Green	1946	本案為伊利諾州之舊選區法，經四十年未依人口區域變動而予重新劃分，引發訟案，是否牴觸憲法第十四號修正案之	Frankfurter 大法官以選舉區劃分屬具有特殊政治性質之問題，有黨派相爭、利益妥協之性質，不適司法判斷，援用政治問題原則，拒絕受	1.關係人民權利，以及憲法平等保護條款，則「不當利得」或「違背公平正義」之黨派相爭、利益妥協，司法有判決之必要。

		平等保護條款。	理本案。	2. 本案考慮「事實結果」、「法安定性」，忽略法院本即無法避開政治利害的「直接」關係。 3. 本案之所謂由州議會自我糾正，否則由人民糾正之。人民如何糾正?透過訴訟途徑，法院正當負起應有責任。
Baker v. Carr	1962	本案為田納西州舊有選區規劃，歷經六十年之久，未曾調整改變，所引發訟案。	Brennan 大法官由權力分立出發，表示政治問題是與聯邦平行部門間之關係，而非聯邦法院與州政府之關係。布瑞南以六項判定政治問題	1. 布瑞南準則之六項判定政治問題標準，將有界定不明確，邏輯不周延、司法不公義三項缺失。 2. 布瑞南以政治問題是用

			的準則，而本案均不屬之，為屬司法性質問題而應加以審理。	於聯邦法院與聯邦平行部門；而以美國法律雙軌制；有關州憲，州最高法院是否與平行部門之州長、州議會有所謂政治問題?而拒絕裁判?
Reynolds v. Sims	1964	本案為阿拉巴馬州舊有選區規劃逾六十年未有調整，是否涉及歧視與違反憲法平等權保障條款。	Warren 大法官強調憲法保障人民基本權利受到拒絕時，法院所應持態度，與法官之誓詞與職掌。最後判定該州之選區分配方式違憲。	本案雖是 Baker 案以來深入「政治叢林」之中，明確表示不適用政治問題者。然而聯邦法院是因面對州議會，而非聯邦議會；故法院之維護人權、公平正義，因政治問題而有雙重標準。

Nixon v. U.S.	1993	系爭在於聯邦參議院彈劾地方法院法官，引發程序是否違憲之爭議。	Rehnquist 大法官以參議院對彈劾案程序的選擇，為專屬裁量權，故屬不受司法審查之「政治問題」，將本案駁回上訴。	國會專屬權僅表示該事務之立法、執行交由國會部門，但並不表示國會行政處理上有所瑕疵，甚至違憲，司法部門皆可以政治問題排拒之。
Powell v. McCormack	1969	系爭在於原告請求法院宣告眾議院禁止其就任的決議違憲無效，並支付其議員薪資。眾院則以其作為符合憲法第一條第五項之第一、二兩款規定。	Warren 大法官以布瑞南準則為檢驗原告提出訴訟之系爭點，並強調法院之司法審查權裁判本案不屬政治問題。	本案中華倫大法官積極地從憲法條文剖析政府平行部門間之權限，而非放棄司法權責。本案中所得到「憲法解釋上的問題，屬於法院解釋法律的傳統角色。」「不會構成對其他政府不尊重。」「對憲法作出最終的解釋，乃

				是法院責任。」等，正是肯定司法角色與司法審查權，並間接否定政治問題之存在。

資料來源：作者自行整理。

第五章　我國司法審查「政治問題」實務析論

本章將從我國司法審查的實務案例中，檢視政治問題的界限。我國迄今為止，大法官會議解釋先後於釋字第三二八號、三二九號、三四二號、三八七號、四一九號、四九九號解釋文、解釋理由書或不同意見書中，明白引用有關政治問題、統治行為理論，而提出不予或不應予司法審查之理由，作為司法權的自我設限。本章希冀藉由具體個案所觸及政治問題的內涵與外延，探究司法違憲審查範圍自我設限之見解及其爭議，期能建立行穩致遠之制度。

第一節　領土疆界（釋字第三二八號解釋）

第一項　案件說明

壹、背景陳述

本案一九九三年三月，立法院於審查中央政府總預算時，對於審查行政院大陸委員會、蒙藏委員會及其他相關性質單位預算應否刪除？同時，立法院思考有關審議台灣、中華人民共和國、蒙古間之雙邊、多邊法律時所應持之立場，如當時正審議中的「台灣地區與大陸地區人民關係條例修正案」，均涉及憲法第四條：「中華民國領土，依其固有之疆域，非經國民大會之決議，不得變更之。」這其中，所謂「固有疆域」究何所指？難有定論。

立法委員陳婉真等十八人，以當時即將進行之一九九三會計年度中央政府總預算案之審查工作，其中面臨到中華民國領土範圍之疑義。因陳委員等人指中華民國領土如僅包括台灣、澎湖、金門、馬祖、綠島、蘭嶼及其他附屬島嶼，而不及於中華人民共和國及蒙古共和國之領土，則職司大陸事

務之行政院陸委會即應裁撤，或併入外交部亞東太平洋司，或透過修改外交部組織法之方式，單獨成立一個「中國司」；而職司蒙古、西藏之行政與各種興革事項之蒙藏委員會亦因其所負責之工作乃他國之內政事務而應予裁撤。上述兩機關所編列之預算應由立院予以全數刪除。陳委員等十八位立委從預算案涉及所謂中華民國領土、固有疆域等之疑義，此其一。

復次，立法院於三月四日之司法、法制、內政委員會聯席會議，審查「台灣地區與大陸地區人民關係條例修正案」，陳婉真等十八位委員，對於行政院陸委會之見解及該條例修正草案，將中華民國領土包括中國大陸及外蒙古，表示不認可態度。彼等認為上述三個領域分別屬於中華人民共和國及蒙古共和國之範圍，主張修改施行細則草案第三條之規定，排除外蒙古對本條例之適用；另修改母法第二條關於適用範圍之規定，並主張將本條例更名為「中國關係法」。陳婉真等十八位委員與行政部門對憲法第四條有關中華民國領土之認知差距，此其二。

陳婉真等十八位立委，以上列情事關係到立法院「審查中央政府總預算」以及若干草案之立法，牽涉立委職權之行使，適用司法院大法官審理案件法第五條第一項「中央或地方機關，於其行使職權，適用憲法發生疑義，或因行使職權與其他機關之職權，發生適用憲法之爭議。」乃提案聲請解釋，案經立法院院會決議通過，於同年四月向司法院提出聲請解釋憲法第四條中所規定中華民國領土之範圍。[註一]

[註一] 立法院議案關係文，立法院印發，民國八十二年三月廿六日。

貳、聲請人的系爭點

陳婉真等立委聲請釋憲之立場及其理由，可從兩方面論述：[註二]

一、外蒙古非屬中華民國領土

就有關外蒙古非屬中華民國領土，陳委員等人約有如下看法：

1.外蒙古於一九四五年十月廿日以公民投票方式宣布獨立，並獲得許多國家的承認，故外蒙古領土主權屬於蒙古人民共和國所有。當時位於南京的中華民國政府亦於一九四六年承認蒙古人民共和國為一主權獨立之國家，自此外蒙古即正式脫離中華民國之主權管轄範圍，而中華民國與蒙古人民共和國之間即成為國際關係，須受國際法之規範。

2.根據一九三三年於烏拉圭首府蒙特維的亞(Montevideo)所簽署之「國家權利暨責任公約」，該公約第六條明白揭示各國所遵行之國際習慣法：「對國家承認是無條件且不得撤銷」。因此中華民國政府於一九五三年片面廢止中蘇友好條約，而後如行政部門所言，撤銷了對蒙古人民共和國之承認，甚至進而對內外宣示外蒙古是其領土，凡此種種均違反了國際法之規範，對於蒙古人民共和國身為一獨立之國際法主體之國際人格，自然無任何影響。

3.蒙古人民共和國已於一九六一年加入聯合國（今為蒙古共和國），至今仍為聯合國之會員國之一，國家之獨立人格早為國際社會所承認，行政院對我國領土範圍及於外蒙古之說法不過是「囈人夢語」，實不足採。且中蘇友好條約之廢止

與外蒙之獨立與否並無法理上關聯，而事實上立法院亦從未如行政部門所述，曾通過撤銷承認外蒙之決議，故行政部門對外宣示外蒙為我國領土範圍，更是毫無立場(jus standi)可言。

4.由立憲之歷史而言，西元一九四六年，當時於南京召開之制憲國民大會，「中華民國憲法草案」是由立法院先於一九四六年十一月廿二日通過，故由當時之立法院長孫科向大會說明草案之內容，就解釋憲法第四條有關領土之變更時，即以「外蒙古」來說明中華民國「領土放棄」之實例，亦即當時之國民黨政府除已於一九四六年承認外蒙古之獨立，並於同年對外宣示放棄此一領土，而制憲國民大會於一九四六年十二月廿五日通過之中華民國憲法，其中第四條所規範中華民國之固有疆域亦當然不包括外蒙古在內。當一國對外宣示放棄領土並承認該領土上新獨立之國家時，即應受此宣示所生之法律效果之拘束，不得再為相反之實體宣示，此乃法律基本原則「禁反言」之真意。

5.近年來，中華民國與外蒙古人民共和國之雙邊關係方面，由蒙藏委員會委託蒙藏基金會成立之「台北經濟暨文化中心」，即將於六月以前在該國首府烏蘭巴托成立，依照我國設立駐外辦事處之先例，此一「台北經濟暨文化中心」又是另一個披著「民間團體」外衣之官方駐外單位，而在「本國領土」內設立「駐外」辦事處，亦是無法令人理解之行為。由此可知，中華民國政府事實上亦將外蒙古視為「外國」，只是礙於政治因素而不便明示而已。

從論理、歷史、體系、合憲或個別問題取向等各套解釋憲法之理論言之，外蒙古皆不應屬於憲法第四條所述之領土

範圍，故自應由司法院做成解釋對外宣示，以正視聽。

二、中國大陸(Mainland China)不屬中華民國領土

就中國大陸不屬中華民國領土，陳委員等人約有如下看法：

1.憲法第四條規定「中華民國之領土，依其固有之疆域，非經國民大會之決議，不得變更之。」此一排除「列舉方式」而採「概括方式」規定領土範圍之條文，係當初制憲者為避免在領土問題上，與鄰國發生爭議而採取之領土定位方式，亦即在制憲之初即考量到領土之「非恆定性」，須隨國家的局勢做不同的規範。

2.依照國際法之通說，領土係指「一國得據以事實存在並行使國家主權及法律權力之特定領域」。依此方式，則中華民國之領土自然不及於中國大陸與外蒙古，上述兩個領域亦如國際間的一般認知，分別屬於中華人民共和國及蒙古共和國之領土。中華民國政府之行政部門單方面之宣示，在國際法上並無任何之拘束力，亦不會影響這些領土的主權歸屬。

3.從現階段大陸政策上，可看出行政部門已逐漸調整看法，承認中華人民共和國的「國家人格」，表現最明顯的，即是所謂「雙重承認」之外交策略。其意涵指：海峽兩岸現分別由兩個政治實體所統治，在一個中國的原則下，對此兩政治實體同時分別給予承認。然事實上，國際法上關於「承認」(recognition)之規範，並無所謂「雙重承認」，國際法上不可能同意此一說法，且其所造成之積極法律效果，是兩岸分別為兩個國家。

4.「政治實體」在國際法上並不具有國際法主體之地位，同時也不得為「被承認」之客體，只是一個概括性字眼，衡

諸兩岸局勢與國際間看法，此政治實體之意涵當為「國家」(state)。國統綱領中揭示，海峽兩岸互為對等之「政治實體」，其意涵即為海峽兩岸分別存著兩對等的「國家」。追求兩個國家的兩岸定位模式，即為中華民國政府現階段之目標，此係所謂雙重承認之真義。「一個中國」僅具有「血統上」或「文化上」之意涵。

5.根據憲法第二條，「中華民國之主權，屬於國民全體」，此主權包括「領土主權」；第三條規定：「具有中華民國國籍者，為中華民國國民。」依目前之實際狀況，可歸納出：中華民國之領土主權屬於具有中華民國國籍者，事實上依照目前的大陸政策，中華民國政府亦從未將中華人民共和國之國民視為其「國民」；同時，因國際法上將「人民」列為國家成立要件之一，且他國國民居住生活之領域，原則上不可能為本國之領土，故將此兩條文歸納後，依反面解釋之原則即成為「中華民國之領土主權存在於中華民國國民生活居住之領域」，即台灣、澎湖、金門、馬祖、綠島、蘭嶼及附屬島嶼。

參、大法官會議解釋

本案經司法院大法官於一九九三年十一月廿日第九八九次會議中，作成釋字第三二八號解釋。其解釋文：[註三]

> 中華民國領土，憲法第四條不採列舉方式，而為「依其固有之疆域」之概括規定，並設領土變更之程序，以為限制，有其政治上及歷史上之理由。其所稱固有疆域範圍之界定，為重大之政治問題，不應由行使司法權之釋憲機關予以解釋。

[註三] 三民書局編，大法官會議解釋彙編（台北：三民書局，民國八十四年四月），頁三〇一。

「解釋理由書」則論述引申如下：[註四]

　　　國家領土之範圍如何界定，純屬政治問題：其界定之行為，學理上稱之為統治行為，依權力分立之憲政原則，不受司法審查。我國憲法第四條規定：「中華民國領土，依其固有之疆域，非經國民大會之決議，不得變更之。」對於領土之範圍，不採列舉方式而為概括規定，並設領土變更之程序，以為限制，有其政治上及歷史上之理由。其所稱「固有疆域」究何所指，若予解釋，必涉及領土範圍之界定，為重大之政治問題。本件聲請，揆諸上開說明，應不予解釋。

第二項　判決分析

　　本案之分析可就理論層次、事實層次、釋憲中「政治問題」探討三部分，分別論之。

壹、理論層次

一、領土與固有疆域問題

　　本案涉及領土、固有疆域之探討。就一般國家憲法對領土範圍：有採規定，亦有採不予規定。就領土範圍之規定者，約有三種方法：列舉式（將國家領土內之行政區域名稱一一載於憲法，如瑞士憲法列舉有廿二邦之名稱）、概括式（對國家領土之範圍，僅作概括之規定而不列舉其名稱，如我國憲法，又如美國憲法僅規定國會有管轄領土及有關領土法規之權等。）、列舉概括並用式（如比利時憲法先列舉九省名稱，並規定必要時，可用法律，劃分領土為更多的省。）

[註四]同上。

　　領土採列舉主義之優點為：1.使國民易於明瞭領土的範圍。2.激發國民之愛國心，對若干不完整區域，有收復失地，維護領土完整之決心。3.引起國際之尊重或重視，杜他國之覬覦。4.領土變更時，易於比照勘對。

　　領土採概括主義之優點為：1.免除掛漏之缺失，並消除無謂的糾紛。2.領土變更亦不致影響憲法原有之規定。實則，列舉主義與概括主義互有得失，列舉式之優點，正是概括式之缺點；概括式之優點，即是列舉式之缺點。[註五]

　　我國憲法第四條之要義有二：一則領土之範圍——是中華民國固有之疆域；二則領土變更之程序——須經國民大會決議。前者「固有疆域」，有以為本於歷史之事實，為國家領土疆域勘定之標準，一方面是對固有之領土，不願喪失；一方面是對於他國之領土，亦不願奪取。[註六] 唯以「固有疆域」之概括主義標示於憲法中，實為模糊理論之運用，無論增加、減少領土，實無涉任何修憲問題。故而憲法第四條後半段之——「非經國民大會之決議，不得變更之」，即有劃蛇添足之意。此因領土變更無論增、減，既是採概括而非列舉，則因無明確標準，而無由表達顯示之。亦有學者從國家實力主義表示：「一國領土之伸縮，每隨該國力量之大小以為轉移。力量果大，既不因憲法之規定而能阻止其擴張，力量果小，亦不因有憲法之規定，而遂能阻過其削減。故一國領土之伸縮，純為實際力量問題，而非憲法上之法理問題。」[註七]

二、主權與分裂國家主權問題

[註五] 管歐，中華民國憲法論，三版（台北：三民書局，民國七十八年六月），頁三九－一四〇。

[註六] 同上，頁三九。

[註七] 曾繁康，比較憲法，五版（台北：三民書局，民國七十四年九月），頁四〇。

　　本案涉及中華民國、蒙古共和國、中華人民共和國之主權問題，而兩岸又面對分裂國家之主權問題。

　　主權(sovereignty)一詞，來自拉丁文 superanus，意為「最高的」(supreme)。亞里斯多德(Aristotle)在「政治學」(Politics)中：「在民主國家，人民是最高的，但在寡頭政體下，少數人是最高的。」「國家最高權威的政府，必須在於一個人、少數人或多數人之手。」(註八) 正式使用主權一詞者，始於法儒布丹(Jean Bodin)於一五六六年之著作「國家論」六卷(Six livres de la republique)中：「主權為不受法律約束、凌駕於公民和臣民以上的最高權力。」並以為主權具有以下屬性：永恆的、非委派的、不可轉讓的權力。(註九)

　　主權雖是抽象的、無體的，但並不能存在於真空，必須有所附著或所在(location)，才能發生效果。主權所在的主體便是主權者。主權的所在及其理論，依馬起華教授的分析，有各種不同的見解：主權在於君主之君主主權(monarchical sovereignty)、在於國會之法律主權(parliament sovereignty)、在於人民之人民主權(popular sovereignty)、在於優越者之優越者主權(superior sovereignty)、在於制憲機關之憲法主權(doctrine of the sovereignty of constitution)、在於理性之理性主權(sovereignty of reason)等。(註十)

　　主權初為國內法之概念，廿世紀以降，乃有將主權用於國際法上，亦即將「有限領土主權」(limited territorial

---

(註八) Aristotle's Politics (trans. by Benjamin Jowett, N.Y.: Modern Library, 1968) pp.136-137, 139。轉引自馬起華，政治學原理，下冊，再版 (台北：大中國圖書公司，民國七十八年八月)，頁六四九。
(註九) 李少軍，尚建新譯，西方政治思想史 (台北：桂冠圖書公司，一九九二年) 頁四二二一四二三。
(註十) 馬起華，前揭書，頁六五三一六七二。

sovereignty)或「相對主權」(relative sovereignty)的觀念逐漸取代傳統的「絕對領土主權」(absolute territorial sovereignty)。質言之，在傳統觀念中，加入「不違反國際法」的但書，於此主權觀念開始與國際法產生辯證的結合，國家於是成為國際法的主體，享有國際法上的權利與義務。[註十一]

主權是否可分？學術界並無定論，但可確定者，主權無法作垂直的分割，垂直分割代表原主權國被分割成兩個不同的主權國家。[註十二]然而分裂國家的主權問題，增加了其中的複雜、矛盾、衝突性。所謂分裂國家之特徵在於：1.因內戰或國際權力安排導致一國分成兩個或更多國家。2.一國內出現兩個或多個法律與政治實體，各自聲稱其為唯一合法政府，並在實際上，雙方均未能有效完全控制另一法律與政治實體所管轄之領域。3.長期對立下，分裂各方僅在其領域內，實行有效管轄，各方均難突破現狀。4.分裂各方均以重新統一為目標。[註十三]

張亞中教授分析，中華民國政府在定位主權問題上，從卅八年來經過幾個立場、態度顯得並不一致的時期：[註十四]

1.「內戰理論」期：內戰理論乃交戰團體(belligerency)或叛亂團體(insurgency)間，雙方均各主張其本身為唯一合法政府。就中華民國政府「動員戡亂時期臨時條款」制定，可謂此一理論的實踐。在一九八七年終止動員戡亂時期，廢止

[註十一]楊永明，「民主主權：政治理論中主權概念之演變與主權理論新取向」，政治科學論叢，第七期，民國八十五年五月，頁一四四。
[註十二]張亞中，兩岸主權論（台北：生智文化公司，一九九八年三月），頁一九。
[註十三]趙國材，「從國際法觀點論分裂國家之承認」，中國國際法與國際事務年報，第三卷（台北：台灣商務印書館，民國七十八年七月），頁二八一二九。
[註十四]張亞中，前揭書，頁五七一六四；七七一八九。

臨時條款，已正式放棄此一理論。

2.「完全同一理論」期：乃指分裂國家其中某一方主張其主權及憲法效力所及的地區均涵蓋對方，與原被分裂國為「同一」，具完整的國際法人格地位。就中華民國政府在一九七二年增額中央民代選舉前，持此一理論。自一九九一年四月完成第一階段修憲，增訂國會全面改選法源起，此一觀點等於已正式放棄。

3.「國家核心理論」期：或稱「縮小理論」，指分裂國家其中某一方主張，雖其有效管轄權區域縮小，但其國際人格並未改變，主權仍涵蓋未分裂前的區域，它僅承認另一分裂方的有效治權，但不承認其享有在其領域內的主權。中華民國政府在一九九二年公布實施「台灣地區與大陸地區人民關係條例」，顯示立法機關以「國家核心理論」處理兩岸關係；同年之國統會通過「關於『一個中國』的涵義」是最能代表此一理論者。較早之一九九○年「國家統一綱領」的制頒，正是這個時代的背景產物。

4.傾向「分割理論」期：分割理論係指國家領土某一部分被分離的區域，後來取得國際法主體的地位，且不影響到被分離國家的法律地位，而原來國家行使其主權時，將被限制在新的疆界中。如一九七一年東巴從巴基斯坦分割成立孟加拉國。就中華民國政府於一九九四年陸委會所撰之「台海兩岸關係說明書」中，將「一個中國」「去政治化」，「中國」不再有政治上的意義，而是中性地指歷史上、地理上、文化上、血緣上的中國。這一說明書為走向「分割理論」開啟大門。

由前述理論、實際的觀點有其指標意義。唯陸委會及各

種媒體所做民意調查，現今台灣的主流民意，既不在「統」
（急統），亦不在「獨」（急獨），而在「維持現狀」，因各個
政黨理念、人民態度偏好而呈現多元與分歧，故分裂國家主
權理論之概念，在國內是分歧而複雜不一的。

貳、事實層次

一、外蒙古問題

外蒙古是否為中華民國之領土？徵之史實，外蒙古正式
隸屬於中國，是在一六九一年（清康熙三十年）。一七二七年
（雍正五年）恰克圖條約及其所附議定書，正式劃定中、俄、
蒙部份邊疆國界，自此我國在外蒙主權隨之確定。外蒙為中
國之一部分，更無爭議。然蘇俄政府於一九一一年，趁中國
革命之際，慫恿外蒙獨立。民國元年，外蒙活佛第一次宣布
獨立，並斷絕與中國之關係。民國四年，簽訂「中、俄、蒙
恰克圖三方協約」。一九一九年，外蒙古又宣布「撤銷自治」。
一九二一年，外蒙古第二次宣布獨立。一九二四年五月卅一
日，中俄簽訂「中俄解決懸案大綱協定」，第五條規定，蘇聯
政府承認外蒙古完全為中華民國之一部分，並尊重中國在外
蒙古之主權。

孰料協定之墨漬未乾，蘇俄即支持蒙共於七月一日建立
「蒙古人民共和國」，成為蘇俄在東方第一個附庸。一九四五
年雅爾達協定，羅斯福為使蘇俄參加對日作戰，竟同意史達
林所提：「外蒙古（即蒙古人民共和國）現狀應予維持」並迫
我與俄簽約，發布在承認外蒙古獨立文告，同年外蒙古申請
加入聯合國。

一九四九年蘇聯策動中共全面叛亂，並片面撕毀「中蘇
友好同盟條約」，與中共另訂新約，我政府於一九五二年二月

一日在聯合國「控蘇案」通過，一九五三年二月廿六日，我立法院決議撤銷「中蘇友好條約」，並經總統明令公布。從此，政府便以外蒙古失去獨立之法源依據，唯至今世界各國與外蒙古有邦交者逾一百廿國。質言之，外蒙古問題是歷史問題、政治問題、民族問題、現實問題等糾葛纏繞，並非單純學理或主張即可解決者。

二、兩岸問題

中華民國領土之範圍是否及於中國大陸？兩岸對領土管轄權爭論非常強烈。分別論述其狀況：

1.就中共而言：其對中國及及兩岸關係方面，是持「完全同一理論」，認為中華人民共和國即是中國，其主權及治權均涵蓋全中國。北京政府在一九五八年發布「中華人民共和國關於領海的聲明」，宣布「中華人民共和國的領海」寬度為十二海浬。這項規定適用於中華人民共和國的一切領土，包括中國大陸及其沿海島嶼，和大陸及其沿海島嶼隔有公海的台灣及其週圍各島，澎湖列島、東沙群島、西沙群島、南沙群島以及其他屬於中國的島嶼。

北京一九八二年十二月四日公布的「中華人民共和國憲法」前言第四段：「台灣是中華人民共和國的神聖領土的一部分，完成統一祖國的大業是包括台灣同胞在內的全中國人民的神聖職責。」落實於中共外交實務上，凡與之建交，都承認「中華人民共和國是中國的唯一合法政府，台灣是中國領土不可分割的一部分。」

2.就中華民國而言：張亞中教授以為，中華民國政府曾在不同時期分別以「內戰理論」、「國家核心理論」來處理兩岸定位，但自一九九四年起傾向以「分割理論」來定位兩岸

關係，放棄「一個中國即是中華民國」的主張，且認為「一個中國」只是「歷史、地理、文化與血緣上的中國」，不再賦予其法律的意義。[註十五] 然而此一推論仍值商榷：中華民國最高位階之憲法層級——「中華民國憲法增修條文」前言即指出：「為因應國家統一前之需要，依照憲法第二十七條第一項第三款及第一百七十四條第一款之規定，增修本憲法條文如下···」[註十六]

再如，終止動員戡亂時期以後，架構兩岸關係依據之「國家統一綱領」，乃一九九一年二月廿三日「國家統一委員會」第三次會議通過。同年三月十四日，行政院第二二二三次會議通過，至今仍未廢止改變。其前言：「中國的統一，在謀求國家的富強與民族長遠的發展，也是海內外中國人共同的願望。海峽兩岸應在理性、和平、對等、互惠的前提下，經過適當時期的坦誠交流、合作、協商、建立民主、自由、均富的共識，共同重建一個統一的中國。」其原則：「一、大陸與台灣均是中國的領土，促成國家的統一，應是中國人共同的責任。···」，唯陳水扁政府則採刻意淡化，且自其二〇〇〇年五月廿日就職迄今並未召開國統會。

整體觀之，中華人民共和國之政府與人民均持「完全同一理論」；中華民國政府分別經歷「內戰理論」、「完全同一理論」，然而民間、政黨，乃至學術界則較分歧，有主張統一（又分急統、有條件統一），亦有主張「去中國化」（又分急獨、有條件獨立）者，然大多數民意傾向「維持現狀」（或可解釋維持中華民國現狀）。質言之，中共以台灣屬之中國主權相當

[註十五] 同上，頁一四八。

明確；中華民國及其人民是否以中國大陸為其主權？在陳水扁民進黨政府與廣大民意似仍存在相當模糊和不確定因素。

參、釋憲中「政治問題」探討

本案涉及理論上之「領土」、「主權」，以及實際上之「外蒙古」、「兩岸關係」；就國內再加上統、獨爭議不休，釋憲案之困難度是必然的。三二八號解釋，是我國釋憲機關在司法實務上採用「政治問題」理論作為解釋文的第一件，亦是迄今為止，唯一在解釋文中明確以政治問題不予審查者，故有其指標性地位。如深論之，可有以下兩方面看法：

一、持肯定說

1.從權力分立角度切入，認為界定領土之行為，係政治問題、統治行為，在憲政制度中，乃為憲法賦予政治部門之專屬權力，司法部門基於憲法對自身之權限分配，自不應介入其他國家權力領域與政治決策形成之過程。否則即是違反權力分立原理，成為大法官干預政治之實然運作，為司法機關之越權。[註十七]

2.從避免政治紛爭著眼，依據憲法第四條之規定，國民大會為有權決定領土變更之唯一權限機關，若司法機關罔顧政治部門（國民大會）之權限，逕作界定領土之行為，乃是介入政治是非之紛爭中。[註十八]故有謂本案涉及統獨爭議，是「政治問題中的政治問題，難怪大法官願意捨棄以往一貫審查與政治爭議相關的憲法疑義的態度，而自願引用政治問題

[註十六]總統府公報，第六三三五號，中華民國八十九年四月廿五日，頁一。

[註十七]劉獻文，「中美司法審查『政治問題』理論解釋之比較研究」，國立中山大學中山學術研究所，碩士論文，民國八十三年六月，頁一〇八。

[註十八]同上。

不予審查的外國法理，對司法權自我設限，避免捲入政治風暴，毀傷司法威信。」[註十九]

二、持否定說

1.邏輯過於籠統：解釋理由書提及「政治問題」、「統治行為」等專有名詞，卻又未作細論，不僅對解釋意旨的瞭解助益不大，且易使人誤認「凡屬具有政治性的問題，均非大法官所得加以審查者。」此為本案解釋屢遭訾議的原因。[註二十]

2.誰為憲法解釋終局者角色之困惑：本案解釋就何者為對界定疆域之最終有權解釋機關？並不說何者有權決定，只說不屬大法官，其將產生更大憲法問題；「蓋若大法官明言此一問題依憲法規定應由國民大會為終局決定或應由某一機關的最後決定為準，亦是一種答案，唯大法官只說不應由行使司法權之釋憲機關解釋，是將憲法概由釋憲者為終局釋憲的基本概念開了一扇天窗。」[註廿二]

3.使憲法控制政府部門的機制失靈：就憲法第四條規範「固有疆域」之變更設計程序，用以保障「固有疆域」，故而界定何謂「固有疆域」？始有進行相關程序之可能。釋憲機關不為解釋，將產生憲法之困難：[註廿二]

> 相關政府部門對於「固有疆域」的定義有看法不一的可能，釋憲者卻已率先預示不加過問，憲法第四條的程序限制將如何發揮作用？會不會因此開啟逃避憲法程

[註十九] 陳美琳，「從大法官會議解釋看違憲審查對政治問題的態度」，立法院院聞，第二十七卷，第六期，民國八十八年六月，頁一二。

[註二十] 李建良，憲法理論實踐(一)，(台北：學林文化公司，一九九九年七月)，頁四一七。

[註廿二] 李念祖，司法者的憲法 (台北：五南圖書公司，民國八十九年八月)，頁一七一。

[註廿二] 同上，頁一七一－一七二。

序限制的機會？釋憲者的責任在維護憲法，把守憲法所設的程序以追求憲法實質目的實現，應是釋憲者的要務之一。

本案之以「政治問題」規避紛擾難斷（統獨爭議）且不易斷（領土概括主義之抽象性、不確定性），雖可一時逃脫政治現實的紛爭，但並未智慧地解決系爭點，有如鴕鳥埋頭於沙中，徒使憲法控制政府部門的機制失靈。

4.釋憲者仍有其揮灑空間：憲法賦予司法者解釋憲法之義務，司法者不能以自制為由拒絕其憲法職責；若憲法明文禁止司法者為一定之行為，則司法者必須遵循，不為憲法所禁止之事項。唯本案釋憲者拒絕提供憲法解釋之權力基礎何在？以釋字二六一號為例，憲法未明定「資深代表」何時退職？尚且難不倒大法官；本案中之憲法明定「固有疆域」，大法官卻不予解釋，實值思之再三。[註廿三]

亦有學者以領土範圍界定問題，可分「實際劃定」、「抽象理論」兩層面，前者乃國界「實際」到達的地方，這應交由外交單位與外國折衝樽俎；後者乃「領土」在憲法上的意義，牽涉「國家」、「主權」、「國民」等概念、意義，這向來為憲法學、政治學經常探討之課題，並非不能由大法官予以闡釋者。[註廿四]

分析上述各點，吾人不否認本案涉及外蒙古、中華人民共和國均為事實上早已獨立之國家，並具國際法上之人格地位。故而聲請解釋中，以為中國大陸、外蒙古非為我國的領

[註廿三] 同上，頁一七二－一七三。

[註廿四] 李建良，前揭書，頁四一七－四一八。

土範圍一節,確難解釋,但並非不能解釋。尤以運用「政治問題」拒絕審查,將產生諸多缺失。鑒於釋憲者之憲法職責,仍宜應作成解釋,此解釋可為泛論,亦可為明確;前者,憲法第四條之採概括式,故大法官實不須用「為重大之政治問題,應不予解釋」之方式拒絕審查,而可用「憲法對領土範圍既採概括式,故而不宜以具體、個案律定之。」四兩撥千斤來解釋此一聲請釋憲案。後者,大法官如欲採明確解釋,亦可以「統治權」與「主權」意涵不同來做陳述。聲請釋憲者對兩岸各有政府,各有其有效管轄權,此乃為統治權,其與主權不可混為一談,由此分裂國家之學理分析亦可作成相關釋憲結果。綜言之,本案以政治問題拒審,在憲法理論上,將受到相當程度的質疑和爭議,亦是傷及憲政體制的。

第二節　外交條約（釋字第三二九號解釋）

第一項　案件說明

壹、背景陳述

本案乃源於一九八七年政府解嚴後,基於人道立場考量,採取開放民眾返鄉探親,隨著兩岸民間交流、商務往來,不可避免地衍生諸多民、刑事糾紛,兩岸間乃展開事務性商談。一九九三年四月在新加坡,我方海基會董事長辜振甫、中共海協會會長汪道涵,進行「辜汪會談」。本次會議共有七項議題:「兩岸公證書使用查證協議」、「兩岸掛號信函查詢補償協議」、「辜汪會談共同協議」、「兩岸召開經濟會議」、「科技、文化及青少年交流」、「今年內兩會五項待解決事項」、「兩

會聯繫及會談制度協議」。^(註廿五)

「辜汪會談」雙方正式簽署四項文件：1.兩岸公證書使用查證協議。2.兩岸掛號信函查詢補償協議。3.兩會聯繫及會談制度協議。（今後兩會董事長、會長不定期會見；副董事長、副會長每六個月在兩岸或第三地會晤；會晤人員每年一次會談，但排除具官方身份人士。）4.辜汪會談共同協議（名稱達成共識，但有關協議內容是否載入兩岸簽署投資保障協議及修改廿二條，兩會看法分歧，經折衝後，決以簡單文字表達，將來擇時擇地再討論。）^(註廿六)

本案經立法院立法委員陳建平等八十四位，為憲法條文中條約一詞之內容與範圍不明，國際協定應否送立法院審議或備查界限不定，外交部發布之「條約及協定處理準則」第七條及第九條第一項有違憲疑義,因而聲請大法官會議解釋。

貳、聲請人的系爭點

立法委員陳建平等八十四人，認為辜汪會談在新加坡所簽訂之共同協議，應送立法院審議，但行政機關以為新加坡協議並非條約，只是行政協定，遂生 1.憲法上條約的意義為何？即憲法所稱之「條約」一詞的內容及範圍。2.協定或條約究竟由行政機關認定或立法機關認定？亦即何種國際協定應送交立法院審議？3.應送立法院審議之國際協定之認定標準應由立法院或行政院決定？是送立院備查或審議？4.外交部之「條約及協定處理準則」有違憲之虞。

參、大法官會議解釋

---

^(註廿五) 齊光裕，中華民國的政治發展（台北：揚智文化公司，民國八十五年一月），頁六四八。

　　本案經司法院大法官於一九九三年十二月廿四日第九九一次會議中，作成釋字第三二九號解釋。本案解釋共十五位大法官與會討論，結果多數（十位）大法官同意解釋文，並未以政治問題為由而迴避司法審查，反而是積極的做出解釋。但本案值得注意的是：有張特生及陳瑞堂兩位大法官提出部分不同意見書；有楊與齡、李志鵬及李鐘聲三位大法官提出不同意見書。其中張特生、李鐘聲兩位大法官不同意見書理由以「大法官會議不解釋政治問題立場，而認為本件聲請案不應受理解釋」。以下分別就本案之解釋文、解釋理由書、不同意見書之「政治問題」理由分列於后：

一、解釋文

　　1.憲法所稱之條約係，指中華民國與其他國家或國際組織所締結之國際書面協定，包括用條約或公約之名稱，或用協定等名稱，而其內容直接涉及國家重要事項或人民之權利義務且具有法律上效力者而言。

　　2.其中名稱為條約或公約或用協定等名稱而附有批准條款者，當然應送立法院審議。其餘國際書面協定，除經法律授權或事先經立法院同意簽訂，或其內容與國內法律相同者外，亦應送立法院審議。

二、解釋理由書

　　1.總統依憲法之規定，行使締結條約之權。行政院院長、各部會首長，須將應行提交於立法院之條約案提出於行政院會議議決之。立法院有議決條約案之權。憲法第三八條、五八條第二項、第六三條分別定有明文。依上述規定所締結之

條約，其位階同於法律。故憲法所稱之條約，係指我國（包括主管機關授權之機關或團體）與其他國家（包括其授權之機關或團體）或國際組織所締結之國際書面協定，名稱用條約或公約者，或用協定等其他名稱，而其內容直接涉及國防、外交、財政、經濟等之國家重要事項或直接涉及人民之權利義務且具有法律上效力者而言。

2.其中名稱為條約或公約或用協定等名稱而附有批准條款者，當然應送立法院審議。其餘國際書面協定，除經法律授權或事先經立法院同意簽定，或其內容與國內法律相同（例如協定內容係重複法律之規定，或已將協定內容訂定於法律）者外，亦應送立法院審議。其無須送立法院審議國際書面協定，以及其他由主管機關或其授權之機關或團體簽訂而不屬於條約之協定，應視其性質，由主管機關依訂定法規之程序，或一般行政程序處理。外交部所訂之「條約及協定處理準則」，應依本解釋意旨修正之，乃屬當然。

3.至條約案內容涉及領土變更者，並依憲法第四條之規定，由國民大會議決之。而台灣地區與大陸地區訂定之協議，因非本解釋所稱之國際協定，應否送請立法院審議，不在本件解釋之範圍，併此說明。^{（註廿七）}

三、不同意見書之「政治問題」理由

本案有張特生、李鐘聲兩位大法官，提出「政治問題」不予審查之意見。茲提出彼等之論述理由：^{（註廿八）}

1.張特生之「政治問題」觀點

---

^{（註廿七）}雙榜編輯委員會編，大法官會議解釋彙編(一)（台北：雙榜文化公司，民國八十六年十二月），頁七七—七八。

張特生大法官提出，本案應屬政治問題不予審查在於：

(1)不宜解釋之理由：

　A.非釋憲機關權責：

　　我國與他國或國際組織所締結之國際書面協定——無論其所用名稱條約、公約、協定或是其他相類之名詞，如其內容具有條約之實質者，皆應認為憲法所稱之條約，依憲法第六十三條規定，固應送立法院審議。唯上述條約以外之書面協定，何者應送立法院審議，何者僅須立法院備查，其分類標準如何？憲法未設明文，原非釋憲機關之權責範圍。

　B.外交處境困難之現實考量

　　本案涉及外交實務及國際政治問題，尤以我國目前處境特殊，更使此一問題之政治性益為明顯。據悉行政院為研修「條約及協定處理準則」，曾邀請熟悉外交實務之專家學者多人，組成專案小組，研討數月，修正草案，數易其稿，其修正理由書說明有謂：「鑒於我國現今與無邦交國家締結之國際書面協議，對方因政治顧慮，往往不願以政治層次較高之『條約』形成締結，而出之於『協定』形式」。

　　據外交部發行之中華民國八十年外交年鑑記載，與我無正式外交關係之國家，常因對我國名、簽約代表之職銜或機關名稱有所顧慮，以致影響談判之進行。近五年來，與他國間簽訂有五個條約、二五六個協定，而上述二五六個協定中，與有邦交國簽訂者有八八個，與無邦交國簽訂者有一六八個。足見以國家之非常處境，外交條約之處理，已難以常態方式進行。有若干國家在國際上不承認我國國際人格地位，

---

^(註廿八) 同上，頁八〇－八二；八八－九二。

我國與此等國家所簽訂之協定，如須送立法院審議，常發生意想不到之困難。為推展務實外交，爭取我國在國際上之生存空間，不得不從權處理，更可見本件確屬涉及高度政治性之問題。

C.有越權並損及司法立場

依我國現行法之規定，大法官雖可就抽象之憲法疑義為解釋，然對顯然牽涉高度政治性之問題，仍宜自我節制，若介入過多，不唯易致越權之譏，且治絲益棼，可能招怨致尤，有損司法之立場與尊嚴。

(2)無解釋必要之理由：

A.依憲法第五十七條第一項第二款前段規定「立法院對於行政院之重要政策不贊同時，得以決議移請行政院變更之」。依本件聲請書「說明」貳之二記載，過去立法院曾有三次，因不贊同行政院對條約或協定之處理，作成決議，明白表示何種條約或協定必須送立法院審議，要求行政院改進。依同上條款之下段規定，行政院對立法院之決議，即應遵照執行，否則應報經總統核可，移請立法院覆議。由此可知行政、立法間，可依憲法所定程序協調解決。初無由司法機關以釋憲方式解決之必要。

B.關於協定之分類標準如何？當依前述憲法所定程序解決；關於「條約及協定處理準則」第九、十條是否違憲？依中央法規標準法第七條規定，行政院研修完成，應於發布後送立法院，立法院如不贊同，可以決議促其修正，亦無司法解釋之必要。

C.本案係因辜汪會談，我方與中共海協會所簽訂之協議應否送立法院審議而起。據報導，立院已有立委提議研訂「涉

外關係條約法」及規範兩岸協議之特別法，以解決國際條約及兩岸協議之審議問題，由此可見立法院亦有自行解決問題之途徑，殊無由司法釋憲機關越俎代庖之必要。

2.李鐘聲之「政治問題」觀點

李鐘聲大法官從「不應受理解釋」、「解釋後果堪慮」兩方面，提出本案應屬政治問題不予審理：

(1)不應受理解釋

A.司法審查制度對於政治問題不予受理審查之通例，始於美國，衍為德、日諸國共同奉行。此一原則奠基於權力分立，三權均為憲法機關，均應自主與互相尊重，司法機關並不因違憲審查權而高於行政與立法之上。司法機關浸漸累積成自我約束之司法自制(judicial self-restraint)範圍與原則，稱為非司法性的政治問題(non-justiciable political question)，諸如：領土、外交、條約、戰爭等事項，都不插手介入，拒絕受理解釋。

不同意見書中並引用美國 Goldwater 案中「中美共同防禦條約」未經參院同意，便宣布取消一事，法院以政治問題不予受理；日本就「和平條約」、「日美安全保障條約」，日本法院（裁判所）一貫認為條約屬政治問題；德國之簽訂「兩德基本關係條約」，其聯邦憲法法院亦表示不插手政治的自由運作，其目的在於為憲法保障之其他憲法機關從事自由政治運作的範圍，保留空間云云。

B.本於大法官釋憲之先例，對於政治問題不予解釋，已著有釋字第三二八號解釋，表示我國憲政之分權原則，司法不審查政治問題，自與一般憲政國家相同。

C.憲法已有解決之機制。我國憲法第卅八條及第五十八

條第二項，規定總統及行政院之條約權責；第六十三條規定立法院之條約權責；兩院發生條約及協定之憲政權限爭議，則依憲法第五十七條、第四十條關於兩院間質詢、決議、覆議及總統核可、處理之規定以解決之。今捨憲法明文規定解決憲政權限爭議之正當程序不由，而聲請司法審查權作違憲解釋，陳述其主觀上之法規適用意見，按與「司法院大法官審理案件法」第五條第一項第三款：立法委員「就其行使職權，適用憲法發生疑義，或適用法律發生有牴觸憲法之疑義者」之規定，其文義精神，自不相合。

(2)解釋後果堪虞

A.國際間簽訂書面協定稱：條約(treaty)、公約(convention)、協定(agreement)外，而稱之為：協商(understanding)、協議(mutual consent)、議定書(protocol)、合約(contract)、辦法(arrangement)、備忘錄(memorandum)、宣言(declation)、綱領(guidelines)等等，曷勝枚舉，所以解釋「協定等」外之空間很大，又非明確。

B.協定等應否送立法院審議，視其內容等究竟如何？恍如水流洄狀之眩人心目，行將仁智之見，易滋爭議。且解釋文、解釋理由書中：協定等事先經立法院同意簽訂云云，將立法院事先同意簽訂協定等，豈非立法部門主導行政部門外交條約等事務。以外交關係之如何建立，乃國家獨立自主生存之國際政治課題，於世界風雲變幻中，折衝於樽俎之間，錯綜複雜，故外交事務由行政部門任之，若謂立法院事先同意簽訂協定等，不免授之以柄，背道而馳，後果堪虞。

C.我國憲法基於五權分治，彼此相維之憲政體制。本憲法原始賦與之職權，各於其所掌範圍內，為國家最高機關，

獨立行使職權，相互平等，初無軒輊，釋字第三二八號解釋，闡明依權力分立憲政原理，政治問題不應由行使司法權之釋憲機關予以解釋，前後相應，表示我國憲政體制之一貫精神。本案為立法、行政兩院解決爭議，而逕作法律性解釋，自高於兩院主管政治問題之上，儼然自居於太上立法機關 (super-legislature)。美國聯邦最高法院在釋憲歷程中，曾被論者譏評為太上立法機關，而後自歛，亦堪為鑑。

第二項　判決分析

本案之分析可分理論層次、事實層次、釋憲中「政治問題」探討三部分論之。

壹、理論層次

本案涉及條約、國際協定等是否應送立法院審議乙節。依我國憲法第六十三條：「立法院有議決法律案、預算案、戒嚴案、大赦案、宣戰案、媾和案、條約案及國家其他重要事項之權。」其中，明定條約案應送立法院審議。此乃因國際條約雖係國際法，卻能產生國內效力，如果國際條約等發生糾紛時，不但國家權益受其影響，同時人民權益亦受影響，國際法規範之屬國內法院適用之規範，自應經由立法部門之審議。

就美國憲法之規定：條約的締結，須經參議院的諮議，並得經該院三分之二絕對多數的批准。正如第一次世界大戰之後，威爾遜總統的國際聯盟計劃未為參院所贊同，以致美國沒有能加入國際聯盟；二次大戰之羅斯福、杜魯門總統均深知，外交的最後成果必須取得參議院的合作，所以事先總是與參院外委會的主席洽談。羅斯福總統甚至邀請兩位參議

員一同出席舊金山會議，俾使討論中的聯合國憲章，讓參議員能事先表示一些意見。二次戰後，杜魯門之積極主導聯合國成立，並獲參院批准。究其因，美國憲法之所以規定參議院之條約批准權，在於條約包括軍事同盟以及割地賠款等影響國計民生的規定在內，若允總統（行政部門）一人祕密為之，那是很危險之事；然若條約須國會兩院討論，則外交的進行，可能受到極大阻礙，在兩難之中，總統發動外交，而由參院加以批准是最適當的方法。[註廿九]

再看回我國，憲法第六十三條規定，條約案應送立法院審議。行政院所訂「條約及協定處理準則」第七條及第九條第一項，自行訂定何種協定應送立法院審查之依據。本案系爭在於憲法中之規定，條約須送立院審議，然國際法中除條約外之行政協定、公約、換文、備忘錄、宣言………等是否援引條約之規範？其中或將論及協定等形式之國際行為，是否直接或間接涉及國家重要事項、人民之權利義務？由此系爭探討條約外之各種形式是否亦須立法部門審議？這有待釋憲解決其中爭議，當然亦包含行政部門之「條約及協定處理準則」（依「中央法規標準法」第三條之規定，屬行政命令）是否違憲？

貳、事實層次

本案因辜汪會談海基會、海協會在新加坡簽定有關兩岸關係的協議，立委認為應送立院審議，唯行政機關以為新加坡協議並非條約，只是行政協定，乃產生憲法第六十三條中

[註廿九] 鄒文海，各國政府及政治，台七版（台北：正中書局，民國六十六年十一月），頁三二三-三二五。

之「條約」意義為何之疑義？協定、條約由誰認定？是否立院備查抑或審議？等等實務上的問題。這將產生兩種截然不同思考方向：

一者，國際法上無論其名稱為何，或稱條約、協定、協議、備忘錄···，以其內容將直接、間接涉及國家重要事項，或影響及於人民之權利義務，故而若允許行政部門祕密為之，或單獨決定，將影響國本民命，其不論名稱為何，不得以「高度政治理由」，不送立法院審議。本案中之多數大法官似傾向此一見解，認為名稱為條約、公約、協定而內容涉及國家重要事項或人民權利義務且有法律上效力者，原則上應送立院審議。唯若有法律授權或事先經立院同意或國內法已有之規定，可視為例外，不受審查。

二者，外交事務經緯萬端，牽一髮動全身，就我國所面臨之特殊國家處境，中共在國際間對我之孤立政策，外交條約之處理，早已超出常態運作範圍，諸多國家雖欲與我進行多方面交流，又須顧及中共反應，這些協定如送立院審議，將面臨許多困擾。從推展務實外交，爭取國際生存空間，權變處理乃形重要。無如我國之特殊處境，即如美國、日本、法國的判別標準，有關條約、外交等爭議，向來被認為是政治問題，憲法解釋都不應介入。本案在不同意見書中，張特生、李鐘聲大法官即持此一觀點。

參、釋憲中「政治問題」探討

本案解釋文、解釋理由書，並未如釋字第三二八號解釋以政治問題迴避，而積極作出解釋。張特生、李鐘聲兩位大法官則在不同意見書中，提出諸多說明，以為政治問題不應予以解釋。上文中已詳列兩位大法官提出政治問題之見解，

茲就相關評論陳述如后：

一、張大法官以憲法第六十三條規定之條約固應送立法院審議，至於條約以外之書面協定，何者應送立法院審議？何者僅須送立法院備查？其分類標準如何？「憲法未設明文，原非釋憲機關權責範圍。」此一說法頗值商榷，本於憲政主義中「任何權力均受憲法限制」的道理，[註卅] 更以大法官職司終局釋憲責任，憲法未設明文，並不得解釋為非釋憲機關之權責。憲法解釋固以文理解釋為主，並宜有優先次序，其中歷史解釋、體系解釋、比較解釋等，亦是釋憲者之運用法則。

二、張、李兩位大法官，均加入外交處境困難之現實考量，並以「外交事務由行政部門任之，若謂立法院事先同意簽訂協定等，不免授之以柄，背道而馳，後果堪虞。」吾人不得否定我國外交處境之艱難，條約、協定等達成之不易。然以釋憲者之著眼「事實考量」、「結果考量」，卻忽略制度面上興利除弊之機制（我國、美國之將條約規定交由國會部門審議、批准，即在制度面上防止國家安全、人民權利義務之受影響），恐亦是釋憲者易遭遇之陷阱。

三、張、李兩位大法官，均以憲法已有解決之機制，從而認為毋需司法審查之舉。彼等從憲法第卅八條、五十八條規定總統、行政院之條約權責，第六十三條規定立院之條約權責，及五十七條、四十條行政、立法兩院間質詢、決議、覆議及總統核可、處理之規定。「捨憲法明文規定解決憲政權限爭議之正當程序不由，而聲請司法審查權作違憲解釋‧‧‧

[註卅] 李念祖，前揭書，頁二〇三。

與『大法官審理案件法』第五條第一項第三款之規定，其文義精神，自不相合。」唯以本案之「協議」如何界定？本為憲法第六十三條明文所未規定，且已造成行政、立法部門之僵局，如憲法機制可作解決，何需聲請大法官解釋？故不可謂與「大法官審理案件法」之旨意不符。

　　四、張大法官援引美、日、德國之司法審查制度，就領土、外交、條約、戰爭等事項，都屬「非司法性的政治問題」，釋憲者不插手介入，拒絕受理解釋。張氏特別就美國 Goldwater 一案，說明聯邦最高法院以政治問題不予受理；此外並提到德國之簽訂「兩德基本關係條約」一例。就 Goldwater 一案，本文第四章第一節中，已有詳述，並認為，在憲法規範不明確下，如以政治問題拒審，則其說服力不足，憲法問題唯有憲法途徑（修憲、釋憲）解決，政府部門的行為，若不具有終局性者，法院有其莊嚴憲法職責，司法不容自我放棄其維護憲法責任。

　　德國的司法審查制度並不採用政治問題拒審，而是會有不同的介入程度，「聯邦憲法法院堅守憲法賦與之功能與角色的出發點，到清楚意識並尊重其他憲法機關亦享有憲法所賦與的一定自由活動空間的結論來看，只要是聯邦憲法法院管轄權所及之案件，無論有再高的政治性，聯邦憲法法院都不能以其為『政治問題』拒絕審判，只是會有不同的介入程度。」[註卅一] 質言之，德國聯邦憲法法院本於憲政職責，不會以政治問題拒審，但基於尊重憲法平行部門，乃採三階密度理論，

[註卅一] 羅名成，違憲審查權控制立法權的界限，國立中興大學法律研究所，碩士論文，民國八十七年七月，頁一二七。

就「明顯性控制」而為「合憲性解釋」(verfassungskonforme Auslegung von Gesetzen)之裁判。^(註卅二)

　　五、李大法官以權力分立,三權均應自主與互相尊重,「司法機關並不因有法令違憲審查權而高於行政與立法機關之上」云云,並引出政治問題,司法不插手介入,拒絕受理解釋。吾人則以為:「權力分立」,表示各有職司;「互相尊重」,表示尊重他機關之憲法職權,他機關亦尊重別機關之憲法職權,尊重不表瀆職、懈怠責任;如德國聯邦憲法法院尊重行政、立法機關權責,亦尊重其本身司法權責,乃有功能法觀點,從寬、中、嚴之不同密度審理,既能表現尊重立法、行政機關,亦是尊重自己司法立場之為終局裁判地位。

　　洛克以來權力分立觀念,逐漸確立行政部門依法行政;立法部門制定法源;司法部門維護憲法;此三機關各有職司,並無大小,司法之違憲審查只是在其憲政角色上扮演裁判(一般是被動形式)立法部門之法律、行政部門之命令規章,是否有違憲之虞。其中只有三機關角色之不同,而無權力大小之別,故應無李大法官所云「司法機關並不因有法令違憲審查權而高出於行政與立法機關之上」的看法。

　　司法審查之「尊重」行政、立法部門,應是從功能法之觀點,做合憲解釋,以確認行政裁量權、立法自由形成之角色;這與使用「政治問題」,拒絕裁判,差距不可以道理計。司法機關若以政治問題拒審,並非「尊重」其他機關,而是怠忽憲法職責,放棄釋憲者維護憲法之大任。正如警察對闖紅燈之民意代表不開罰單,不是表示「尊重」,而是瀆職;亦

---

^(註卅二)　同上,頁一二九,一三九。

如稅務人員對企業大亨之逃漏稅不予處理，不表示「尊重」，而是放水、怠忽職守。警察、稅務人員執行其法定職責，亦不可謂行政部門之職權大於立法、司法部門。

六、李大法官指出國際書面協定之名稱甚多，如「條約、公約、協商、協定、協議、議定書、換文‧‧‧曷勝枚舉，所以解釋『協定等』之空間很大，又非明確。」並以「協定等之應否送立法院審議，視其內容等究竟如何？恍如水流迴狀之眩人心目，行將仁智各見，易滋爭議。」前者，各種名稱及其指涉內涵，正是釋憲者所宜深入探討，並告之國人者，似不宜以一般常人之「空間很大，又非明確」，含糊帶過其應盡職責；後者乃已生爭議，大法官功能即在凜於憲法賦予重任，為最終局裁判，似不宜以「眩人心目、易滋爭議」放棄其專業職掌，反有憂讒畏譏之議。

七、本案如欲不審理，不宜以「政治問題」拒審。本文第三章第一節中，即列出「程序審」十項不接受之判決要件，如符合其中一項，則可在程序審中排除之。一旦進入「實體審」，則司法必須要為裁判。本案就程序審言之，可能有問題者，即第八項之：「立委三分之一以上聲請，須行使職權發生疑義；且在保障少數黨委員。」

立法委員以合議制集體集會行使職權，必須將其「疑義」提出會議討論，方符集體行使職權原則，亦即可確認係因「行使職權」所發生疑義。另一方面，為保護少數黨民意代表之釋憲權，當其提案未經立法院通過時，亦得准其提出釋憲案；至於多數黨立委基於政黨政治之精義，政黨必須有約束其部分黨員之責任，不宜任由多數黨內少數委員個人部分意見之提出，蓋以司法不在於解決政黨內部爭議問題。故而多數黨

立委於未提出討論或雖提出討論未獲通過下,均不得提出之。

本案陳建平委員等共計八十四人提出,如經過立院討論,並付之表決,則當時二屆立委總數一六一席,已佔五三%,達到二分之一之絕對多數,將符合「立委就其行使職權,適用憲法發生疑義」,提出聲請釋憲案之要求。本案如無其他程序審方面問題,即當進入實體審,而為一定之司法審查。

第三節　國安三法(釋字第三四二號解釋)

第一項　案件說明

壹、背景陳述

一九九一年是我國開啟憲政發展重要的一年。前一年召開的國是會議,終於確定結束解嚴(一九八七年)後氣息已弱的威權體制。包括:終止動員戡亂時期、廢止臨時條款、回歸憲法、一機關兩階段修憲。一機關指的是國民大會,兩階段修憲則包括程序修憲(一九九一年)、實質修憲(一九九二年)。然而尚包含資深國代(一九九一年十二月卅一日始全部去職)在內的第一階段程序修憲,本應定位為「確立法源依據」,使二屆中央民意代表(國代、立委)順利產生之法源,進行程序修憲工程。然而其中仍夾雜「實質修憲」,最明顯的正是國安三法:「總統為決定國家安全有關大政方針,得設國家安全會議及所屬國家安全局。行政院得設人事行政局。前二項機關之組織均以法律定之,在未完成立法程序前,其原有組織法規得繼續適用至中華民國八十二年十二月卅一日止。」(增修條文第九條)

第一階段修憲之增修條文賦予依據臨時條款成立之國安會等三組織的法源暨落日條款,亦即國安三法必須至遲於一

九九三年十二月卅一日完成新的三讀法源。唯一九九二年十二月十九日第二屆立法委員選舉，執政黨受到重挫，在一六一席中獲得九十五席（席次率五九‧〇一％）；民進黨則在一六一席中獲得五十一席（席次率三一‧六八％）另社民黨一席，無黨籍十四席。國民黨內派系（次級團體）縱橫，席次雖過半，力量常傾軋抵消，難有效發揮凝聚功能。

遲至一九九三年十二月十三日，立院法制委員會召委陳健民首度將「國家安全局組織法草案」排入委員會，由法制、國防聯席會議審查，是日未完成法案審查程序，陳健民主席即決定將法案送交院會二讀。十二月十五日，陳健民召委將「國家安全會議組織法草案」排入委員會，由法制、國防、內政、外交四委員會審查，是日亦未經委員會審查完畢，即由主席決定將法案交付院會二讀。十二月廿日，法制委員會召開聯席會，繼續審查「國家安全局組織法草案」、「國家安全會議組織法草案」，聯席會除決定更改議事錄，以台立法二字第零一五九號公文撤回前述陳健民主席行文祕書處之公文外，並決定「國家安全會議組織法草案」退回行政院不予審議。

十二月廿七日，王建瑄召委繼續召開委員會審查「國家安全局組織法草案」並且審查完畢，提報院會處理。另「人事行政局組織法草案」分別於十二月廿二日、廿九日經法制委員會審查完畢，提報院會處理。

十二月卅日中午十一時五十六分，立法院進行第二屆第二會期第廿八次會議時，由饒穎奇委員等卅六人，依「立法院議事規則」第二十條，提議變更議程，將「國家安全會議組織法草案」、「國家安全局組織法草案」、「行政院人事行政

局組織條例草案」等三案，從委員會抽出，改列為討論事項第一、二、三案，併案討論，並請以記名表決逕付二讀。

是日，主席為副院長王金平，於當時混亂場面中，並未依照「立法院議事規則」第卅三條至卅七條之規定，二、三讀會，既無「朗讀」議案（不知處理之標的為何？）、更無「廣泛討論」、「逐條討論」，即進行「包裹表決」。現場一片混亂、吵鬧，在不到四十分鐘之內，將社會上所矚目，涉及憲法上總統、行政與立法機關之極富政治爭議之法案，於未經二、三讀，且表決器損壞，不知明確票數下，主席於十二時卅三分在主席台上宣布三法案「通過」。其經過並記入「立法院公報」第八十三卷第二期第四十頁至第四十四頁。立院並即送達總統府，李登輝總統將此三法連夜公布施行。

此一明顯有違程序正義之立法過程，引起國人重視。並有立法委員謝啟大等五十八人連署、林濁水委員等五十六人連署、廖福本委員等六十人連署，爰依「司法院大法官審理案件法」第五條第一項第三款及第八條第一項之規定，針對適用憲法發生疑義，聲請大法官會議解釋。

貳、聲請人的系爭點

本案謝啟大委員、林濁水委員、廖福本委員三個連署聲請解釋憲法的案子。約可分兩部分說明。謝、林兩個連署案，其系爭點主張為：（註三十三）

一、 立法之權完全由立法院享有

1.憲法第卅七條：「總統依法公布法律……」，第七十二條：「立法院法律案通過後，移送總統及行政院，總統應於收
'

（註三十三）　台北，總統府公報，第五八七二號，頁八－十一。

到十日內公布之……」可知，總統雖享有公布法律之權限，但此權限之實施，必須是在立院「議決法律案完成通過程序」之後，乃可實施。

2.總統實施其「公布法律」之權，必須尊重憲法所規定「十日內」之時間規定，在「是否已經立法院通過」尚有明顯爭議情況下，不應輕率公布，放棄憲法所賦予之十日猶豫期限，造成法制的混亂局面。

二、 法律案議決程序未完成，不生法律效力

法律上任何權力之行使，均必須依誠實信用方式為之，並不得為恣意之目的而踰越常軌。本案因立法院明顯未完成國安三法之二、三讀程序，依憲法第七十二條之明文規定，尚不存在可供送請總統公布之「法律」。因之，總統倉促公布之所謂「法律」，因未經憲法所規定之立法程序，不能發生任何法律上之效力。

廖福本委員連署案之系爭點在於：[註卅四]

一、國安會等三機關乃增修條文規定，立院無反對設置之權

國安會等三機關乃根據憲法增修條文之規定，其得設或不設，主動權分別操於總統、行政院。立法委員對三機關之設置並無反對之置喙餘地，僅得就所送來之組織法條文內容進行審議修正。在野黨派力主不設國安會，國安局則主張應隸於行政院，接受國會監督。然此兩機關均憲法增修條文明定要設置者，如欲變動，亦應以修憲方式為之。

二、民主先進國家運作方式在朝野協商無法獲致共識，最後必然採取表決方式處理

[註卅四] 同上，頁十一－十三。

在野黨派立委一意採取非理性之暴力抗爭，使議場秩序蕩然，無法順利進行議事運作。依據民主先進國家國會運作方式，對有爭議之議案或重大問題之處理，朝野黨派在協商溝通無法獲致共識時，最後必然採取表決方式處理。在野黨採取非理性之暴力杯葛，阻礙表決進行。這種「沒有會場秩序，那有程序正義？」情況，令人遺憾。

三、以「議事錄確定」的爭議，否定三法未完成程序乃牽強且難以成立

議事錄係記載會議經過之事實，議事錄的尚未確定，並不能否定所通過法律案的有效性。部分在野黨立委據以認為該三法案尚未完成程序，而作為無效之聲請釋憲理由，實牽強且難以成立。

參、大法官會議解釋

本案經司法院大法官會議作成釋字第三四二號解釋。其解釋文、解釋理由書雖強調議會自律原則，積極作出解釋，然解釋理由書中「若為調查事實而傳喚立場不同之立法委員出庭陳述，無異將政治議題之爭執，轉移於司法機關。」似又隱含政治問題之概念，「勉」予由議會自行認定之，乃值玩味。釋字第三四二號解釋之要點如下：^(註卅五)

1.立法院審議法律案，需在不牴觸憲法範圍內，依其自行訂定之議事規範為之。法律案經立法院移送總統公佈者，曾否踐行其議事應遵循之程序，除明顯牴觸憲法者外，乃其內部事項，屬於議會依自律原則應自行認定之範圍，並非釋憲機關審查之對象。是以總統依憲法第七十二條規定，因立院移送而公布之法律，縱有與議事規範不符之情形，然在形式上既已存在，仍應依中央法規標準法第十三條之規定，發生效力。

2.法律案之立法程序有不待調查事實即可認定為牴觸憲法,亦即有違反法律成立基本規定之明顯重大瑕疵者,則釋憲機關仍得宣告其為無效。惟其瑕疵是否已達足以影響法律成立之重大程度,如尚有爭議,並有待調查者,即非明顯。依現行體制,釋憲機關對於此種事實之調查受有限制,仍應依議會自律原則,謀求解決。

3.國安三法經立院於一九九三年十二月卅日移送總統公布施行,其通過各該法律之議事錄雖未經確定,但尚不涉及憲法關於法律成立之基本規定。其曾否經議決通過,因尚有爭議,非經調查,無從確認,故仍應由立院自行認定,並於相當期間內議決補救之。若議決之結果與已公布之法律有異時,仍應更依憲法第七十二條之規定,移送總統府公布施行。

4.依「司法院大法官審理案件法」第十三條第二項規定,大法官解釋憲法得準用憲法法庭之規定行言詞辯論,乃指法律問題之辯論,與宣告政黨違憲事件得調查證據之言詞辯論,有所不同,即非釋憲機關所能審究。且若為調查事實而傳喚立場不同之立法委員出庭陳述,無異將政治議題之爭執,移轉於司法機關,與憲法第七十三條之意旨有違,應依議會自律原則,仍由立法院自行認定之。(按:字裏行間隱見因政治問題乃歸屬於議會自律——非因憲法精神或權力分立而採議會自律)。

第二項 判決分析

本案之分析可就理論層次、事實層次、釋憲中隱含政治問題之探討三部分論之。

壹、理論層次

國安三法釋憲案,就理論層次,可分別就程序正義、憲法體制兩部分探討。

一、從程序正義角度分析：

大法官會議釋字第三四二號解釋中，有楊建華大法官一人提出不同意見書，楊大法官從「程序正義」角度切入，其要義如下：^{（註卅六）}

1.依憲法第一七○條規定，「法律」須經立法院「通過」，總統「公布」。立院「通過」法律案，依憲法第六十三條規定，須經「議決」程序，必須經「議決」程序後「通過」之法律，始得「移送」總統。質言之，必須經「議決」、「通過」、「移送」、「公布」之程序，始應生憲法上「法律」之效力。是否為上述「憲法」上之「法律」？自為憲法疑義，司法院大法官有權解釋。

2.是否為憲法上之法律，在立法院必須先「議」後「決」，程序上乃有「通過」之可言。若「議而未決」、「決而未議」或「未議未決」，則難認為已具備法律之基本成立要件。

3.立院國安三法草案在二讀，並無委員廣泛討論、逐條討論，而「表決」議案，必須先進行討論程序，才有「停止討論」之動議可言。當日並未進入討論程序，亦無委員提出停止討論之動議，故二讀會已屬違法。依照立法院議事規則第卅四條規定，三讀會應於二讀會之下次會議行之。即便當日進行三讀，亦必須有委員卅人提出連署或附議，經表決通過後，始得繼續進行三讀。本次會議未有上述動作，三讀程序當屬違法。表決時，議場混亂，三項組織法草案未經立法院議事錄確定之程序，亦無人確切知道表決數目，故表決程序亦屬違法。綜言之，本案在憲法規定之「議決」、「通過」、「移送」、「公布」程序，僅餘「移送」、「公布」而已；如「議

---

^{（註卅六）} 同上，頁六一七。

決」、「通過」之程序可以省略,則何來「民主」、「議會」、「立法」之可言?

4.本案過程當晚各傳播媒體均作現場報導,國人所共睹,次日各大報紙均將此「未議未決」之情形,大幅刊登。立法院本身出版之公報更有詳細記載,其未經議決之明顯重大瑕疵,為公眾所週知。大法官視而不見,稱此種事實,尚有爭議,「並非明顯,仍待調查認定」,甚值商榷。尤有甚者,此例若開,爾後各級議會均可不遵議事程序規範,將「議而未決」、「決而未議」或「未議未決」之法案,逕由主席宣布通過,移送公布,影響我國民主制度、地方自治至為嚴重。質言之,程序正義至為重要,且其絕對符合大法官釋憲審查之對象。

二、從憲法體制角度分析

中華民國憲法因政治協商會議之妥協,從憲法體制精神分析,是屬五權憲法架構下,傾向於內閣制精神的混合制。我國行政院是國家最高行政機關(憲法第五十三條),立法院是國家最高立法機關(憲法第六十二條),行政院對立法院負責(憲法第五十七條)。此外,行政院長副署權的設計(憲法第卅七條)均表現出「內閣制」的特徵。唯我國憲法體制僅能稱「傾向」內閣制,因我國原憲設計中,並無立法院「不信任投票」、行政院亦無「解散國會權」,同時並未規定行政院長及各部會首長由立法委員兼任,相反的,規定立法委員不得兼任官吏(憲法第七十五條)。另綜觀我國憲法中總統職權,從第卅五條到四十四條,絕大多數屬「國家元首權」,或必須建築在行政院會議之決議與行政院長副署兩個基礎上。屬總統「實權」者,僅有憲法第四十四條「院際調和權」一

條而已，然以其並無任何拘束力，成效如何？亦甚明確。整體言之，我國憲法體制，類屬五權憲法架構下傾向於內閣制精神的混合制。^(註卅七)

政府來台，因「動員戡亂時期臨時條款」第四項規定「得設置動員戡亂機構」，蔣中正總統於一九六七年頒布命令，成立國家安全會議、國家安全局以及行政院所屬之人事行政局三機關。國家安全會議為一合議制之機構，唯因其一切決議，須經總統核定後，再依其性質交主管機關實施，故其精神具有獨位首長制之色彩。有謂：「國家安全會議不但是戡亂時期政府的決策機關，而且是決策的中樞所在，在其決策範圍內，行政院倒退而成為執行其決策的機關。」^(註卅八)

國家安全會議等三機關，本為動員戡亂時期臨時條款所設非常體制的產物，正當隨戡亂時期終止而予廢止，回歸常態憲法體制中。詎料，隨著回歸憲法與修憲之際，在憲法增修條文第九條，予以「就地合法」，明顯破壞原憲法中總統與行政院長之既存關係。且增修條文中：「總統為決定國家安全有關大政方針，得設國家安全會議及所屬國安局，其組織以法律定之。」然則，何謂「國家安全」？又何謂「有關大政方針」？關於總統權力之規定，見諸憲法第卅五條至四十四條，均採列舉主義，現陡然授與總統如此多超越憲法的權力，甚至形同發交一張空白的政治權力支票。

再就國家安全會議組織法，無論將國安會定位為決策機

---

^(註卅七) 齊光裕，憲法與憲政（台北：揚智文化公司，民國八十五年十一月），頁二四一一二四三。

^(註卅八) 羅志淵，中國憲政與政府，三版（台北：正中書局，民國六十八年），頁四九六。

關或諮詢機關，其設計以總統為主席，行政院長為「第二副
主席」之設計，不僅破壞憲法上最高行政決策權的規定，且
此一「太上行政院」將造成原憲法體制的混淆不清——有權
者（總統）無責（毋需對立法院負責），有責者（行政院長）
無權。此種缺乏權責平衡之憲法體制，更增添未來憲政發展
的不確定性和變數。總之，國安三法在民國八十年開啟憲政
改革的第一步設計中，就不利憲法體制。這種發展態勢好像
是回歸臨時條款，而非回歸憲法。[註卅九] 如此一來，使原本隱
含於中華民國憲法中「傾向於內閣制的混合制」，逐漸導入「傾
向於總統制的雙行政首長制」。[註四十]

貳、事實層次

本案核心之國安三法所牽涉憲法體制變動，使憲法中總
統職權擴大走出第一步，將總統、行政權、立法權之憲法關
係帶來紛擾，並使主政者在其後第三次修憲確立總統直選、
第四次修憲刪除立院之閣揆同意權，憲改工程一路走下去，
憲法學理更模糊不清，總統、行政與立法互動更趨於混亂。
國安三法在憲法增修條文的規定，為十餘年來（一九九一年
迄今）憲政發展埋下陰影。誠如馬起華教授在二屆國代選舉
後所表示：[註四十一]

> 憲法之總統、人民的自由權利、中央政府體制（除
> 中央民意代表選舉外），地方政府、中央與地方權限之劃

[註卅九] 李炳南，憲政改革與國民大會（台北：月旦出版社，民國八十三年六月），
頁九六。

[註四十] 傅崑成，「修憲後的總統權限」，中山社會科學季刊，第七卷第二期，民國
八十一年七月十二日，頁七一十二。

[註四十一] 華力進主編，二屆國代選舉之評估（台北：理論與政策雜誌社，民國八十
一年六月），頁一○七。

分，總統與五院之規定均非常週全。修憲若是為了興利除弊，則既不能興利也不能除弊時，為什麼要修憲？誰能保障修憲之後，能比以前更好？今日既然非修憲不可，則應探求問題所在，對症下藥；且修正的幅度愈少愈好，以減少動亂。

許歷農氏亦提及：^{（註四十二）}

> 回想自國是會議以來，前後五年有餘，已歷三次憲法修正，變遷幅度不可謂不大。論者謂，主其事者或有修憲為名，制憲為實的意圖；此外各種批評譏議蜂擁而至，政治紛爭迨皆肇因於此。余以為，憲政成長，並非憲法修正一途而已，而憲法修正過度頻繁，更動規模過度龐雜，卻可能導致憲政制度的全盤失敗，故憲政改革應該盡量慎重其事，即以不修、小修或少修為宜。至於憲政的成長與鞏固，則賴朝野各黨共同信守憲法的規範為首要。

從憲政的事實發展層次，國安三法已對中華民國現行憲法產生質變作用，亦即已非形式上修憲，而在實質上有制憲的效應。張治安教授指出：^{（註四十三）}

> 我國憲法有關中央政府體制之規定，原具有濃厚的內閣制色彩，行政院與立法院分別為國家最高行政與立法機關，行政院須向民選產生之立法院負責，至於國民大會平時只有選舉及罷免總統、副總統與修憲之權……二、三次修憲時，總統與國民大會一再相互擴權……這樣的變化，可能將對國民大會、總統、行政院長及立法

（註四十二）　齊光裕，前揭書，頁一。

院之間的關係產生影響。亦將導致我國中央政府體制出現微妙的轉變。

成熟民主國家，國民須重視「憲政精神」(constitutionalism)——力行憲法與容忍妥協是民主憲政的兩大基石。當戡亂時期終止，國內修憲工程，從國安三法伊始，就明顯可見，未能體現「憲政精神」，使真正回歸原憲法。實則，在政治現實面中，朝野政黨歧見極深，又缺乏共識下，應以最小變動為宜（如完成必要之中央民意代表法源依據）。然而第一步的「程序修憲」中即暗渡陳倉，形成「回歸臨時條款」，將原來之「違章建築」，反以鋼筋水泥鞏固之。在我國日益走上民主化的同時，培養國民重視、力行憲政的精神，國基才得鞏固，人民始得永享民主憲政之福祉。

參、釋憲中隱含「政治問題」探討

釋字第三四二號中，多數大法官將國安三法草案是否「通過」立法院審議之爭議，定位為議會自律原則及其範圍。解釋文中指稱：「立法院審議法律案，須在不牴觸憲法之範圍內，依其自行訂定之議事規範為之。法律案經立法院移送總統公布者，曾否踐行其議事應遵循之程序，除明顯牴觸憲法者外，乃其內部事項，屬於議會依自律原則應自行認定之範圍，並非釋憲機關審查之對象。」解釋理由書中補充說明：

依民主憲政國家之通例……國會行使立法權之程序，於不牴觸憲法範圍內，得依其自行訂定之議事規範為之，議事規範如何踐行係國會內部事項。依權力分立之原則，行政、司法或國家其他機關均應予以尊重，學

（註四十三）　湯德宗，前揭書，頁二六〇。

理上稱之為國會自律或國會自治。

大法官在強調議會自律原則，卻在權力分立外，加入類似「政治問題」法院不予審理之說明：

> 依司法院大法官審理案件法第十三條第二項規定，大法官解釋憲法得準用憲法法庭之規定行言詞辯論，乃指法律問題之辯論，與宣告政黨違憲事件得調查證據之言詞辯論，有所不同，即非釋憲機關所能審究。且若為調查事實而傳喚立場不同之立法委員出庭陳述，無異將政治議題之爭執，移轉於司法機關，亦與憲法第七十三條之意旨有違，應依議會自律原則，仍由立法院自行認定。

解釋理由書前段中，已強調議會自律原則，並且不以「政治問題」拒審迴避之，卻出現類似「政治問題」意涵之「傳喚立場不同之立法委員出庭陳述，無異將政治議題之爭執，移轉於司法機關。」云云。固有謂：「本件解釋堪稱第五屆大法官見地與智慧的代表作！不僅確立了議會自律原則，抑且堅守住司法審查底線(buttom line)，更圓融地指出化解政治爭議之政治途徑。反覆研讀，益增感佩！」^(註四十三)

唯從另一角度切入，隱含政治問題之解釋得否成立？則不無疑問。正如李建良教授之申論：^(註四十四)

> …………按本件固然係具有高度政治性爭議的案件，惟並非表示本件所涉及者即為「政治問題」，而非「司

(註四十三) 湯德宗，前揭書，頁二六〇。

(註四十四) 李建良，「政治問題與司法審查——試評司法院大法官相關解釋」，見劉孔中、李建良主編，憲法解釋之理論與實務（台北：中研究中山人文社會科學研究所，民國八十八年五月），頁一八八。

法案件」。由於憲法所規範之對象即是「政治活動」,憲法本身原具有高度政治性,憲法問題帶有政治性,實不足為奇……職司釋憲之機關仍非因此而失其「司法機關」之性格,蓋其審理案件係以憲法為決定之準則。換言之,「政治事件」與「司法案件」不同之處在於「司法案件」恒以「法」(憲法)為決定之依據,而所謂「政治事件」係指其解決之通道常繫乎法以外之因素及動機,靠政治力量之折衝而達平衡之結果。準此以言,大法官依據憲法審理具政治性爭議之案件,乃執行其司法機關之職責,並非干預政治,其解釋之內容,對於政治現況或有影響,惟仍不改其「司法決定」之本質。本案大法官於解釋中首先肯認自己對立法程序有無牴觸憲法之問題有審查權,不承認其為政治問題,此種不退避的態度,固然令人敬佩,但是其後卻將事實認定的問題定位為「政治議題」,致遭批評,誠屬可惜。

本號解釋之隱含政治問題之釋憲型式,學理上將產生以下爭議:1.司法案件本即對立之兩造,司法判決本即兩造必得罪其一。故「傳喚立場不同之立法委員出庭陳述,無異將政治問題之爭執,移轉於司法機關」之說法,難得信服。2.憲法規範者,本即是「政治問題」,釋憲者無由以「政治問題」拒審。(除非「程序審」排除項目者)3.大法官依憲進行憲法審查,為司法機關之職責,不僅符合權力分立原則,且非干預政治。

第四節　行政院總辭(釋字第三八七號解釋)

第一項　案件說明

壹、背景陳述

　　本案乃源於一九九二年十二月十九日第二屆立法委員選舉，為立法院全面定期改選的開始，在資深立委悉數退職後（一九九○年六月廿一日公布之大法官釋字第二六一號解釋：「‧‧‧第一屆未定期改選之中央民意代表除事實上已不能行使職權或經常不能行使職權者，應即查明解職外，其餘應於中華民國八十年十二月卅一日以前終止行使職權，並由中央政府依憲法之精神，本解釋之意旨及有關法規，適時辦理全國性之次屆中央民意代表選舉，以確保憲政體制之運作。」第二屆立委選舉，可視為立法院結構的全新調整。

　　長時期以來的資深立委不改選走入歷史，一則往昔立法、行政互動模式，碰到全新產生之立院，必然產生若干問題與爭議；二則今後每次立委改選結果，均將影響政治生態，包括立院多數黨的誰屬？以及牽動行政院長的政黨與人選。第二屆立委選舉結果，國民黨得票率五三‧○二％，在一六一席中獲得九十五席，佔席次率五九‧○一％；民進黨得票率三一‧○三％，在一六一席中獲得五十一席，佔席次率三一‧六八％；另社民黨當選一席，無黨籍當選十四人。^(註四十五)

　　二屆立委改選後，資深立委又已悉數退職，新時代新氣象的衝擊，新科立委積極銳意行使憲法所賦予的各項權力，尤其頂著最新民意光環，對於若干積習已久的憲政運作，乃有若干質疑和爭論。首當其衝著，立院改選後（過去僅是少部分增額立委之更動），行政院長是否應率全體閣員總辭？以維持民意政治、責任政治的基礎。以少數黨（在野黨）立委

---

^(註四十五)　齊光裕，前揭書，頁九○八－九○九。

為主，於一九九三年三月向大法官聲請釋憲，關於立院改選後，行政院長是否需率全體閣員總辭？司法院大法官會議乃於一九九五年十月十三日，作成釋字第三八七號解釋，明確指出立委改選後於第一次集會前，行政院院長、副院長、各部會首長及不管部會之政務委員，應提出總辭。

貳、聲請人的系爭點

立法委員陳水扁等七十二人，以立法院已全面改選，第二屆立法委員宣誓就職，並開始行使職權。依憲法第二條國民主權之精神；憲法第五十五條第一項規定，行政院長的任命，須經立法院同意；另憲法第五十七條規定，行政院對立法院負責。基於以上各點，行政院院長應率全體閣員，於立法委員重新改選後，宣誓就職行使職權前總辭。就陳水扁委員等聲請釋憲的立委，認為新國會代表新民意，既然內閣是前國會通過而取得正當性基礎，故而內閣當然需總辭，以示對新國會負責。

此外，並依憲法第六十一條：「行政院之組織，以法律定之。」關於內閣總辭之範圍，除依憲法第五十六條規定，由行政院長提請總統任命閣員外，其他依「行政院組織法」設置之各委員會、處、局、署及中央銀行、國立故宮博物院，該等屬政務官性質之首長，亦認應一併提出總辭。

參、大法官會議解釋

本案經司法院大法官於一九九五年十月十三日作成釋字第三八七號解釋。結果多數大法官同意解釋文，未以政治問題為由以迴避司法審查，並積極作出解釋。唯大法官吳庚在其不同意見書中，陳明本案涉及總統、立法院與行政院三者之關係，具有高度政治性。在一切憲法問題中，可謂無出其

右者，故認應屬於統治行為的範疇，司法不應介入予以審查。以下分別就本案之解釋文、解釋理由書、不同意見書之「政治問題」理由分列於后：

一、解釋文^{（註四十六）}

1.行政院設院長、副院長各一人，各部會首長若干人，及不管部會之政務委員若干人；行政院長由總統提名，經立法院同意任命之；行政院副院長、各部會首長及不管部會之政務委員，由行政院長提請總統任命之。以上規定於憲法第五十四條、五十五條第一項、五十六條。行政院對立法院負責，憲法第五十七條亦規定甚詳。

2.行政院長既須經立法院同意而任命之，且對立法院負政治責任，基於民意政治與責任政治之原理，立法委員任期屆滿改選後第一次集會前，行政院院長自應向總統提出辭職。行政院副院長、各部會首長及不管部會之政務委員係由行政院長提請總統任命，且係出席行政院會議成員，參與行政決策，亦應隨同行政院長一併提出辭職。

二、解釋理由書^{（註四十七）}

1.依憲法第五十七條規定，行政院應對立法院負責。民主政治以民意政治及責任政治為重要內涵；現代法治國家組織政府、推行政務，應以民意為基礎，始具正當性。從而立法委員因任期屆滿而改選時，推行政務之最高行政機關為因應最新民意，自應重新改組，方符民主政治之意旨。

2.行政院設院長、副院長各一人，各部會首長及不管部會之政務委員若干人；行政院院長由總統提名經立法院同意

─────────────────

^{（註四十六）} 同註二十七，頁五一。

任命之；行政院副長、各部會首長及不管部會之政務委員，由行政院長提請總統任命之。憲法第五十四條、第五十五條第一項、第五十六條定有明文。行政院有向立法院提出施政方針及施政報告之責；行政院移請立法院之覆議案，如經出席立法委員三分之二維持原決議，行政院院長應即接受該決議或辭職，憲法第五十七條亦規定甚詳。

3.行政院院長由總統提名，經立法院同意任命，行政院院長對立法院負政治責任，此乃我國憲法有關總統、行政院、立法院三者間之制度性設計。行政院院長之任命，既須經由立法院同意，基於民意政治之原理，自應於每屆立法委員任期屆滿改選後第一次集會前提出辭職，俾總統得審視立法院改選後之政治情勢，重行提名新任人選，咨請立法院同意以反映民意趨向。

4.行政院副院長、各部會首長及不管部會之政務委員，則係由行政院院長依其政治理念，提請總統任命，並依憲法第五十八條之規定，出席行政院會議，參與行政決策，亦應隨同行政院院長一併向總統提出辭職以彰顯責任政治。至於不具政務委員身分之行政院所屬機關首長，其辭職應依一般行政程序辦理，其中任期法律有明文規定者，不受上述行政院總辭之影響，乃屬當然。

三、不同意見書之「政治問題」理由

本案有吳庚大法官認為系爭事實為政治問題，大法官不應加以審查，故提出不同意見書。吳大法官首先詳細說明統治行為之概念：司法審查權在本質上應受限制，不僅為學理

(註四十七) 同上，頁五一一五二。

所公認，且就先進法治國家之實際運作中，已形成相關制度。此即美國法制上之政治問題(political question)，德國之不受司法管轄之高權行為(gerichtesfreier Hoheritsakt)，法國之政府行為(astes de gouvernement)，英國之國家行為(act of state)，國內學者或有採日本所習用之名詞——統治行為，作為上述各種制度之上位概念。吳氏主張本案屬於政治問題，應援引釋字第三二八號有關於疆域解釋之先例，不作實體解釋，其法理觀點如下：[註四十八]

1.此問題乃涉及總統、立法院及行政院三方面關係之問題，其具有高度之政治性，在一切憲法問題中，可謂無出其右者。若本問題可視為一般憲法疑義而予以解釋，則從此將不再有不可供司法審查之事項。衡諸比較憲法，元首對閣揆之任免、國會對閣揆之選任或罷黜，內閣應於何時向元首或國會辭職？不問是否採行前述統治行為之各種理論，未有由司法機關予以決定者。

2.我國憲法第五章及第六章，對行政或立法兩院之關係規定慕詳，獨未規定行政院院長之任期，亦未就立法委員改選時，行政院院長應否單獨辭職或全體總辭有所規定，乃係制憲當時仿效多數設有閣揆及內閣國家之例，有意加以省略，並非憲法顯有闕漏，而係欲將此一問題委諸政治上實際運作加以解決，不必硬性規定。故不應由司法院以解釋方式彌補闕漏(Lueckenergaenzung)。

3.內閣是否隨國會改選而總辭？在內閣制國家其答案固屬肯定，但除極少數者外（如日本現行憲法第七十條及德國

[註四十八] 同上，頁五二一五五。

基本法第六十九條），鮮有以憲法明文加以規定之例；在總統制下，雖亦有內閣之設，然內閣成員不隨國會改選而離職；在混合總統及內閣制之政體（如法國第五共和），國會改選及新總統就任，內閣均常隨之更迭，凡此皆為自然形成之憲政例規，以因應不同之情勢。

就國會改選而言，有定期改選及特殊議題改選（通常指國會任滿前政黨因特定政治議題發生僵持，而解散國會訴諸選民）之不同。特殊議題改選如內閣獲勝，當然繼續執政，毋庸辭職；定期改選如議會僅有兩大黨，而原執政黨又獲得過半席次時，內閣亦無須辭職，英國即有此慣例。

就辭職而言，有真正辭職與禮貌性辭職(protokollarisc her zuruecktritt)之分，前者必須重新任命，後者僅須以書面或口頭表達留一紀錄即可，何種辭職屬真正辭職？何種辭職為禮貌性質？端視憲政慣例而定，並無成文規範可循。

我國政制原非完全之內閣制，憲法增修之後，尤難依內閣制方式運作，加以總統與立法委員之任期互有參差，行政院介乎其間，究應於何時以何種方式辭職？宜聽任政治部門自行解決，本件解釋徒增政治上處理之困難而已。

4.本件係立法委員於一九九三年三月間聲請解釋，當時面臨立法院初次全面改選，行政院應否總辭？並無前例可援。執政黨內復有若干爭議，但隨後迅速解決，院長及閣員皆提辭呈。目前第二屆立委任期將屆，現任行政院長已數度表明第三屆立委選出後亦將辭職，是行政院應否隨立委改選而總辭之問題已不存在，且此種解決方式現時各方並無異議，無須釋憲機關作任何實體上之解釋，其理至明。

綜論上述，吳大法官認為，本件解釋對象乃典型之政治

問題或統治行為，恰似布瑞南所稱：屬於憲法顯欲委由相關之政治部門解決，司法機關對類似問題難有相同之判斷標準；不屬司法裁量事項，不應由司法機關作成決策，可資遵循之政治上決定早已作成，司法機關所作決定顯示其對立法與行政部門之有欠尊重。

第二項　判決分析

本案之分析，可就理論層次、事實層次、釋憲中「政治問題」探討三部分論之。

壹、理論層次

欲論述我國憲法的中央體制，並不容易，尤以我國憲法究竟是否為內閣制或總統制？抑或如何解釋？實應清楚定位，否則就本案將無法明確釐清。此亦吳大法官在不同意見書之末尾所論：「至於可決多數所通過之解釋理由書，僅引三、四憲法相關條文，語焉不詳，即獲得結論，未能以宏觀之取向採用比較解釋(Komparative Auslegung)之方法，以各國總統制、內閣制、雙首長制或半總統制之特徵，與我國制度類比分析，恐難符合方之期望，猶其餘事。」

民主國家的政體制度，因行政權與立法權關係之不同而有異，以採取總統制與內閣制較多，採取總統制者五十二國，其中亞洲九國、歐洲六國、美洲十九國、非洲十七國、共產國家一國。採行內閣制的國家四十四國，其中亞洲十五國、歐洲十六國、美洲三國、非洲八國、澳洲二國。然則沒有一個完全相同的，其中內閣制具總統制者有之，總統制略含內

閣制色彩者亦有之。^(註四十九)若予以捨小異而取大同，薩孟武教授就內閣制、總統制之特徵，尤其行政權的歸屬、行政與立法兩權關係比較如下：^(註五十)

以內閣制而言，1.行政權的歸屬及其組織：信任制度、副署制度、負責制度，三位一體而為內閣制的特徵。A.信任制度：內閣由總理（首相）與國務員組織之，總理由元首任命。但此任命權乃以議會的信任為條件，其人選為議會多數黨黨魁。B.副署制度：各種政策由內閣會議決定，開會時以總理為主席，元首無出席討論之權。唯內閣對外執行政策時，仍需假元首的名義，但由總理副署，副署表負責之意。C.負責制度：內閣對議會，尤其第一院（下議院、平民院）負責，議會督促內閣負責的方法有質詢、審查、預算表決、信任投票等方式。

2.就行政權與立法權的關係，內閣制一方面使行政權與立法權相結合，他方使行政權與立法權互相對抗。前者表現在A.國務總理及國務員常由議員兼之。B.內閣成員必須出席議會說明政策及接受質詢。C.內閣得提出各種議案於議會。後者則表現在議會有不信任投票權，內閣有解散國會權。

以總統制而言，1.行政權的歸屬及其組織：A.國務員由總統任免之。B.一切政策均由總統個人決定。C.國務員對總統負責，不對議會負責。

2.就行政權與立法權關係，一方使行政權與立法權分立，他方又令行政權與立法權互相牽制。前者表現在A.總統

---

^(註四十九) 董翔飛，中國憲法與政府，修訂廿九版（台北：自印行，民國八十四年三月），頁二一五。
^(註五十) 薩孟武，政治學，增訂再版（台北：三民書局，民國七十五年），頁一七九－一九０。

與國務員不得兼任國會兩院議員，總統與議員分別由人民選舉產生，各對人民負責。B.國務員不得列席國會任何一院，報告政務或接受質詢。C.總統不得提出議案於國會，政府提案須透過同黨籍國會議員代為提出。後者則表現在：A.議會雖無不信任投票，但可利用立法權尤其是預算議決權，牽制政府。B.總統固然沒有解散議會之權，但在立法上可利用覆議之否決權(veto power)以牽制議會。

比較內閣制、總統制之特徵及其精神，我國憲法的中央體制既非完全的內閣制，亦非完全的總統制，而是屬於五權憲法架構下的混合制。^(註五十一)這一混合制的精神，則較傾向於內閣制。我國憲法雖保留五權憲法架構，但並未符合中山先生五權憲法的精義，故非完全的五權憲法制。我國憲法除五院外，尚包括國民大會、總統，故以五院制稱之亦不周延。另外，憲法中的總統職權（第卅五條至四十四條）雖有部分實權，但距總統制、半總統制，或傾向於總統制甚遠；從憲法中規定，行政院、立法院分別為國家最高行政機關與立法機關（第五十三條、第六十二條），行政院長須經立法院同意任命（第五十五條），且行政院對立法院負責（第五十七條）以及副署制度（第三十七條），都是內閣制重要精神。唯我國憲法中並未規定行政院長及部會首長由立法委員兼任，相反地，規定立法委員不得兼任官吏（第七十五條），且我國憲法原文並無立法院不信任投票，內閣亦無解散國會權，這些都是不符合內閣制的重大部分，因而我國在民國八十二年增修條文之前，並非完全內閣制，僅可謂之較傾向於內閣制。質

---

^(註五十一)　董翔飛，前揭書，頁二一一。

言之，我國憲法體制，類屬五權憲法架構下傾向於內閣制精神的混合制，或稱混合制。法國戴高樂一九五八年的第五共和憲法亦是另一種型態的混合制。^{（註五十二）}

綜合憲法相關條文，行政院為國家最高行政機關（第五十三條）、行政院對立法院負責（第五十七條）、行政院院長由總統提名，經立法院同意任命之（第五十五條）、行政院副院長、各部會首長及不管部會之政務委員，由行政院長提請總統任命之。（第五十六條）憲法雖並未明定行政院院長任期，唯本於行政院對立法院負責，再則行政院長產生方式，須經總統提名，而後經立法院同意任命；這可以論定，在兩種狀況下，行政院長有變動之可能：一是總統選舉，二是立法院選舉。基於民主政治之民意政治、責任政治的體現，總統、立法委員選舉前，由行政院院長總辭，成為看守內閣，以便新選出之總統、立法院立法委員行使職權是為妥適。

貳、事實層次

本案在事實層次可思考兩個問題：一是總統、立法委員之任期不一致，使行政院長如欲配合上述兩項選舉，則行政院長短則一年，長則三年即面臨去留的困境。二是本案聲請釋憲後，國民黨內部短暫爭議後，問題獲得解決，院長及閣員皆提辭呈，故當本案大法官做成釋字第三八七號解釋，問題早已不存在，是否須大法官實體解釋？亦是吳庚大法官不同意見書中提出質疑之事項。

一、總統、立法委員任期不一致的問題

早先於一九九二年第二階段修憲前，國民黨修憲條文原

---

^{（註五十二）}齊光裕，憲法與憲政，（台北：揚智文化公司，民國八十五年十一月），頁二一二－二一三。

定八條，其中包括立法委員任期由三年改為四年，用以配合總統、國民大會任期（均由原憲法六年改為四年），一則，可以統一所有中央民代任期，二則，立委任期配合總統任期，亦有助於行政院長位置的安定性（亦可固定為四年），否則立委任期維持三年，總統任期為四年，則行政院長短則一年，長則三年即面臨去留之困境（因逢總統、立委改選）。^(註五十三)

然以二屆國大開議後，國大、立院爭議擴大，一九九二年四月十四日李勝峰立委在立院指責國代王應傑為「垃圾」，王並回罵李「蟑螂」。四月廿七日國大一讀會通過「國大每年定期集會三十天」、「設置正副議長」、「國會設立預算局」、「國大立院互審預算」等多項國大擴權修憲案，此舉引起社會輿論譁然，尤以諸多項目都關係到立法院在原有憲政結構上的權限，立法委員紛紛提出異議，包括國民黨立院黨團決議由黨鞭王金平向中央表達嚴正堅定的反對態度，民進黨陳水扁發起一人一言聲討國大運動，謝長廷建議修改國大組織法，限制國大有關自身的修憲權，張俊雄提案在立法院成立修憲特種委員會；另外新國民黨連線舉行記者會訴諸輿論，共同聲討國大之提案。^(註五十四)

二屆國大的第二階段修憲從「垃圾蟑螂事件」而到國大一連串擴權修憲案，終於形成國民大會與立法院間的職權之爭，並直接影響了「黨九條」中的立法委員任期延長為四年案。五月五日有二三三位國代主張將立委任期改為二年或二年改選一半，符合美國眾議院情形。此時國民黨為避免國大、立院兩個國會間對立情勢昇高，乃於五月廿五日決定擱置立

---

^(註五十三) 同上，頁一四○－一四一。

法委員任期延長四年案，並且打消縮減為兩年的提案。實則，第二階段修憲，若將立委任期延長為四年，與總統選舉同時舉行，則行政院長任期將可配合總統、立委選舉，而趨於穩定性。修憲本當是莊嚴慎重的大事，卻因兩院間情緒性反應，而無法對憲法內涵、理念予以認真檢討，亦值思索再三。

二、郝柏村院長總辭與本案存在性關聯

早先於一九八八年一月，蔣經國總統去世，國民黨由李登輝接任黨主席、中華民國總統，李氏所面臨黨內勢力傾軋，初期整合凝聚工作乃屬困難，而有主流派、非主流派之爭，由最先黨主席產生方式之起立派、票選派；到修憲「一機關兩階段」、「一機關一階段」；再到總統選制之直選派、委選派等，在在均見流派對立抗爭。李氏所面臨政治環境不可謂不險惡，其乃逐次打消政治上強大勢力，先由李煥接替俞國華任行政院長（一九八九年五月至一九九〇年五月），再以郝柏村換下李煥（一九九〇年五月至一九九三年二月）；至一九九二年底，二屆立委選舉後，李氏政治勢力已趨穩固，乃擬以時任省主席連戰，取代郝柏村任行政院院長。此時在野之民進黨以釋憲途徑，突顯立委選後新民意對閣揆同意權行使時之必要性；就國民黨內高層亦欲以連換郝，在經過短期爭議後，郝氏迫於情勢乃提出總辭，並由連氏經總統提名，立法院行使同意權，接任行政院長。

以上政治現實發展下，在憲法層面值得關注之問題有二：一則，立委選後，執政黨仍是多數黨，行政院長是否須提總辭？二則，陳水扁等立委所提釋憲案，其實質內容已獲

(註五十四) 台北，中時晚報，民國八十一年四月廿八日，版二。

解決下（郝已總辭，連亦依憲法程序接任閣揆），大法官是否仍須實體審查？

就前者，持肯定說，認為憲法中規定行政院長由總統提名，經立法院行使同意權，故而總辭的動作應是在總統選舉前，也應是在立法院改選前，以便利於新任總統、立委憲法職權之行使，故無論選後總統是何人？抑或立院多數黨屬誰？行政院長須總辭在先。持否定說，認為行政院長由總統提名，經立法院同意任命，則選後總統仍屬同一政黨（或同一人蟬連），或立法院多數黨仍為不變，就政黨政治之常態，則行政院長毋須總辭。

就後者，持肯定說，認為郝氏雖總辭，連氏亦經憲法程序接任，表面上的憲法爭議已消失，然終究並非常態，乃屬因人設事，未來仍將產生類似憲法爭議，故就本案憲法理論層面仍有解釋之必要。持否定說，認為釋憲之根本原則，它是被動性（不主動審理）、個案性，故而個案之爭議如已消失，則殊無任何實體解釋之必要。

參、釋憲中「政治問題」探討

本案吳庚大法官在不同意見書中陳明，涉及總統、立法院與行政院三者之關係，具有高度政治性，若本案視同一般憲法問題而予以解釋，將無不可供司法審查的事項。並以為行政院長任期，憲法無明文規定，並非憲法缺漏而是有意省略，委由政治實際運作予以解決。況就我國立委與總統的任期互有參差，所以辭職問題實應由政治部門自行運作。而最後以並無解釋之必要，因爭議已經過熟，已逾越裁判可能的程度，而認為不應實體審查。

就吳大法官以政治問題拒審之見解，有學者持肯定意

見：^(註五十五)

　　雖然三八七號解釋在當時的背景下而言，似乎是大快民心，為建立國家憲政慣例所做出的解釋，大法官的積極心態我們可以體會與讚佩，但面對先前引進的「政治問題，司法不予審查」的處理模式，又如何自圓其說。按照外國立法判例，有關內閣的組成與總辭，是被認為政府行為的核心概念。我國既於先前引用外國政治問題理論，為何此處又不認為是政治問題，其判別標準究竟何在？若是我國國情特殊所致，是否欠缺一個說明其處理政治問題的方法；抑或同樣欠缺憲法明文，何以釋字第三二八號不予審查，釋字第三二九號、釋字第三八七號卻可以審查，我們實在不清楚大法官們決定政治問題與否的標準何在。

　　李建良教授則就吳大法官之「政治問題」，提出不同見解：1.總統、立法院與行政院三方面關係，涉及憲法上「權力分立原則」、「民主原則」的基本課題，是典型「憲法權限爭議問題」，固然具有高度政治性，唯此毋寧是憲法規範政治活動的當然「結果」，若類此問題可以視作政治問題不予解釋，將無可供司法審查之事項。2.憲法對於行政院長的任期未有規定，得否認為是「有意省略」？難下斷言。且美國布瑞南(Brennan)大法官所提判斷標準：「憲法明文規定委諸其他同等政治部門處理之事件，法院不予審查」，應係指憲法「積極」之明文規定而言，而非消極未予規定。3.我國憲政體制究屬「內閣制」與「總統制」之辯，迄今無定論。此一問題

<hr>

^(註五十五)　陳美琳，前揭文，頁一四。

期由政治部門自行解決，恐非易事，若由大法官予以適度的釐清，應可免去諸多無謂之爭端。4.行政院長曾於第二屆立委選出後提出總辭，尚不足以構成憲法慣例，總辭與否的問題仍然存在，須要廓清。^{（註五十六）}

論者亦有以本案若採政治問題，則「忽略了憲法原本對政治現實的規整與指導的功能，將導致政治領導憲法解釋的結果。釋憲者應忠實於當下的憲法，切實執行其職務，即便系爭規定日後會受到變更，亦然。若將政治未來發展的趨勢，放在釋憲的過程中做過多的考慮，即使是消極的不予解釋，恐怕仍難逃大法官作政治決定之指責。因此本號解釋不應被當成政治問題而拒絕解釋。」^{（註五十七）}

本案之是否視為政治問題？實牽涉運用政治問題本身的諸多爭議無法克服，第三章中已有論述。所謂布瑞南準則之能否通過檢驗，尚值商榷。茲以所言「憲法明文規定委諸其他同等政治部門處理之事件，法院不予審查。」果如此，將無可供法院審查之案件，實因所有法律，均須由「立法部門」處理；所有施政（內政、外交、交通、經濟、財政、教育···）均須由「行政部門」處理，憲法已明定由國會立法，行政部門施政，若法院不能審查，亦是絕對錯誤，因立法後之法律、行政下達之命令規章是否違憲？正是司法部門無可旁貸之職責。

作者以為：司法審查是否針對個案裁判？應是依據司法程序，而非政治現實考量。所謂之司法審查程序，在於案件送達，先區分「程序審」、「實體審」，程序審為可以退回之部

---

^{（註五十六）} 李建良，前揭書，頁四二三－四二四。
^{（註五十七）} 羅名威，前揭文，頁一五五。

分，而後即進入實體審，此時無所謂「政治問題」，因憲法問題都是政治問題（此即中山先生「政治即管理眾人之事」），釋憲者本於尊重行政、立法部門，而可依寬嚴密度為一定裁判，亦即德國功能法之運用，此為尊重行政、立法部門，亦尊重司法之可行途徑。至於釋字第三二八號不予審查，前文亦有論述以為不宜，茲不贅述。

第五節　副總統兼行政院長（釋字第四一九號解釋）

第一項　案件說明

壹、背景陳述

本案乃起於李登輝總統於一九九六年二月廿三日競選第九屆總統時，提名時任行政院長之連戰，為其副總統搭檔，並於記者會中明確宣示：「連戰選上副總統後，就不再當行政院長了………」，然而由於一九九五年底選出之第三屆立法委員，使立法院政治生態丕變，國民黨在立院總共一六四席中，獲得八十三席（原為八十五席，因原住民立委瓦歷斯·貝林、蔡中涵脫離國民黨）勉強過半，但為不穩定的多數；益以國民黨中生代卡位情形嚴重，無論提名何人，恐將無法獲得全部黨籍立委的支持，如此將難以獲得立院之同意權過關。

李登輝總統乃於一九九六年六月五日，在國民黨中常會上，表示仍由副總統連戰續任閣揆，有助於「政局之穩定」，並可使「重大施政持續辦理」。李氏對連戰因「第八任總統與第九任總統的體制轉換」所提出之總辭，批復如次：「所請辭去行政院長職務，著毋庸議，至行政院副院長、各部會首長

及不管部會之政務委員呈請辭職一節，請衡酌報核。」(註五十八)

李氏在閣揆「任命案」上，或以黨內人選之困難，或以不敢面對第三屆立法院的民意考驗，乃搬出戒嚴時代威權政治的「著毋庸議」，不僅有時光錯置之感，且徒然成為憲政史上的可議。亦因而遭到立法院強烈杯葛，致使行政院長及其閣員，連續兩個會期，不得出席立法院之院會，形成憲政僵局。李氏之作為，關係憲政體制甚巨，乃引起副總統是否可兼任行政院長？總統改選，行政院長總辭後，新總統可否逕予「著毋庸議」而慰留之？立法委員就之並提請司法院大法官會議解釋。(註五十九)立法院院會於一九九六年六月十一日以八十比六十五的票數通過「咨請總統重新提名行政院長，並咨請立法院行使同意權案」。(註六十)

貳、聲請人的系爭點

本案有立法委員郝龍斌（新黨籍）等八十二人連署、立法委員張俊雄（民進黨籍）等五十七人連署，就連戰副總統兼任行政院長，有牴觸憲法第四十九條等條文之疑義，聲請解釋。另有立法委員馮定國（新黨籍）等六十二人連署，為新任總統可否就行政院長率內閣總辭時，對行政院長批示慰留或退回，而無須再提名並咨請立法院同意；又副總統得否兼任行政院長，於適用憲法時均產生疑義，聲請解釋。最後並有立法委員饒穎奇（國民黨籍）等八十人就馮委員所提兩項，以及立法院一九九六年六月十一日審查通過「咨請總統

(註五十八) 「李登輝宣布連戰續兼閣揆」，聯合報，民國八十五年六月六日，版一。
(註五十九) 「總統可否慰留閣揆，六十二位立委連署聲請解釋」，聯合報，民國八十五年五月卅一日，版二。
(註六十) 台北，中國時報，民國八十五年六月十三日，版一。

儘速重新提名行政院長，並咨請立法院同意」決議案，是否逾越憲法賦與立法院之職權？以及對總統有無拘束力等，產生疑義，聲請解釋。^(註六十一)

以上四個連署聲請解釋憲法的案子，約可分兩部分說明。郝、張、馮三個連署案，其系爭點主張為：^(註六十二)

1.可否兼任行政院長非屬政治問題

所有憲法上的爭議，多具政治性，若因視為政治問題不予解釋，則憲法上爭議將難於經由司法解決，尤其司法院歷年來就兼職案件所著解釋多達十餘號，若將副總統兼任行政院長認作政治問題，豈非自相矛盾？況政治問題乃美國法院經個案逐漸發展而成之理論，其內涵既不明確，又受學者質疑，實不宜遽予引用。又我國係採憲法疑義解釋制度，只要合於聲請法定要件，大法官即有解釋義務。

2.副總統與行政院長之職務不相容，不能兼任

副總統不能兼任行政院長之理由：(1)行政院為國家最高行政機關，行政院院長及其領導之內閣對立法院負責；副總統固屬備位性質，憲法亦無明定之職權，但有輔弼總統之責，乃總統之僚屬或副手，一旦由副總統兼任行政院院長，則閣揆變成總統之幕僚長，憲法設計之制衡機制破壞殆盡，覆議核可權及副署制度均失其意義。

(2)我國憲法第四十九條及增修條文第二條第八項分別規定：總統缺位時，由副總統繼任，至總統任期屆滿為止，總統、副總統均缺位時，由行政院長代其職權。副總統與行政院長分別設置，乃憲法保障總統職位之繼任，所作雙重保險

---

^(註六十一) 同註廿七，頁五三五－五三六。
^(註六十二) 同上，頁五三六－五三八。

機制，由副總統兼任行政院長，不僅使候補人數減少，且一旦總統缺位，勢將出現一人擔任三項職務之「三位一體」局面，自與憲法本旨相違。

(3)依憲法增修條文，副總統之彈劾適用第六條第五項之規定；行政院院長則與一般公務人員之彈劾相同，依同條第三項處理，二者程序、效果完全不同，副總統兼任行政院長而有違法失職情事時，監院如何彈劾？將無所適從。

(4)副總統須對國民大會負責，行政院院長須向立法院負責，倘國民大會、立法院意見不同時，易形成衝突局面。再者，總統、副總統以超然中立態度，協調於五院之間，副總統兼任行政院長，本身既為爭執之一造，自無從作超然中立之協調。最後，依司法院歷來解釋，關於兼職之禁止與否，皆視職務性質是否相容或有無利益衝突為斷，以上所述足認副總統兼行政院院長皆與容許兼職原則有違，乃憲法所不容。

3.副總統兼行政院長不構成憲政慣例

憲法慣例或憲政上之習慣法，其成立應有反覆發生之先例，並對一般人產生法之確信，始足當之。副總統兼任行政院院長以往雖有兩例，但均發生於動員戡亂與戒嚴時期，並非常態，且有違憲之疑慮，自不能視為憲政慣例或習慣法。

4.新任總統對行政院總辭，須重新提名咨請立院同意

在五權憲法架構下，總統與行政院院長間並無從屬關係，故行政院長之辭職並無長官可以批示。總統對行政院長之免職令僅形式上而非實質上權力，行政院院長於新總統選出後辭職，總統即應提名新院長人選咨請立法院同意。

饒穎奇委員等八十人之連署案，其系爭點主張為：[註六十三]

1.副總統兼任行政院長乃高度政治性問題

政治問題或統治行為應由憲法所設計之政治部門即政府與國會自行解決，司法機關不宜介入，乃各國之通例，司法院釋字第三二八號解釋亦將政治問題排除於司法審查之外。唯司法院大法官之解釋具有定紛止爭之功能，無論作成解釋或認為屬於政治問題不加解釋，仍屬司法裁量事項，本件關係機關皆予尊重。

2.副總統兼任行政院長憲法並未禁止，兩者職務並具相容性

副總統兼任行政院長並非不相容，其理由：(1)我國憲法上真正之制衡機制，乃在於行政院對立法院之關係，而由副總統兼任行政院院長亦不致破壞憲法制衡機制之設計。又憲法增修條文規定，總統副總統同為人民選舉產生，既非由總統任命，亦不得由總統免職，總統及副總統之一體性僅係競選夥伴之「一體性」，並無職權分享之「一體性」，總統與副總統間並不具有上命下從或指揮監督之長官與部屬關係。

(2)副總統兼任行政院長如遇總統缺位時，依憲法第四十九條規定，由副總統繼任總統，所兼任之行政院院長，則可由其以總統身分向立法院提名新院長人選，副總統則依增修條文第二條第七項辦理補選。在未提名或補選之前，固有可能出現所謂「三位一體」現象，唯此一情形與總統副總統均缺位時，由行政院長代行其職務三個月，並無二致，後者既為憲法所許，則依同一法理，前者亦無不許之理。

[註六十三] 同上，頁五三八－五四一。

（3）若行政院長由副總統兼任，遇有彈劾案發生，如係對職務行為違法失職之彈劾，自可視案件性質究與行政院院長或副總統有關，而決定採取何一程序，在運作上不致有窒礙之處。

（4）總統未缺位時，副總統並無憲法上之職權主動介入協調院際紛爭，不致產生「協調者」與「被協調者」之矛盾。總統對有關行政院與他院之紛爭，本可自行處理，亦可授權副總統或其他適當人員為之，在副總統兼任行政院長情形，總統自不宜授權副總統為之，亦可避免角色衝突。

3. 副總統兼行政院長我國已有先例

行憲以來，迄今有兩位副總統兼任行政院長，即陳誠自一九五八年七月至一九六三年十二月；嚴家淦自一九六六年五月至一九七二年五月，前後達十一年，並無窒礙難行之處。此兩先例雖在動員戡亂時期，但當時憲法與目前憲法有關總統與副總統之關係及副總統備位性質之規定，並無變更，自可作為先例而援引。

4. 新任總統就職，行政院長提出總辭，總統自得予以慰留

目前憲法規定，總統任期與立委互有參差，李總統當選後，連院長所提出辭職，則屬基於政治倫理所為之禮貌性辭職，接受與否？「重提原任」或「另提新人」乃總統依其職權而為之政治權衡。就行使同意權之立法委員仍屬同屆，其席次結構未變，行使同意權之對象又為同一，即無重複行使之必要。

5. 立院咨請總統重新提名決議案，逾越權限對總統不具拘束力

憲法對行政院長並無任期之設，只規定由總統提名，立法院同意任命，依司法院釋字第三八七號解釋，立法委員任期屆滿改選後第一次集會前，行政院長應行辭職，現任行政院連院長已於一九九六年一月廿五日提出總辭，並經總統提名，獲立法院同意，重新出任行政院院長，符合憲政體制。在立法院未改選前，總統自無再提名之義務，更不生又咨請同意之問題。況依憲法第五十七條規定，對立院負責者為行政院而非總統，立院不能越權監督總統。又依憲法相關規定，立院尚無以決議方式，要求總統為一定行為之權限。

參、大法官會議解釋

本案因李總統引發之「副總統可否兼任行政院長」等甚具憲政爭議之問題，司法院大法官會議於一九九六年十月十六日、十一月一日舉行言詞辯論。並於同年十二月卅一日在萬方企盼下，公布釋字第四一九號解釋。最具特色者，大法官在本案中，就第一項主動說明迴避「政治問題」，並積極作出解釋，就第二項則以「政治問題」解釋。本文以下分別就：解釋文、解釋理由書、解釋理由書不採用與採用「政治問題」理由說明之。

一、解釋文 [註六十四]

1.副總統得否兼任行政院院長？憲法並無明文規定，副總統與行政院長兩者職務性質亦非顯不相容，唯此項兼任如遇總統缺位或不能視事時，將影響憲法所規定繼任或代行職權之設計，與憲法設置副總統及行政院長職位分由不同之人擔任之本旨未盡相符。引發本件解釋之事實，應依上開解釋意

[註六十四] 同上，頁五三五。

旨為適當之處理。

2.行政院院長於新任總統就職時提出總辭，係基於尊重國家元首所為之禮貌性辭職，並非其憲法上之義務。對於行政院院長非憲法上義務之辭職應如何處理？乃總統之裁量權限，為學理上所稱統治行為之一種，非本院應作合憲性審查之事項。

3.依憲法之規定，向立法院負責者為行政院，立法院除憲法所規定之事項外，並無決議要求總統為一定行為或不為一定行為之權限。故立法院於一九九六年六月十一日所為「咨請總統儘速重新提名行政院院長，並咨請立法院同意」之決議，逾越憲法所定立法院之職權，僅屬建議性質，對總統並無憲法上之拘束力。

二、解釋理由書^(註六十五)

1.在成文憲法下，雖亦有憲政慣例之概念，但僅具備補充成文憲法之作用，所謂慣例指反覆發生之慣行，經歷長久時間仍受遵循，被確信具有拘束行為之效力時，始屬不成文規範之一種。本件副總統兼任行政院長，以往雖有二例，然亦有因當選總統而立即辭卸行政院院長之一例，此種兼任是否牴觸憲法？既有爭論，自不能認已成為我國之憲政慣例而發生規範效力。

2.憲法上職位兼任是否容許？憲法有明文禁止兼任者當然應予遵守。若兩種職務確屬不相容者亦不得兼任。副總統得否兼任行政院長憲法未作任何規定，故本件所涉者要在兩種職務兼任之相容性問題。所謂不相容性，係指憲法職位兼

(註六十五) 同上，頁五四一一五五三。

任違反憲政之基本原理或兼任有形成利益衝突之虞而言。一旦違反權力分立原則，除非憲法設有例外之規定，否則即屬違憲行為。依我國憲法相關條文規範，是總統與行政院長不得由一人兼任，其理甚明。至於副總統兼行政院長則既不生顯然牴觸權力分立原則之問題，自難從權力分立之觀點遽認其為違憲。

3.從憲法職權上，副總統與行政院長並無分工之關係，亦無任何制衡作用或利益衝突。副總統既為備位而設，未有具體職權，則所謂兼任行政院長將發生處理公務時間分配問題或有損公益及人民信賴，尚非確論。至所謂兼任有礙憲法機關功能維護一節，實則副總統之備位，即屬此一職位維繫國家元首不能一日或缺之憲法功能所在，副總統亦未因兼任行政院長而喪失其備位作用。又副總統之罷免及補選雖涉及國民大會之職權，然依憲法增修條文，副總統並無向國民大會報告國情或聽取建言之職責，自不生聲請意旨所稱兼任行政院長應分別向國民大會及立法院負責，易造成兩民意代表機關衝突之問題。

4.副總統兼任行政院長一旦發生總統缺位或因故不能視事之情形，確將出現所謂「三位一體」之現象，唯此並非僅於副總統兼任行政院長時，始有發生之可能，憲法第四十九條、增修條文第二條第八項及憲法第五十條均係為三個職位集中於一人之機率而設。

5.憲法第五十一條對行政院長代行總統職權時，明定其期限不得逾三個月，副總統兼任行政院長一旦出現總統缺位之現象，以副總統身分繼任總統後應立即提名新院長人選，咨請立法院同意。副總統兼任行政院長雖有發生繼任總統或

代行職權之疑義問題，然非全無解決途徑，則聲請意旨主張兼任所造成之窒礙情形已達明顯違憲程度，尚有商榷之餘地。

6.副總統兼任行政院長因失職行為而受監察院彈劾時，其適用之程序，本得以其失職行為係緣於副總統抑或行政院長身分而發生為判斷標準，其後續之懲戒或罷免程序亦同。若與職務行為無關，則可由監察院決定採何種程序提案彈劾，雖不能謂完全不發生適用法律之疑義，然尚難以此遽認副總統兼任行政院長已達顯不相容之情事。

7.依憲法增修條文第二條第三項之規定，行政院長之免職命令，須新提名之行政院長經立法院同意後生效，若原任行政院院長參與副總統競選，並獲當選，總統依法提名新行政院長，在未經立院同意前，副總統依上述規定尚須兼任行政院長，其為憲法之所許，既無疑義，自不能將在特定條件下憲法所許可之行為，遽予解釋為違憲。

8.副總統與行政院長兩者職務性質尚非顯不相容，唯副總統及行政院長兩職位由一人兼任，如遇總統缺位或不能視事時，將影響憲法所規定繼位或代行職權之設計，故由副總統兼任行政院院長，與憲法設置此兩職位分由不同之人擔任之本旨，未盡相符。引發本件解釋之事實，應依上開解釋意旨為適當之處理。

（以上為副總統兼任行政院長部分）

9.憲法對行政院長任期並未規定，因而關於行政院長何時卸職或留任？亦無明顯規範可循。憲法第五十七條雖明定行政院對立法院負責，但以往因立法院未能全面定期改選，故無從按立院改選結果所反映之民意，定行政院長及其僚屬之去留。為避免行政院長毫無任期之限制，遂於每屆總統改

選後，由院長率同僚屬向新任總統提出總辭，四十餘年寖假成為例規。唯行政院須於新任總統就職時提出總辭，在現行憲法上尚無明確之依據。民國八十四年十月十三日作成釋字第三八七號解釋，明白表示基於民意政治與責任政治之原理，立委任期屆滿改選後第一次集會前，行政院長應向總統提出辭職，此種辭職乃行政院院長憲法上之義務。

10.憲法第五十七條第二、三款之覆議核可權，覆議時分別經出席委員三分之二維持原決議，若行政院長不欲接受而向總統提出辭職時，亦屬憲法上義務性之辭職。對於行政院長履行其憲法上義務之辭職，總統自無不予批准之理。

11.行政院長之其他辭職原因，本有多端，諸如因身體健康、政治情勢、領導風格等，其辭職均非憲法上義務；新任總統就任，行政院長所提出之辭職亦同。查國家元首更迭，無論何種體制，自十九世紀以來，歐洲國家之內閣不乏向新任元首提出辭職之例，故有禮貌性辭職之稱。禮貌性辭職元首是否批准而更換內閣？各國不一。對於行政院長非憲法上義務之辭職，總統可盱衡國家政治情勢及其他情況，為適當之處理，包括核准辭職、退回辭呈或批示留任等皆屬總統本於國家元首之憲法職責，作合理裁量之權限範圍，屬於統治行為之一種，尚非本院應作合憲性審查之事項。

（以上為總統改選，行政院長應否總辭？總統可否留任？部分）

12.我國憲法在相關條文規定屬於立法院職權之事項，立法院依法定之議事程序所作各種決議，按其性質有拘束全國人民或有關機關之效力。唯任何國家機關之職權均應遵守憲法之界限，凡憲法依權力分立原則將特定職權自立法、行政

或司法等部門權限中劃規其他國家機關行使；或依制憲者之設計根本不採為憲法上建制者，各個部門即有嚴格遵守之憲法義務。就行政院長之任命，立法院雖有同意權，然必須基於總統提名並咨請立法院行使職權為前提，始得為之，憲法第五十五條規定甚為明顯。倘認為立院得以讀會及過半數之決議咨請總統提名新行政院長人選，俾其行使同意權，總統亦依其決議辦理，則無異創設為制憲者所不採之不信任投票制度。再依憲法規定，向立法院負責者為行政院，立法院上開憲法規定之事項外，並無決議要求總統為一定行為或不為一定行為之權限。是故立法院之決議，逾越憲法所定立法院之職權，僅屬建議性質，對總統並無憲法上之拘束力。

（以上為立法院議決事項部分）

三、解釋理由書中不採用與採用「政治問題」理由

本案大法官在解釋理由書中，就第一項、第三項採取迴避「政治問題」，並積極說明之；就第二項則採取「政治問題」，以屬於統治行為之一種，非大法官應作合憲性審查之事項。形成一特殊案例。

1.針對第一、三項不採用「政治問題」之原因：

大法官首先主動提出，副總統得否兼任行政院長之疑義是否屬於政治問題？乃本件解釋關於兼職合憲性之先決事項。其以政治問題或類似之概念（如統治行為或政府行為）所指涉之問題，應由憲法上之政治部門（包括行政及立法部門）作政治之判斷，而非屬可供司法裁決之事項，此在立憲民主國家之憲政實踐中，所累積發展而成之理論，不乏可供參考者，釋字第三二八號解釋亦有關於憲法係屬重大政治問題，不應由行使司法權之釋憲機關予以解釋之案例。

惟就副總統兼行政院院長之違憲疑義而言，係屬兩項憲法職位互相兼任時，是否牴觸憲法之法律問題？並非涉及政治上之人事安排，揆諸大法官會議歷年來對憲法上職位兼任所作之諸多解釋（釋字第一、十五、十七、廿、卅、七十四、七十五及二〇七號解釋等），本件關於副總統兼任行政院長之憲法疑義部分，尚不能以政治問題或類似概念為由，不為實體之解釋。

另就立法院咨請總統一事，大法官會議以立法院並無決議要求總統為一定行為或不為一定行為之權限，是故立院之決議，逾越憲法上之職權，對總統並無憲法上之拘束力，大法官乃作出具體解釋。

2.針對第二項採取「政治問題」之原因

大法官會議就總統改選，行政院院長應否總辭？總統可否留任一節，則認為行政院長之辭職可分憲法上義務之辭職、非憲法上義務之辭職；前者總統自無不予批准之理，而後者如身體健康、政治情勢、領導風格、禮貌性辭職等，總統可盱衡國家政治情勢及其他情況，為適當之處理，皆屬總統本於國家元首之憲法職責，作合理裁量之權限範圍，屬於統治行為之一種，尚非應作合憲性審查之事項。質言之，大法官會議認為本案行政院長辭職係屬非憲法上義務，故屬總統之統治行為，不應作合憲性審查。

第二項　判決分析

本案之分析可就理論層次、事實層次、釋憲中「政治問題」探討三部分論之。

壹、理論層次

本案牽涉到三個憲法爭議，大法官解釋理由書中已有各個角度之論證，唯就我國憲法之規範，其理論仍有再探討之空間，列述如后。

一、行政院長可否由副總統兼任

本案釋字第四一九號以憲法並未限制「副總統不可兼任行政院長」的條文，亦即副總統兼任行政院長乃「非顯不相容」。然而，值得注意者，憲法未禁止，是否副總統即可兼任行政院長？從我國憲法精神言之，顯非如此，且釋字第四一九號前後有其矛盾存在：

1.我國自行憲以來，有兩次副總統兼任行政院長情形，一次是一九六○年間，行政院長陳誠於任內當選為第三任副總統，陳誠於第二任總統任期屆滿前總辭，經第三任總統批復仍繼續兼任行政院長。另一次是一九六六年間，行政院長嚴家淦於任內當選為第四任副總統，嚴氏亦於第三任總統任期屆滿前，循例總辭，經第四任總統批復，仍續任行政院長。我國第三、四任總統均是蔣中正。以上陳誠、嚴家淦之「前例」，一則因當時仍屬威權時期，實不足援引比附；再則一九九一年以來，國家走向「民主」，衡情論理不宜走回頭路。

2.憲法第四十九條：「‧‧‧總統、副總統均缺位時，由行政院長代行其職權‧‧‧總統因故不能視事，由副總統代行其職權。總統、副總統均不能視事時，由行政院長代行其職權。」從憲法條文設計之政府架構，副總統與行政院長是由兩人來擔任不同職位非常明確，今以連戰副總統兼行政院長，已牴觸憲法第四十九條之精神。大法官卻強作解釋：「三位一體之現象，並非僅於副總統兼任行政院長時，始有發生之可能，憲法第四十九條‧‧‧均係為三個職位集中於一人

之『機率』而設。」又云:「副總統兼任行政院長一旦出現總統缺位之現象,以副總統身分繼任總統後『應』立即提名新院長人選,咨請立法院同意・・・然非全無解決途徑。」吾人應在探究「行為」是否違反憲法基本精神,而不在是否有「解決途徑」,甚至誤導主題,不去談是否違憲?而去談如何幫行政部門「解決問題」。尤有甚者,大法官明言「惟此項兼任如遇總統缺位・・・之本旨未盡相符。」既是「未盡相符」,則係違憲至明,如何能有「非顯不相容」云云。

3.依據憲法第四十九條,副總統是備位元首;另依憲法第五十三條、五十八條之規定,行政院長是國家最高行政機關首長。依權力分立制度精神,副總統與行政院長是兩項不同職位,且兩者性質迥然不同,實不得互兼。大法官所言:「若由副總統兼任司法、考試、監察三院之院長,其違反五權分立原則而為憲法所不許,至於副總統兼任行政院長則既不生顯然牴觸權力分立原則之問題,自難從權力分立觀點遽認其為違憲。」權力分立之精神,不僅在三權、五權之間,亦包括中央、地方;行政體系之間分官設職。

4.我國原憲法精神傾向於內閣制的精神,依憲法第卅五條至四十四條條文觀之。總統、副總統本質並無過大之行政實權,且未因總統直選而改變。由虛位的副總統來擔任具有實權的行政院長,實有違憲之議。蓋以立法院可以監督到行政院長,卻監督不到副總統。當副總統與行政院長同一人時,彼此的權力關係也隨之混淆不清。一則「副總統兼行政院長」時,行政院長已非憲法明定的最高首長,反成「總統的執行長」,此時「權責不相符」隨即出現,亦即形成有權者(總統)無責─躲在後面操控,不須對立院負責;有責者(行政院長)

無權。再則,「副總統兼行政院長」時,總統一旦出缺,副總統擔任總統,總統可否兼任行政院長?總統且可否出席立法院會接受質詢?雖則總統、副總統缺位,由行政院長代理總統職權,亦會出現「三位一體」,唯兩種情況不同,後者僅是「代理」,且三個月內須選出新總統;前者則是「繼任」,毋須另選總統。綜合言之,副總統兼任行政院長,雖然憲法沒有明文規定禁止,但從相關憲法法理分析,這是應屬省略規定,如由副總統兼任行政院長實有違憲之議。

二、總統改選,行政院長需否總辭?總統可否慰留?

1.基本上,我國原憲法中央體制傾向內閣制,殆無疑義。在此一制度安排下,閣揆的產生程序中,總統的提名權是「虛權」,立法院的同意權才是「實權」。因之,對於連戰內閣既已提出總辭,總統也就不應具有裁決可否的「實權」,更何況總統慰留的連戰是已入府的副總統,在「職位」上已非原先的連戰(雖然是同一人)。立院不僅擁有同意權的「實權」,加上行政院對立法院負責的情形下,總統的「著毋庸議」,正是大有可議。

2.進一步必須瞭解的是,連戰為何要再提總辭?原因無他,正因連戰是由三月份時第八屆總統李登輝所提名,其為彰顯行政院長對未來第九任總統人事「提名權」的尊重而提出總辭,則連戰的辭職絕非因「李登輝」個人而來,而係對於「第八任總統與第九任總統的體制轉換」所作的回應。因此「第九任總統」面對總辭案,並非單方面享有裁量權,而有批示「慰留」的權力。此理至明,設若第九任總統不是李登輝,而是彭明敏、林洋港或陳履安,彼等可否逕予「批示慰留」,而排除立法院行使同意權之憲法程序?

3.如謂「立法院仍是三屆立委；總統仍是李登輝；行政院長仍是連戰」，因之李氏批以「著毋庸議」並無不妥，這當中則充滿諷刺意味的政治弔詭。此因，其中的李登輝已是從「第八任總統」的李登輝，到「第九任總統」的李登輝；連戰已是從「行政院長」到「副總統兼行政院長」的連戰；相對於「總統」、「行政院長」的改變，則立法院已是由與第八屆總統互動的第三屆立法院，到與第九屆總統互動的第三屆立法院。憲法中就任命閣揆的程序是整套的機制，總統的提名與立法院的同意乃是一體。因之，連戰提出總辭，即是對第八任總統提名表達法理上的辭退，亦同時是包含對第三屆立法院同意權表達法理上的辭退，這絕非僅如四一九號之「係基於尊重國家元首所為之禮貌性辭職」而已。

三、立院咨請總統重新提名行政院長

立法院作成「咨請總統重新提名行政院長，咨請立法院同意」的決議案，就憲法層次為不具拘束力者，是以，總統縱不遵守，亦無法律責任，故大法官以立法院之決議，逾越憲法所定立法院之職權，僅屬建議性質，對總統不具拘束力。

貳、事實層次

本案在事實層次上影響所及，為其後國發會、第四次修憲，將立法院閣揆同意權拿掉。李總統以「著毋庸議」所引發憲政問題，涉及我國憲法有關國家組織法的根本問題，其實踐涉及到我國在民主政治的理性體認的程度。[註六十六] 雖經大法官會議釋字第四一九號解釋，然以該解釋之「創造性模糊」，內容充滿矛盾、粗糙，解釋的遮遮掩掩，實難杜天下悠

[註六十六] 李惠宗，「國家組織法的憲法解釋－兼評司法院大法官會議釋字三八七與四一

悠之口。李氏之舉，終無法以釋憲平息之，其釜底抽薪之道，索性將立法院「同意權」拿掉，如此天下將無可議論。故而國發會及其後第四次修憲，必將同意權拿掉為第一要務。證之以一九九七年六月間第四次修憲，國民黨、民進黨第四次協商破裂之際，國民黨籍的學者代表柯三吉情急下，乃脫口說出「救救李總統」，輿論亦有乃是「肺腑之言」，突顯出修憲工程的荒腔走板。[註六十七]

　　從本案釋憲的爭議，到第四次修憲刪除立法院閣揆同意權，依增修條文第二條第一項「行政院長由總統任命之」，這一憲法修改，破壞了原憲章中之「信任制度」、「負責制度」與「副署制度」。就憲法學理之「權責義務關係」均受衝擊破壞。此因「立法院的同意權，是立法院的生命線，拋棄同意權，實為拋棄行政監督權。」[註六十八]

　　我國憲法就制度設計而言，第五十五條規定：行政院長經總統提名後，尚須經立法院同意，其目的不僅在消極地限制總統的提名權，而且積極的讓行政院長在總統提名後，尚須爭取立法委員的支持，而立委在考量是否支持中，即可對總統提名人選作整體評估。在此同意權行使過程，一如選舉過程中之候選人與選民關係，也就確立「權責義務關係」──負責任的人由誰產生，便對誰負責。質言之，獲得立院同意的行政院長，在立院中就有一定程度的民意基礎，而經由立院同意後就職的行政院長，就有義務接受其選民（立委）之

　　九號解釋」，台大法學論叢，第廿六卷，第四期，民國八十六年七月，頁一五。
[註六十七]「修憲盤整待變」，自立晚報，民國八十六年六月廿二日，版三。
[註六十八]齊光裕，中華民國的憲政發展（台北：揚智文化公司，民國八十七年十一月），頁二二八。

監督，而應出席立院的總質詢，各部會首長也有赴各委員會備詢的義務。立院之立委乃有對行政院施政加以審議、監督之權利。

立院閣揆同意權所代表者，乃是行政立法兩院權責關係之所倚，一旦將同意權取消，這些權利義務關係隨之動搖，甚或名存實亡。釋字第四一九號解釋到第四次修憲，種下立法院閣揆同意權刪除之後，憲政精神已受嚴重扭曲變形。此現象到二○○○年五月廿日第十任總統陳水扁當選後，已呈現憲政亂象，是為：「少數總統，佔多數之國會在野黨」，因無閣揆同意權，乃有唐飛之「全民政府」、張俊雄「少數政府」，陳總統排除國會多數原則之「聯合政府」，不僅政壇混亂，甚至出現「在野黨開支票，執政黨買單」之各種現象。追根究底，釋字第四一九號解釋有其探討之實質意義與深遠影響。

參、釋憲中「政治問題」探討

本案釋憲理由書中，針對三個主要憲法議題，有明文否定使用「政治問題」，亦有適用「政治問題」，而就大法官思考「政治問題」的邏輯，頗為學者指出其中矛盾性：^(註六十九)

在釋字三八七號中，立委改選行政院長需率閣員總辭，大法官認為非政治問題，予以解釋；但在本解釋（按：四一九號）則認為新總統就職，內閣需總辭乃總統的裁量範圍，是統治行為，非司法可審查。奇怪的是，同樣是賦予行政院長任命正當性基礎的兩個憲法上的國家機關（總統提名，立法院同意後由總統任命），為何釋字三八七號、釋字四一九號有不同的觀點？為何同樣是辭

(註六十九)　陳美琳，前揭文。

職，一個大法官認為非統治行為，可為司法審查；一個
就是統治行為，不可由司法審查。莫非統治行為在我國
的解釋只限於總統的職權行為而已···

關於三八七號解釋、四一九號大相逕庭之解釋，乃有若
以相反解釋看釋憲案，將出現有趣現象：「立院改選時，行政
院長究竟應否辭職？若因尊重立法院而為禮貌性辭職，非憲
法上義務的辭職，是否可認為非司法應與審查，而為立法院
的裁量範圍？」^(註七十)

另本案第三部分，大法官就立法院議決「咨請總統儘速
重新提名行政院長，並咨請立法院同意」一事，認為僅屬建
議性質，對總統不具拘束力，乃有以「大法官若延續其所揭
示『統治行為』理論，似應作成不予審查的解釋，唯大法官
仍然作出實體解釋，足見大法官並未嚴守自己所樹立的準
據。」^(註七十一)是大法官在第二部分以「統治行為」不予審查，
但在第三部分採同樣推論方式，卻不引用，不無模糊大法官
自身審查基準的理解。

綜言之，本案中大法官從憲法結構，國家權力機關互動
關係、中外憲政體制之比較，諸多層面找尋答案，然不可避
免地，似仍存在著運用政治問題、統治行為的理論心態，其
產生最大缺點，即在於進退失據，缺乏明確標準。同樣地推
理論證，走向與論點，最後竟常有矛盾之舉。正如「總統改
選，行政院長應否總辭？總統可否留任」，大法官認為此一辭
職，非為憲法上之義務，屬於總統之憲法職責，為其合理裁
量之權限，屬統治行為之一種，不應作合憲性審查；但在「立

---

^(註七十) 同上。

法院咨請總統重行提名行政院長，並咨請立法院同意」的決議，同樣認為立法院並無決議要求總統為一定行為或不為一定行為之權限，是即大法官認係總統有其統治行為，那麼這一部分，似亦應延用「不應作合憲性審查」之解釋，但卻是作出實體解釋。如此一來，「政治問題」、「統治行為」，標準何在？

再論回總統改選，行政院長總辭，總統可否留任？憲法對行政院長產生，僅只規定兩條件：總統提名，立法院同意。是即在三八七號解釋，大法官就立法委員改選之「民意政治與責任政治」論證出發，並積極作出實體解釋，反觀本案中，總統重新選舉，大法官就不強調總統選舉後之「民意政治與責任政治」（前文在「理論層次」中所闡釋第八任總統遞嬗到第九任總統之民意，責任政治，行政院長絕非禮貌性辭職可言），而稱「總統得依其裁量為適當的處理」。是同一憲法條文，一個積極解釋，一個卻迴避解釋，徒增「政治問題」之缺乏標準，難契合邏輯之困擾，致使產生前後矛盾，正是「以子之矛、攻子之盾」後莫名其所以。

有謂，從我國大法官之憲法職權、角色地位，以及政治問題立論之適當性分析，我國似不認為應有可自始不受憲法審查權控制的憲法爭議存在，重要的是如何使司法審查權在面對有高度政治性案件中，具有可預見性與高說服力。進一步言之，大法官應致力建構完善明確的控制標準，針對案件之性質差異，作不同的控制密度，而並非放棄解釋，以建立

（註七十一）　李建良，前揭書，頁四二七。

其在國民心中的權威與信賴感。^(註七十二)吾人以為，政治問題之模糊與不確定性，雖或成為釋憲者解除紛擾爭議的有效利器，但以其毀損「憲法守護者」形象與憲法賦予職責，得失之間，仍待三思慎思者。

第六節　國代延任修憲案（釋字第四九九號解釋）

第一項　案件說明

壹、背景陳述

本案乃一九九九年七月起，第三屆國民大會進行第五次修憲。中途休會一個月，八月復會後，國民黨、民進黨積極進行國代延任案等增修條文之修憲。九月三日第十八次大會，主要討論修憲案第二讀會之討論（第一案）與逐條議決（第二案）。程序進行至第二案時，江文如代表提出：「建請大會修憲各議案進行二讀會以及三讀會時，均以無記名投票進行，以免國大同仁遭受外界無謂之干擾案」之動議。此時，另有陳明仁代表提出一份超過出席代表三分之一連署之要求記名投票提議，要求主席蘇南成議長依「國民大會議事規則」第卅八條第二項之規定：「……主席裁定無記名投票時，如有出席代表三分之一以上之提議，則應採記名投票。」唯主席仍將江文如代表之動議付諸表決而通過，並將陳明仁代表之提案亦付表決，未獲通過。主席即裁示：「第二讀會、第三讀會均採無記名投票方式議決。」

是日下午二讀會，表決國代延任案時，新黨與部分國民黨國代以退席方式，使出席人數僅二〇二人，未達三分之二法定人數（二一一人），主席乃以討論國大休會提案，使新黨、部分國民黨代表入席，人數達到二六一人，並在休會案表決

（註七十二）　羅名威，前揭文，頁一五八。

未通過之際，迅即進行國代延任案之表決（未重新清查人數），並不理會新黨國代要求清點人數之要求，逕以表決國大休會之出席人數，做為表決國代延任案之出席人數。

表決結果先因贊成者未達出席代表四分之三之法定人數（二０四票）：贊成一九八票，反對四七票，棄權廿七票——以六票之差未通過。主席已宣告憲法增修條文第一條之修正案未通過，但經陳宗仁代表提出「重新表決動議」，主席僅徵求附議後，即裁示重新投票，結果贊成者達出席代表四分之三法定人數——二０四票贊成，一票之差通過國代延任案。雖有陳明仁代表質疑重新投票不符議事規則，主席未再做處理。

全部修正案逐條表決結束時，已是九月四日凌晨二時廿分，主席宣布休息二十分鐘。繼續開會後，主席將劉一德代表等所提將原定九月六日舉行之三讀表決，提前於二讀會後舉行之臨時動議付諸表決，獲得通過。即再以無記名投票進行全案條文表決，贊成者亦達出席代表四分之三之法定人數，主席即宣布完成三讀法定程序。隨後復將陳金德代表等所提閉會案付諸表決通過，主席立即宣布本會期休會。

第五次修憲無論是程序、實體均充滿爭議，並引起國人譁然與高度討論。乃有立法委員郝龍斌、鄭寶清、洪昭男等五件連署聲請書，聲請大法官解釋國代延任案。大法官會議於二〇〇〇年三月廿四日作成釋字第四九九號解釋。其以「國民主權」的法理來審查憲法增修條文第一條、第四條、第九條和第十條，而對前述四條憲法增修條文宣告自該解釋公布之日起失其效力。本號解釋有大法官曾華松提出「不同意見書」，雖未明文指出「政治問題」不予受理，而是以不得為諮詢意見、權力分立、司法自制、司法謙抑性、國會自律權等

原因，認本案應不受理。此亦符本文研究主旨，乃列入研析之。

貳、聲請人的系爭點

本件聲請人立法委員郝龍斌等以行使職權發生違憲疑義，聲請解釋。五件聲請書之聲請意旨，約可綜合歸納以下五點：（註七十三）

1.國大第二、三讀會皆採無記名投票，與現行修憲程序不符，且在二讀會增修條文修正案已遭否決，竟違反議事規則重行表決，而告通過，有明顯重大之瑕疵。

2.憲法第廿五條規定國民大會代表全國國民行使政權，因此國大代表與選民間應有某種委任關係，增修條文第一條第一項改為所謂「政黨比例代表制」，不僅與上開條文之意旨歧異，抑且使未參加政黨或其他政治團體之人民，無從當選為國大代表，發生與憲法第七條平等原則不符之疑義。而立院已有委員擬具「公職人員選舉罷免法」相關條文修正案，其合憲性繫於前述疑義之解決。

3.增修條文第四條第三項均有第四屆及第五屆立委任期之起止日期，唯總統有解散立法院之權限，此次增修並未改變。另增修條文第一條第三項前段即規定國代任期中遇立委改選時同時改選，後段復將第三屆國代任期固定為至第四屆立委任滿之日止，均不相一致。究應適用何者？滋生疑義。且立委之任期乃聲請人等行使職權之基礎，須明確釋示以解除聲請人行使職權之不確定狀態。

4.增修條文分別延長國代與立委之任期，立委職司預算審議，則業經通過之八十九年度預算如何執行？與立委等聲

（註七十三） 台北，總統府公報，第六三三九號，頁四〇－七六。

請人行使職權有關。

　　5.延長國代與立委之任期，違反與選民之約定，關係民主契約原則。且縱有延長，亦未遵從迴避原則，而應自下屆起實施。但關於報酬或待遇之增修條文第八條則明定應自次屆起實施，是否兩相矛盾？應有明確解釋。

參、大法官會議解釋

　　本號大法官解釋作出增修條文第一、四、九、十條失其效力，及曾華松大法官之不同意見書認「應不受理」。兩者分別略論其意：

一、解釋文暨解釋理由書^(註七十四)

　　1.修改憲法程序中，有明顯重大瑕疵，已違反修憲產生效力之基本規範

　　修改憲法乃最直接體現國民主權之行為，應公開透明為之，以滿足理性溝通之條件，賦予憲政國家之正當性基礎。修憲應遵守憲法第一七四條及「國民大會議事規則」有關之規定，俾副全國國民之合理期待與信賴。修憲如有「重大明顯」瑕疵，即不生其應有之效力。「重大」乃就議事程序中，瑕疵之存在已喪失其程序之正當性，而違反修憲條文成立或效力之基本規範。所謂「明顯」係指事實不待調查即可認定。

　　第五次修憲三讀所通過之憲法增修條文，其修正程序上牴觸公開透明原則。衡諸當時有效之「國民大會議事規則」第卅八條第二項亦屬有違。依其議事錄及速記錄之記載，有不待調查即可發現之明顯瑕疵，國民因而不能知悉國民大會代表如何行使修憲職權。國代依憲法第一三三條或釋字第三三一號解釋對選區選民或所屬政黨所負政治責任之憲法意

(註七十四)　同上，頁三一五。

旨，亦無從貫徹。此項修憲行為有明顯重大瑕疵，已違反修憲條文發生效力之基本規範。

2.修改憲法中具本質之重要性而為規範秩序之基礎者，該修改之條文即失其應有之正當性

國大職權為憲法所賦予，基於修憲職權所制定之增修條文與未經修改之憲法條文雖處於同等位階，唯憲法中具有本質之重要性而為規範秩序存立之基礎者，如聽任修改條文予以變更，則憲法整體規範秩序將形同破毀，該修改之條文即失其應有之正當性。如憲法第一條所樹立之民主共和國原則、第二條國民主權原則、第二章保障人民權利，以及有關權力分立與制衡之原則，具有本質之重要性，亦為憲法整體基本原則之所在。

3.國大代表產生方式與自由民主之憲政秩序有違

增修條文中，第四屆國大代表依比例代表方式產生，並以立委選舉各政黨所推薦及獨立參選之候選人得票比，分配當選各額。此種方式產生之國大代表，本身既未經選舉程序，僅屬各黨派所指派之代表，與憲法第廿五條，國民大會代表全國國民行使政權之意旨，兩不相容，明顯構成規範衝突。以此等代表行使憲法增修條文第一條以具有民選代表身分為前提之各項職權，將牴觸民主憲政之基本原則。增修條文有關修改國代產生方式之規定，與自由民主之憲政秩序自屬有違。

4.國代延任部分與利益迴避原則有違，亦與自由民主憲政秩序不合

增修條文分別延長第三屆國代任期二年又四十二天，第四屆立委任期延長五個月。按國民主權原則，民意代表之權限，應直接源自國民之授權，是以代議民主之正當性，在於

民意代表行使選民賦予之職權需遵守與選民約定，任期屆滿，除有不能改選之正當理由外應即改選。乃約定之首要者，否則將失其代表性。

本案關於國代、立委任期之調整，並無憲政上不能依法改選之正當理由，逕以修改上開增修條文方式，延長其任期。與釋字第卅一號解釋：「國家發生重大變故，事實上不能依法辦理次屆選舉」之首開原則不符；而國代自行延長任期部分，與利益迴避原則亦屬有違，俱與自由民主憲政秩序不合。

5.第三屆國代第四次會議第十八次大會以無記名投票方式，表決通過憲法增修條文第一條、第四條、第九條暨第十條之修正，其程序違背公開透明原則及當時適用之「國民大會議事規則」第卅八條第二項規定，其瑕疵已達明顯重大之程度，違反修憲條文發生效力之基本規範。

增修條文第一條第一項至第三項、第四條第三項內容並與憲法中具有本質重要性而為規範秩序賴以存立之基礎，產生規範衝突，為自由民主憲政秩序所不許。故增修條文第一條、第四條、第九條暨第十條應自解釋公布之日起失其效力，原民國八十六年七月廿一日修正公布之原增修條文繼續適用。

二、不同意見書認「應不受理」理由

曾華松大法官提出不同意見書，雖未提出「政治問題」拒審，但以四項主要論證，認「應不受理」，其要義頗符本文研究範圍，論述如下：(註七十五)

1.不得為諮詢意見

依「司法院大法官審理案件法」第五條第一項第三款

(註七十五) 同上，頁卅七一一四〇。

規定，聲請解釋憲法，須立委現有總額三分之一以上之聲請，就其行使職權，適用憲法發生疑義，或適用法律發生有牴觸憲法之疑義者，始符合受理要件。若立委於法律制定、修正之審議中，或法律修正草案尚在立法委員研擬中，或擬提案修憲，或對憲法增修條文本身合憲性發生懷疑，或預行假設憲法問題，徵詢大法官意見者，均應不受理。

2.權力分立原則

遍查我國憲法條文及憲法增修條文，並無制衡國民大會機制之設計。若以違反學理等原因，貿然宣告增修條文無效，與司法機關應依憲法及法律獨立審判之憲法第八十條規定意旨，亦有未合。本於權力分立原則，若修憲之目的合法，且在憲法範圍之內，則所有正當及顯然合於該目的，貫徹憲法條文和精神之方法，均為憲法之所許。

3.司法謙抑性

由憲法增修條文「前言」之規定，顯見本案增修條文之內容均有正當目的，即旨在推動改革政治機構，並推展政府再造。釋憲機關若置此於不顧，奢談其修訂有違公開透明原則及民主憲政秩序。憲法機關享有自由與形成之空間，釋憲者竟未加尊重。釋憲機關審查之對象，就憲法制定或修正而言，僅限於制定憲法或修正權限之有無，至制定之憲法是否高明則不在其內。釋憲機關行使權力之唯一防線，乃釋憲機關之自我抑制。釋憲機關違憲審查權，其行使範圍，並非有很大幅度之裁量空間。釋憲機關只立足於憲法所賦予之權限秩序，並非就憲法政策為合目的與否之判斷。

4.國會自律權之享有

　　國民大會依憲法增修條文第一條第九項，享有國會自律權。會期之決定或延長、會議之公開、停止之決定等，均由國大代表自行決定，其增修憲法條文，苟合乎憲法第一七四條第一款之規定即可。其議事程序之進行，若已合於多數決之原則，縱令其未適用其自訂於前之「國民大會議事規則」，亦無不可。至憲法結構之調整，應由有權修憲之機關，衡情度勢，斟酌損益，非釋憲機關之權限。

第二項　判決分析

壹、理論層次

　　本案在理論層次之關切，包括兩部分：一是聲請釋憲者就國民大會第五次增修條文之標的是否違憲？二是「釋憲」否定「修憲」的憲政學理為何？可否成立？

一、國代延任案等增修條文是否違憲問題

　　國大代表在一九九九年九月四日完成之憲法增修條文，計有四條經大法官釋字第四九九號解釋宣告失效；第一條國大代表的任期予以改變，即原來的任期是四年，延至和第四屆立委任期屆滿同期間，延長兩年又四十二天，第四屆立委任期延長五個月。至於第四屆國代名額為三百人，第五屆更減少為一五○人。此外，國代不再採用現在的直接選舉方式，而改成比例代表制。第四條是關於立法委員的任期，立委的任期本是三年，現在改成四年，名額改為二二五席。第九條是地方自治的條文，就是省府委員的名額部分。第十條是基本國策的增修問題。

　　釋字第四九九號宣告上述四條文失效，其所使用的主要是「國民主權」的法理為依據，並認為這些國代是選區所選出來的，其須對選區之選民負責，所以彼等在表決憲

法增修條文時，應以記名投票，不能採用不記名投票。理由是採無記名投票，無從來認定該代表是否有對其選民負責。復次，國代延任案等四條違反「國民大會議事規則」第卅八條第二項，故以程序不透明之重大明顯瑕疵而判定其失效。茲分別論述如下：

1.記名投票並非民主責任政治之唯一方式

議事表決行為是否均應採記名投票才合乎民主責任政治？顯有其爭議性。從我國憲法條文觀察，正好相反：「本憲法所規定之各項選舉，除本憲法別有規定外，以普通、平等、直接及無記名投票之方法行之。」（第一二九條）。就憲法本文規定之各項間接選舉，如原由各地方議會及華僑團體間接選舉之監察院監察委員；原由監委互選之監察院正、副院長；原由國民大會選舉之正、副總統；現行由立法院立法委員互選之正、副院長，以上均採無記名投票方式為之。因之，憲法並不以無記名投票為保障民主責任政治之唯一方式。

許宗力教授並指出無記名投票具有維護民意代表自由委任地位之功能，可避免因投票的公開，受制於黨團或選區選民之政治壓力，反有助民主品質之提升。就國大修憲議事辯論過程全部公開於媒體之前，國代立場無可遁形，民意之監督無困難，採無記名投票對所謂的公開透明原則並不當然構成傷害。^(註七十六)李炳南教授綜合文義、歷史、體系、目的、合憲及結果取向解釋所得結論：「本號解釋（四九九號解釋）將無記名投票無限上綱為民主議會議事表決

351

的方法，等於限制了議員的自由意志選擇，從『憲法』的內在論理體系為觀察，此一解釋反而有違憲之嫌。」[註七十七]

2.釋憲者並不得為「國民主權」的代表者

在本號解釋中，大法官認為國大代表需為選民負責，故應要用記名投票，其主要法理依據為「國民主權」。國民主權的法理，固然是憲法本文第二條規定，然而國民主權的真正代表者為誰？憲法第二條：「中華民國主權屬於國民全體。」大法官並沒有民意的依據，亦非憲法中，國民主權的代表者，而卻自己本著「國民主權的代表者」，宣告國大所制定的增修條文違憲失效，是有疑義者。

3.國代增修條文制定過程有違「程序正義」

本次國大二讀會、三讀會過程中，確有諸多瑕疵，明顯違反民主「程序正義」原則。就國安三法草案在二讀會並未依照「廣泛討論」、「逐條討論」之程序，直接採「包裹表決」，而表決亦不知票數結果，故可稱「未議未決」。在增修條文之制定上，是否符合法定程序？容有爭議。復次，依據「國民大會議事規則」第卅八條第二項：「主席裁定無記名投票時，如有出席代表三分之一以上之提議，則應採記名投票。」主席蘇南成違法未遵行。至第三讀會，表決未通過，竟能重新表決，而以一票之差通過國代延任案。凡此均是本次修憲程序上之重大瑕疵，而就民主憲政角度言之，是否有效？顯有疑問。

4.國代延任案有違利益迴避原則

主張國代延任案者，或有將之與國會改革劃上等

[註七十七] 李炳南、曾建元，前揭書，頁二二。

號，以國代延長二年又四十二天之任期，乃為配合國會改革。然而本於民意代表之任期乃為與選民之契約行為。從洛克、孟德斯鳩提倡「社會契約論」以來，已成民主概念之最基礎核心學理。縱有延任案之必要，亦必自下屆始得實施，此為民主「利益迴避原則」之理念。此次修憲案中之國代延任，輿論有以「自肥」視之，良有以也。

5.國代以比例代表制產生，有違憲法最高政權機關之設計

　　國民大會由政黨依比例表制產生，將出現明顯之混亂現象。一者，國大之憲法職權，均是代表人民之「政權機關」所行使監督政府權力，卻改由政黨依比例代表產生，此為混亂之源：國大諸多職權均為政權機關所行使，而使之不具民意基礎。一個「非民意機關」者，如何能行使「民意機關」之職能？徒增憲政之矛盾性。再者，將國代依附立委選舉各政黨得票比例分配，將使國大無民意展現，且是赤裸裸的政黨（治）分贓，政治原則和品質都將堪慮。三者，採行政黨比例代表制將剝奪人民之參政權，使不具政黨身份者，無由當選國大代表。基於上述三點，國代依政黨比例代表產生，將有違憲之虞。

二、「釋憲」否定「修憲」之合憲性問題

　　綜合上文，吾人以為國大第五次修憲完成之增修條文，有如下結果：「記名投票並非民主責任政治之唯一方式」、「釋憲者並不得為『國民主權』的代表者」、「國大增修條文制定過程有違『程序正義』」、「國代延任案有違利益迴避原則」、「國代以比例代表制產生有違憲之虞」。唯程序有瑕疵、修憲條文有所爭議，甚或違憲之虞等情況，

是否得為本號大法官解釋宣告違憲？是學界廣泛重視與討論者，所謂「憲法違憲乎？」「釋憲可得否定修憲？」甚值深究之。

持肯定立場之楊泰順教授在四九九號解釋宣布前，即撰文指出：[註七十八]

> 我國由於引用學理錯誤，將國民大會提為政權機關，故起始便未設計相對的制衡機制，致使國民大會曾有訂定臨時條款、破毀憲政原則的過程。尤其現在國民大會已常設化，我國又以邁向民主憲政而自許，國民大會的作為，便應該有其他機構來擔任裁判者的機制。而就當前的憲政體制而言，大法官會議便隱然具有此一裁判國大作為的條件。而在公民複決完成修憲立法前，大法官會議更是責無旁貸，應積極承擔此一憲政守護神的角色。

楊氏以近代民主思潮中「無人得為自身行為之最後裁判」之原則，以及美國馬歇爾大法官拒絕引用「司法法」，使「最不具威脅性」的司法權，竟因此一躍成為「法袍下的貴族」，期盼我國大法官拒絕引用「司法院大法官審理案件法」的不當規定，勇敢承擔起對國大修憲的必須監督責任。否則「將永遠無法超脫權勢者的玩物格局。」[註七十九]

唯美國聯邦最高法院馬歇爾固然否定「法律」，而尊崇「憲法」；此與大法官釋字第四九九號解釋否定憲法位

[註七十八] 楊泰順，「裁判國大作為責無旁貸——效法民主先賢，確立大法官修憲監督權」，聯合報，民國八十八年十一月廿九日，版十一。
[註七十九] 同上。

階之增修條文，恐有比喻失義之處。大法官會議可否推翻憲法條文？其是否有權自任國大監督者角色？是否可以運用「程序瑕疵」以及違反憲法原理，否決國大修憲條文？陳志龍教授提出否定見解。其以為增修條文固有程序上等瑕疵，然而釋憲機關在四種可能性的反應中：1.文義解釋。2.補充解釋。3.自創的說明。4.否定憲法條文的存在意義。釋憲機關被允許做的應該只有前兩項。後兩項都不是正確的解釋。尤其推翻憲法規定，應只有制憲機關或人民才有此權限：[註八十]

> ……他們（指大法官）即可以把所有存在的憲法條文逐條宣告違憲，屆時，恐怕也拿他沒辦法，因為其可以憑空泛的「國民主權」作為論據。而國民主權就是人人要互相幫忙，共享安樂，財富平均，只要影響財富平均的事項，就通通違憲。所以，私有財產制係違憲的……在「國民主權」的思想下這種大法官的釋憲結果，就變成超越人民權利之上的一個最高指導機關，而它不再純粹只是釋憲機關地位，即變成是一個最高統治機關，這恐怕才是本號解釋文引發出最嚴重的問題。

李炳南教授亦深以作為「憲法」一部分之「增修條文」竟然遭到無效宣告，是一嚴肅的憲法法理學問題。此因大法官的解釋標的，仍依「司法院大法官審理案件法」第四條而來，釋字第四九九號解釋繞開上法第四條的釋憲權限限制，從第五條第一項第三款有關立委作為聲請釋憲權利

[註八十] 陳志龍，「大法官釋字第四九九號的『國民主權』法理探微」，政策月刊，

主義的規定中，引伸出其之有權受理審查憲法效力之釋憲聲請。最後則自此實現其於第四條所未賦予之權力，此舉則有違法與用法之嫌。[註八十一] 李炳南教授認為四九九號解釋的困境在於：[註八十二]

> 「憲法」本身即為審查下級規範有無體系違反疑義之準據，「憲法」自身疑義之釐清，亦在樹立與維持「憲法」作為根本大法之權威。然而「憲法」創設之釋憲機關，以法律補充的方式將作為國家根本大法的「憲法」有效性納為其違憲司法審查的標的，並以解釋而非修憲的方式推翻民意機關多數通過之既有「憲法」條文的效力，自陷於所謂反多數決之困局，根本否定第五次修憲在修憲程序和「增修條文」實體內容上的合法性與正當性，則誠為一憲法學上之特例。

李氏尤關心釋憲者解釋方法上的核證性(justification)問題，即憲法解釋方法位階規範建立的嘗試，在法律的認識論及法的安定性的維持上乃有其意義。並提出：「儘管我們單純從『憲法』的文義、歷史和體系解釋即可確認司法院大法官有權審查修憲程序，但『憲法』條文從沒有授權司法院大法官有宣告『憲法』無效之權。故司法院大法官有權受理有關修憲程序之審查，但卻無權經此宣告『憲法』無效。」[註八十四]

第五十八期，二〇〇〇年五月，頁卅一─卅三。

[註八十一] 李炳南，曾建元，前揭文，頁二一三。

[註八十二] 同上，頁三。

[註八十四] 同上，頁二七。

國代延任案之大法官釋字第四九九號解釋，引發憲政的諸多爭議，吾人固不否認國代延任案之程序上與修憲條文上是有其瑕疵，唯就大法官逕自宣告憲法增修條文無效之舉，亦不妥當。本文第六章「司法審查『政治問題』的辨正」中，就我國大法官釋憲建立「程序審」之必要，試疑「不予受理解釋憲法」十項準據中之第六項：「憲法暨增修條文不得為違憲之審查」其真義在此。

至「國民主權」的落實，則是解決本案修憲引發爭議的不二途徑。尤以「人民創制複決權法」的建立，更具迫切性。未來該法的設計上，則須擴大人民創制、複決權的範圍，及於憲法、中央法律。而非民國八十年代國民黨版（時為趙永清立委提出）之僅限於省、縣地方自治法規之創制、複決權。由人民以創制、複決權行使「國民主權」，庶符合憲政之精神。

貳、事實層次

釋字第四九九號解釋除理論層次之憲政影響外，就事實層次的重大憲政影響，則是持續引發國大代表的第六次修憲所造成「任務型國大」與對大法官之「報復條款」。

釋字第四九九號解釋，明確宣示第三屆國民大會第四次會議所通過之「延長自己任期」修正案，自宣告之日起失其效力。主管選務機關之中央選舉委員會隨即依此解釋及選罷法有關規定，發布選舉公告，積極展開第四屆國大代表選舉事務。於此同時，第三屆國代鑒於延任不成，又逢第十屆總統大選剛完成，陳水扁總統雖告當選，僅只較宋楚瑜多六十餘萬票，「宋友會」聲勢大振，國、民兩黨「防宋」之意味頗濃。故而在其剩餘任期已不到一個多月

的時間,再度倉促集會,進行第六次修憲。

第六次修憲整個議事日期,從連署、召集令發布、代表報到、編定議程、受理提案以及進行讀會,前後只用十五天時間,真正用於討論表決者:包括各提案人說明一讀會、二讀會、三讀會的逐案宣讀與表決,僅只五天,就完成此次充滿爭議性的修憲。其中尤具影響性者:一為「任務型國大」的產生;二為大法官的「報復條款」。

一、「任務型國民大會」

第六次修憲將國民大會職權消減至三項:1.複決立法院所提之憲法修正案。2.複決立法院所提之領土變更案。3.議決立法院提出之總統、副總統彈劾案。

原為國民大會職權之罷免總統、副總統提案權,補選副總統權、聽取總統國情報告,以及同意司法、考試、監察三院人事權等,則全部移轉立法院掌理,國會結構有向一院制明顯傾斜之趨勢。

國民大會經過第六次修憲後,表面看尚有三項職權,然而性質上是屬被動,其前提在於立法院發動時始得行使。且在行使上述三項職權時,始依比例代表制選出國大代表,集會以一個月為限,期間屆滿,任期亦即同時結束。此即所謂「任務型國民大會」。

任務型國民大會下之中華民國憲法體制,將產生如下現象:

1.立院職權增加,傾向一院制,制衡機制不足:立法院原有立法權、預算權、質詢權、調閱權以及彈劾總統、副總統與修憲提案權等,現在從國大手中接下三院人事同意權,總統國情報告權、罷免總統提議權等,幾是總統制、

內閣制國會所有的權力，卻未有任何制衡立法院之機制。被評為憲政怪獸的國民大會雖已消失，是否另有一憲政上龐然大物將出現。[註八十五]

2.國民大會之功能、意義大失：國民大會僅存三個被動性之職權，其會期一個月即結束。且憲法第廿五條之代表全體國民行使政權的國大代表，竟非經由人民選舉出來，而為比例代表制產生，此政權機關不僅名實不符，且無法解釋其中有何法理？

3.再次印證一九九一年以來修憲的荒腔走板、缺乏整體、宏觀之理念：回顧一九九一年以來的修憲工程，無論修憲過程、修憲決策之草案，諸多權謀、現實考量，違背憲政原理與程序瑕疵。[註八十六]本次修憲更是在釋字第四九九號解釋後，國大代表之情緒反射，由國大代表自己終結國民大會，既無縝密研討，也無配套措施，更突顯吾國民主憲政的不成熟和憲政精神之不足。

二、國大代表對大法官的「報復條款」

第六次修憲增修條文，就第五條有關司法院部分，除將原規定大法官十五人，由總統提名，經「國民大會」同意任命，改為經「立法院」同意任命。第一項之末並增加：「司法院大法官除法官轉任者外，不適用憲法第八十一條及有關法官終身職待遇之規定。」

刪去大法官除法官轉任者外，不適用有關法官給予、

[註八十五] 董翔飛，中國憲法與政府，大修訂四十版（台北：自發行，民國八十九年十月），頁三。

[註八十六] 齊光裕，中華民國的憲政發展（台北：揚智文化公司，民國八十七年十一月），頁三四五－三四八。

退休、撫卹規定，正是釋字第四九九號解釋宣告國大代表延任自肥案為違憲，引發國大代表反彈而作成，時稱「報復條款」。民國九十年送交立法院之「司法院組織法」草案，依增修條文規定，該法第五條乃配合修正。唯基於第六屆大法官早為一九九三年即上任，本於契約原則及不溯及既往，應以二○○三年第七屆大法官產生者開始實施。「報復條款」亦可觀察國內政治人物器識和制度設計之態度。

參、不同意見書認「應不受理」之探討

釋字第四九九號解釋中，曾華松大法官提出不同意見書，雖未指出屬於「政治問題」拒審。但旁徵博引論述所得，認「應不受理」之重要論證，歸納大者，約為四項：1.不得為諮詢意見。2.權力分立原則。3.司法謙抑性。4.國會自律權。其中權力分立原則、司法謙抑性、國會自律權三者，往往是持「政治問題」者之核心概念，曾大法官並未提「政治問題」，唯因論述之精神接近研究主旨，乃擬予以探究之。

國大延任案就曾大法官之看法，固認「應不受理」，然所論述者，除不得為諮詢原則，以及司法謙抑性（其謂釋憲機關只立足於憲法所賦予之權限秩序，並非就憲法政策為合目的與否之判斷），認為本案應不受理。其實就權力分立原則（其謂若修憲之目的合法，且在憲法範圍之內，則所有正當及顯然合於該目的，貫徹憲法條文和精神之方法，均為憲法之所許）、國會自律權（其謂議事程序之進行，若已合於多數決之原則，縱令其未適用其自訂於

前之國民大會議事規則，亦無不可。至憲法結構之調整，應由有權修憲之機關，衡情度勢，斟酌損益，非釋憲機關之權限。）等方面見解，曾大法官似是肯定本次國民大會修憲之權責，且不認有違憲之處，縱令如有違憲，亦非大法官會議之釋憲權責。

　　有關國大延任案之修憲過程、內容有否瑕疵？前文已有論述，茲不贅言。曾大法官以大法官會議就修憲程序、憲法結構，並不具釋憲之權限的觀點；吾人以為，釋憲者固有權審查修憲程序，但卻無宣告憲法條文無效之權。曾大法官以憲法結構之調整，由有權修憲之機關，衡情度勢，斟酌損益之論，吾人亦表贊同，唯修憲機關是否會認真檢討自己修訂憲法條文之為非，恐不易見。就本於「國民主權」之精神，我國憲政機制中，人民創制、複決已有憲法法源之依據（憲法第一三六條），故儘速由立法院制定「人民創制複決權法」，應有其迫切性。

本章小結：

　　本章在於透過司法違憲審查，就我國涉及政治問題之釋憲案討論，檢視提出政治問題之論證是否充分周延？是否符合權力分立之真義？文中提出六個案例：釋字第三二八號、三二九號、三四二號、三八七號、四一九號、四九九號（如表三）。其中以政治問題拒審者，有：釋字第三二八號，以及釋字第四一九號中之第二項；其餘在解釋文中雖作出終局釋憲，惟在不同意見書中，或有大法官提出屬統治行為、政治問題，不應審理者；或有大法官提出接近政治問題之概念者。

　　六案例雖性質不盡相同，牽涉領土、外交條約、國安三法、行政院長總辭、副總統兼任行政院長、國代延任案等情事。若以政治問題拒審，綜言之，將產生諸多爭議：1.所謂「權力分立」之「尊重」應賦予更新見解，而非放棄司法權責，表現出司法瀆職、懈怠。2.德國憲法法庭所呈現出之功能法觀點，較符合「權力分立」之解釋。3.政治問題拒審將違背釋憲終局者角色之功能。4.政治問題拒審將使憲法控制政府部門的機制失靈。放任政治部門自行解決，實難期任何解決之達成。5.政治問題拒審過於籠統、缺乏標準，易造成矛盾性。6.政治問題拒審有過於遷就政治現實面，忽略憲政制度具有興利除弊之機制，以及司法堅持正義（避免造成偏袒政治權貴之錯覺）的特性。

　　從中、美釋憲之實務中，歸納彼此之特性，則就政治問題上，我國之諸多觀點，或皆深受美國聯邦最高法院之判例影響，故而理由論證上仍極薄弱，大多直接抬出「統治行為」、「權力分立」等，即導引出政治問題拒審，缺乏徵引憲法相關理論，俾有所據，不致失去憲法維護者之職責。惟以前述政治問題拒審之司法審查爭議極大，政治問題之適用似宜避免為佳。

表三：我國大法官解釋「政治問題」論述簡表

解　釋文　號	時　間	爭　議主　旨	釋憲中「政治問題」容	「政治問題」評析
釋字第三二八號解釋	民國82年11月20日	國家領土範圍如何界定問題	解釋文、解釋理由書中，皆以國家領土之範圍，學理上稱之為統治	1.邏輯過於籠統，易使人誤認「凡屬具有政治性的問題，均非大法官所得加以

			行為，依權力分立之憲政原則，不受司法審查，而屬政治問題。	審查者。」卻又未深究；何為「政治性的問題」？ 2.誰為釋憲終局者角色之困惑。 3.使憲法控制政府部門的機制失靈。 4.本案仍有解釋之空間，或以憲法對領土採概括式，故不宜以具體律定；或以「統治權」與「主權」意涵，來做陳述。以上效果均優於以「政治問題」拒作審查。
釋字第三二九號解釋	民國82年12月24日	憲法條文中所稱之條約一詞，其內容與範圍不明，應否送立法院審議或界定備查，限定不明，外交部發布之「條約及協定處理準...	本案多數大法官同意解釋文，並未以政治問題為由而迴避司法審查，並積極作出解釋。但有張特生、李鐘聲兩位大法官提出不同意見書，以本案屬政治問題不應受理。	1.大法官職司終局釋憲責任，憲法未設明文，並不得解釋為非釋憲機關權責。 2.釋憲者如著眼「事實考量」、「結果考量」，卻忽略憲政制度面之興利除弊機制。 3.本案為憲法第六十三條明文所未規定，且已造成行政、立法僵局，故不可謂與「大法官審理案件法」之旨意不符。 4.德國聯邦憲法法院本於憲法職責，不...

		則」有違憲之虞。		會以政治問題拒審，但基於尊重憲法平行部門，乃採三階密度理論，就「明顯性控制」而為「合憲性解釋」之裁判。 5. 「權力分立」表示各有職司；「互相尊重」表示尊重他機關憲法職權，他機關亦尊重本機關之憲法職權。尊重不表瀆職、懈怠責任。 6. 大法官在凜於憲法賦予重任，為最終局裁判，不宜以尋常百姓心態之「眩人心目，易滋爭議」放棄其職掌。
釋字第三八七號解釋	民國84年10月13日	立委改選後，行政院院長、副院長、各部會首長等應否提出總辭？	本案多數大法官同意解釋文，未以政治問題為由迴避司法審查。惟大法官吳庚在其不同意見書中，陳明本案涉及總統、立法院與行政院三者之關係，具有高度政治性，認為屬統治行為，司法不應介入予以審查。	1. 本案誠然具有高度政治性，唯此正是憲法規範政治活動的當然「結果」，若可不必解釋，將無可供司法審查之事項。 2. 我國憲政體制究屬何類？迄無定論，若期由政治部門自行解決，難期有功，這亦是司法釋憲之權限。

| | | | | 3.布瑞南準則之「憲法明文規定委諸其他同等政治部門處理之事件，法院不予審查」尚值商榷。果如此，則將無可供法院審查之案件，因所有之法律均須由「立法部門」制定，所有施政均須由「行政部門」以「命令規章」行之，以上均經憲法明定屬國會、行政權責，是否司法不可介入？實則，依「權力分立」精神，司法功能即在以被動方式判定法律、命令是否「違憲」，以確保「憲法優位」。 |
| 釋字第四一九號解釋 | 民國85年12月31日 | 1.副總統得否兼任行政院長？
2.總統改選，行政院長應否總辭？總統可 | 本案大法官在解釋理由書中，就第一、三項採取迴避政治問題，並積極作成解釋。就第二項則採取政治問題，以屬於統治行為之一種，非大法官應作合憲性審查之事項。 | 本案有採用政治問題，亦有不採用政治問題，其結果明顯看出缺乏標準，進退失據，不乏矛盾性：
1.就第二項大法官認為屬於總統權限，屬統治行為，不應作合憲性審查；然在第三項亦認立院無要求總 |

		否留任？ 3.立法院諮請總統重新提名行政院長之決議有否拘束力？		統一定行為之權限，即認為總統有其統治行為，但卻仍積極作出實體解釋，而未拒絕裁判。標準何在？ 2.在釋字第三八七號，大法官就立委改選之「民意政治與責任政治」出發，積極作出解釋；在本案中，就憲法同條文規範行政院長產生方式，卻不考量總統改選之「民意政治與責任政治」，而稱「總統得依其裁量為適當處理」，如第九任總統是彭明敏非李登輝，彭氏直接「任命」行政院長，依大法官上述解釋正確否？

資料來源：作者自行整理。

第六章 司法審查「政治問題」的辨正

經過上文連貫性的就「政治問題」的理論、美國與我國司法審查制度的實務論述、分析,接下來將進行思辨整合的過程。首先,司法審查政治問題的理論基礎,基本上環繞著「權力分立」此一核心概念,並衍生觸及合憲性推定、司法消極主義等。其次,理論觀點匯聚,而致形成司法審查的政治問題被採用、推展,對於政治問題的運用、平議以及改進有待進一步剖析,尤以德國聯邦憲法法院的實務經驗值得借鏡,本文並催生釋憲制度建立明確「程序審」、「實體審」流程概念,取代政治問題拒絕裁判之作法。最後,針對去政治問題後所可能更為嚴重的若干疑慮(如:大法官造法、司法政治化、政治司法化等),提出司法審查的配套措施:制度面的改善、釋憲方式的精進、釋憲救濟的途徑等。本文試圖經由整合過程,確立司法審查制度的優質體制,並健全釋憲者之「憲法維護者」的角色。

第一節 權力分立原則的微觀
第一項 權力分立與釋憲制度
壹、權力分立與釋憲政治問題的疑點

民主憲政為防止「統治者必將統治權力擴張到極至的經驗法則」,乃有權力分立的理念與制度設計,此一權力分立在司法審查制度上亦被廣泛討論。就民主國家,為防止政府部門權力的濫用,尤以「權力使人腐化,絕對權力使人絕對腐化」,故而透過憲法設計,將國家的功能,依其性質上的差異,區分為立法、行政、司法(此為三權憲法國家分類,我國依孫中山五權憲法,再加上考試、監察),將國家權力委由各個

獨立機關──國會、行政機關（總統、內閣）、司法機關來行使，透過權力制衡，防止權力之濫用。

美國是採用三權分立制度最早，亦是典範的國家。然其一七八七年憲法並未明文規定採用三權分立制度，只是就其憲法第一條：「本憲法所授與之立法權，均屬國會。」第二條：「行政權屬於總統。」第三條：「司法權屬於最高法院及國會隨時設立之下級法院」第一條第六項：「凡是擔任任何合眾國官職的人，在其繼續任職期間，不得為兩院中任何一院之議員。」另在一八〇三年發生 Marbury v. Madison 案件後確立司法審查制度（Judicial Review），美國之三權分立制度極為明確。

中華民國憲法於一九四七年實施迄今，就其原文，是採五權憲法架構，傾向於內閣制的體制（幾次增修條文修改，破壞憲法原理甚鉅，詳細情形可另看拙著「中華民國的憲政發展」乙書），就憲法第五十三條：「行政院為國家最高行政機關。」第六十二條：「立法院為國家最高立法機關。」第七十七條：「司法院為國家最高司法機關。」第八十三條：「考試院為國家最高考試機關。」第九十條：「監察院為國家最高監察機關。」是各該院就其主管為最高之職權機關。

無論三權分立、五權分立，其所重視權力分立之理念則為一致。權力分立雖是民主憲政的基本原則，然而憲政各部門權力是否如抽刀斷水般的劃分成涇渭分明？又權力分立下各部門之相互尊重又有何特別意涵？霍姆斯大法官（Justice Oliver Holmes）就權力分立的灰色或爭議地帶曾指出：[註一]吾人不能分別立法及行政之行為有如數學般之精確，並將各

[註一] 陸潤康，美國聯邦憲法論（台北：凱侖出版社，民國七十五年九月），頁一六。

部門權力，劃分的天衣無縫，此非吾人之意願，亦非憲法之精神。當然，在美國之權力劃分制度上仍有界限，任何一部門之權限者皆不容侵越………但是如果某項產生爭執的權力，並非顯然專屬於政府部門中之任何一部門時，困難問題立即產生；此項剩餘之權力，應一律建置於立法機關的支配之下。

霍姆斯之言，點出權力分立原則下的政治實際運作，其紛擾糾葛之複雜性。至於將此其間之困擾解決權力，置於立法機關支配下，在學術界恐將有爭議存在。另就權力分立原則下，司法部門之司法審查面對行政、立法，亦頗為引發見解爭議與探討，有謂：[註二]

基於權力分立原理，聯邦憲法既將行政權與立法權分別賦予總統與國會兩院行使之，則職司裁判爭訟之法院若得干預行政部門與立法部門的運作，即司法部門的越權，違悖權力分立之原理；故若法院無視國會源於聯邦憲法所賦予制定法律之立法權，以及無視總統源於聯邦憲法所賦予於行政權範圍內發布命令及規則之效力，則已超越聯邦憲法所賦予司法權之權限。

這當中之司法部門「干預」、「越權」、「違悖權力分立原理」，在權力分立中似乎顯得模糊，就美國聯邦最高法院之案例亦難尋得明確解答：[註三]

1.Chicago & Southern Air Lines v. Waterman S. S. Corp.(1948)中，主筆之傑克森大法官指出：「依法律條文之旨意，民用航空局的行命令若涉及外交關係，法院不應加以審

[註二] 劉獻文，中美司法審查「政治問題」理論解釋之比較研究，國立中山大學中山學術研究所，碩士論文，民國八十三年六月，頁三〇－三一。
[註三] 本文此處所節列十一案例之詳細內容可參見第四章各節。

查。因有關外交政策之決定，憲法完全賦予行政與立法部門負責，其內容不但錯綜複雜，且含有極大之預測成分，它應是由直接對選民負責之部門執行，司法機關對之完全缺乏設施、能力與責任；此為屬於政治權力支配範疇之事務，司法部門不便插手干涉。」

2.Goldwater v. Carter(1979)中，主筆之倫奎斯特大法官指出：「基於憲法未有明文，且不同條約可能有不同的終止程序，故本案應受政治指標的控制。關於總統終止條約的權力，乃具有「政治性」（political），故「無司法可能性」（nonjusticiable）。」

3.U.S. v. Alvarez Machine(1992)中，主筆之倫奎斯特大法官：「馬坎醫生之綁架與是否引渡遣返墨國，己不是一個法律問題，而是國際政治問題……決定馬坎是否引渡遣返一事，屬行政部門外交權之運用，最高法院對此政治問題之爭議，應尊重行政部門之職權。」

4.George W. Crockett v. Regan (1984) 中，聯邦最高法院拒絕受理本案，其以「有關戰爭權力均衡之爭執係屬政治問題而非司法問題，故法院宜採迴避主義。」

5.Coleman v. Miller 中，主筆之休斯大法官：「對於修憲程序之問題，例如國會提議之憲法修正案，其效力可繼續至何時？或各州州議會之批准是否有效等問題，乃是政治問題，應由國會決定而不該由法院加以過問。」

6.Luther v. Borden(1849)中，主筆之坦尼大法官：「一個聯邦巡迴法院是否被授權調查總統之決定正確與否？又於當事人有所爭議時，法院是否能傳喚證人或調查那一個政府代表大多數的人民？若是司法權伸張至此，將是一個無政府狀態與無秩序的保證。」

7.Pacific States Telphone and Telgraph Co. v. Oregon(1912)中，主筆之懷特大法官：「州共和政體之保障問題，本質上乃是政治問題，係屬國會之權限範圍，並非司法權所應管轄………法院若得對之加以裁判，則無異於司法權之法外擴張，侵犯了聯邦憲法賦予立法部門之權力。」

8.Colegrove v. Green (1946)中，主筆之法蘭克福特大法官：「選舉區劃分問題，為具有特殊政治性質之問題，有黨派相爭及利益妥協之性質，不適宜為司法判斷，此乃國會之專屬權責………法院實不應進入此一政治叢林。」

9.Baker v. Carr(1962)中，主筆之布瑞南大法官：「政治問題之所以無司法裁判之可能性，其最根本之原因，係在於權力分立之機能。」本案例中，布瑞南歸納出六項法院承認政治問題的原則（或稱布瑞南準則），其中以權力分立標準是聯邦最高法院與平行部門間存在政治問題，聯邦與州之間並不適用政治問題。

10.Gilligan v. Morgan(1973)中，主筆之柏格大法官：「本案系爭事項之管理，主要權屬國會所有。在此一領域中，並無可供司法審查的重要準則………對於缺乏司法權限的政府活動領域，法院實難表示意見。」

11.Nixon v. United States(1993)中，主筆之倫奎斯特大法官：「從外觀上可以明確認定其涉及政治問題的案件，主要是憲法明文將該問題委諸於其他同等部門處理，或欠缺解決該問題所須的司法上之可創獲或可操作的標準………本案應屬政治問題，而無司法的可能性。」

就我國大法官會議解釋中，亦不乏權力分立相互尊重觀

點下，提出政治問題見解：(註四)

　　1.釋字第三二八號解釋理由書：「國家領土之範圍如何界定，純屬政治問題；其界定之行為，學理上稱之為統治行為，依權力分立之憲政原則，不受司法審查。」

　　2.釋字第三二九號解釋中，張特生大法官於不同意見書：「依我國現行法之規定，大法官雖可就抽象之憲法疑義為解釋，然對顯然牽涉高度政治性之問題，仍宜自我節制，若介入過多，不唯易致越權之譏，且治絲益棼，可能招怨致尤，有損司法之立場與尊嚴。」

　　本案中另有李鐘聲大法官不同意見書亦指出：「司法審查制度對於政治問題不予受理審查之通例，始於美國………此一原則奠基於權力分立，三權均為憲法機關，均應自主與互相尊重，司法機關並不因違憲審查權而高於行政與立法之上。」

　　3.釋字第三八七號解釋中，吳庚大法官於不同意見書指出：「司法審查權在本質上應受限制，不僅為學理所公認，且就先進法治國家之實際運作中，已形成相關制度………此問題乃涉及總統、立法院及行政院三方面關係之問題，其具有高度之政治性………不問是否採行前述統治行為之各種理論，未有由司法機關予以決定者。」

　　4.釋字第四一九號解釋中，就總統改選，行政院長應否總辭？總統可否留任？表示：「對於行政院長非憲法上義務之辭職，總統可盱衡國家政治情勢及其他情況，為適當之處理‧‧‧作合理裁量之權限範圍，屬於統治行為之一種，尚非本院應作合憲性審查之事項。」

(註四) 本文此處所節列案例之詳細內容可參見第五章各節。

上述各案中，司法審查政治問題之運用，根本上是植基於權力分立，強調相互尊重，以免有越權、損及司法立場與尊嚴。以是之故，是否政治問題拒絕司法審查，即代表實現權力分立，達到相互尊重，並可免於損傷司法立場與尊嚴？這又是受質疑的；就美國與我國司法審查制度中運用政治問題的模糊、不明確，甚至出現矛盾的現象，再加上強調「相互尊重」、「避免傷及司法權」等抽象概念，即引導至權力分立之上，將兩方面劃上等號，這在理論本質上極待澄清與辨正。質言之，權力分立是否等同於相互尊重？（相互尊重的真解何在？）相互尊重是否等同於政治問題拒審？（政治問題的真解何在？）

貳、權力分立與釋憲政治問題的商榷

一般強調司法審查以政治問題拒審者，多表現於系爭涉及民主原則之權力分立，乃屬「憲法權限爭議問題」，應本於「相互尊重」，對此等高度政治性問題，依據布瑞南準則之「憲法明文規定委諸其他同等政治部門處理之事件，法院不予審查。」、「政治問題之所以無司法裁判之可能性，其最根本之原因，係在於權力分立之機能。」緣於此，吾人就權力分立、相互尊重之銓釋有明確認知之必要，尤避免望文生義之疏漏：

1.權力分立表現於機關職能之不同，而無職權之大小：就西方三權分立，行政部門負責施政（內政，外交，經濟，財政，交通等），並係依法行政；立法部門負責確立法源，俾使行政部門施政有所依循；司法部門職司法院審判，就司法審核權言之，乃本於憲法優位，被動性地審查（立法部門的）法律、（行政部門的）命令規章是否牴觸憲法？以為合憲或違憲之宣判，達到防止權力濫用，人民權利義務免受侵害。

　　三權各有職司，就其職掌均為國家最高權力機關，故行政、立法、司法三者有職權之不同，但各有其領域，故不可謂職權有大小之別。行政機關依法行政，其所屬稅務單位執行公權力，不可以議員身份、法官身份者即雙重標準，以示「尊重」，這是明顯瀆職，且係對自身的「不尊重」，吾人亦不可謂行政部門之可以查稅、開罰單，而認為其權力凌駕其他兩權之上。

　　同理，司法部門依憲法職權（美國為憲政判例），審查法律、命令是否違憲？並不表示其職權大於行政、立法部門，這是憲政規範政治活動的必然途徑，亦即僅是各機關職權之不同。所謂布瑞南準則之「憲法明文規定委請其他同等政治部門處理之事件，法院不予審查」，其邏輯是有疑義的，立法部門、行政部門在其憲法領域內，有其權責，但不表示其制定之法律、頒布之命令沒有違憲侵權之嫌，而其憲法之處理方式，即是交由（被動地）司法部門進行司法審查。如謂「憲法明文規定委請其他政治部門之事，法院不予審查。」則表示司法完全無權過問行政、立法部門，這將置司法部門於何地？又還有何事項是可供司法審查之事項？

　　2.權力分立下之相互尊重，並非司法自我怠忽職責：司法部門之憲法職責既在針對法律、命令審查其是否違憲，則所謂「相互尊重」下，就相關部門之法律、命令不予審查，不僅是司法自身的「不尊重」，且涉及瀆職、畏懼政治權勢，嚴重損傷司法形象，破壞憲政體制。

　　憲法平行機關間之「相互尊重」不在放棄職權，拒絕司法審查；在憲法範圍內，以憲法之簡潔、抽象，自無法事事明確規範詳盡，司法部門對「相互尊重」的表現在於不放棄

司法審查原則下，就未明確違反憲法規定者，儘量地尊重立法部門與行政部門所作成之法律與政策措施。亦即司法部門對立法裁量權與行政裁量權給予一定程度的肯定，前者包括肯定立法部門之「立法自由形成」、「立法問題」、「立法政策」、「立法機關權限」、「得由立法機關為合理規定」等，作為系爭法律司法審查之重要準據；後者包括行政部門之政府職權運作、政治基本組織行為、外交軍事行為、領土問題等灰色模糊地帶，賦予行政部門在不確定憲法概念之判斷餘地。以上司法審查可就寬嚴密度為一定裁判，既達「尊重」行政、立法部門之效果，亦保障司法尊嚴、憲政體制。

　　3.權力分立下，司法具終局性之裁判作用：大凡法律是否牴觸憲法？命令是否牴觸憲法、法律？均須面對司法之仲裁，這不是司法者主觀之願意裁判與否，而是其憲法賦與之終局性裁決效力。以拒審擱置爭議，並未解決憲法問題、司法問題，如此放任政治強勢者之作為，不符司法公義性本質。

　　觀之我國、美國若干案例，司法者之將高度爭議性，視為政治問題，認為基於權力分立，其或屬政治部門，或屬國會部門決定，司法無權置喙，這是刻意地忽略司法釋憲之具有最終局裁決效力。司法在定息止紛，國會部門未能（或不及）修憲解決問題，或其法律制定引發爭議，行政部門命令規章引發爭議，則司法審查為憲政之標準解決途徑，此為符合權力分立之原則。質言之，所謂國會或政府具有最後決定權，法院對之加以審查全然不適宜之論是違背司法擁有終局裁判之憲法地位。

　　布瑞南大法官在 Baker 一案中，樹立六項判斷政治問題標準，並積極進入政治叢林、數學難題中；華倫大法官在

Reynolds 一案中，秉持布瑞南準則，標舉法院態度、法官職掌、誓詞，高喊維護人權、憲法平等權保障條款的真諦，但它所展現給世人者，是聯邦最高法院面對州議會、州政府之作為；令人質疑者，聯邦最高法院面臨聯邦國會、總統，則司法公義、維護人權又在何處？司法終局裁判豈有雙重標準？

第二項　合憲性原則的思考
壹、合憲性原則的疑點

美國聯邦最高法院判例以及學術界發展出「法律之合憲性解釋原則」（principle of interpretation of constitutionality）「合憲性推定原則」（principle of presumption constitutionality）是基於所謂民主政治之精神與權力分立原則之原理發展出來，其意涵深值探究。

一八八五年美國聯邦最高法院在 Presser v. Illinois 乙案判決中：「當伊利諾州州法律條文之目的及效果，若與聯邦法律相牴觸而無法調和時，該州是項法律當然是違憲無效；然而，於可能之限度內，對於州法律應作成能與聯邦憲法及聯邦法律得以相容一致之解釋。」

一九〇九年美國聯邦最高法院在 United States v. Delaware and Hudson Co. 一案中，則是被認為「法律之合憲性解釋原則」之確立：「當法律之合憲性被質疑時，若對該項法律有可能作出兩種合理的解釋，依據其中一種解釋，則該項法律違憲無效，而依據另一種解釋則為合憲有效，則此時法院之明白的義務，乃是採取得補救法律所具有憲法上缺失

之解釋，是為解釋法律的基本態度。」^(註五)

　　根據以上判例所表達者，乃法院司法審查時，若相關法律可能作成兩種解釋方法時，一種解釋為合憲有效，另一種解釋則違憲無效，因而產生憲法上之疑義及爭議，此時法院應採用使法律合憲有效之解釋，此為法律之合憲性解釋原則。此原則在迴避對法律作成違憲無效之判斷，其目的在於該法律不會輕易被宣告違憲無效，致影響法秩序之安定性，而不致於導引出立法機關所制定的法律違憲之結論。

　　「法律之合憲性推定原則」乃指法院進行司法審查時，原則上應推定法律為合憲，盡量避免作出違憲無效之宣告。另有「避免解釋憲法問題原則」（disposing of case on nonconstitutional ground）亦是站在法安定性立場出發所得。一九三六年在 Ashwander v. Tennessee Valley Authority 乙案中，布蘭岱斯大法官於協同意見中指出：^(註六)

　　即使立法機關所制定法律之合憲性受到質疑，法院亦應探求是否可經由解釋普通法律的途經解決，以避免憲法問題。法院在有判決必要前，不應對憲法問題預先表示意見─除非某訴訟案件有絕對之需要，否則法院不應裁決具憲法性質之問題；且法院所建立的憲法原則，不應超過案情之需要，如有其他法律理由可裁判訟案，則不應對憲法問題表示意見。

　　以上「法律之合憲性原則」與「避免解釋憲法之原則」乃美國聯邦最高法院基於民主政治精神、權力分立原理，在某項系爭法律可作出兩種合理憲法解釋時（一種為合憲有效，一種為違憲無效），均採取使該項法律能與憲法相調諧之

---

^(註五) 213 U. S. 366(1909).
^(註六) 297 U. S. 288(1936).

合憲解釋，以達三權分立下互相制衡的關係，並維持法秩序的安定。

　　然以權力分立之下遵循「法律之合憲性原則」是否成為典範規定，似仍有可議之處。前文中亦陳述本於權力分立、相互尊重，則司法部門就未明確違反憲法規定之灰色地帶法令，儘量尊重立法部門，行政部門所作成之法律與政策措施，就立法自由行成、立法機關權限、立法政策等，以立法部門所制定之法律而推定其為合憲有效。唯就系爭法律出現兩種可能之解釋，而其中包含違憲無效，則所謂「法律之合憲性原則」，雖表達出尊重立法、權力分立、法安定性，但在邏輯原則、損及人民權利義務上有所爭議，有待進一步釐清。

貳、合憲性原則的商榷

　　就憲法保障人權的角度，若相關法律可能可以解釋為違憲無效，則它可能牴觸憲法的意義應大於其可能不牴觸憲法的意義，而不宜以法安定性、權力分立忽略其對保障人權、防止政府濫權的釋憲基本精義。美國聯邦最高法院就「高價值言論」（如言論內容涉及思想觀念之表達；具有社會重大價值；言論之社會價值大於因限制這些言論在維持社會秩序和道德規範所創造的社會利益）概以「嚴格審查基準」（strict review）來審查法令之合憲與否，正是保障人權的重要態度。

　　非僅高價值言論，當法律可能出現兩種解釋時，一為合憲有效，一為違憲無效，釋憲者此時關注違憲無效之部分，應遠大於合憲有效部分，其原因為：

　　1.維持憲法秩序；人類社會並非以「叢林法則」為生存型態，故而強調法律之必要性。單一法律並無法完整規範人類複雜之生活行為，從純粹法學觀點，法律體系並非是若干法

378

規橫向並列（地位完全平等）之體系，而是由不同位階之法規範所構成之法位階秩序。[註七]以是之故，當兩種法律相互矛盾或衝突時，應以較高位階者居優越地位。法位階秩序中，憲法具有最優越、最高位階地位，並藉此以達成規範政府組織運作及人民生活之目的。

憲法具有最高位階性，透過司法違憲審查制度使法秩序得以維持，達到守護憲法之目的。因此，司法審查維持之法秩序在於憲法秩序，而非只一般法律之安定性；當法律有違憲之虞，即憲法精神有遭破壞之可能，正是司法審查職司所在，故司法審查重視法律可能違憲部分，應超越其不違憲部分，這是最高層次法秩序、法安定之根本，而非僅遷就一般法律之法秩序、法安定性。

2.保障人民權利：司法部門以維護憲法正當法律程序為基準，達到保障人民權利，對人民生命、自由及財產權發揮積極維護之實際效應。

「正當法律程序」：包括「程序的正當程序」（procedural due process）和「實質的正當程序」（substantial due process）。程序的正當程序在於政府處理有關人民生命、自由或財產問題時，程序上必須依據正當的合法程序，不可為達特定目的而逾越法定之程序；實質的正當程序，包括立法機關制定之有關於人民權利之法律，其內容必須是合理的（reasonable），而不是含混不明確、武斷不合理、不公平、不正義；行政機關頒布之命令規章必須依據公益精神，而非基於有利、不公平

[註七] Hans Kelsen, Introduction to the Problems of Legal Theory, Trans. By Bonnie Litshewski Paulson and Stanley L. Paulson (New York: Oxford University Press, Inc.,1992), P.64.

動機，且在政府目的與手段間須有理性的、合理的關聯性。^(註八)

系爭法律面對違憲與否之爭議，釋憲者更宜審慎面對之，「兩造對立，仲裁者必得罪其一」的情況下，妥適於正當法律程序精神的發揮，衡量法律對憲法、人民之利弊得失，而達維護憲政、人權的實際效應。本於此，法律安定性與憲法安定性之孰重？違憲審查對兩種可能結果的儘量斟酌損益，其態度應較法律之合憲性解釋，合憲性推定要積極、周延與合理。此亦為權力分立下，司法部門具有機關權限爭議之終局裁判權^(註八)，並藉司法審查行使來調控三部門間之權力分立運作機能，以符憲法規範之要求。

第三項　司法消極主義的論衡

壹、司法消極主義的疑點

司法消極論從司法自制（judicial self-restraint）權力分立等觀點，對司法審查之司法哲學（judicial philosophy）抱持保留態度，認為國家中立法、行政之某些行為有高度政治性，不適宜由法院介入。其以法官積極介入將肇致「司法專斷」（dictatorship of judiciary）：^(註九)

憲法規範，充其量不過是一種「道德誡律」（moral admonition）而已，法官雖擁有司法審查權，仍應遵守憲法之約束，不得逾越憲法所賦予之權限；由於法院之「非民主性」，對於代表國民意志之政治部門的政策決斷，應儘量予以最大限度之謙讓與敬意（modesty and

---

^(註八) Benjamin F. Wright, The Growth of American Constitutional Law (New York: Henry Holt and Company, 1942), P.137.

^(註九) 周宗憲，司法消極主義與司法積極主義之研究—現代民主主義國家的司法審查，中國文化大學政治學研究所碩士論文，民國八十一年六月，頁一七。

deterrence），而實現「多數者支配之民主政治」
（majoritarian democracy）之原則。

綜合各種司法消極論之看法，類皆指出如下各種司法審
查之疑義、困境：

1.反民主多數性：民主國家之國民透過國民主權，將國政決定
權交予行政部門、立法部門，由多數民意產生之立法部門所
制定法律，行政部門所制定命令規章，卻可由非民意產生之司法
機關判定違憲無效，且無須負任何政治責任。其反多數性一
則干預社會多元力量作成之意思，再則係實質地介入法律、
公共政策的形成，反成「太上立法院」、「太上行政院」。^(註十)

2.反司法獨立性：本於司法權之獨立性、中立性，不宜捲
入政治旋渦，損及裁判權威性。此因法官並非政治或行政專
家，在專業資訊、概念之蒐集、分析上均不足，且法官並非
民意代表，不能下定負政治責任之判斷。因之，司法違憲審
查有其界限，尤以高度政治性爭議不宜裁判。

3.反權力分立精神：依民主憲政規範，國家機關乃分權設
事，各有職司；國會負責立法，行政部門負責執行政策，司
法部門負責適用法律。權力分立下，國家平行機關乃互有關
聯性與相互制衡存在，就司法部門之權限在於憲法所「委任
之管轄權」，有些事項（諸如外交、軍事等高度政治問題）於
憲法規定並不明確，本於司法問題乃必須由法院決定之問
題，而政治問題則是由行政部門或立法部門甚或由人民自行
決定之問題，則法院援用「政治問題」以排除司法審查，可
避免「司法專制」或「法官為治的政府」。^(註十一)

---

^(註十) 李鴻禧，違憲審查論（台北：台大法學書40，一九八六年十月），頁二〇八。
^(註十一) 陳文政，美國司法違憲審查理論與制度之研究，國立台灣師範大學三民主義研
究所，博士論文，民國八十六年六月，頁一一六。

4.反司法形象：司法審查積極介入政治問題，儼然會將國家塑造成法官們心目中理想國家之趨勢，在美國聯邦最高法院於六〇年代，首席大法官華倫（Chief Justice Earl Warren 1953-1969）領導下，就政府體制、黑白種族問題、言論出版自由、人權保障、州權等問題之憲法訟案中，推翻過去諸多判決，而引發討論，包括：1.法院是否自認本身高於憲法？2.法院是否自比為國家的良知？3.法院是否自認有決定國家最高利益之權責？

基於以上各點，美國聯邦最高法院發展出之高度政治問題不輕易介入，乃為司法權行使重要原則。法蘭克福特大法官(Justice Felix Frankfurter)即認為司法審查權是寡頭制的(inherently oligarchic)，故有必要嚴格地自制此一非民主機關(non-democratic organ)權力之行使；而法院經常將「個人的觀念」與「憲法上的要求」混淆，實已脫離「民主的壓力」，因為釋憲之機制乃在對立法部門所制定法律意義之確認，若超越此分際，司法部門乃是剝奪民主政治基於選舉賦予立法部門之權力[註十二]。史東大法官(Justice Stone)亦就司法審查中，法官自身認知指出：[註十三]

法院於宣告法律違憲時，其權限應遵守導出判決之兩類原則：一者，法院僅就是否有制定法律的權限加以審查，而不審查該法律是否卓越。二者，相對於政府中立法部門及行政部門所為之違憲行為所須受司法部門之限制，司法部門權限行使之唯一限制僅賴吾等自身之自制而己，將不卓越的法律從法典中去除，應訴諸投票以及民主

[註十二] Felix Frankfurter，"John Marshall and the Judicial Function" Harvard Law Review, Volume 69,(1955) P.23.

[註十三] 297 U. S. 1 (1936).

之政治過程。

司法消極論者本於司法獨立性、中立性，民主政治權力分立、多數決原則等，或以司法審查權若無限制地運作，將無可避免地捲入政治衝突漩渦之中，如此很可能與立法，行政部門處於對立之立場，不但其判決不易獲得平行機關的支持予以執行，且與代表民意之立法部門對立，易傷及司法之超然性，中立性。質言之，司法權本於自制，並承認司法權有其本質之內在限制，使司法部門肯定具有高政治性之「政治問題」（或「統治行為」）得排除於司法審查範圍之外。

司法消極論之運用於司法審查中，以政治問題拒審，無論前述理論之表達，實務之經驗似言之成理，行之有年。然而政治問題拒審亦引起諸多爭議，就其理論、實務而言，從政治問題界定不易，司法本質與權力分立的真諦，乃至政治問題拒審，究竟是在程序審中明定排除(即根本不列入司法審查之中)？抑或在實體中排除(即實際已作出「政治問題拒審」的「判決」)？亦缺乏一定模式，致產生相當之困擾，下文繼續論析之。

貳、司法消極主義的商榷

司法消極論強調「謙讓」（modesty），「自制」（self-restraint）與內在限制，表現於司法審查中，乃有政治問題迴避判決之作法。在相關理論上頗值辨正，論述如下：

1.民主多數決之再探：古典民主理論之國家公意，多數決原理，到廿世紀民主實況：行政部門以政黨政治、委任立法等介入立法運作，民選國會議員在富人政治、政商掛鈎下，「民意代表」是否等同於「民意」？「黨意」是否等同於「民意」？引發不同見解；再者，吾人雖普遍接受國民主權、議會至上、

多數決原理等民主理念，然而法律是否違背立憲精神？亦是民主權力分立理念下，賦予司法部門之憲法職責，藉以確立憲法優位與保障人權。

司法審查訴訟之兩造，無論政府─政府；人民─政府；人民─人民，均牽涉機關組織職權之爭議，或人民權益遭侵犯之爭議，而法律、命令不能因民選之國會議員、總統即表示不會有違憲之虞，且若由行政、立法部門裁決，亦有球員兼裁判之慮，司法以其獨立性、中立性，扮演憲法仲裁者之角色，實為至當之安排，是不宜以司法之反多數否定司法審查之設計。

2.司法權性質之再探討：所謂司法機關進行司法審查，不宜介入高度性政治問題，其或因專業資訊之不足，或因非民意代表不能負政治責任之判斷，或因不獲得憲法平行機關的支持，或因與行政、立法部門對立，或因遷就政治現實，維持法安定性，因而推論出為免損傷司法形象，並保持司法權獨立性、中立性特質，則司法自抑是司法部門所應具備。前述論點多值深思：

就專業資訊或有不足─司法裁判本即在充分之證據，即如民事、刑事判決亦然，「罪刑法定主義」即明確「行為之處罰，以行為時之法律有明文規定者罰之。」憲法訴訟更須講求證據，尤須對憲法條文、立憲精神有充分認知。如若證據不足，司法訴訟案有其一定判決之結論，但絕非以政治問題拒審。

就司法非民意代表不能負政治責任之判斷─民主政治之設計在以多方面機制以防弊，憲法制定後，可透過修憲、釋憲確保憲法之成長；法律制定後，可透過修法、釋憲確保法

384

律之合憲、合理，各種憲法規範之機制均有其功能，法官(大法官)雖非民意代表，司法雖不負政治責任（違反民意負政治責任），但應負法律責任（違反法治負法律責任），司法機關具司法判決之地位。

就不易獲得憲法平行機關的支持──司法機關以其獨立性、中立性，司法審判之任何判決，都面臨「兩造對立，仲裁者必得罪其一」的局面，司法之天秤形象，不為世俗化，庸俗化，本毋需在意兩造之態度。司法者本諸自由心證，根據憲法條文、立憲精神而為裁判，此即司法精神。司法扮演「憲法守護者」，若心中先存定見，甚或瞻前顧後，焉能得全民敬重、信服?司法釋憲者遷就政治現實，過於強調維持法安定性，對司法形象反造成更嚴重傷害。

就司法審查與行政、立法部門對立──司法部門之擁有司法審查，並就高度性政治問題加以裁判，是否就是所謂會與行政、立法部門對立?此一命題值得分析。就權力分立基本精神，表現在「制衡」(check and balance)，以美國三權分立，彼此是有對立，亦有牽制的；如美國國會對總統簽訂條約有批准權，總統有以行政協定(executive agreement)相對應；國會制定法律，總統可以口袋否決(pocket veto)、覆議權以為因應。權力分立原則即在防止將權力放在一個機關造成專擅獨裁，國家平行機關依憲法設計各有職司(只有職權不同，而無職權大小之別)，彼此間協調、同時對立，毋寧是民主政治的設計理念。司法機關依憲法規範進行司法審查權，正是權力分立的表現，其與行政、立法之互動，與其謂之對立，實應視為防止濫權。

就免於損傷司法形象──司法介入高度政治問題，是否即

表示司法權之獨立性、中立性將受影響？司法裁判形象亦會
受損？要討論此一問題，必須探究司法權本質，司法權是強
調獨立性、中立性、正確性，竟究迴避政治問題不予裁判，
符合司法權本質？抑或不考慮政治問題，均予司法審查，符
合司法權本質？第一，衡量政治問題是否有明確界定?指涉？
第二，司法裁判是否強調「法律之前，人人平等」？第三，
政治問題拒審是否符合政治人物心意？或全民期待？就第一
項，政治問題界定並不明確；就第二項，以政治問題拒審並
無法彰顯「法律之前，人人平等」；就第三項，以政治問題拒
審乃為遷就政治現實，絕不符人民對司法的期許。司法機關
不以高度性政治問題迴避司法審查，除引起政治人物之不愉
悅，但卻喚回全民對司法風骨的高度評價，司法就訴訟、爭
議案件的勇於任事，而非放棄職責，不僅非謂損及司法形象，
反有助司法尊嚴之建立。

　　3.「政治問題」處理方式之再探討：司法部門之司法審查
面臨高度性政治問題之處理，就美國聯邦最高法院、我國大
法官會議之司法審查，對所謂政治問題拒審？抑或審查之後
以政治問題「擱置」？似仍不明確。如美國聯邦最高法院在
George W. Crockett V. Ragan 乙案中，直接以「政治問題」迴
避主義，拒絕核發「移審令」（certiorari），拒絕受理上訴；另
外在 Cole grove v. Green；Nixon v. United States 等諸多案例，
則是實體審中裁判屬政治問題，法院對之無權過問；就我國
大法官解釋第三二八號亦屬解釋文、解釋理由書之實體解釋
中，以重大政治問題不予解釋。

　　就前者司法機關根本拒絕受理上訴，乃屬程序審駁回，
在刑事訴訟法有程序審即駁回（不受理）之相關條件規定，

憲法訟案（司法違憲審查）無法條規範下，宜否程序審駁回？如欲訂定程序審駁回（不受理）之法則，並將重大政治問題列入，則在界定何者為政治問題?何者非為政治問題？仍大有爭議。

就後者司法機關在形式上已受理，並已作成實體審之解釋，但解釋中卻以「屬政治問題不予解釋」，竟究是「不作解釋」？抑或「解釋成為不作解釋之解釋」？誠屬司法的灰色地帶，也明顯有違司法權本質──不得拒絕裁判之精神。

綜論之，從民主多數決、司法權性質、權力分立、政治問題迴避司法審查之困境等各角度深入分析，則所謂司法機關在心態上抱持司法消極主義，在實務上以政治問題拒絕裁判，均將有違民主憲政精神、司法形象、司法權公正性，實應予正視之。

第二節　司法審查政治問題的微觀
第一項　政治問題的爭議困惑

政治問題不受司法審查原則，一般以一九六二年 Baker v. Carr 案中，「布瑞南準則」之六項原則，為判定政治問題之標準，第三章中已指出這些原則因界定不明確、邏輯不周延、司法不公義等，實不足具備強大說服力。學者芬克斯坦（Maurice Finkelstein）就一九二三年以前，較早期之若干政治問題判決，法官所以產生政治問題之思維判斷，認為法官係因本身所受薰陶之「道德感情」（moral sentiment）拘束，又恐其判決導致「群眾激烈的情緒」（hypersensitive nerve of public opinion），兩者之交互激盪，困擾法官之判斷，故彼等乃試圖將複雜問題之判斷責任轉嫁到其他政府機關。當法

院就這類問題行使司法裁判時，認為屬於「不適宜」
（inexpedient）或「失策」（impolitic）時，即稱之為政治問題。
這種觀念之產生，肇因於法院恐因其判決而招致重大負面影
響之結果，或因法院自覺其能力不足以處理該類型態之問
題，或因這類問題難度太高（too high），無論如何，正是法院
尊重政治部門下，運用其智慧所為之判斷。（註十四）

　　此一分析，見諸美國聯邦最高法院道格拉斯（William O.
Douglas）在一封私人書信中所言有異曲同工之妙：「這些問
題常常出現，而當法院不想處理它們時，通常稱它們為『政
治』問題」（These questions come up frequently and whenever the
court dose not want to pass on them, they often call them
"political questions.）（註十五）

　　芬克斯坦之論，為費爾德（Oliver P. Field）指出並無法真
實說明政治問題原則之適用，亦即芬氏推論多屬臆測心理層
面，缺乏有系統、科學性之驗證，費氏乃提出「缺乏可資適
用之法律」來檢視何者符合政治問題之原則，其意以為：雖
然行政與立法部門之憲法界限有其幽暗隱晦不清的灰色地
帶，確實是難以釐清，唯法院在作判決之前，必須有一些可
資據以判斷的準則存在，若無該等準則，法院將無權下判斷，
故以法院不能介入政策問題（questions of statecraft or
policy），法院之判決若涉及強烈的政治因素，其衡平性地位
將迅速消褪而黯然失色。（註十六）

（註十四）Maurice Finkelstein, "Judicial Self-Limination" Harvard Law Review,
　　　　Volume 37,（1924）pp. 338-363.

（註十五）轉引自李念祖，司法者的憲法（台北：五南圖書公司，民國八十九年八月），
　　　　頁一六八。

（註十六）Oliver P. Field. "The Doctrine of Political Question in the Federal
　　　　Court", Minnesota Law Review, Volume 8,（1924）, pp. 485-513.

費爾德氏具體的提出「可資據以判斷的準具」可視為實像的描繪出什麼是政治問題之雛型。至一九六二年 Baker v. Carr 乙案是政治問題理論的一個高峰，該案布瑞南大法官雖拒絕適用政治問題理論，並積極地作出判決，但布瑞南嘗試提出政治問題的外延（實體）定義，總共列出六種構成政治問題的模式；

1.憲法條文明定交由與司法平行之政治部門決定的問題（ prominent on the surface of any case held to involve a political question is found a textually demonstrable constitutional commitment of the issue to a coordinate political department.）

2.缺乏可以尋求或掌握的司法判準加以解決的問題（lack of judicially discoverable and manageable standards for resolving it.）

3.非做成顯然不屬於司法裁量範圍的初步政策決定，法院無從進行審查者。（ the impossibility of deciding without an initial policy determination of a kind clearly for nonjudicial discretion.）

4.法院如獨立解決，勢必構成對其他平行的政府部門之不尊重者。（ the impossibility of a court's undertaking independent resolution without expressing lack of the respect due coorinate branches of government.）

5.確有非常的必要，宜無異議地遵守已經作成的政治決定者。（ an unusual need for unquestioning adherence to a political decision already made.）

6.就同一個問題可能形成政府不同部門發表不同聲明的尷尬局面者。（ the potentiality of embarrassment from mutifarious pronouncements by various departments on one question.）

　　漢金（Louis Henkin）則主張，法院之拒絕裁判並非上述相關之政治問題，而是法院對政治領域一般性之尊重而來。所謂政治問題的真正意涵並非不能受司法審查，而是不宜受司法審查的（nonjusticiability）:「某些爭議，乍看之下或一般主流通說，咸認為應由法院裁決，但是卻不由法院決定，而特別地委由政治決定。」（Some issues which prima facie and by usual criteria would seem to be for the courts, will not be decided by them, but extra-ordinarily, left for political question.）[註十七]質言之，漢金以法院本身當然有審查權，僅是基於系爭在政治部門權限範圍內，故法院表示尊重立場，將之委由相關平行政府部門，而不由其判決。

　　把上述各種學說理論，加上各項判例（本文第四、五章）之見解，政治問題實並無一致明確之概念、整體性歸納，而呈現林林總總仁智之所見的看法，本文試將政治問題之內涵分為三大層次論析:

　　1.心理層次:以芬克斯坦理論為代表性。司法部門釋憲者在司法審查案件中，基於自身的思考，擔心若干高度爭議性判決，將引發平行部門之行政、立法不滿反彈、群眾之激烈反應，甚或法安定性之遭到破毀，故而寧願不去觸碰這些因難度太高、爭議性太大的問題，乃將之歸類為政治問題。從心理層次發展出來之司法審查以政治問題拒審，基本上是法官認為可以審查但不願審查。

　　2.理論層次:以霍姆斯理論為代表性。司法審查中基於權

力分立原則，在憲法各部門權力因灰色不明確地帶引發爭議，司法部門若得干預行政、立法部門之運作，則為司法部門之越權，司法權本於自抑、謙抑、尊重憲法平行部門之職權，對於政治問題自得從司法審查中排除之。以權力分立概念為核心下，包括合憲性解釋原則、合憲性推定原則、避免解釋憲法問題原則、司法消極論等（詳見本章第一節各項）交織而成一看似體系脈絡相輔相成，進退有節之完整理論架構，實則不乏矛盾、困惑，故不可謂真正盡善完美之學理建構。

3.實體層次：以布瑞南準則為代表性。就司法審查政治問題之外延（實體），積極列出政治問題的模式。它突破前述法官內心世界的心理層次、權力分立諸概念的理論層次，跳脫抽象概念陳述，結合具體表象臚列政治問題標準。此一從實體層次解析政治問題之優點在明確、清楚，唯其標準若無法精確通過檢驗，亦將使政治問題的合理性受到質疑，並有全盤推翻之可能。

司法審查援引政治問題在三個層次的運用上，都引起學術界廣泛爭論，心理層次、理論層次等抽象見解之謬失，在前述第一節中己有充分論述。至於實體層次之布瑞南準則在第三、四章中亦有評論。李念祖教授即以「政治問題理論確實不是司法釋憲應該輕易援用的理論」，並以反推方式，澄清政治問題所忽略之重要關鍵：[註十八]

1.「政治問題理論，只能在司法並無理由宣告政府行為違憲時加以使用；如果司法認為政府部門的措施業己違憲，即不可視憲法如無物，運用政治問題理論為其開脫」——是即

如果行政、立法部門違憲，司法部門必須依憲判決，不可運用政治問題；如果行政、立法部門不違憲，司法部門又何需使用政治問題？

2.「司法運用政治問題理論，必須明確指出憲法何項規定已將系爭問題交由其他政治部門決定，從而得到司法應該自制，尊重其他政府部門的結論。」——是即強調無論立法機關之法律、行政機關之決策命令，均在司法審查之憲政規範下。

3.「司法運用政治問題理論，應該明確指出系爭問題依憲法規定究竟是那一個政府部門應為終局的決定。」——即是強調司法部門既為最終局裁判者，司法審查如何能以政治問題自外於憲政體制運作？

4.「司法運用政治問題理論時，應同時檢討為此運用與宣告政治行為合憲之間有無差異。如無差異，則應宣告政府合憲；如有差異，則應權衡得失後有所選擇，並應審慎考量如何避免使用政治問題理論可能弱化司法審查，引起權力蠢蠢欲動的可能效應。」——是即強調以政治問題拒審（或擱置），其正面結果與合憲宣判效果一樣，但另一方面卻影響司法權地位。

總之，司法審查政治問題雖或可將燙手山芋丟出去，但在心理層次的政治問題是損傷司法形象，理論層次、實體層次的政治問題，一者缺乏客觀的標準、不合邏輯、不周延；二者缺乏憲法依據，自毀司法最終局裁判機制；三者打擊憲政體制，違背民主權力分立原則。政治問題所產生後遺症甚多，宜應引以為鑑並避免之。

第二項　政治問題的否定模式

政治問題迴避司法審查不可取，美國聯邦最高法院之政治問題判例亦引發學術界廣泛爭議，如何建立一個較優質之司法審查制度乃刻不容緩。德國憲法學界雖亦有部分支持政治問題（稱之為「不受法院管轄之高權行為」），然而大部分學界，乃至聯邦憲法法院法官是採取否定的態度，這不僅是彼等明確認知「政治的」與「純法律的」劃分之困難（惑），且本於聯邦憲法法院有義務依據憲法所定標準執行其權責，而非法院可否自由裁量受理特定案件。（註十九）本於他山之石，參考德國模式（我國大法官釋憲制度精神基本上亦仿效德國），有助釐清司法審查界限之概念。

壹、德國聯邦憲法法院實務分析

德國憲法學界不乏在學理上支持政治問題性質者，唯仍屬少數者。如 Hans Schmeider 於一九五一年出版「不受法院管轄的高權行為」一書中，提及德國憲法法院審判權的界限問題。其以為具有「政治性」的高權行為，應非憲法法院所得審查者，否則將使憲法規定應由政府負責國家的領導與形成，為法院所取代，從而形成一種「法官統治」（government des juges , government by judges）的局面。Schmeider 並列出「不受法院管轄的高權行為」：1.國會的決定。2.外交的高權行為，例如外交豁免權的決定、外國或政府的承認、外交保護的給予等。3.統帥行為，例如軍隊或警察採取行動的決定。4.政府行為，例如總理對於「施政方針」的確定、政府依基本法第一至三條有關財政上的決定。5.總統行為，例如赦免行為、授

（註十九）陳愛娥，「大法官憲法解釋權之界限－由功能法的觀點出發」，憲政時代，第二十四卷，第三期，民國八十七年十二月，頁一七九。

與榮典或勳章。^(註廿)

上述德國憲法學界「不受法院管轄的高權行為」的提出和主張，唯大部分學者是以政府行為所表現之政治性質，尚不足以引出可免受司法審查之結論，亦即所謂「公權力者」，均屬司法管轄之範圍，而無「不受法院管轄的高權行為」存在。^(註廿一)就德國聯邦憲法法院判決實務中，更從未見過「政治問題」、「統治行為」、「政府行為」或「不受法院管轄的高權行為」等名詞之使用，甚或處理若干高度政治性之憲法爭議，並無採取拒絕審理之動作者。茲就具代表性典範案例說明如下：^(註廿二)

一、歐洲共同防禦條約案

德國總理於一九五二年五月廿七日，簽署歐洲共同防禦體成立條約，提請聯邦眾議院行使同意權。聯邦眾議員一四四名援依基本法第九十三條第一項第二款規定，向聯邦憲法法院提出抽象法規審查程序，針對同意成立歐洲共同體防禦條約，涉及恢復軍隊及服兵役義務的憲法問題，是否牴觸基本法之規定？

同時，聯邦總統依聯邦憲法法院法第九十七條規定，向聯邦憲法法院提出聲請，請求法院就法律草案是否牴觸基本法第廿四條規定一節？提供法律意見書。聯邦憲法法院全體大會作出裁決：法院所作成法律意見書，有拘束該院各庭的效力。聯邦總統在接獲裁定書後，以「法院對意見書性質及效力所持意見，與本人所想象者顯有差距」，撤回法律意見書

---

^(註廿) Hams Schmeider, Gerichtsfreie Hoheitsakte, 1951, S.47 轉引自李建良，憲法理論與實踐（一）（台北：學林文化公司，一九九九年七月），頁三六六－三六九。

^(註廿一) 同上，頁三六九。

^(註廿二) 李建良，前揭書，頁三七〇－三七七。

之聲請。本案中聯邦憲法法院判決理由書中就其審查之立場說明：

> 憲法賦予憲法法院一定的權限，乃使國家存在的問題，繫於法院對於憲法問題如何判斷？此種作法在憲法政策上是否合目的性？並非本院所得加以審究者。無論如何，關於政治決定置於法院手中的說法，是不正確的。………聯邦憲法法院的任務在於，對於應由立法機關為政治決定之前所涉及之法律問題，予以澄清。關於條約在基本法修改之前得否予以批准的問題？乃是一個法律問題，應為法官的認知所能加以判斷者。如果認此一問題不交由法院判斷，則不僅應廢除聯邦憲法法院對於聯邦法律的審查權，甚至必須取消法官所有的審查權。

是即德國聯邦憲法法院依據基本法第九十四條第二項的授權制頒聯邦憲法法院法而成立，其具備司法機關與憲法機關的雙重地位。本案中聯邦憲法法院就系爭條約得否予以批准之問題？視為法律問題，並明確陳述憲法法院之憲法職權。

二、薩爾地位協定案

德國薩爾地區於一九一九年因凡爾塞條約規定，交由國際聯盟託管。一九三五年一月薩爾地區居民以公民投票，多數認為應回歸德國。二次大戰，德國第三帝國收回薩爾地區，戰後該地由法國佔領。法國欲使薩爾地區脫離德國，納於法國政權之下，一九四七年薩爾地區在法國左右下，召集立法會議，制定薩爾憲法，憲法前言並揭示：在經濟上與法國聯繫，在政治上則與德國脫離。然德國始終不承認。德、法兩國總理於一九五四年十月在巴黎簽訂「薩爾地位協定」，規定在巴黎和約簽訂之前，薩爾區享有特定之「地位」，德、法兩

國不得破壞或干涉。次年二月,德國聯邦眾議院通過同意該協定之法律,並由總統公布。聯邦眾議員一七四名認為該法律牴觸基本法規定,乃向聯邦法院提起抽象法規審查程序。聯邦憲法法院以該法並未與基本法牴觸,其判決理由書中指出:

> 在解釋國際協定時,應援用解釋國際條約所發展出的一般原則。依此原則,任何國際協定應作如是的解釋:一方面,締約當事國得以透過條約達到共同的目標;另方面,對於溢出此目標範圍的部分,不得解釋為當事國受其約束………參與簽訂國際條約的德國政治部門,對於違反基本法的條約規定,並無受其拘束的意思,其應己審查條約內容與基本法的合致性,並且充分注意如何以合乎基本法的方式去解釋適用條約?條約的解釋如具有開放性………應優先擇取合乎基本法意旨的解釋………應當顧及該條約所生的政治情狀及其所形成或改變的政治現實。

德國聯邦憲法法院在本案的判決中,明顯看出其承認政治部門有廣泛的政治裁量權,亦強調政治現實,其中字裏行間深具美國司法自制原則的味道,然而不同於美國者,憲法法院乃本於司法自制的態度,作出「合憲解釋」的判決。

三、兩德基本關係條約案

東德與西德在一九七二年十二月廿一日簽訂「兩德基本關係條約」,後經西德國會通過批准該條約的法律。次年五月廿九日,西德巴伐利亞邦向聯邦憲法法院提出「抽象法規審查程序」,認為系爭法律之規定,東、西德互相承認對方為獨立自主國家的規定,是否違反基本法「一個德國」的原則及

統一的要求。乃請求聯邦憲法法院確認該法律與基本法規定不符。憲法法院於是年七月卅一日判決，認為系爭法律與基本法規定並無牴觸。雖然聯邦憲法法院對高度爭議政治作出解釋，但仍可見其尊重其他憲法平行機關之精神。判決理由書說明：

> 在多種解釋可能性中，應該選擇可使該條約符合基本法的解釋，……在解釋憲法中關於德國與其他國家關係之規定時，必須注意此等規定具有設定界限的特性，此即具有預留政治形成空間的特性。然而於此範圍內，基本法對於所有政治上的權力，包括外交政治在內，均設有法律上的界限；此乃法治國家的基本秩序，為基本法所建立者。此項憲法秩序的貫徹與實施，由聯邦憲法法院擔負最後的責任。………聯邦憲法法院所確立的司法自制原則，其用意並不是要縮減或削弱憲法法院上述的權限，而只是放棄「從事政治活動」。亦即，避免介入憲法為政治形成自由所預留及區隔的空間。此一原則的目的，在於對憲法保障其他憲法機關的政治形成自由，預留空間。

綜合以上幾個高度政治性憲法爭議，其敏感困擾程度絕對堪具代表性，無論條約、領土、主權的問題，在德國聯邦憲法法院秉持其是具備最終裁判權的憲法機制，故在大前提上，它一定進行判決工作，而非認為本質上具有政治性，自始不具司法性的案件；其次，在憲法法院判決理由書中，處處可見其強調「司法自制」、尊重憲法平行機構、並認為尊重其他憲法機構的政治自由形成空間，絕非縮減或削弱憲法法院的審判權。從憲法法院不厭其煩地進行實體審查，並未採

納美國聯邦最高法院的政治問題拒審，或者 Schmeider 所倡議「不受法院管轄之高權行為」概念，所展現的尊重司法權，亦尊重立法、行政部門，正是司法部門雙贏的途徑。

貳、德國聯邦憲法法院與功能法釋憲

司法審查界限在美國「司法自制」理論之運用於政治問題處理方式，並不同於德國聯邦憲法法院的普遍見解上，是即聯邦憲法法院不會因裁判對象有所謂高度政治性而拒絕裁判。固然因政治性與法律性劃分之困難，更因所謂政治性定義之不夠明確，內容亦非合理，故而德國聯邦憲法法院認為如可依據所謂政治問題標準來決定是否裁判？無異可任由法院依其意願選擇性地裁判案件。

德國聯邦憲法法院雖積極地處理每一案件，但從若干高度政治性爭議案件：「歐洲共同防禦條約案」、「薩爾地位協定案」、「兩德基本關係條約案」等，亦可見其「司法自制」的影子存在，只是其與美制表現方式不同。是即德國由「權力分立」理論出發，表現於功能法觀點上：何種國家事務應由何一機關負責決定？依照「適當功能之機關結構」的標準來劃分。(註廿三) 此一「功能結構取向」為基礎下，發展出憲法法院應恪守——由憲法賦予其功能而來的——界限，而此界限在不得拒絕裁判，又表現對平行機關尊重的一套足以限制憲法法院裁判權的原則，是即功能法觀點的運用。(註廿四)

德國學者 K. Hesse 研析聯邦憲法法院在案件裁判上，運用功能性質的抽象概念：(註廿五)

1.裁判的預測是依據不同層級的標準進行審查，是即憲法

(註廿三) 許宗力，前揭書，頁一三八－一三九。
(註廿四) 陳愛娥，前揭文，頁一八〇。
(註廿五) 同上，頁一八七。

法庭將是不同程度承認憲法平行機關的作為能力。

2.功能法上的控制界限,表現於合憲解釋原則。

3.考量到承擔違憲後果的責任歸屬,在一定過渡期間內承認違憲的狀態。

4.關於平等權的憲法裁判中,基於功能法的考量,是以「恣意禁止」之極寬鬆標準,予立法者足夠之自由形成空間。

是即,德國聯邦憲法法院在作裁判的界限上,並非以「政治問題」拒絕之,而是以不同程度的介入裁判。憲法法院根據立法、行政基礎事實與預測(Tatsachenfeststellung und Progmoseentscheidungen),來作審查之基準,並作出不同的審查密度,從最寬鬆之「明顯性控制」(Evidenzkontrolle),到適中之「適當性控制」(Vertretbarkeitskontrolle)到最嚴格的「強烈內容控制」(Intensive Inhaltskontrolle),這是學界所稱之「三階理論」(Drei-Stufen-Lehre)。

三階理論之控制密度(Kontrolledicht),並非嚴格三分法,而是有一種審查密度的滑動尺度(決定審查密度高低的判斷準據):系爭領域之特色、作成充分判斷的影響性、牽涉法益的重要性、侵權行為的程度大小等,憲法法院基於權力分立之考量,就立法權、行政權以及普遍司法權之特性與任務需要,行憲法裁判,對於其他權力機關應享有之自由決定空間加以尊重。因密度判準之具相當抽象性,使憲法法院必須審慎於立法權、行政權的功能作用,與其司法權本身功能上的侷限性,致能確保其權力行使之說服性。

三階密度理論下,德國憲法法院依控制密度作出具有功能性觀點之三種主要裁判宣告類型:[註廿六]

[註廿六] 羅名威,前揭文,頁一三五-一四〇。

1.單純違憲宣告:即對牴觸憲法之法律為無效宣告。依德國之實務見解,受無效宣告之法規範,是自始無效,且無須再經由任何行為之創設,無效之效力溯及既往。從聯邦憲法法院過去案例之分析,對於違反平等原則狀態之排除、對立法者形成自由空間之尊重、防止宣告無效後可能造成法律真空,導致更違憲情況、以及立法者違憲的不作為(立法怠惰)等狀況,聯邦憲法法院常選擇單純違憲的宣告。

2.警告性裁判:聯邦憲法院就審查的法律在裁判時,尚不能確定其違憲性,但可判知該法律有違憲發展之趨勢,而提醒立法機關注意觀察,必要時採修法途徑,以避免違憲。從過去憲法法院之經驗,對於系爭法律並未明顯的違憲、涉及立法者之不作為,以及基於法律關係或事實關係之改變,致使法律之繼續使用有可能導致違憲之虞者,憲法法院乃採用警告性裁判使用。此其中亦有尊重立法者之評估,提供立法者一定的形成空間。唯此種裁判方式亦有爭議:1.憲法法院對未來發展也是一種預測,同樣具有不確定性。2.憲法法院是否有權指示立法機關,未來將如何立法?3.所謂未明顯違憲,不合釋憲精神。

3.合憲解釋:除非政治部門的決定明顯牴觸憲法,否則即認定為合憲。另有「合憲性解釋」,憲法法院對系爭法律可以不同的方式,得出數種解釋可能時,選擇其中與憲法符合且不失法律原意者,宣告該法律合乎憲法之裁判。合憲性解釋之使用,最早出現於美國聯邦最高法院判決中,德國聯邦憲法法院亦常使用此一解釋方法。然而合憲性解釋與純粹的合憲宣告仍是有差距的,合憲性解釋之爭議在於,1.在若干解釋中,可以是合憲者,亦有可判違憲者,此時選擇較合乎憲法

之法律判決，將與單純違憲宣告產生矛盾、混淆不明，因其亦可作成合憲解釋之可能（系爭兩造之法律本質即具合憲、違憲兩種見解）。2.合憲性解釋恐有過於優惠立法者，從而怠忽維護憲法職責之任務。

德國聯邦憲法法院三階密度理論，強調以三種滑動尺度為釋憲之準據，有其重要參考價值；至於依此作出三種主要裁判方式，除單純違憲宣告是就系爭法律宣告其無效；其餘警告性裁判、合憲性解釋，基本上均是等於判定合憲，但在合憲中表示對行政、立法機關之政治自由決策空間，此種方式本身有矛盾性，徒然引發爭議。除單純解釋憲法案件外，實不若明確區分合憲、違憲之宣告，避免類似「與憲法不符但未宣告無效」、「尚屬合憲但告誡有關機關有轉變為違憲之虞」等有邏輯爭議之解釋。

質言之，德國聯邦憲法法院摒棄政治問題不用是值肯定，其採「明顯性控制」、「適當性控制」、「強烈內容控制」之思考尺度亦有其特色，唯就判決方式上有其不妥適之處。筆者以為，德國釋憲態度、方向可以學習參考，然而釋憲判決結果宣告仍宜明確（合憲或違憲），所謂可運用政治自由裁量部分，即明白判定合憲；或有政治現實（外交、軍事、領土、主權）複雜情境者，可依審查密度判斷準據，就可否運用政治自由裁量，判決為合憲或違憲，思考過程可多元面向，裁判結果宣告須明確，這亦將符合司法權正確性之要求。

第三項　政治問題的革新途徑

美國聯邦最高法院發展出之司法審查政治問題有其缺失，德國聯邦憲法法院摒棄政治問題不用，並運用到多元思考（滑動尺表）準則乃為可取，唯其判決宣告模式（如合憲

性解釋、警告性裁判）仍顯矛盾或語意含混，是其缺點。德國模式表現出「公權力」均屬司法管轄之範圍的態度，故而釋憲中之高度性政治問題拒審，並無其存在空間。唯欲解決政治問題界限，其根本關鍵，在於明確建立司法審查程序——程序審查與實體審查。

程序審是司法審查限制因素（界限）階段，程序審階段可判定案件之受理與否？進入至實體審者則必須為一定之判決。美國聯邦最高法院發展出判例中，應相當於程序審駁回之類型約有：1.無訟案則不審查原則。2.當事人適格原則（the standing doctrine）。 3.訟案成熟性原則(the ripeness doctrine)。4.架空之抽象性原則(the moothness doctrine)。5.諮詢意見原則(the advisory opinion doctrine)。6.政治問題原則(the political question opinion doctrine)等。[註廿七]但依美國司法審查之程序，以上不審理各項原則是會進入最後表決及發布意見書階段。故而有必要檢視美國司法審查之程序，而後提出相對性意見。

壹、美國司法審查程序分析

美國聯邦最高法院在司法審查概分受理案件（相當程序審）、進行審理（相當實體審）兩大部分：

一、受理案件階段：

上述至聯邦最高法院之管道有三個：裁量上訴（certiorari）、權利上訴（appeal）、請求意見確認（certification）。 [註廿八]

1.裁量上訴：指當事人對於原判決不服，得依法律向上級審法院申請調卷（petition for certiorari），但上訴審法院得自

[註廿七] 陳文政，前揭文，頁二〇〇－二二〇。
[註廿八] Carolyn Goldinger ed., The Supreme Court at Work (Washington, D.C.：Congressional Quarterly Inc., 1990), p.68.

由裁量（free discretion）決定是否受理該案之上訴制度。聯邦
最高法院是否受理案件？依規定（一九六七年「聯邦最高法
院修正規則」第十九條），至少須有四名大法官同意始可，是
即「四人規則」（rule of four）。 法院若同意受理上訴，應發
布調卷令（writ of certiorari）命下級審法院速將該案卷送達，
以便審理。

　　2.權利上訴：是一種權利，聯邦最高法院對此類上訴案件
必須受理（即強制受理），包括：1.聯邦下級審法院判決國會
法律違憲，而聯邦政府為當事人者。2.聯邦上訴法院判決州法
律因牴觸聯邦憲法、條約、法律而無效者。3.州最高法院判決
系爭之聯邦法律或條約無效者。4.州最高法院判決系爭之州法
律未違反聯邦憲法、條約、法律者。5.由聯邦地區法院三位法
官組成之合議庭，就州法律或聯邦法律違反憲法之爭議案
件，所為之判決。[註廿九]

　　3.請求意見確認：指聯邦下級法院就特殊案件之法律問題
請求聯邦最高法院提供最後之簽案者。通常發生於聯邦上訴
法院全體法官出庭而意見相持不下時使用。

　　二、進行審理階段：

　　聯邦最高法院在受理案件，其司法審查程序為：1.閱讀案
件摘要（reading briefs）。2.言辭辯論（oral argument）。3.案件
討論（conference）及初步表決（initial vote）。4.草擬意見書
（drafting the opinions）。5.最後表決（final vote）及發布意見
書（issuing the opinions）。

　　1. 閱讀案由當事人之律師提供，分發至大法官處，由於

[註廿九]陳銘祥，「比較違憲審查制度」，載李鴻禧教授六秩華誕祝賀論文集編輯委員會編，現代國家與憲法
　　（台北：月旦出版社，一九九七年三月），頁一０七六－－０七七。

案件受理至言辭辯論約需四個月，大法官們閱讀案件摘要、紀錄及相關資料大約需時三個月。

2. 言辭辯論：聯邦最高法院每年十月第一個星期一開始的庭期，至次年四月，連續七個月，每個月有連續兩週召開言辭辯論庭（另兩週用作準備意見書），故而每個庭期共有十四週進行言辭辯論，每週則是週一至週三共三天，上午十點至十二點，下午一點至三點，每週合計十二小時，每年庭期用於言辭辯論共計一六八小時。

言辭辯論採公開辯論方式，大法官對之重視程度不一，其功能在十九世紀較顯著，現今多數大法官較在意「法官備忘錄」（bench memos），其中載明案件之主要事實、爭點及可能之問題。然而言辭辯論仍是辯護律師與大法官唯一直接溝通機會。[註三十]

3. 案件討論及初步表決：案件討論會採祕密舉行，無任何官方紀錄留下。於每週三下午（三點以後）、週五（上午十點至下午六點）舉行，週三下午討論週一進行過言辭辯論的四案，週五討論週二至周三辯論的八案。案件討論會並可討論申請調卷案件（裁量上訴）。

討論後即進行初步表決，此為暫時性的（tentative），在最終表決前，大法官可自由改變投票意向（投票登錄於判決摘要書中，在案件宣判前不上鎖。）大法官之投票係採多數決，九位大法官中五位即形成多數。

4. 草擬意見書：本階段草擬之意見書包括多數意見書(majority opinions)，協同意見書(concurring opinions)及不同意見書(dissenting opinions)，多數意見書即法院之意見，工作需

[註三十] O'Brien, supra note 91, p.223, 227-228.

先指派乙名大法官擔任，傳統作法是採取，若首席大法官屬多數之一方，則由首席大法官指派，亦可由首席大法官親自起草，否則即由多數陣營中最資深者指派。此時其他大法官則同時撰寫協同意見書或不同意見書。總之，各種意見書之草擬、相互傳閱，大法官間充滿遊說、勸說、辯論、妥協等過程，並完成重要之集體創作。

5.最後表決及發布意見書：當各種意見書經過撰稿、傳閱、討論、修正與最後定稿，此時在保密下交付打印。在多數意見書完成製作前，判決書宣讀者加附「判決摘要」（headnote），並於判決文最後註明每位大法官最後表決意見。最後就是宣讀判決文和公布多數意見書。判決結果皆刊載於「美國公報」（the United States Reports），成為聯邦最高法院文獻之一部分。

綜合以上美國聯邦最高法院司法審查之受理案件（相當程序審階段）、進行審理（相當實體審階段），可歸納若干探討內容：

1.受理案件階段之「裁量上訴」，由大法官自由裁量，並由四位大法官同意受理上訴案，此一作法較缺乏標準，致過於彈性。實則本階段為程序審，應有明確之受理與否標準（例如我國刑事訴訟法規定程序審判經調查，可為管轄錯誤、不受理、免訴之判決，否則進入實體審而為一定之判決），除非不符受理標準，即應進入實體審。

2.受理案件階段之「權利上訴」案件，規定必須受理（強制受理），即為必須受理，推其意即在必須有結果（即訟案合憲或違憲）。然而美憲司法審查實務中，實體審查階段卻可以政治問題拒絕裁判，是為既要「強制受理」，又可能得到「不

予處理」之結果，其中亦頗見以政治問題處理之矛盾現象。

3.美國聯邦最高法院司法審查在受理案件後，依五個程序進行實體裁判。依其判例，最後會產生因當事人適格問題、訟案成熟性問題、架空之抽象性問題、諮詢意見問題、政治問題等等，或以法院無權過問，或拒絕裁判，而將訟訴案迴避司法裁判。值得重視者，前述所謂適格等問題（除政治問題外）屬程序審查之調查後即可判定，決定是否受理；政治問題由於無法明確劃分政治、法律之區別，其標準不明確，亦未見合理，在美國聯邦最高法院的實務經驗中，也未見其一貫堅持政治問題拒絕裁判的立場。故結合實體審不得拒絕裁判之精神，以及聯邦最高法院發展出各項拒絕裁判之原則，一則，政治問題不宜運用於裁判中；二則，其餘之當事人適格、訟案未熟或過熟、諮詢意見等原則，似宜放在受理階段（即程序審中），不僅明確何者須受理？何者不須受理？且減少實體審中大法官之龐大工作量。

貳、我國程序審與實體審雜探

司法審查應有界限（限制因素）。從美國聯邦最高法院之實務發展經驗，其受理（程序審）與審理（實體審）間之規範，似不盡完善。聯邦最高法院在實體審階段，最終局裁判（或不同意見書）中，會出現所謂因當事人適格、訟案成熟性、諮詢意見等，大法官表達出應不予審理，然就該等案件之性質，實應在受理階段之程序審中即予排除，而非在實體審中耗時費日更兼 浪費諸多有形、無形資源。另實體審中，就「權利上訴」之各項案件（如聯邦上訴法院判決州法律因牴觸聯邦憲法、條約、法律而無效者等）屬強制受理，若可在最終裁判中以政治問題拒審，是又違反司法權本質之不得

拒絕裁判，故在實體審中援引政治問題容有不當。

有鑒於美制之問題，並依一般司法（如民、刑事訴訟法）之作為，司法審查宜就程序審、實體審之規範明確定之。司法審查之有界限，應列於程序審中；到實體審階段，應為明確裁判。我國之「司法院大法官審理案件法」第四條為「大法官解釋之事項」、第五條為「有下列情形之一者，得聲請解釋憲法」、第七條為「有下列情形之一者，得聲請統一解釋」，是即該法就得聲請釋憲之條件列舉定之，唯就反面「應不予受理」之限制因素，或散見於各條文中，或未見規範。基於程序審受理條件之明確化、條理化有其必要性，乃試擬「有下列情形之一者，應不予受理解釋憲法：

一、曾經大法官會議判決確定者。

二、聲請解釋憲法之程序違背規定者。

三、已經提起憲法解釋之案件，重行聲請者。

四、人民於其憲法上所保障之權利遭受不法侵害，經依法定程序提起訴訟，對於確定終局裁判已超過五年以上者。

五、中央或地方機關有關法律、行政命令等，尚在研擬階段之草案。

六、憲法暨增修條文不得為違憲之審查。

七、本法第四條第一項未規定准予提出事項。

八、立委三分之一以上聲請，須行使職權發生疑義，且在保障少數黨委員

九、本法第七條但書規定事項。

十、聲請解釋機關有上級機關者，其聲請應經由上級機關層轉，上級機關對於不合規定，卻為之轉請者。（按原第九條

條文轉列於此處,原第九條刪除之。)」

　　各項立意之闡釋已於第三章第一節中詳述,茲不贅列。不受理解釋憲法者,正是屬於司法審查之界限,而這些界限在程序中進行。政治問題在前文多所論述,並不適宜列入程序審中,至於實體審不得拒絕裁判,更不應有政治問題出現。質言之,我國「司法院大法官審理案件法」可慎重考慮增列「應不予受理解釋憲法」乙條,明確司法審查界限。就政治問題非屬司法審查界限之適用範圍,且大法官在實體審查亦不應以政治問題拒絕解釋。

第三節　去政治問題與司法審查的強化

　　從美國聯邦最高法院發展出之司法審查政治問題原則,在其司法實務中,並未一貫地堅持其政治問題拒絕裁的態度(參見第四章),所謂政治問題認定的標準既欠明確亦多富爭議。我國司法審查在適用上(含解釋文、不同意見書中)又頗見痕跡(參見第五章)。就本文所論證,司法機關有義務依憲法所規定執行其終局裁判之權責,而非自由裁量決定是否受理特定案件。職是之故,就政治問題之類不明確標準來決定是否審理,等於放任司法釋憲者依其意願選擇性裁判,對法安定性、公平性實大受影響。

　　司法審查有其界限,在程序審而不在實體審,其中不包括政治問題在內。當去政治問題後,是否會使大法官解釋繼續立法化?憲法「解釋」越來越像「立法」、「制憲」?實司法審查之「大法官造法」疑慮,與去政治問題並無必然因果關係,在以往我國司法院大法官會議仍存在政治問題援用上,亦普遍可見「大法官造法」之質疑。誠然,去政治問題

與「造法」、「制憲」之論,並無一定關聯,大法官解釋之「立法化」實牽涉諸多面向,它是另一個層面問題。本於健全國內司法審查制度,更兼以去政治問題原則後,避免若干疑慮,有三個課題是值得關注者:釋憲制度、釋憲方法、釋憲救濟。

第一項 釋憲制度的改善

民主政治的運行機制透過憲法的規範,以達到節制政府權力之濫用和保障人民權利目的。司法單位之司法審查權,即奠基於憲法優位原則下,使行政、立法兩權的行使不致超越憲法規範而侵害人民權利。就我國憲政體制下,以司法院大法官會議擔負「憲法之維護者」角色,欲強化其功能,須從相關法規所設計架構,以至於內部程序運作方法等著手,以竟其功。其中釋憲制度的改革,經緯萬端,乃試從司法化、訴訟化、獨立化各方面論之。

壹、釋憲制度司法化

依憲法規定,大法官有解釋憲法,統一解釋法律及命令之權,並組成憲法法庭,審理政黨違憲事項。然而時至今日,以「大法官會議」方式行使職權,此一非司法型態進行處理司法案件,顯有窒礙難行,貽人口實處。其思考改進方向為改「大法官會議」為「憲法法庭」運作。

現行大法官會議行使職權所依據法規,雖於一九九三年二月三日將「司法院大法官會議法」修正為「司法院大法官審理案件法」,看似以司法化為指導原則,然其中第二條規定:「以會議方式,合議審理………」會議與合議性質不同,實有深究之必要。

我國行憲前,司法院有統一法令解釋之傳統,並具濃厚的諮詢性質,司法院組織法將釋憲機關名之為「大法官會

議」，正反映此一特殊背景。然而「會議」與法院之「合議」並不相同；「會議」者，依內政部頒布之「會議規範」為準則，其以集思廣益達成結論，付諸實施或結合意見，建議有關機關採納或參考為目的。出席人員有表示意見或不表示意見之自由，動議表決亦有贊成、反對或棄權，主席本於「議事中立」對討論事項，以不參與發言或表決為原則。[註卅一]

司法機關之合議是由數名法官構成合議體，就裁判事項共同審理、評議，並為裁判。合議之評議、決議均由參與審判程序之法官共同表示意見，沒有棄權之自由，據以完成表決，並具裁判之各項法定效力。[註卅二]

我國釋憲制度迄仍維持大法官會議之本質，其與司法化規定顯有扞格不入。一九九二年五月第二階段憲法增修條文規定「司法院大法官‧‧‧並組成憲法法庭審理政黨違憲之解散事項。」司法院訂頒「司法院大法官審理案件法施行細則」、「憲法法庭席位布置規則」，憲法法庭相關法制、建制益形完備。一九九三年十月廿四日，司法院舉行憲法法庭落成啟用典禮。

雖則憲法法庭開啟我國憲政的新頁，就憲法法庭成立至今，尚未審理過政黨違憲案。另依「大法官審理案件法」第十三條規定：「大法官解釋憲法案件‧‧‧必要時，得舉行言詞辯論，準用憲法法庭言詞辯論之規定。」是即憲法法庭在釋憲上「得」舉行言詞辯論，唯未普及制式化。為期釋憲制度司法化，宜將目前大法官「視審理上之需要」，決定舉行言詞辯論，修正為廢止「大法官會議」，以「憲法法庭」舉行言

[註卅一] 陳瑞堂，「釋憲制度中有關程序運作方式的問題」，憲政時代，第廿二卷，第四期，民國八十六年四月，頁一四一一五。
[註卅二] 同上，頁一四。

詞辯論，進行釋憲工作。透過公開審理程序，依法制化規定進行系爭之裁判，確立釋憲司法化之目標。

貳、釋憲制度訴訟化

釋憲制度將大法官會議改為憲法法庭為司法化的起點，言詞辯論及完整的審判權之制度，則為訴訟化的要求。

從權力分立設計、人民權利義務保障的達成，司法的程序極為重要。司法訴訟制度直接涉及基本人權，為人民之訴訟權。憲法第十六條彰顯訴訟權構成人民的基本權利，為「權利保護請求權」之一種。釋憲制度訴訟化表現於三方面：

一者，法院不得拒絕裁判。除程序審中不受理駁回者外，法官不得於受訴後不給予裁判或拒絕審理，此即不應存在政治問題原則之理由。另外不得排除請求法院救濟之權、法官不得遲延審判程序，致使權利救濟變成不能，以及法官不得拒絕在審判中適用憲法救濟權。（釋憲救濟另見本節第三項內容）

二者，依正當法律程序（due process of law）給予公正審判之權利。從原告言之，應有於審判程序中聽審之權利；從被告言之，應有應訴以行使其防禦權之充分機會。舉凡言詞辯論、律師制度等均在充分展現司法訴訟之被動性、正確性、獨立性與拘束性。並達到保障人權之目的。

三者，訴訟須有結果。我國過去大法官會議釋憲，固然有「訴外裁判」之過當作為（違反司法權的被動性），然而以政治問題拒絕裁判，或以創造性模糊語句，不清楚判決結果，究為合憲？抑為違憲？（釋字第四一九號解釋理由書中即明謂：「本院歷來解釋憲法亦非採完全合憲或違憲之二分法，而係建立類似德奧之多樣化模式」）然而如德國憲法法院判決出

之「與憲法不符但未宣告無效」、「尚屬合憲但告誡有關機關有轉為違憲之虞」，此類在解釋其邏輯都有困難的釋憲宣告方式‧已超越政治彈性之尊重他機關之自由裁量，而有模稜兩可之譏。釋憲訴訟化表現於審判應為明確──合憲、違憲。正如司法之刑事訴訟審判，在經過程序審（無管轄錯誤、不受理、免訴），進入實體審，除不得拒絕審判外，其必須作出無罪、有罪判決（有罪判決又可細分科刑與免刑判決）。釋憲制度訴訟化透過程序正義、實質正義，將司法權精神表現出來。

參、釋憲制度獨立化

大法官會議釋憲制度在公平性、客觀性上迭遭爭議，從四一九號、五二〇號等釋憲之創造性模糊，大法官造法、大法官制憲之評價，對憲法守護者之形象確是打擊。一般或以制度之獨立性有欠缺，致使大法官難挺起腰杆，往往受制於行政、立法部門。或以大法官選任有不當：「致歷任大法官政治意識同質性極高，絕多數率皆屬國民黨籍，頂多再加上少數幾個親國民黨的無黨籍點綴而已，其公正與客觀性之遭人議論，自不在話下。」[註卅三] 乃認為：「改變其組織結構………以免憲法長期偏執於單一價值取向發展，進而逐漸喪失對多元社會與政治勢力整合的能力。」[註卅四]

在建立大法官獨立特性上，大法官任期可思考終身制或只准一任（不得連任、不再任）兩種方式：

一、大法官採終身制或限齡制

依憲法第八十一條以法官終身職為保障司法獨立的重要

[註卅三] 許宗力，「民主化與司法威信的重建」，載游盈隆編，民主鞏固或崩潰（台北：月旦出版社，一九九七年十月），頁八四－八五。
[註卅四] 同上。

手段。有以美國聯邦最高法院大法官之任期，作我國之參考模式：(註卅五)

若以美國為鑑，則欲健全大法官釋憲制度，大法官之任期終身尤值得採行。蓋美國大法官之選任亦難逃政治色彩（總統提名常以同黨者為多），然因任期終身，大法官就職後則極少再受提名者之左右，甚有基於憲政堅持而與提名者大唱反調之案例（如羅斯福總統提名 Holms 和 Frankfurter 兩位大法官即是）。

從人類經驗法則觀察，法官若可任意免職，則無法抗衡來自政治強大壓力，欲求審判公平而不可得。至於美式終身職以及我國法官亦採終身職（生理之終身），是否妥適？容有不同見解。筆者以為不若日本法官七十歲退職制（限齡退）為佳。限齡制與終身制均在保障法官獨立審判之遂行，然以人類氣血精力與提攜後進，則七十歲限齡退不僅不影響法官地位保障，且符合自然新陳代謝之成長。

觀之我國「司法人員人事條例」第卅二條，乃秉持憲法「終身職」之旨趣：「非因內亂、外患、貪污、瀆職行為或不名譽之罪，受刑事處分之裁判確定者、受撤職懲戒處分者、受禁治產之宣告者，不得免職。」在終身職下，年老體衰，仍不得令之去職，阻礙司法之年輕化、活動力。政府乃以「司法人員人事條例」第四十一條為「優退」之鼓勵措施規定：「實任司法官合於『公務人員退休法』退休規定，而自願退休者，除退休金外，並另加退養金。」

配合上法乃有「司法官退養金給與辦法」，其中第二條規定：實任司法官合於公務人員退休規定，自願退休，給予一

(註卅五) 陳文政，前揭文，頁三三二。

次退休金或月退休金者，依下列規定另給予一次退養金或月退養金：（以月退休金額為標準）

　　1.未滿六十歲者，給與二○％。

　　2.六十歲以上，未滿六十五歲者，給與八○％。

　　3.六十五歲以上，未滿七○歲者，給與一○○％。

　　4.七○歲以上者，給與二○％。

　　綜言之，限齡退（七十歲）與終身制（生理終身）兩者均可達到保障法官，確保司法獨立審判之效果；終身制卻有阻礙新陳代謝，並兼耗費大量公帑之嫌。兩相較之，七十歲限齡退制顯優於終身制。

二、大法官只准一任

　　保障司法審查之獨立性，使大法官無所顧慮，則大法官只准一任（不得連任且不再任）亦是思考之途徑。依憲法增修條文最新規定，民國九十二年起之大法官任期八年，不得連任。或有以「則中壯年之大法官為求任期屆滿後之更上層樓，反易受掌權者左右，甚至於曲承上意，踐踏憲法尊嚴。」^{（註卅六）}依我國現行憲法，總統任期四年，大法官任期八年，兩者任期時間互為交錯明顯，以上之慮或值列入考量，制度面之設計對革新防弊有其絕對影響力。

　　總上所述，為求我國司法釋憲機關之建構優質「憲法守護者」功能，更為國民尊重、信賴。制度面上，應以七十歲限齡退制最優、終身制次之、只准任一屆則再次之，以達到大法官之獨立審判和經驗傳承。

第二項　釋憲方法的重視

　　司法審查乃是由司法部門判決憲法爭訟。此憲法爭訟的判

---

^{（註卅六）}同上。

決依據為憲法。憲法條文簡潔、富抽象性，欲以有限文字，規範無窮的事務，司法審查之重要性與難為性乃表露無遺。根據普遍的認知「司法違憲審查是種推論」(Judicial review is a matter of inference)[註卅七]推論將因釋憲方法之不同，呈現出相異的結果。仁智之見的解讀，更成正反評價。

　　從正面看釋憲結果，有以釋憲具有以下效果：1.發揮憲法適應性（如釋字第八十五號解釋：憲法所稱國民大會代表總額，在當前情形，應以依法選出而能應召集會之國民大會代表人數為計算標準。）2.闡釋憲法的適用疑義（如釋字第廿一號解釋，就憲法規定國民大會於每屆總統任滿前九十日集會，應自總統任滿前一日起算，以算足九十日為準。）3.補充憲法規定的不周（如釋字第三號解釋，認為監察院關於所掌事項，得向立法院提出法律；再如釋字第七十六號解釋，認為就國民大會、立法院、監察院在憲法上之地位及職權之性質而言，應認共同相當於民主國家之國會。）

　　從反面看釋憲結果，則前述釋字第三號、第七十六號解釋，乃至釋字第四一九號、四九九號、五二〇號解釋等是否妥當，均引發重大爭議，或以稱之「無中生有」、「太上立法院」、「大法官造法」、「大法官制憲」、「司法專制」(judicial tyranny)。

　　Larry G. Simon 所謂：「並無普遍的正確方法用以解釋憲法，亦無具有共識或無爭議性的解釋方法論。」[註卅八]本文第三章第二節中，曾論述釋字第四一九號解釋、五二〇號解釋

[註卅七] Leonard W. Levy , Original Intent and the Framers' Constitution （New York: Macmillian　Publishing Company , 1988）, p.101 .

[註卅八] Larry G. Simon ,The Authority of the Frames of the Constitution : Can Originalist Interpretation Be Justified ? 73 Califorina Law Review 1486-1487(1985)

採用文理解釋之結果，將完全不同於論理解釋。因之，吾人所關切者，一為解釋方法有那些？優劣如何？是否宜有釋憲「優先次序」（optimum sequence）？

李建良教授就德國學界有關憲法解釋方法中較新的方向，歸納出：[註卅九]

1.「類觀點」的解釋方法(topisches vergehen)：在於探尋各種觀點，並加以整理之。然而在諸多可能觀點中，究應援引何者作為論證的觀點，並非可由解釋者任意為之。一方面，釋憲者只能擇取與問題有關的觀點予以具體化，摒除與事務無關之觀點；另方面，釋憲者必須仰賴並遵循憲法規範對於具體化所提供之要點，以及憲法對於如何運用、歸類與評價等要素所作的指示。是即，由法規範所操縱與界定的觀點，應被優先考慮。

2.憲法解釋的民主化 (Demokratisierung der Verfassungsinterpretation)：係以一種廣泛的解釋概念作為其理論的基礎——只要是與法規範「為伍」的人，都可以解釋法規範，此主張將導致憲法的框架性質逐漸泯滅。亦即整個國家生活、社會生活——以基本權利為著眼點，都是解釋憲法。此說因在憲法解釋中加入民主國家動因的想法，與一般基於憲法優位下，規範性的要求與形成性的自由應嚴予區分。故此說構想是不可行的。

3.現實科學的憲法解釋（wirklichkeits-wissenschaftliche Verfassungsinterpretation）：指法規範以外的因素，如憲法的社會功能、國民的意識狀態、社會的變遷及其他類似因素，應於憲法解釋時，予以考慮。此說因現實狀況並非單憑經驗或

[註卅九] 李建良，前揭書，頁二〇五－二一一。

歸納即可判定，故而現實科學的憲法解釋論，將匯入大量社會哲學、世界觀或政治意圖等要素來取代憲法的規範，於此憲法的規範性將遭到破壞，故此說不足採用。

4.整合功能的憲法解釋（eine integriernde verfassungsinterpretation）：指在處理憲法問題時，考量到憲法的整合作用。即憲法本身的意義，並非將其意圖指向個別情形，而是針對國家的整體性及其整合過程的整體性，於此情形下，具有彈性、補充性且與其他法律解釋不相容的憲法解釋，不僅被客觀的容許，甚至認為有其必要性。此說並非以憲法為準據，而是取決於參與協商者所處的地位，故而此種憲法解釋方法不僅無法達到整合全體國民的目標，反而使憲法的規範性遭到嚴重破壞。

陳文政教授就美國學界有關憲法解釋各種方法：原始主義(originalism)、解釋主義(interpretivism)、意圖主義(intentionalism)、條文主義(textualism)、文義主義(literalism)、非原始主義(nonoriginalism)、非解釋主義(noninterpretivism)、中立原則(neutral principle)等分為三大類：原始主義或解釋主義、非原始主義或非解釋主義，以及中立原則：[註四十]

1.原始主義或解釋主義：其通義指憲法判決應依據憲法條文之拘束力權威，或立憲者之意圖者。亦即法院之角色在於確定憲法所建立之規範、依據立憲者意圖來解決條文之曖昧意涵，並檢定現行政策是否逾越憲法限制。此說即文義解釋、歷史解釋；其優點在「憲法語言本身即是原始意圖之最佳證言」，且文理（義）解釋，較忠於原憲典，不易被認為司法專斷。其缺點在於：一者，立憲者原始意圖不易探究，解釋上

[註四十] 陳文政，前揭文，頁八二—九六。

亦未必能被接受信服；二者，原始意圖未必符合當前環境需要。

2.非原始主義或解釋主義：此說指法官基於善意與正義可自由解釋憲法，或憲法判決中能正當地超越立憲者業已入憲之價值，依據司法釋憲者所增損之價值去判決法律、命令是否違憲。此說優點在於：一者，可兼顧憲法之基本精神，並參考與時俱進之社會價值，做出最適合於當代社會需要的憲法判決；二者，有相當靈活性、適應性，對政治現實、社會情況之真實面有所關注；三者，有助於法安定性。此說缺點在於：一者，此一憲法解釋可能偏離憲法原意或本質；二者，「經驗顯示，事實上法官往往傾向於支持中上階層級之價值」，甚或受行政、立法部門牽制影響甚大，故其正當性常遭質疑。三者，所謂「社會基本價值」可能被「法官個人之價值」所取代。

3.中立原則理論：與原始主義論在性質上同屬限制性理論，旨在要求法官依「判決一致性」原則減低釋憲者專擅之風險。是即釋憲者對於立憲者意圖不明確之領域，應保持中立，同時必須採取一個普遍的平等原則適用到所有的案件中。此說優點在於：一者，避免法官個人偏好產生歧異判決，提高司法公信力；二者，強調一致性、普遍性，有助於法的安定性；三者，可防止政治性裁判，提高判決客觀性。此說缺點在於：一者，制度上壓力易使判決原則產生歧異現象；二者，中立原則對法官能力加諸不合理之期望。三者，在概念上確定判決原則有其困難。四者，中立原則所主張之共通概念不易尋獲。

美國哈佛大學教授費龍（Richard H. Fallon）提出憲法解

釋之「可共量性問題」（ Constitutional Law has a commersurability problem），即指可用同一衡量標準來衡量之狀態或規範。就釋憲實務中不同解釋如何相互聯結或相互比較優劣的問題。Fallon 以為憲法有五種具正當性之解釋法，釋憲者應優先考慮統一性之達成，其次考慮位階性之運用。其五種正當性解釋法：^{（註四十一）}

1.文義解釋（arguments from test）：為直接訴諸憲法條文之單純語義來解釋憲法問題。

2.歷史解釋（arguments about the framers' intent）：探究立憲者及批准之意圖，並檢視該等具體意圖（相當明確）、抽象意圖（高層次一般性定義的目標）。從歷史立憲角度觀察起草者所主張、反對或未曾注意者。

3.合憲解釋（arguments of constitutional theory）：以整部憲法或個別條文所隱含的價值、目的或政治理論來探尋憲法之意義。

4.判例解釋（arguments from precedent）：美國屬判例法國家，判例因具有寬、嚴兩個並存原則（two coexisting doctrines of precedent），故以不同態度解讀判例當會有不同結論。

5.價值解釋（value arguments ）：乃直接訴諸於道德的、政治的或社會的價值與政策。

以上五種解釋各自獨立，卻又彼此關聯（interconnection），其意以為憲法解釋最優之規範要求，乃五種解釋共同獲致同一結論；若無法統一成單一結論，則考量位階問題，依次為：文義解釋、歷史解釋、合憲解釋、判例

---

^{（註四十一）}　Richard H. Fallon , "A Constructivist Coherence Theory of Constitutional Interpretation" , Harvard Law Review (1987) , p.100.

解釋、價值解釋^{（註四十二）}

卡普林（Willian A. Kaplin）將憲法解釋分為文理（textual approach）、歷史（historical approach）、結構（structural approach）價值（values approach) 解釋等四類型，排除判例解釋方法。^{（註四十三）}

李炳南教授比較各種憲法解釋方法（文義解釋、歷史解釋、體系解釋、比較解釋、目的解釋、合憲解釋、社會學的解釋），並指出解釋方法不可任意選擇，不僅導致「見解不一，眾說紛紜」的現象，嚴重影響法安定性，甚且對是否存在真正法律規則的全面懷疑。^{（註四十四）}

李炳南教授強調在各種憲法可能解釋中，建立一個依位階關係建構的後設專門規則（disciplinary rule），據以作為決定各種解釋方法之優先次序，有其必要性。每種解釋方法有其意涵：^{（註四十五）}

「文義解釋」是針對憲法解釋的當然起點，也是框限。

「歷史解釋」提供人們對解釋對象原始規範目的之瞭解，是解釋者與原始立法者進行詮釋學的對話基礎。

「體系解釋」的目標在維持法律體系的融貫性（統一性、一致性）和完整性，此為維持法律的規範性與可預測性的基本條件。

「目的解釋」一方面包含法律問題解決的具體目的與其手段之間的審思論證，另一方面包含法律抽象終極價值目的之

---

^{（註四十二）} Ibid.
^{（註四十三）} Willian A. Kaplin, The Concepts and Methods of Constitutional Law (Durham, N.C. Carolina Academic Press, 1992), p.200.
^{（註四十四）} 李炳南、曾建元，「政治邏輯與法理邏輯的辯證——以司法院大法官議決釋字第四九九號解釋為例」，中研院中山社科所主辦，第三屆「憲法解釋之理論與實務」學術研討會，民國九十年三月廿三日，頁一○一一一。
^{（註四十五）} 同上，頁一一。

價值論證。在以下三種狀況時，合目的性的最終價值論證，可做出反於法條文義的解釋：1.法條文義與法律之真意及立法目的相衝突；2.法條文義反於法學、經濟學及社會學之基本原理；3.法條文義反於法治國及民主思想。

合目的性的最終價值論證（目的解釋）可做出反於法條文義解釋之三個狀況，乃顯示法條本身出現矛盾性或反民主性，否則仍以文義解釋為最優先，再繼之以論理解釋（依次為歷史解釋、體系解釋、比較解釋、目的解釋、合憲解釋）最後則為社會學解釋。[註四十六]

總結上述，憲法解釋方法不一，從歷史經驗法則觀察，各種解釋均有其得失，唯中外學者率皆強調釋憲方法之優先次序，尤以文理解釋重於論理解釋之觀點，當為釋憲者所重視，此為忠於憲法條文之原始意義與精神，更兼顧及法與憲政結構之安定性。

第三項　釋憲救濟的途徑

依我國現行大法官解釋憲法之制度，大法官會議（或未來憲法法庭走向）均是唯一且終局之裁判，對憲法爭議判決結果後之救濟，顯然有所闕漏。在提供釋憲之救濟方式，可有如下思考：

壹、集中審查制之改良型態——憲法法庭三級三審制

司法院長翁岳生於一九九九年提出司法改革方案，將「司法院審判機關化」，列為「改造跨世紀的現代司法制度」主要方向。司法院體系內，除司法法庭（地方法院、高等法院、最高法院）外，行政法庭[註四十七]、懲戒法庭、大法官會議，均

[註四十六] 同上。

[註四十七] 行政法院目前是初審也是終審。或以我國行政訴訟審判程序採取的是「訴願前置主義」，訴願之於行政法院，猶如民刑訴訟的一、二兩審，唯以訴願非採

是缺乏上訴的途徑，是初審也是終審，對人民權益保障並非周全。就行政法院可考慮制定各級訴院法庭建制；就懲戒法庭可有各級懲戒法庭、分院之建制；就大法官會議可配合憲法法庭走向，建立專屬違憲審查機關之「集中審查制」——設立憲法法庭及下屬各審級憲法法庭，負責不同審級之違憲審查作為。此在於避免一審終結，申訴無門之困局，俾能充分發揮司法救濟之功效。

憲法第一七一條規定：「法律與憲法牴觸者無效，法律與憲法有無牴觸發生疑義時，由司法院解釋之。」第一七三條規定：「憲法之解釋，由司法院為之。」憲法第七十八條：「司法院解釋憲法，並有統一解釋法律及命令之權。」憲法第七十九條：「司法院設大法官若干人，掌理本憲法第七十八條規定事項。」是以，司法院大法官應從事釋憲以及違憲審查，並無疑義。唯「司法院審判機關化」呼聲之下，建立審級制越益重要。

學界頗有「各級法院法官之違憲審查權建立」的主張，(註四十八) 是即一般司法法院法官亦可有司法審查權。李念祖教授從憲政角度之三方面予以肯定：1.大法官應是終局的違憲審查機關，並非專屬的違憲審查機關。2.大法官從事一般審查，法官從事個案審查，兩者或可併行。3.法官有優先適用憲法，拒絕適用依其良心認為違憲法律之憲法義務。(註四十九) 並從四方面分析法官本身具備有司法審查能力：1.法官從事個案審查是否不利於憲政之推行？2.法官從事個案審查的能力是否充足？3.

審訴程序，係用行政手續處理決定，不能謂之行政審判。

(註四十八) 參見陳文政，前揭文，頁三三一——三三二；李念祖，前揭書，頁四十一；「各級普通法院法官及行政法院評事是否應有違憲審查權」研討會，憲政時代，第十八卷，第三期，民國八十二年一月，頁三－一四七。

(註四十九) 李念祖，前揭書，頁四十一－五十四。

法官從事個案審查是否會紊亂法秩序？4.法官從事個案審查的制度條件是否具備？(註五十)

　　建立各級法院法官之違憲審查權，期改善一審終結之失，然此制或有以下極待克服之處：

　　1.有違憲之虞：大法官之違憲審查地位非常明確，然而憲法並未明白規定，各級法官應可從事司法審查，雖則美國憲法亦並未明白規定司法審查制度，而是在 Marbury v. Madison 一案，確定美國聯邦法院法官具有違憲審查的權力，但可否援引至我國現制，將不容易。我國憲法不僅未明文規定，法官得有司法審查權，在前述憲法第七十八條、七十九條之規定，司法院設大法官解釋憲法，統一解釋法律、命令之權。是將司法審查專屬於大法官，一般各級法官不得從事之。

　　2.無法解決大法官對抽象審查一審終結之救濟：學界有將法官不從事個案審查而設置專屬違憲審查機關的制度稱為「集中審查制」，法官可從事個案審查的制度稱為「分散審查制」。(註五十一)李念祖教授為避免採用分散審查制，將無法區分「一般審查」（即包含「抽象的法規審查」、「具體的法規審查」兩部分）、「個案審查」（個案判決理由中認定法規違憲而不於具體規範的形成過程中適用的違憲審查模式）之區別帶來之誤解，乃細分採用分散審查制下，大法官從事一般審查，由法官從事個案審查，如此則可配合我國釋憲之具有「抽象的法規審查」，由大法官進行違憲法律之抽象審查，但由一般法官從事個案審查，個案審查後，當事人仍可請求大法官為終

(註五十)　同上，頁五十五－六十三。
(註五十一)　蘇永欽，「法官是否應有法律違憲審查權」，憲政時代，第十八卷，第三期，頁三七。

局的一般審查。^(註五十二)此制之著眼有助於個案審查之救濟層級，但對抽象審查仍是由大法官一審終結，缺乏救濟途徑；再者一般法官工作量已大，尚須增添憲法訴訟個案裁判部分，亦是重大負荷，故而釋憲、審判合一仍應持保留態度。

　　基於前述兩點考量，司法審查依現行憲法（含增修條文）精神，並尋求司法救濟之實現，則採「集中審查制」——建立專屬違憲審查機制，應屬可行途徑。前文亦思為期釋憲制度司法化，則廢止現行「大法官會議」，全面適用憲法法庭舉行言詞辯論進行釋憲工作，是以建構憲法法庭及其完整審級體系——憲法法庭地方法院、憲法法庭高等法院、憲法法庭等三級三審制，各審級均稱大法官。現最新憲法增修條文（民國八十九年四月廿五日總統府公布）第五條第一項規定：「司法院設大官十五人，並以其中一人為院長、一人為副院長，由總統提名，經立法院同意任命之。」第二項：「司法院大法官任期八年，不分屆次，個別計算，並不得連任………」第四項：「司法院大法官，除依憲法第七十八條之規定外，並組成憲法法庭審理政黨違憲之解散事項」。是即，大法官共計十五名，如全面檢討建構三級三審之憲法法庭體系，則憲法原條文第七十九條第二項：「司法院設大法官若干人………」之規定，將優於增修條文之限定員額方式，至於憲法法庭之地方法院、高等法院管轄範圍、數量等，可依實際狀況定之。此一建制有助司法審查完整性，並符上訴救濟之意旨。

貳、憲法糾正權行使

　　我國為五權分立憲政體制，雖現行憲法並不符合中山先生五權憲法，唯仍具五權分立架構及部分精神，監察院本於

---

^(註五十二)李念祖，前揭文，頁四九。

調查、糾正權之行使，可思考規範經監察院糾正之釋憲案，該釋憲案之聲請人得再對憲法法庭提特別聲請釋憲案，此在促使大法官之再思考，並建立救濟途徑。

糾正權者，乃監察機關對政府行政措施不當之一種監督權，我國憲法特將此權授與監察院行使。憲法第九十六條規定：「監察院得按行政院及其各部會之工作，分設若干委員會，調查一切設施，注意其是否違法或失職。」第九十七條規定：「監察院經各該委員會之審查及決議，得提出糾正案，移送行政院及其有關部會促其注意改善」。糾正權是對「事」而發，係對政府行政措施之不當而行使。監察法第廿四條：「監察院於調查行政院及其所屬各機關之工作設施後，經各有關委員會之審查及決議，得由監察院提出糾正案，移送行政院或有關部會，促其注意改善。」由憲法、監察法相關規定，糾正權行使範圍，只限於行政院及其有關部會，似不及於司法院。

唯從監察院行使糾正權之實例言之，則其對象顯然不只限於行政院及其所屬機關之行政措施，包括法院之措施亦似在監察院糾正權行使對象範圍內，如一九五九年二月廿七日之「糾正台北地方法院處理褚友琦申請房地所有權移轉登記前後矛盾案」；又如一九六二年六月九日之「糾正高雄台南地方法院檢察處及警備總部遊查二組處理高雄港走私案件有關台南關職員瀆職一案於法未合案」；此外一九九二年包括「十八標」案在內，對司法機關糾正案亦有七件之多。[註五十三]

另從糾正權之效力言之，亦是備受爭議者，監察法第廿

[註五十三] 董翔飛，中國憲法與政府，修訂廿九版（台北：自發行，民國八十四年三月），頁五一二。

五條：「行政院或有關部會接到糾正案後，應即為適當之改善與處置，並應以書面簽覆監察院，如逾二個月仍未將改善與處置之事實簽覆監察院時，監察院得質問之。」是即監察院提出糾正案，被糾正機關若再置之不理，監察院只能「質問之」，拘束力可以知之。正如監委馬空群：「我們今天對於政府施政錯誤不當的地方，固然可以行使糾正權，但這糾正權並不發生何等大的作用，政府理會不理會，可以隨他的便，就是理會，最多也不過是拿一紙公文，對他錯誤不當的地方加以解釋和辯護，同你們打打筆墨官司，如是而已。」^(註五十四)

監察院之糾正權，在憲法規範上，似僅限於行政院及其所屬機關；就效力言，亦無制裁功能。質言之，司法部門與監察院之關係，如欲糾正權之行使於司法機關，憲法明確規定應是首要。其次，為強化糾正權之效力，則規定經監察院糾正之釋憲案，該釋憲案之聲請人得再對憲法法庭提特別聲請釋憲案，此在於促使大法官再思考之，並寓含救濟意思在其中。

綜合以上思考途徑，雖對現制差別變動甚大，但針對現行司法審查制度之缺乏救濟途徑，益以司法化之制度走向需求，都值冷靜清晰的探討強化司法效能，與建立長久釋憲制度之宏規。

本章小結：

司法審查「政治問題」的法理基礎在於「權力分立」，唯權力分立真義表現於「國家平行機關職能之不同，並無職權

---

^(註五十四)馬空群，「台諫盛衰與國家興亡之史鑑」，監察院公報，第五二八期，五一五二一五一五四。

大小之別」、「平行機關相互尊重，並非司法自我怠忽職責」、「司法機關具終局性之裁判作用」是皆肯定司法審查不宜亦不應以政治問拒審；而司法消極論在權力分立、民主多數決、司法權性質等困境分析，亦顯示有違民主憲政精神、司法權形象以及司法公正性。

　　政治問題拒絕裁判的產生，可從司法部門心理層次、理論層次、實體層次三面向觀察，唯以缺乏客觀標準，不合邏輯、不周延等爭議，不易劃分政治性與法律性，縱如美國聯邦最高法院在採用政治問題亦不一。故從另一個否定政治問題模式——德國聯邦憲法法院認為若可依據政治問題標準決定是否裁判，無異可任由法院依其意願選擇性地裁判案件。其採功能觀點的釋憲態度、方向有可取處，唯釋憲判決結果宣告之欠缺明確，就司法權講求正確性亦值檢討。

　　司法審查中政治問題之解決思考，應可從程序審、實體審兩部分著手，程序審是司法審查的限制因素（界限）階段，程序審階段可判定案件之受理與否，進入實體審則必須為一定之判決。本文中檢討美國聯邦最高法院司法審查程序，發現其應於程序審駁回之若干原則（如當事人適格原則、成熟性原則等），都進入審理階段（即實體審）才進行表決，這就司法權不得拒絕裁判是有相當差距。本文經各方面論證，以我國「司法院大法官審理案件法」可考慮增列「應不予受理解釋憲法」乙條，明確司法審查界限。

第七章　結論

　　本文分別自司法審查政治問題之理論、中西方之實務經驗，以及辨正程序，一一予以陳述，並且給予評估，將司法審查宜否有政治問題拒審之正反理論、特色、得失、修正等作完整比較說明，最後擬從(一)研究發現(二)研究建議(三)研究展望三方面，再進一步做總結說明，以為全篇之結論。

第一節　研究發現

一、司法審查之政治問題在理論上之商榷

　　主張司法審查得以政治問題拒審之重要原理來自權力分立，並表現之於司法消極。前者認為憲法權限爭議時，應本諸相互尊重，尤對高度政治性問題，如外交、軍事等，應屬之行政權、立法權，司法部門若得干預乃為越權，有悖權力分立之原理。後者乃基於司法審查違反民主多數性、司法權有其本質之內在限制、司法積極介入將捲入政治衝突漩渦之中，傷及司法之超然性、中立性，故司法權本於自制、謙抑，避免成為「太上立法院」、「太上行政院」之「司法專斷」，故強調司法消極主義。無論權力分立、司法消極主義均主張政治問題拒審之合理性，然其中均有商榷之必要。

　　就權力分立之相互尊重，其真義在於：1.權力分立表現於國家機關職權之不同，而無職權大小之別。2.權力分立下之相互尊重，並非司法自我怠忽職責。3.權力分立下，司法具終局性之裁判作用。申言之，司法部門依憲法職權，審查裁判法律、命令是否違憲？並非其職權大於行政、立法部門，而是憲政秩序下規範政治活動的遊戲規則，因吾人不能認定法律、命令絕無違憲侵權之舉措。司法部門若以「相互尊重」，

就相關部門之法律、命令不予審查，則是司法對本身憲法職掌之「不尊重」，且有瀆職、畏懼政治權勢，嚴重傷及司法形象，且破壞憲政體制。就司法擁有最終局裁判之憲法地位，若司法在涉及行政、立法之憲法爭議中無權置喙，放棄司法定息止紛之憲政價值，將司法審查以政治問題拒絕裁判，是放任問題不予解決，司法部門不做最終局裁判，那個部門有之？司法部門秉持護憲、守憲精神，排除心理之憂讒畏譏（兩造宣判必得罪其一），並得以功能法準則作出裁判，以行政裁量、立法裁量（立法自由形成等）表達對平行部門之特定案件的尊重。質言之，司法部門在權力分立思考下，必須為一定之裁判，乃是維護憲政秩序、實現司法公義、尊重基本人權之作為。

就司法消極迴避政治問題，其真義在於：1.司法以其獨立性、中立性，扮演憲法仲裁角色，不宜以司法之反多數決否定其功能。2.所有司法審查之案件皆具政治性，若允許法院自行決定何者為政治問題？無異允許選擇裁判。3.司法審查並非篡奪立法機關或行政機關制定政策之角色。申言之，古典民主理論之國民公意、多數決原理，在二次戰後民主發展下，立法部門國會議員在富人政治趨勢，民意代表、民意之間；黨意、民意之間是否劃上等號？引起廣泛探討；行政部門以政黨政治、委任立法大力介入立法運作，均使國民主權、議會至上、多數決原理等遭受到質疑。美國阿克曼之「憲法時刻」(constitutional moment)理論以「二元民主政治」為基礎，將政府主導的常態政治，定位為由人民所主導的憲法政治之具體執行，司法功能即在於保留並執行憲法時刻所形成的國民意志，將司法審查宣告法律、命令違憲，賦予更高層次之

民主基礎。^(註一)另廿世紀以來，修正民主理論大師熊彼德 (Joseph A. Schumpeter)之「民主程序論」(the process theory of democracy)以少數領導之政治菁英並不與民主政治相斥，因定期改選制度使政治菁英仍受制於選民。^(註二)而菁英競爭與人民對民主程序的可控制性可作為新的民主典範，有助於跳脫「反多數」之困擾。

司法審查之案件本皆具有政治性，而憲法所賦予司法部門之憲法審判權，在於實際法治主義，且司法為最終局之裁判機制，具有決定一切國家行為合憲與否之機能，縱有所謂高度政治性行為，司法有其權責做成裁判。而遍查憲法精神中，並未有將政治問題置於司法審判權之外的有力理論依據。

司法審查並非篡奪立法機關或行政機關制定政策之角色，而係維護行政、立法制定政策之機制，避免逾越、違反憲法之規範與精神。就憲法優位（constitutional supremacy）之意涵：憲法為最高法位階，任何違憲之法律、命令均屬無效。而由馬歇爾所奠定司法審查制度表現出：司法部門職司違憲審查之「憲法守護者」角色。從美國到大陸法系之司法審查制度體系各有不同，唯就法位階理念確定憲法優位，以維持法秩序，再由司法違憲審查確保憲法優位之實踐，顯示司法部門與憲法優位之互動、結合與密切關係。若由立法、行政部門執行違憲審查，將陷入當局者迷與造成球員兼裁判之虞，由司法部門執行違憲審查不僅非為篡奪立法、行政制定政策之角色，且為公正地保障該等政策不致篡奪立憲精神。

---

^(註一) 轉引葉俊榮，「消散中的憲法時刻」，現代國家與憲法（台北：月旦出版社，一九九七年三月），頁二四三。

^(註二) J.A. Schumpeter, Capitalism, Socialism and Democracy (N.Y.: Harper &Brother, 1950) pp.269-271.

綜合言之，司法違憲審查以政治問題拒絕裁判，就學理層次分析，並不符合民主憲政之權力分立、憲法優位等概念。本於憲政體制之建全、司法公義的展現與基本人權之維護，司法違憲審查不應以模糊之政治問題將其排除在外。

二、美國司法審查之政治問題在實務上之商榷

美國聯邦最高法院於一九六二年，在 Baker v. Carr 一案中，布瑞南大法官（Justice William Brennan）歸納六項聯邦法院承認政治問題之原則，或稱「布瑞南準則」。此準則固然跳脫政治問題之源自法官內心世界的心理層次、權力分立諸概念之抽象層次，以具體列述政治問題之標準，此一解析政治問題之運用，具有外觀明確、清楚之優點，但以界定不明確、邏輯不周延、缺乏客觀之標準、放棄司法最終局裁判機制、迴避憲法責任等爭議，故政治問題確實不是司法審查應該輕易援引之理論。

布瑞南準則之六項標準植基於權力分立，以政治問題出現在聯邦最高法院與聯邦平行部門之間的互動所構成，聯邦與州之間並不適用政治問題。然就美國司法因聯邦憲法、州憲法採取雙軌制，若論聯邦法院得對聯邦平行部門之行政、立法部門以「政治問題」，將訟案拒審；則州法院是否得對涉及州平行部門之行政（州政府）、立法（州議會）有關訟案以「政治問題」拒審？再則，Baker 案中，布瑞南確立聯邦對州並無政治問題存在，應積極作成司法判決；到 Reynolds 一案中，華倫大法官亦義正辭嚴地處理聯邦對州之選區劃分問題，然其所謂「法官態度」、「法官職掌與誓辭」、「維護人權」卻在面臨聯邦政府或州政府之間，而有雙重標準，真正的司法公義作何解釋？司法權之尊重平行部門，不在於拒審法案

上，而在依憲法精神、權力分立精神，於積極判決作為中肯定（yes）或否定（no）平行部門之裁量權上。

　　本文研析美國聯邦最高法院與政治問題有關的十四個判例中，發覺以政治問題拒審者有十案，裁定不屬政治問題者四案。不屬政治問題者，多為選舉區劃分之訟訴案；有關外交與軍事、憲法修正案、共和政府、國會職權等訴案，大法官率以屬總統或國會之專屬權而放棄司法判決，其中之不合法理、學理，本文均有詳述。其中深值吾人沈思者：司法審查究應尊重憲法，依憲裁判？抑或尊重總統、國會，依個案之可能結果、影響而判定是否裁判？如屬後者，其與司法權精神顯有牴觸，如屬前者，則不應有所謂政治問題存在。

　　美國聯邦最高法院在處理「政治問題」之方式上，亦有檢討之處。美國司法審查是以具體訟案方式進行，並不含抽象審查部分。以訟案方式進行，則審判採先程序後實體之原則宜應把握。故所謂「當事人適格」、「無訟案不審查」、「訟案成熟性原則」、「架空之抽象性原則」、「諮詢意見原則」、「立法動機不審查原則」等美國聯邦最高法院發展出之界限（boundary），有以此乃植基於「權力分立制衡」與「司法自制」兩項原則上，[註三]然就訴訟法觀點，上述所謂違憲審查之範圍，正是屬於「程序審查」排除之項目，聯邦最高法院之上述諸原則，乃為符合程序審拒絕之條件。

　　唯「政治問題」基於前文各種說明，並不同於「當事人適格」等原則，兩者不可等量齊觀。政治問題牽涉的是實際「爭議」，在不違背當事人適格、訴訟成熟度等程序條件下，

[註三] 陳文政，美國司法違憲審查理論與制度之研究，國立台灣師範大學三民主義研究所博士論文，民國八十八年六月，頁一○○。

沒有理由不進入實體審查。分析美國聯邦最高法院對政治問題拒審有兩種案型：一是直接拒絕受理上訴（相當程序審查排除），二是實體審中判定為政治問題「擱置」。前者如 George W. Crockett v. Ragan 一案中，直接以「政治問題」，拒絕核發「移審令」（certiorari），拒絕受理上訴；後者如 Colegrove v. Green; Nixon v. United States 諸案，則是進入實體審中裁判屬於政治問題，法院對之無權過問。

以上兩種方式均有商榷處：前者相當於程序審拒發「移審令」，拒絕受理上訴，則在界定何者為政治問題？何者非政治問題？如何在程序審中明確律定恐將難以作成。就後者司法機關在形式上已受理，並已作成實體審之解釋，但解釋為「屬政治問題不予解釋」，這究竟是「不作裁判」？或「解釋成為不作裁判之裁判」？不僅形成司法的盲點，且違反司法權不得拒絕裁判之原則。

三、我國司法審查之政治問題在實務上之商榷

國內司法院大法官會議解釋中，明確以政治問題拒審者，有釋字第三二八號解釋、釋字第四一九號解釋中之第二項；另釋字第三二八號解釋、釋字第三八七號解釋中，解釋文作出終局釋憲，唯有大法官於不同意見書中提出政治問題，認為不應審理者。從六個性質不盡相同案例中，發現我國司法審查以政治問題拒絕裁判的實務上，有以下值得商榷者：

1.政治問題運用過於籠統：我國司法院大法官會議受美、日影響甚大，故而在理由論證上頗顯薄弱，或直接抬出「統治行為」、「政治問題」等，即導引出拒絕裁判之結論。如釋字第三二八號解釋之解釋文：「其所稱固有疆域範圍之界定，為重大之政治問題，不應由行使司法權之釋憲機關予以解

釋。」解釋理由書亦直言：「國家領土之範圍如何界定，純屬政治問題：其界定之行為，學理上稱之為統治行為，依權力分立之憲政原則，不受司法審查。」極為簡單的「政治問題」、「統治行為」、「權力分立」，聊聊數語，即遽下不受司法審查之結論。憲法賦予司法院大法官會議為職司憲法解釋最終局之角色，本案為針對憲法第四條聲請解釋，本屬大法官權責，卻說不屬大法官，也不指出何者有權決定？使憲法控制政府部門的機制空轉失靈。

再如釋字第三二九號解釋中，李鐘聲大法官所提不同意見書指出：「司法審查制度對於政治問題不予受理審查之通例，始於美國，衍為德、日諸國共同奉行・・・稱為非司法性的政治問題，諸如：領土、外交、條約、戰爭等事項，都不插手介入，拒絕受理解釋。」「本於大法官釋憲之先例，對於政治問題不予解釋，已著有釋字第三二八號解釋，表示我國憲政之分權原則，司法不審政治問題，自與一般憲政國家相同。」是皆以過於籠統的概念支撐迴避司法審查之職權。就我國憲法、大法官審理案件法中俱無司法審查排外條款，並無所謂領土、外交、條約、戰爭等事項司法得拒絕受理。另就德國聯邦憲法法院乃堅守憲法賦予之功能，並不採用政治問題拒審，而是有程度不同之裁判。

2政治問題運用互有矛盾：大法官會議釋憲因存著運用政治問題與否之態度，致使採同樣方式推理論證，其結果竟有矛盾之舉，無法使人知其標準何在？如釋字第四一九號解釋，第二項「總統改選，行政院長應否總辭？總統可否留任」，解釋理由書中指出：「對於行政院長非憲法上義務之辭職・・・皆屬總統本於國家元首之憲法職責，作合理裁量之權限範

圍,屬於統治行為之一種,尚非本院應作合憲性審查之事項。」但在同案第三項「立法院咨請總統重新提名行政院長,並咨請立法院同意」的決議案,同樣以立院並無要求總統為一定行為之權限,是即大法官認係總統有其統治行為,此一部分依照前述意旨,亦應延用「不應作合憲性審查」之解釋,但卻作出實體解釋:「是故立法院之決議,逾越憲法所定立法院之職權,僅屬建議性質,對總統並無憲法上之拘束力。」司法審查運用政治問題、統治行為,究竟要否裁判?是無一致標準。

再如釋字第三八七號解釋,大法官以立法委員改選之「民意政治與責任政治」論證,積極作出實體解釋;釋字第四一九號解釋,總統重新選舉,大法官就不強調總統選舉後之「民意政治與責任政治」(憲法對行政院長產生,僅只規定兩條件:「總統提名」,「立法院同意」,是即總統與立法院改選,即須面對「民意政治與責任政治」。)此時稱「總統得依其裁量為適當的處理」。是同一憲法條文,一個積極解釋,一個迴避解釋,更顯示政治問題之欠缺標準。

政治問題的存在,表示憲法機制中有若干部分是不受憲法審查權控制者。唯美、日乃至我國並不能完整清晰歸納出一定準據,致使政治問題的存在,就是爭議的存在。有政治問題的存在,無論支持、反對者皆振振有詞的質疑:「××案既可以政治問題拒審;××案為何就要予以裁判?」或「××案既依憲予以裁判,××案為何可以政治問題拒審?」產生此種結果乃為必然:其根源在於以政治問題規避司法審查,政治問題本質的模糊與不確定性,不僅傷害司法審查制度,更使司法審查結果出現矛盾現象。

3.政治問題運用遷就現實：釋字第三二九號解釋作出積極的解釋。然就張特生大法官之不同意見書中，提出該案應屬政治問題不予審查理由之一，即「外交處境困難之現實考量」：「本案涉及外交實務及國際政治問題，尤以我國目前處境特殊，更使此一問題之政治性益為明顯………足見以國家之非常處境，外交條約之處理，己難以常態方式進行………為推展務實外交，爭取我國在國際上之生存空間，不得不從權處理，更可見本件確屬涉及高度政治性之問題。」另就李鐘聲大法官所提不同意見書中政治問題觀點,亦以「解釋後果堪虞」：「協定等應否送立法院審議，視其內容等究竟如何？恍如水流迴狀之眩人心目，行將仁智之見，易滋爭議。………以外交關係之如何建立，乃國家獨立自主生存之國際政治課題，於世界風雲變幻中，折衝於樽俎之間，錯綜複雜，故外交事務由行政部門任之，若謂立法院事先同意簽訂協定等，不免授之以柄，背道而馳，後果堪虞。」釋憲者應本於制度面（憲法體制、憲法精神）興利除弊？抑或著眼於「事實考量」、「結果考量」？前者有助司法精神之鞏固，後者則有未審先判，本末倒置之虞，兩者優劣得失宜深思之。

再如釋字第三八七號解釋並未以政治問題迴避司法審查，其中吳庚大法官在不同意見書中認本案系爭事實為政治問題，亦屬考量政治現實因素：「此問題乃涉及總統、立法院及行政院三方面關係之問題，其具有高度之政治性，在一切憲法問題中，可謂無出其右者，若本問題可視為一般憲法疑義而予以解釋，則從此將不再有不可供司法審查之事項。」本案固因涉及憲法上權力分立、民主原則等重大課題，正是典型「憲法權限爭議問題」，如先觀察案中包括總統、行政院

長、立法院，及其可能後果，而畏縮不前，是將忽略司法審查憲法規範政治活動的手段與結果，亦有違憲法優位之原則。

四、德國司法審查之政治問題在實務上之商榷

德國學界雖有支持政治問題存在者，稱為「不受法院管轄之高權行為」，尤以 Hans Schmeider 為代表性人物。唯德國聯邦憲法法院基於政治性與純法律性劃分之困難，且認有義務依憲法所定標準執行其權限，非可自由決定受理特定案件與否，故並不採美、日模式，學界稱「功能取向分析法」，發展出寬嚴不同的審查標準。一九七九年在「勞工企業參決權」判決中，正式提出「明顯性控制」、「適當性控制」、「強烈內容控制」之三階密度審查標準。就此功能性觀點寬鬆審查下，有兩大類裁判型式：一是合憲宣告（合憲有效宣告、警告性裁判）、二是違憲宣告（單純違憲宣告、違憲無效宣告）。[註四]德國模式展現出「公權力」均屬司法管轄範圍之態度，在審查密度是有其創造性與價值，然在解釋取捨與宣告模式上則有所商榷：

1.合憲宣告中之警告性裁判頗多爭議：聯邦憲法法院採取警告性裁判有尊重立法者、行政者之評估，提供立法、行政一定的形成空間。然而諸如：「與憲法不符但未宣告無效」、「尚屬合憲但告誡有關機關有轉變為違憲之虞」等，甚至指引立法、行政部門該當如何之途徑。此種裁判方式將有如下爭議：(1)憲法法院對未來發展也是一種預測，同樣具有不確定性。(2)司法審查在於裁判系爭事項，並非指導行政、立法部門一定之作為；亦即聯邦憲法法院權責在於對當下系爭事項作出

[註四] 陳怡如，「功能取向分析法在我國釋憲實務之運用」，憲政時代，第廿七卷，第一期，民國九十年七月，頁一〇四。

裁決,而非越俎代庖的決定或指示立法、行政部門未來之立法方向或政策作為。(3)裁決「與憲法不符但未宣告無效」,在邏輯上有其矛盾性,既與憲法不符就是違憲,卻不宣告無效是不合理論述;同樣「尚屬合憲但告誡有違憲之虞」,亦是邏輯上有模糊性,既有違憲之虞,是否違憲?抑或合憲?解釋後之兩造各執一詞,並未有效澄清系爭事項。

　　以上爭議徒增紛擾,乃有以為此種宣告模式「實際運用的結果,往往易生適得其反效果,反而因各種指示性的建議進而限縮政治自由形成空間。故在抉擇宣告模式之際,亦應以違憲審查建制的目的與政治自由形成空間為判準,根據憲法上的成文判準與不成文判準進行合憲控制,以免侵犯或取代立法權的核心領域。」[註五]是以,裁判思考過程須多元面向,宣告模式則宜明確,以符司法權正確性之特質。

　　2.「合憲性解釋」宣告的爭議:聯邦憲法法院採寬鬆「明顯性控制」,就政治部門的決定除非明顯牴觸憲法,否則即不認定其違憲,作出合憲宣告。其中之一的方式「合憲性解釋」,乃爭對系爭可以經不同的方式,得出數種解釋可能時,選擇其中與憲法符合且不失法律原意者,宣告該法律合乎憲法之裁判。合憲性解釋在美、德憲法實務中均為常見,此方法之爭議在於:(1)當系爭可有數種解釋可能,卻選擇合乎憲法之原則為判決,將與單純違憲宣告界線不明;任一系爭之法律、政策本質上均有合憲、違憲兩方見解,若果「合憲性解釋」成立,理論上將無司法審查之必要。(2)司法部門在基於維持憲法秩序、保障人民權利,面對法律、命令違憲無效之部分,應遠重於合憲有效部分。(3)「兩造對立,仲裁者必得罪其一」,

---

[註五] 同上。

妥適於正當法律程序精神之發揮乃為必要。合憲性解釋或著重於法安定性、政治現實，易過於優惠立法、行政者，從而怠忽維護憲法之職責。憲法精神確立與法安定性孰重？是值思之。

第二節　研究建議

一、司法審查「程序審」、「實體審」的明確建立

司法審查應有界限（限制因素），從美、歐發展經驗，以及民、刑訴訟法觀點結合，吾人以為司法審查若肯定其為司法權的行使，則其訴訟程序司法化更為改革核心。在論及政治問題拒審正當性的同時，確立司法審查程序審、實體審的訴訟程序，將是根本改善之道。

先觀察美式司法審查：聯邦最高法院之司法審查在受理案件（相當程序審階段）後，即依五個步驟進行審理工作：閱讀案件摘要、言詞辯論、案件討論與初步表決、草擬意見書、最後表決與發布意見書（相當實體審階段）。其案件固有直接拒絕受理上訴（相當程序審排除），依其判例分析，有相當部分，是在實體審查步驟之下，因「當事人適格原則」、「訟案成熟性原則」、「架空之抽象性原則」、「諮詢意見原則」、「立法動機不審查原則」、「政治問題原則」等各種原則下，將訟案迴避司法裁判。以上現象產生兩大問題：一則，實體審之司法權不得拒絕裁判，聯邦最高法院之拒絕裁判將有違司法原則。二則，上列迴避司法原則，除「政治問題原則」涉及標準不明確、美國實務經驗亦未見採一貫堅持的立場；其餘「當事人適格原則」等，加以分析，均屬程序審階段受理與否即可裁判者。是以，從美國經驗中，政治問題之不明確、

不一致，是應不宜用之，而若干原則之屬程序審而非實體審亦宜明確分辨之。

次觀察德式司法審查：聯邦憲法法院以政治性與法律性劃分困難，且認若可依所謂政治問題標準來決定是否裁判，無異放任法院依其意願選擇性辦案，故摒除政治問題拒審概念，積極地處理每一案件，但基於「權力分立」精神，發展出功能法觀點——由憲法賦予其功能而來的界限——不會拒審而是有不同程度的介入裁判。依三階理論之控制密度為準據，作出裁判。其中警告性裁判、合憲性裁判之爭議，前文亦已述及。質言之，德國聯邦憲法法院釋憲態度、思考過程可為肯定，唯裁判宣告之模糊、不明確，其至越俎代庖的指示立法、行政作為不足為取。

綜合美、德之優劣得失，司法審查既屬司法權性質，則司法審查之界限可規範於程序審中，有助於限制因素排除之明確，亦避免如美式之浪費資源。就我國刑事訴訟法第二五二條：「案件有左列情形之一者，應為不起訴之處分：

1.曾經判決確定者。

2.時效已完成者。

3.曾經大赦者。

4.犯罪後之法律已廢止其刑罰者。

5.告訴或請求乃論之罪，其告訴或請求已經撤回或已逾告訴期間者。

6.被告死亡者。

7.法院對於被告無審判權者。

8.行為不罰者。

9.法應免除其刑者。

10.犯罪嫌疑不足者。」

另刑法第二五三條：「檢察官於刑法第六十一條所列各罪之案件，參酌刑法第五十七條所列事項，認為以不起訴為適當者，得為不起訴處分。」刑法第二五四條：「被告數罪時，其一罪已受重刑之確定判決，檢察官認為他罪雖行起訴，於應執行之刑無重大關係者，得為不起訴處分。」刑法第二五五條：「檢察官依前三條規定或因其他法定理由為不起訴之處分者，應制作處分書，敘述不起訴之理由。」

就我國之民事訴訟法第二四九條：「原告之訴，有左列各款情形之一者，法院應以裁定駁回之。但其情形可以補正者，審判長應定期間先命補正。

1.訴訟事件不屬普通法院之權限者。

2.訴訟事件不屬受訴法院管轄而不能為第廿八條之裁定者。

3.原告或被告無當事人能力者。

4.原告或被告無訴訟能力，未由決定代理人合法代理者。

5.由訴訟代理人起訴，而其代理權有欠缺者。

6.起訴不合程式或不備其他要件者。

7.起訴違背第二百五十三條、第二百六十三條第二項之規定，或其訴訟標的為確定判決之效力所及者。

原告之訴，依其所訴之事實，在法律上顯無理由者，法院得不經言詞辯論，逕以判決駁回之。」

從民、刑訴訟法之觀點，司法審查之程序審乃為必要，「司法院大法官審理案件法」（以下簡稱本法）第四、五、七條規範大法官解釋之事項，並列舉得聲請解釋憲法之條件；唯不予受理釋憲之條件闕如，或偶散見各條文中，並未都整之。

試擬於本法中，增列：「有左列之一者，應不予受理解釋憲法：

1. 曾經大法官會議判決確定者。

2. 聲請解釋憲法之程序違背規定者。

3. 已經提起憲法解釋之案件，重行聲請者。

4. 人民於其憲法上所保障之權利遭受不法侵害，經依法定
程序提起訴訟，對於確定終局裁判已超過五年以上者。

5. 中央或地方機關有關法律、行政命令等尚在研擬階段之
草案。

6. 憲法暨增修條文不得為違憲之審查。

7. 本法第四條第一項未規定准予提出事項。

8. 立法委員三分之一以上聲請，須行使職權發生疑義，且
在保障少數黨委員。

9. 本法第七條但書規定事項。

10. 聲請解釋機關有上級機關者，其聲請應經由上級機關
層轉，上級機關對不合規定，卻為之轉請者。」

第一至三項為司法訴訟之基本要義。

第四項為一般司法終局判決後，人民聲請救濟之有效時
限規範。

第五項乃依據本法第四條第一項第一、三款規定，違憲
審查須為法律、命令、省自治法、縣自治法、省法規及縣規
章有無牴觸憲法之事項。故不含未完成三讀審議之草案（bill）
在內，實亦體現司法部門不成為立法部門、行政部門之「諮
詢意見」者。

第六項在於憲法優位原則下，司法審查之準據即憲法（含
增修條文），故憲法本身條文不得成為違憲之審查對象。就我
國憲法條文中並未授權司法審查有宣告憲法（增修條文）無

效之權，且益增「憲法違憲」之矛盾性。

第七項為本法概括性規定（broadly phrased clause），補列舉式疏漏之不足。

第八項乃依據本法第五條第三項規定：「依立法委員現有總額三分之一以上聲請，就其行使職權，適用憲法發生疑義，或適用法律發生有牴觸憲法之疑義者。」是即，立委提出聲請，固須三分之一以上同意，然更須立委於立院之院會中經集體集會「行使職權」，將其「疑義」提會討論，方符本法「行使職權，適用憲法發生疑義」之規定；另基於保障少數黨委員聲請釋憲權，當其提案經院會討論未獲通過時，亦得行使。綜言之，執政黨本於政黨政治，依黨之政策約束黨員，故其黨籍立委未提院會討論或未獲通過，不得為提出聲請；少數黨立委須經院會討論，無論通過與否，基於保障少數原則，如有立委總額三分之一以上之聲請，得為提出之。

第九項在將本法第七條中第一、二兩項之但書集中規範之。第一項：「中央或地方機關，就其職權上適用法律或命令所持見解，與本機關或其他機關適用同一法律或命令時所已表示之見解有異者。『但該機關依法應受本機關或他機關見解之拘束，或得變更其見解者，不在此限。』」第二項：「人民、法人或政黨於其權利遭受不法侵害，認確定終局裁判適用法律或命令所表示之見解，與其他審判機關之確定終局裁判，適用同一法律或命令時已表示之見解有異。『但得依法定程序聲明不服，或後裁判已變更前裁判之見解者，不在此限。』」

第十項則在於將本法第九條條文規定於此，原第九條原處刪除之。

以上所列「不予受理解釋憲法」之十項，乃屬司法審查

之界限，即程序審判之限制因素。本於司法權精神，司法審查為訴訟程序，當先程序、後實體。程序審判排除者不列入實體審，進入實體審判者，不得拒絕裁判。政治問題依本論文之見解，不屬程序審排除因素，仍應實體審裁判之。

二、司法審查法制化的建立

憲法優位原則確立司法違憲審查權；權力分立原則確立司法審查在自由心證滑動尺度之準據，本文主張在我國已將「司法院大法官會議法」修改為「司法院大法官審理案件法」，其精神在於釋憲中訴訟化之必要，故建立程序審、實體審查之裁判程序作為有其必要，藉以確立司法審查之界限。此外，在司法部門釋憲制度的法制化配套走向，提出以下看法：

1.以「憲法法庭」取代「大法官會議」：現今釋憲制度仍維持大法官會議之型態，與司法化是有牴觸的。「大法官審理案件法」第二條之以「會議」方式，「合議」審理。大法官「會議」與司法機關之數名法官構成合議體，共同審理、評議並為裁判，兩者差距甚大。一九九三年憲法法庭之啟用，固依據憲法增修條文：「司法院大法官………並組成憲法法庭審理政黨違憲之解散事項。」另「大法官審理案件法」第十三條：「大法官解釋憲法案件………必要時，得舉行言詞辯論，準用憲法法庭言詞辯論之規定。」是未普及制式化。為期確立釋憲司法化之目標，則修法廢止「大法官會議」，建立「憲法法庭」之主體架構，並以常態之言詞辯論進行釋憲工作，透過公開審理訴訟程序，依法制化進行系爭之裁判。

2.憲法法庭三級三審制的思考：司法改革在於強調審判機關化，就「法院組織法」三級三審制觀之，職司釋憲之大法

官會議，僅只一審級，是初審亦是終審，對人民權益保障非稱完善，缺乏上訴機制。本文研究以為配合憲法法庭走向，建立專屬司法審查之「集中審查制」－－－設立憲法法庭及各審級憲法法庭，負責不同審級之違憲審查作為，使達司法救濟之效。另有各級司法法院法官擔負司法違憲審查之議，然並無法解決大法官對抽象審查一審終結之救濟。

「集中審查制」在於建立專屬司法違憲審查機制----憲法法庭地方法院（簡稱「憲地院」）、憲法法庭高等法院（簡稱「憲高院」）、憲法法庭之三級三審制。「憲地院」、「憲高院」稱「憲法法官」，可由具備法官資格者專任之；憲法法庭稱「大法官」。「憲地院」、「憲高院」之管轄範圍、數量可依實際狀況在「憲法法庭組織法」中定之。

3.大法官採七十歲限齡退制：本文研究比較法官「限齡退」（日本法院七十歲退休）、「終身制」（美國法院、我國現制之生理終身）兩者均可達到保障法官、確保司法獨立審判之目的；終身制有阻礙新陳代謝、兼耗費大量公帑之缺失。兩者比較，日本法院法官七十歲限齡退休制度應優於終身制。

依憲法增修條文規定，二〇〇三年起大法官任期八年，不得連任。此規定會否反使大法官只准一任，且與總統任期互有參差，為求屆滿於他職更上層樓，反易受主政者左右之，制度面之設計值得思考。為期發揮優質「憲法守護者」功能。憲法法庭之大法官、憲法法官宜以七十歲限齡退制為最優。

4.釋憲訴訟精神之強化：釋憲制度司法化、訴訟化、獨立化之下，訴訟精神精進應表現於以下方面：(1)法院實體審中不得拒絕裁判。是即程序審不受理之限制因素駁回者外，憲法法庭不得於受訴後不給予裁判、拒絕審理。(2)依正當法律

程序給予公正審判之權利。原告有審判程序中聽審之權利，被告有應訴以辯護防衛之機會，故而言詞辯論、律師制度等必須重視、配套進行。(3)釋憲方法之重視。各種憲法可能解釋中，建立依位階關係建構的後設專門規則，據以決定各種解釋方法之優先次序：以文義（理）解釋為最優先，繼之以論理解釋（按照歷史解釋、體系解釋、比較解釋、目的解釋、合憲解釋）、最後為社會學解釋。此一優先次序乃在忠於憲法條文之原始意義與精神，兼顧及憲政結構之安定性。(4)訴訟結果之宣告須求明確。我國釋憲經驗中，或有出現「訴外裁判」，違反司法權被動性；或有出現創造性模糊語句，致兩造各執一詞，無法清楚判決結果究屬合憲？抑或違憲？以司法實體裁判為例，必作出無罪、有罪判決，後者又可細分科刑與免刑判決。釋憲制度朝司法化、訴訟化走向，則司法權精神展現更為重要。

第三節　研究展望

　　司法審查有無界限？政治問題是否為司法審查之界限？這是本文研究之主旨，因篇幅所限，未能深入探討而有待進一步研究者：

　　一、本文著力於政治問題探討，就大法官對立法權、行政權的審查標準與　宣告模式，僅有點的分析，尚無法及於面的研究。是即司法審查與行政裁量、立法自然形成的相互關係與影響，均是值得關注之焦點。

　　二、本文力主司法審查建立程序審、實體審之釋憲程序概念，程序審中得以列為限制因素之十項標準，若干仍有繼續深入探討之價值；如民主國家修憲有無界限？其與釋憲機

關間互動為何？修憲機關完成之修憲條文，釋憲機關可否以
修憲過程違反民主原理、精神，或修憲條文本身內容加以判
定違憲無效？本文持否定見解，然就政治理論、實務面仍有
極大探討空間。

三、本文研究中，指出學界對大法官解釋越趨於立法化
之現象，即「解釋」越來越像「立法」、「制憲」，「大法官造
法」的疑慮如何化解？亦即司法審查如何避免上述情形，免
於司法專斷污名，確值研究。

四、釋憲方法對釋憲結果影響甚大，本文中僅只作點的
分析，全面性的因果關係並無法有效的呈現。對既有判例的
綜合分析、研判，並歸納整理各種釋憲方法之得失，研究釋
憲方法與釋憲關係有其必要性和價值。

凡此議題，尚待個人或有識者進一步研究開拓之。

參考書目

壹、中文部分

一、書籍

1. 三民書局編,《大法官會議解釋彙編》。台北:三民書局,民國八十四年四月。

2. 司法院大法官書記處編輯,《大法官釋憲史料》。台北:司法院,民國八十七年九月。

3. 司法院秘書處,《司法院大法官釋憲四十週年紀念論文集》。台北:司法周刊雜誌社,民國八十二年三月,再版。

4. 王子蘭,《現行中華民國憲法史綱》。台北:台灣商務印書館,民國六十年三月。

5. 王世杰、錢端升合著,《比較憲法》,上、下冊。上海:商務書館,民國三十六年十月,增訂第七版。

6. 丘宏達主編,陳治世、陳長文、俞寬賜、王人傑合著,《現代國際法》。台北:三民書局,民國六十二年十一月。

7. 朱諶,《中華民國憲法理論與制度》。台北:五南圖書公司,民國八十四年八月。

8. 朱諶,《憲政分權理論及其制度》。台北:五南圖書公司,民國八十六年十月。

9. 朱瑞祥,《美國聯邦最高法院判例史程》。台北:黎明文化公司,民國七十九年七月三版。

10. 朱武獻,《司法院大法官會議解釋憲法及統一解釋法令制度之研究(下)》──司法院大法官會議解釋之效力──公法專題研究(一)。台北:輔仁大學法學叢書編輯委員會,民國八十一年一月二版。

11. 艾洛維茲(Larry Elowitz)著,張明貴譯,《美國政府與政

治》。台北：桂冠圖書公司，一九九五年十月。

12.呂亞力，《政治學》。台北：三民書局，民國七十五年十月，再版。

13.李鴻禧，《違憲審查論》。台北：國立台灣大學法學叢書編輯委員會，一九九０年十月四版。

14.李建良，《憲法理論與實踐（一）》。台北：學林文化公司，一九九九年七月。

15.李念祖，《司法者的憲法》。台北：五南圖書公司，民國八十九年八月。

16.李少軍、尚建新譯，《西方政治思想史》。台北：桂冠圖書公司，一九九二年。

17.李炳南，《憲政改革與國是會議》。台北：永然文化公司，民國八十一年四月。

18. 李炳南，《憲政改革與國民大會》。台北：月旦出版社，民國八十一年四月。

19. 李炳南，《第一階段憲政改革之研究》。台北：自版，民國八十六年八月。

20. 李炳南，《不確定的憲政－－第三階段憲政改革之研究》。台北：自版，民國八十七年八月。

21.林世宗，《美國憲法言論自由之理論與闡釋》。台北：師大出版社，民國八十五年二月。

22.林嘉誠、朱浤源著，《政治學辭典》。台北：五南圖書公司，民國八十一年一月二版。

23.林文雄，《法實證主義》。台北：三民書局，一九九八年四月。

24.林紀東，《中華民國憲法逐條釋義（第三冊）》。台北：三民

書局，民國六十四年九月。

25.林紀東，《大法官會議解釋析論》。台北：五南圖書公司，民國七十二年。

26.林紀東，《憲法論集》。台北：東大圖書公司，民國六十八年十二月。

27.林錫堯，《論人民聲請解釋憲法之制度》。台北：世一書局，民國七十三年七月。

28.林子儀，《權力分立與憲政發展》。台北：月旦出版公司，民國八十二年四月。

29.林子儀，《司法護憲功能之檢討與改進――如何健全違憲審查制度改革憲政》。台北：國家政策研究資料中心，民國七十九年四月。

30.法治斌，《憲法專論（一）》。台北：國立政治大學法學叢書編輯委員會，民國七十四年五月。

31.法治斌、董保城，《中華民國憲法》。台北：國立空中大學，民國八十六年八月，修訂再版。

32.美濃部達吉著，歐宗佑、何作霖譯述，《憲法學原理》。台北：台灣商務印書館，民國五十五年四月。

33.洛克（John Locke）著，葉啟芳、瞿菊農譯，《政府論次講（Second Treaties of Government）》。台北：唐山出版社，民國七十五年七月。

34.柯威恩（Edward S. Corwin）、帕特森（J. W. Peltason）著，廖天美譯，《美國憲法釋義（Understanding the Constitution）》。台北：結構群文化，民國八十一年三月。

35.洪國鎮，《釋憲制度之研究》。台北：嘉新水泥公司文化基金會，民國五十八年六月。

36. 張亞中，《兩岸主權論》。台北：生智文化公司，一九九八年三月。

37. 荊知仁，《美國憲法與憲政》。台北：三民書局，民國八十二年九月三版。

38. 荊知仁，《中國立憲史》。台北：聯經出版公司，民國七十四年第二次印行。

39. 荊知仁，《憲政論衡》。台北：台灣商務印書館，民國七十二年十月。

40. 翁岳生，《行政法與現代法治國家》。台北：國立台灣大學法學叢書編輯委員會，民國七十九年九月十一版。

41. 華力進，《政治學》。台北：經世書局，民國七十六年十月。

42. 鄒文海，《美國憲法精義》。台北：廣文書局，民國五十六年二月。

43. 馬漢寶主編，《美國聯邦最高法院憲法判決選譯――司法審查》。台北：司法院秘書處，民國八十四年六月。

44. 馬起華，《政治學原理》。台北：大中國圖書公司，民國七十八年八月，再版。

45. 陳治世，《法政論叢》。台北：漢苑出版社，民國六十七年三月三版。

46. 陳治世，《美國政府與政治》。台北：台灣商務印書館，民國八十年十二月二刷。

47. 陳水逢，《中華民國憲法論》。台北：中央文物供應社，民國七十一年十月。

48. 陳新民，《中華民國憲法釋憲》。台北：三民書局，民國八十四年。

49. 陳秀峰，《司法審查制度――日本繼受美國制度之軌跡》。

台北：文筌書局，一九九五年五月。

50. 涂懷瑩，《現代憲法原理》。台北：正中書局，民國八十二年一月。

51. 張世賢，《比較政府概要》。台北：中華民國公共行政學會，民國八十一年六月。

52. 許志雄，《憲法之基礎理論》。台北：稻禾出版社，民國八十一年十月。

53. 許慶雄，《憲法入門》。台北：月旦出版社，民國八十一年九月。

54. 陸潤康，《美國聯邦憲法論》。台北：凱崙出版社，民國七十五年九月。

55. 國民大會編，《世界各國憲法大全》，第一—四冊。台北：國民大會秘書處，民國八十五年五月。

56. 黃茂榮，《法學方法與現代民法》。國立台灣大學法學叢書編輯委員會，一九九三年七月，增訂版。

57. 曾繁康，《比較憲法》。台北：三民書局，民國七十四年九月五版。

58. 傅肅良，《中國憲法論》。台北：三民書局，民國七十八年九月修訂再版。

59. 楊日旭，《美國憲政與民主自由》。台北：黎明文化公司，民國七十八年。

60. 楊日旭，《美國立法與行政分權關係之個案研究——分析總統作戰權限權法之理論與實施》。台北：淡江大學出版中心，民國七十四年十月。

61. 楊仁壽，《法學方法論》。台北：自發行，民國七十六年二月。

62. 博登海默（Edger Bodenheimer ）著，范建得、吳博文譯，《法理學－－法哲學與法學方法（Jurisprudence － The Philosophy and Method of the Law)》。台北：漢興書局，一九九七年一月。

63. 普利契特（Charles Herman Pritchett）著，陳秀峰譯，《美國聯邦憲法制度》。台北：文笙書局，民國八十年七月。

64. 湯德宗，《權力分立新論》。台北：元照出版公司，二〇〇〇年十二月增訂二版。

65. 董翔飛，《中國憲法與政府》。台北：自印行，民國八十四年三月修訂廿九版。

66. 管歐，《中華民國憲法論》。台北：三民書局，民國七十八年七月三版。

67. 管歐，《憲法新論》。台北：五南圖書公司，民國八十年再增訂廿三版。

68. 齊光裕，《中華民國的政治發展－－民國卅八年以來的變遷》。台北：揚智文化公司，民國八十五年一月。

69. 齊光裕，《中華民國的憲政發展－－民國卅八年以來的憲法變遷》。台北：揚智文化公司，民國八十七年十一月。

70. 劉慶瑞，《劉慶瑞比較憲法論文集》。台北：三民書局，民國五十一年五月。

71. 劉慶瑞，《比較憲法》。台北：三民書局，民國八十二年九月六版。

72. 劉慶瑞，《中華民國憲法要義》。台北：三民書局，民國八十一年三月。

73. 劉孔中、李建良主編，《憲法解釋之理論與實務》。台北：中央研究院中山人文社會科學研究所，民國八十八年五月

二刷。

74. 魏鏞，《社會科學的性質及其發展趨勢》。台北：台灣商務印書館，民國六十七年一月五版。

75. 謝瑞智，《活用憲法大辭典》。台北：文笙書局，二〇〇〇年十一月。

76. 雙榜編輯委員會編，《大法官會議解釋彙編（一）》。台北：雙榜文化公司，民國八十六年十二月。

77. 羅志淵，《美國政府及政治》。台北：正中書局，民國七十三年四月台六版。

78. 羅豪才、吳擷英，《憲法與政治制度》。台北：洛克出版社，一九九七年三月。

79. 蘇俊雄，《法治政治》。台北：台灣商務印書館，民國八十年五月。

二、期刊暨論文

1. 丁偉峰，〈歷史因素與我國司法院大法官會議憲法解釋之研究〉，《立法院院聞》，第廿七卷，第五期，民國八十八年五月。

2. 王甲乙，〈當事人適格之擴張與界限〉，《法學叢刊》，第一五九期（第四〇卷，第三期），民國八十四年七月。

3. 史錫恩，〈司法院掌理審判之研究〉，《律師通訊》，第一六九期，民國八十二年十月。

4. 史尚寬，〈如何解釋憲法〉，《法學叢刊》，第五卷，第一期，民國五十一年三月。

5. 史慶璞，〈『正當法律程序』條款與美國刑事偵審制度〉，《輔仁法學》，第十四期，民國八十四年六月。

6. 史慶璞，〈美國聯邦最高法院之司法審查權〉，《輔仁法

學》，第十五期，民國八十五年六月。

7.朱諶，＜分權制度中司法權的政治功能－－由法律合憲審查制度談起＞，《人文及社會科學通訊》，第六卷，第一期，民國八十四年六月。

8.任冀平，＜權力與價值：美國法律的政治基礎＞，《東海學報》，第卅四期，民國八十一年六月。

9. 任冀平，＜美國最高法院司法審查權的弔詭＞，《東海學報》，第卅五期，民國八十二年六月。

10.任冀平，＜美國最高法院司法審查權的行使：理論與實際＞，《歐美研究》，第廿五卷，第三期，民國八十四年九月。

11.江耀國，＜美國憲法上的原始主義中立原則＞，《東吳法律學報》，第六卷，第二期，民國七十九年三月。

12.吳庚，＜論憲法解釋＞，《法令月刊》，第四十一卷，第八期，民國七十九年八月。

13.李炳南、曾建元，＜第四次修憲議題的政治邏輯與法理分析＞，《憲政時代》，第廿四卷，第二期，民國八十七年十月。

14.李炳南、曾建元，＜政治邏輯與法理邏輯的辯證－－以司法院大法官議決釋字第四九九號解釋為例＞，中研院中山人文社會科學研究所主編，第三屆《憲法解釋之理論與實務》學術研討會，民國九十年三月廿三日。

15.李念祖，＜論我國法院法官之違憲審查義務＞，《憲政時代》，第十八卷，第三期，民國八十二年一月。

16.李鴻禧，＜司法審查的政策形成功能底緒說－－以立法權與司法審查為著眼＞，《台大法學論叢》，第廿五卷，第一期，民國八十四年十月。

17. 李惠宗，＜國家組織法的憲法解釋－－兼評法院大法官會議釋字第三八七與四一九號解釋＞，《台大法學論叢》，第廿六卷，第四期，民國八十六年七月。

18. 呂漢忠，＜違憲法律與判解變更之效力問題＞（上）（下），《中興法學》，第卅四、卅五期，民國八十一年十一月、八十二年三月。

19. 考克斯（Archibald Cox）著，劉興善譯，＜從水門案件看美國聯邦最高法院在政府之地位＞，《憲政思潮》，第五十三期，民國七十年三月。

20. 周宗憲，《司法消極主義與司法積極主義之研究－－現代民主國家中的司法審查》。中國文化大學政治學研究所，碩士論文，民國八十一年六月。

21. 周良黛，＜大法官會議憲法解釋與憲政制度之成長－－釋憲案與立法權之調適＞，《憲政時代》，第廿三卷，第三期，民國八十七年一月。

22. 林子儀，＜言論自由之理論基礎＞，《台大法學論叢》，第廿五卷，第一期，民國八十四年十月。

23. 林子儀，＜普通法院各級法院法官及行政法院評事應否具違憲審查權＞，《憲政時代》，第十八卷，第三期，民國八十二年一月。

24. 法治斌，＜司法審查中之平等權：建構雙重基準之研究＞，《國家科學委員會研究彙刊：人文及社會科學》，第六卷，第一期，民國八十五年一月。

25. 范清銘，＜論違憲解釋的『時之效力』＞，《法學叢刊》，第一六二期，民國八十五年四月。

26. 馬空群，＜台諫盛衰與國家興亡之史鑑＞，《監察院公

報》，第五二八期。

27.桂宏誠，＜美國司法審查權之探討＞，《美國月刊》，第八卷，第一期，民國八十二年一月。

28.桂宏誠，＜美國最高法院司法審查權之檢討＞，《立法院院聞》，第廿二卷，第十一期，民國八十三年十一月。

29.徐振雄，《我國釋憲制度之研究》。中國文化大學三民主義研究所，碩士論文，民國八十年六月。

30.翁岳生，＜論法官之法規審查權＞，《台大法學論叢》，第廿四卷，第二期，民國八十四年六月。

31.耿雲卿，＜如何提高大法官會議功能芻議＞，《法令月刊》，第卅卷，第四期，民國六十八年四月。

32.高瑞錚、林永謀、姚嘉文、許宗力，＜如何使司法院審判機關化＞，《法律通訊》，第一六九期，民國八十二年十月。

33.涂懷瑩，＜美國違憲法令之效力的研究＞，《法律評論》，第卅一卷，第三期，民國五十四年三月。

34.許志雄，＜統治行為之法理＞，《月旦法學雜誌》，第七期，一九九五年。

35.許宗力，＜憲法違憲乎？－評釋字第四九九號解釋＞，《月旦法學雜誌》，第六十期。

36.許宗力，＜普通法院各級法院法官及行政法院評事應否具有違憲審查權＞，《憲政時代》，第十八卷，第三期，民國八十二年一月。

37.陳文政，＜美國司法違憲審查理論基礎之一：成文憲法與憲法優位＞，國立台灣師大，《三民主義學報》，第十九期，民國八十八年四月。

38.陳文政，《美國司法違憲審查理論與制度之研究》。國立台

灣師範大學，三民主義研究所，博士論文，民國八十八年六月。

39.陳文政，＜美國司法違憲審查原則之探討＞，《藝術學報》，第六十四期，民國八十八年六月。

40.陳瑞堂，＜釋憲制度中有關程序運作方式的問題＞，《憲政時代》，第廿二卷，第四期，民國八十六年四月。

41.陳美琳，＜從大法官會議解釋看違憲審查對政治問題的態度＞，《立法院院聞》，第廿七卷，第六期，民國八十八年六月。

42.陳愛娥，＜大法官憲法解釋權之界限－－由功能法的觀點出發＞，《憲政時代》，第廿四卷，第三期，民國八十七年十二月。

43.陳怡如，＜功能取向分析法在我國釋憲實務之運用＞，《憲政時代》，第廿七卷，第一期，民國九十年七月。

44.章瑞卿，＜試論我國憲法法院未來之角色＞，《立法院院聞》，第廿五卷，第十二期，民國八十六年十二月。

45.章瑞卿，＜憲法審判權對統治行為界限之研究＞（上）、（下），《立法院院聞》，第廿五卷，第一、二期，民國八十六年一、二月。

46.章瑞卿，＜中日憲法審判權對軍事權之界限＞，《立法院院聞》，第廿七卷，第四期，民國八十八年四月。

47.歐廣南，＜論『立法裁量』與『司法審查界限』＞，《憲政時代》，第廿四卷，第一期，民國八十七年七月。

48.項程華，＜司法違憲審查的民主正當性＞，《立法院院聞》，第廿五卷，第二期，民國八十六年二月。

49.湯德宗，＜三權憲法，四權政府與立法否決權＞，《美國研

究》，第十六卷，第二期，民國七十五年六月。

50.湯德宗，＜司法院大法官有關『權力分立原則』解釋之研析（上）：總體分析＞，《政大法學評論》，第五十四期，民國八十四年十二月。

51.劉獻文，《中美司法審查「政治問題」理論解釋之比較研究》。國立中山大學，中山學術研究所，碩士論文，民國八十三年六月。

52.劉宏恩，＜司法違憲審查與政治問題——大法官會議釋字第三二八號評析＞，《思與言》，第三十二卷，第三期，民國八十三年九月。

53.游伯欽，《美國司法違憲審查制度之研究》。東吳大學法律研究所，碩士論文，民國七十六年六月。

54.董保城，＜普通法院各級法院法官及行政法院評事應否具有違憲審查權＞，《憲政時代》，第十六卷，第三期，民國八十二年一月。

55.張特生，＜大法官會議的經驗及改進意見＞，《憲政時代》，第廿二卷，第四期，民國八十六年四月。

56.張嘉尹，《憲法解釋理論之研究》。國立台灣大學，法律學研究所，碩士論文，民國八十一年六月。

57.葉俊榮，＜美國憲法變遷的軌跡——司法解釋與憲法修正兩難＞，《美國月刊》，第三卷，第九期，民國七十八年一月。

58.劉瀚宇，＜司法判例功能之研究＞，《華岡法科學報》，第六期，民國六十九年七月。

59.劉志鵬，＜近代司法權之困境及其突破＞，《中國論壇》，第十一卷，第七期，民國七十年一月。

60. 楊日旭，＜為權力學進一解＞，《中山社會科學譯粹》，第一卷，第三期，民國七十五年六月。

61. 楊與齡，＜從憲法史料探討司法院之性能＞，《法律評論》，第五十二卷，第二期，民國七十五年二月。

62. 楊永明，＜民主主權──政治理論中主權概念之演變與主權理論新取向＞，《政治科學論叢》，第七期，民國八十五年五月。

63. 廖元豪，＜論共和主義的政治哲學對美國憲法思想基礎及實務的影響＞，《憲政時代》，第廿卷，第三期，民國八十四年一月。

64. 廖元豪，＜種族優惠性差別待遇（Racial Affirmative Action）合憲性之研究＞，《東吳法律學報》，第九卷，第二期，民國八十五年八月。

65. 蔣次寧，＜司法院大法官審理案件法實施一年＞，《法令月刊》，第四十五卷，第三期，民國八十三年三月。

66. 謝秉憲，《意志與限制──美國最高法院司法審查權的正當性基礎》。東海大學，政治學研究所，碩士論文，民國八十九年六月。

67. 羅名威，《違憲審查權控制立法權的界限》。國立中興大學，法律研究所，碩士論文，民國八十七年七月。

68. 羅名威，＜德國違憲審查權對立法權的控制界限＞，《憲政時代》，第廿四卷，第二期，民國八十七年十月。

69. 蘇永欽，＜法官是否應有法律違憲審查權＞，《憲政時代》，第十八卷，第三期，民國八十二年一月。，

70. 蘇永欽，＜試釋違憲＞，《台大法學論叢》，第廿四卷，第二期，民國八十四年六月。

71.蘇永欽，＜財產權的保障與司法審查＞，《國科會研究彙刊：人文及社會科學》，第六卷，第一期，民國八十五年一月。

72.嚴震生，＜由美國憲法判例看新聞自由、誹謗及隱私權的爭議＞，《美國月刊》，第十一卷，第三期，民國八十五年三月。

73. 嚴震生，＜美國憲法對免於自證其罪的保障——米蘭達權利的爭議＞，《美國月刊》，第十一卷，第六期，民國八十五年六月。

貳、英文部分

一、書籍（Books）

1.Abraham, Henry J., *The Judicial Process – An Introductory Analysis of the Courts of the United States, England, and France, 6 th ed.* (New York: Oxford University Press, 1993).

2.----, *The Judiciary – The Supreme Court in the Governmental Process, 9 th ed.* (Dubuque, I. A.: Wm. C. Brown Communications Inc.,1994).

3.Ackerman Bruce, *We the People: Foundations* (Cambridge, Mass.: Harvard University Press, 1991.).

4.Beard, Charles A., *An Economic Interpretation of the United States* (New York: The Free Press, 1941).

5.Bigler, Robert M., Michael W. Bowers, Steven Parker, Dina Titus and Andrew C. Tuttle, *American Government* (Dubuque, I. A.: Kendall / Hunt Publishing Company, 1986).

6.Brewer – Carias, Allan Randolph, *Judicial Review in Comparative Law* (Cambridge: Cambridge University Press, 1989).

7.Cappelletti, Mauro and William Cohen, *Comparative Constitutional Law – Cases and Materials* (Indianapolis: The Bobbs – Merrill Company, 1979).

8.Carr, Robert K., *The Supreme Court and Judicial Review* (New York: Farrar & Rinehart, 1942).

9.---, *The Supreme Court and Judicial Review* (Connecticut: Greenwood Press, 1970).

10.Cahn, Edmand, *Supreme Court and Supreme Law* (Bloomington: Indiana University Press, 1954).

11.Chemerinsky, Erwin, *Interpreting the Constitution* (New York: Praeger Publishers, 1987).

12.Choper, Jesse H., *Judicial Review and the National Political Process* (Chicago: The University of Chicago, 1980).

13.Cigler, Allan J. and Burdett A. Loomis, *American Politics – Classic and Contemporary Readings* (Boston: Houghton Mifflin Company, 1989).

14.Commager, Henry Steele, *Majority Rule and Minority Rights* (New York: Oxford University Press, 1958).

15.Dimond, Paul R., *The Supreme Court and Judicial Choice – The Role of Provisional Review in a Democracy* (Ann Arbor: the University of Michigan Press, 1992).

16.Edwards David V., *The American Political Experience*

(Englewood Cliffs, N. J.: Prentice – Hall 1988).

17. Ely, John Hart, *Democracy and Distrust – A Theory of Judicial Review* (Cambridge, Mass: Harvard University Press, 1980).

18. Epstein, Lee and Thomas G. Walker, *Constitution Law for a Changing America – Institutional Power and Constraints, 2nd ed.* (Washington D. C.: Congressional Quarterly Inc., 1995).

19. Fisher, Louis, *Constitutional Dialogues – Interpretation as Political Process* (Princeton, N. J.: Princeton University Press, 1988).

20. Fisher, Louis and Neal Devins, *Political Dynamics of Constitutional Law* (St. Paul, Minn.: West Publishing Co., 1992).

21. Franklin, Daniel P. and Michael J. Baun (eds.), *Political Culture and Constitutionalism* (New York: M. E. Sharpe Inc., 1995).

22. Freund, Paul A. (ed.), *History of the Supreme Court of the United States, Vol. I* (New York: the Macmillan Company, 1976).

23. Goldinger, Carolyn (ed), *The Supreme Court at Work* (Washington, D. C.: Congressional Quarterly Inc., 1990).

24. Goldman, Sheldon and Thomas P. Jahnige, *The Federal Judicial System – Readings in Process and Behavior* (New York: Holt, Rinehart and Winston, Inc., 1968).

25. Goldman, Sheldon, *Constitutional Law – Cases and*

Essays, 2nd ed. (New York: Harper Collins Publishers, Inc., 1991).

26. Hamilton, Alexander, James Madison and John Jay, *The Federalist* (New York: Tudor Publishing Co., 1937).

27. Hirsch, H. N., *A Theory of Liberty – The Constitution and Minorities* (New York: Routledge, 1992).

28. Irish, Marian D. and James W. Prothro, *The Politics of American Democracy, 3 rd ed.* (Englewood Cliffs, N. J.: Prentice – Hall Inc., 1965).

29. Kaplin, William A., *The Concepts and Methods of Constitutional Law* (Durham, NC: Carolina Academic Press, 1992).

30. Kelsen, Hans, *Pure Theory of Law*, Trans. By Max Knight (California: of California, 1978).

31. Levy, Leonard W., Kenneth L. Karst and Dennis J. Mahoney (eds.), *Encyclopedia of American Constitution* (New York: Macmillan Publishing Co., 1986).

32. Levy, Leonard W., *Original and the Framers' Constitution* (New York: Macmillan Publishing Co., 1988).

33. Lijphat, A., *The Politics of Accommodation: Pluralism and Democracy the Netherlands,* (Berkeley: University of California Press, 1968).

34. Mason, Alpheus Thomas and Donald Grief Stephenson Jr., *American Constitutional Law – Introductory Essays and Selected Cases, llth ed.* (Englewood Cliffs, N. J.:

Prentice – Hall, Inc., 1996).

35. Mendelson, Wallance, *The Constitution and the Supreme Court* (New York: Toronto, Dodd, Wead & Company, 1968).

36. Montesquieu, Baron de, *The Spirit of Laws*, Trans. By Thomas Sons, L. T. D., 1991).

37. O'Brien, David M., *Storm Center – The Supreme Court in American Politics, I st ed.* (New York: W. W. Norton & Company, Inc., 1986).

38. Perry, Michael J., *The Constitution, The Courts, and Human Rights* (New Haven: Yale University Press, 1982).

39. ------, *Morality, Politics and Law* (New York: Oxford University Press. 1988).

40. Pritchett, C. Herman, *The American Constitutional Law* (New York: Megrawwill Book Company, Inc., 1959).

41. Roseablun Victor G. and Castberg A. Didrick, *Cases on Constitutional Law* (Benevood, Illinois The Dorsey Press, 1973).

42. Schumpeter, Joseph A., *Capitalism, Socialism and Democracy* (New York: Harper & Brother, 1950).

43. Segal, Jeffrey A. and Harold J. Spaeth, *The Supreme Court and Attitudinal Model* (Cambridge: Cambridge University Press, 1993).

44. Shea, John C., *American Government* (New York: St. Martin's Press, 1984).

45. Shiffrin, Steven H., *The First Amendment, Democracy*

and *Romance* (Cambridge, Mass: Harvard University Press, 1990).

46. Smith, Rogers M., *Liberalism and American Constitutional Law* (Cambridge: Harvard University press, 1990).

47. Snowiss, Sylvia, *Judicial Review and the Law of the Constitution* (New Haven: Yale University Press, 1990).

48. Spurlin, Paul Merrill. *Montesquieu in America 1760 – 1801* (New York: Octagon Books, 1969).

49. Stumpf, Harry P., *American Judicial Politics* (New York: Harcourt Brace Jovanoich., 1988).

50. Sun, Tung – hsun (ed.), *The Evolving U. S. Constitution 1787 – 1987* (Taipei: Institute of American Culture, Academia Sinica, 1989).

51. Wellington, Harry H., *Interpreting the Constitution – The Supreme Court and the Process of Adjudication* (New Haven: Yale University Press, 1990).

52. Wolfe, Christopher, *The Rise of Modern Judicial Review – From Constitutional Interpretation to Judge – Made Law* (New York: Basic Books, Inc, 1986).

53. Wright, Benjamin F., *The Growth of American Constitutional Law* (New York: Holt and Company, 1942).

二、期刊暨論文(Articles)

1. Ackerman, Bruce, *The Storrs Lectures: Discovering the Constitution,* 93 The Yale Law Jourmal (1984).

2.------, *Beyond Carolene Products,* 98 Harvard Law Review (1985).

3.------, *Constitutional Politics / Constitutional Law,* 99 The Yale Law Journal (1989).

4.Allan, T. R. S., *Legislative Supremacy and the Rule of Law: Democracy and Constitutionalism,* 44 The Cambridge Law Journal (1985).

5.Belz, Herman, *"Separation of Powers"* in Jack P. Greene (ed.), *Encyclopedia of American Political History,* Vol. 3 (New York: Charles Scribner's sons, 1984).

6.Benedict, Michael Les, *To Secure These Rights: Rights, Democracy and Judicial Review in the Anglo – American Constitutional Heritage,* 42 Ohio State Law Journal (1981).

7.Bennett, Robert W., *The Mission of Moral Reasoning in Constitutional Law,* 58 Southern California Law Review (1985).

8.------, *Originalist Theories of Constitutional Interpretation,* 73 Cornell Law Review (1988).

9.Berger, Raoul, *New Theories of "Interpretation": The Activist Flight from the Constitution,* 47 Ohio State Law Journal (1986).

10.Berman, Harold J., *Origins of Historical Jurisprudence: Coke, Seldon, Hale,* 103 The Yale Law Journal (1994).

11.Bobbitt, Philip, *"Constitutional Law and Interpretation"* in Dennis Patterson (ed.), A Companion to Philosophy of

Law and Legal Theory (Cambridge, Mass.: Blackwell Publishers Inc., 1996).

12. Bork, Robert H., *"Neutral Principles and Some First Amendment Problems.* "in Jack N. Rakove (ed.) Interpreting the Constitution – The Debate over Original Intent (Boston: Northeastern, Press, 1990).

13. Brennan, William J. Jr., *"The Constitution of the United States: Contemporary Ratification"* in Jack N. Rakove (ed.), Interpreting the Constitution – The Debate over Original Intent (Boston: Northeastern Press, 1990).

14. Brest, Paul, *"The Misconceived Quest for the Original Understanding"* in Jack N. Rakove (ed.), Interpreting the Constitution – The Debate over Original Intent (Boston: Northeastern Press, 1990).

15. Connon, Mark W., *The Role of the Supreme Court in the American Constitutional System and American Life,* 4 Soochow Law Review (1982).

16. Cappelletti, Mauro and John Clarke Adams, *Judicial Review of Legislation: European Antecedents and Adaptations,* 79 Harvard Law Review (1966).

17. Chang, Jaw – ling Joanne, *"Gender and the U. S. Constitution: The Failure of the Equal Rights Amendment."* in Sun Tung – hsun (ed.), The Evolving U. S. Constitution 1787 – 1987 (Taipei: Institute of American Culture, Academia Sinica, 1989).

18. Colud, Morgan, *The Fourth Amendment during the*

Lochner Era: Privacy, Property, and Liberty in Constitutional Theory, 48 Stanford Law Review (1996).

19. Cooper, Charles J., *Stare Decision: Principle in Constitutional Adjudication,* 73 Cornell Law Review (1988).

20. Cooper, Samuel W., *Note: Considering "Power" in Separation of Powers,* 46 Stanford Law Review (1994).

21. Corwin, Edward S., *"Judicial Review in Action."* in Richard Loss (ed.), Corwin on the Constitution, Vol. 2 (New York: Cornell University Press, 1987).

22. Cox, Archibald, *Book Review: Democracy and Distrust – A Theory of Judicial Review,* 94 Harvard Law Review (1981).

23. Croley, Steven P., *The Majoritarian Difficulty: Elective Judiciaries and the Rule of Law,* 62 The University of Chicago Law Review (1995).

24. Denvir, John, *Book Review: The New Constitutional Law* 44 Ohio State Law Journal (1986).

25. Ely, John Hart, *Legislative and Administrative Motivation in Constitutional Law,* 79 The Yale Law Journal (1970).

26. Estreicher, Samuel, *Platonic Guardians of Democracy: John Hart Ely's Role for the Supreme Court in the Constitutional Open Context,* 56 New York University Law Review (1981).

27. Fallon, Richard H. Jr., *A Constructivist Coherence*

Theory of Constitutional Interpretation, 100 Harvard Law Review (1987).

28.------, *Some Confusions about Due Process, Judicial Review and Constitutional Remedies,* 93 Columbia Law Review (1993).

29.Farber, Daniel A., *Free Speech without Romance: Public Choice and the First Amendment,* 105 Harvard Law Review (1991).

30.Fletcher, William A., *The "Case or Controversy" Requirement in State Court Adjudication of Federal Questions,* 78 California Law Review (1990).

31.Frankfurter, Felix, *John Marshall and the Judicial Function,* 69 Harvard Law Review (1955).

32.Fried, Charles, *Constitutional Doctrine,* 107 Harvard Law Review (1994).

33.Goebel, Julius Jr., *"Antecedents and Beginnings to 1801."* in Paul A. Freund (ed.), History of the Supreme Court of the United States, Vol. 1(New York: The Macmillan Company, (1976).

34.Henkin, Louis, *Is There a "Political Question" Doctrine?* 85 The Yale Law Journal (1976).

35.Hoy, David Couzens, *Interpreting the Law: Hermeneutical and Poststructuralist Perspectives,* 58 Southern California Law Review (1985).

36.Kay, Richard S., *Preconstitutional Rules,* 42 Ohio State Law Journal (1981).

37.Kurland, Philip B., *The Rise and Fall of the "Doctrine" of Separation of Powers,* 85 Michigan Law Review (1986).

38.Lusky, Louis, *Footnote Redux: A Carolene Products Reminiscence,* 82 Columbia Law Review (1982).

39.Maltz, Earl M., *Federalism and the Fourteenth Amendment: A Comment on Democracy and Distrust,* 42 Ohio State Law Journal (1981).

40.McConnell, Michael W., *Book Review: The Role of Democratic Politics in Transforming Moral Convictions into Law,* 98 The Yale Law Journal (1989).

41.Michaels, Walter Benn, *Response to Perry and Simon,* 58 Southern California Law Review (1985).

42.Monaghan, Henry P., *Our Prefect Constitution,* 56 New York University Law Review (1981).

43.Note, *Legislative Purpose and Federal Constitutional Adjudication,* 83 Harvard Law Review (1970).

44.Notes, *The Mootness Doctrine in the Supreme Court,* 88 Harvard Law Review (1974)

45.Peretti, Terri Jennings, *Restoring the Balance of Power: The Struggle for Control of the Supreme Court,* 20 Hastings Constitutional Law Quarterly (1992).

46.Perry, Michael J., *Interpretivism, Freedom of Expression, and Equal Protection,* 42 Ohio State Law Journal (1981).

47.------, *Originalism Is A Real Option,* 58 Southern California Law Review (1985).

48. Powell, H. Jefferson, *"The Original Understanding of Original Intent."* In Jack N. Rakove (ed.), Interpreting the Constitution – The Debate over Original Intent (Boston: Northeastern Press, 1990).

49. Powell, Louis F. Jr., *Carolene Products Revisited*, 82 Columbia Law Review (1982).

50. Sandalow, Terrance, *Constitutional Interpretation*, 79 Michigan Law Review (1981).

51. Saphire, Richard B., *The Search for legitimacy in Constitutional Theory: What Price Purity?* 42 Ohio State Law Journal (1981).

52. Sargentich, Thomas O., *The Contemporary Debate About Legislative – Executive Separation of Powers*, 72 Cornell Law Review (1987).

53. Scharpf, Fritz W., *Judicial Review and the Political Question: A Functional Analysis*, 75 The Yale Law Journal (1966).

54. Schmitt, Gary J., *Separation of Powers: Introduction to the Study of Executive Agreements*, 27 The American Journal of Jurisprudence (1982).

55. Sedler, Robert A., *The Legitimacy Debate in Constitutional Adjudication: An Assessment and a Different Perspective*, 44 Ohio State Law Journal (1983).

56. Shaman, Jeffrey M., *The Constitution, the Supreme Court, and Creativity*, 9 Hastings Constitutional Law Quarterly (1982).

57. Simon, Larry, *The Authority of the Constitution and Its Meaning: A Preface to a Theory of Constitutional Interpretation,* 58 Southern California Law Review (1985).

58. Stone, Geoffrey R., *Content – Neutral Restrictions,* 54 The University of Chicago Law Review (1987).

59. Strass, Peter L., *Formal and Functional Approaches to Separation - of - Powers Questions - A Foolish Inconsistency?* 72 Cornell Law Review (1987).

60. Sunstein, Cass R., *Content – Neutral Restrictions,* 54 The University of Chicago Law Review (1987).

61. Tribe, Laurence H., *The Puzzling Persistence of Process – Based Constitutional Theories,* 89 The Yale Law Journal (1980).

62. ------, *A Constitution We Are Amending: In Defense of A Restrained Judicial Role,* 97 Harvard Law Review (1983).

63. Tushned, Mark, *Darkness on the Edge of Town: The Contributions of John H. Ely to Constitutional Theory,* 89 The Yale Law Journal (1980).

64. Utter, Robert F. and David C. Lundsgaard, *Judicial Review in the New Nations of Central and Eastern Europe: Some Thoughts from a Comparative Perspective,* 54 Ohio State Law Journal (1993).

違憲審查與政治問題　　　　　　　　　　　POLIS18

著　　　者☞齊光裕

出 版 者☞揚智文化事業股份有限公司

發 行 人☞葉忠賢

總 編 輯☞林新倫

登 記 證☞局版北市業字第 1117 號

地　　　址☞台北市新生南路三段 88 號 5 樓之 6

電　　　話☞（02）23660309

傳　　　眞☞（02）23660310

劃撥帳號☞19735365

戶　　　名☞葉忠賢

印　　　刷☞偉勵彩色印刷股份有限公司

法律顧問☞北辰著作權事務所　蕭雄淋律師

初版一刷☞2003 年 1 月

定　　　價☞新台幣 500 元

I S B N ☞957-818-462-X

E - m a i l ☞book3@ycrc.com.tw

網　　　址☞http://www.ycrc.com.tw

國家圖書館出版品預行編目資料

違憲審查與政治問題／齊光裕著.－初版.－
　　臺北市：揚智文化, 2003[民 92]
　　面；公分
　　參考書目：面
　　ISBN 957-818-462-X（平裝）

　　1.違憲審查制度

581.154　　　　　　　　　　　　　　91020915